江苏苏商发展研究报告

2016

主编　张为付

南京大学出版社

图书在版编目(CIP)数据

江苏苏商发展研究报告. 2016 / 张为付主编. 一南京：南京大学出版社，2017.5

ISBN 978-7-305-18430-7

Ⅰ.①江… Ⅱ.①张… Ⅲ.①商业经济一经济发展一研究报告一江苏一2016 Ⅳ.①F727.53

中国版本图书馆CIP数据核字(2017)第081259号

出版发行　南京大学出版社
社　　址　南京市汉口路22号　　　邮　编　210093
出 版 人　金鑫荣

书　　名　江苏苏商发展研究报告(2016)
主　　编　张为付
责任编辑　周　军　王日俊　　　编辑热线　025-69972166

照　　排　南京南琳图文制作有限公司
印　　刷　江苏凤凰数码印务有限公司
开　　本　787×1092　1/16　印张 18.75　字数 475 千
版　　次　2017年5月第1版　　2017年5月第1次印刷
ISBN 978-7-305-18430-7
定　　价　138.00元

网址：http://www.njupco.com
官方微博：http://weibo.com/njupco
官方微信号：njupress
销售咨询热线：(025) 83594756

指导委员会

主　　任　陈章龙　宋学锋

委　　员　徐　莹　赵芝明　鞠兴荣　王开田

　　　　　章寿龙　潘　镇　谢科进　邢孝兵

　　　　　党建兵　张为付　宣　烨

编写委员会

主　　编　张为付

副 主 编　胡雅蓓

编写人员　霍　焱　庞艳红　李逢春　陈书燕

　　　　　黄梦圆　仇李霖　陶　阳　邹　蓉

本书为江苏高校优势学科建设工程(PAPD)、江苏现代服务业协同创新中心(CNISCC)、江苏高校人文社会科学校外研究基地“江苏现代服务业研究院”(JIMSI)、江苏省重点培育智库“现代服务业智库”的研究成果。

书　　名:江苏苏商发展研究报告(2016)

主　　编:张为付

出 版 社:南京大学出版社

前　言

2015年是“十二五”规划的收官之年，也是“十三五”规划布局之年。放眼2016年，机遇前所未有，挑战更加严峻，目标催人奋进。随着中国经济增长由高速换挡至中高速，经济步入发展新常态，标志着持续30多年的发展模式正在发生重大变化。身处大转型时代，作为中国经济建设的主力军，全国500万苏商群体砥砺前行，主动适应供给侧结构调整的要求，在更高起点上再发展。

苏商作为植根于江苏的民商群体，是江苏的“金字招牌”。广大苏商秉承“厚德、崇文、实业、创新”的新时期苏商精神，缔造了独特的“苏商经济”现象。他们致力于创造商业财富，在各自细分行业勇攀巅峰，力促苏商品牌根深叶茂。民营经济已经成为江苏经济发展的重要支撑、创业创新的主体力量、吸纳就业的主要渠道和创造社会财富的主要来源。新一代苏商为江苏胜利完成“十二五”规划确定的主要目标任务，实现“迈上新台阶、建设新江苏”的良好开局做出了积极贡献。

《江苏苏商发展研究报告2016》是由南京财经大学“苏商经济发展报告编写委员会”编写的第二部年度苏商经济发展报告，反映了2015年度苏商经济发展的整体状况和改革动态，并对2016年苏商经济发展趋势进行展望。全书分为综合篇、专题篇、地区篇、行业篇、开放篇和案例篇六部分内容。综合篇两个分报告全面回顾了2015年苏商经济发展取得的成就和贡献，分析了2016年苏商经济面临的省内外发展机遇和挑战，探讨了供给侧改革背景下苏商适应时代经济发展的新理念和新道路。专题篇两个分报告分别将“苏商创新发展”和“苏商女企业家”作为研究主题，比较分析了苏商创新的环境特征和路径选择，以及江苏新商业文明中迅速崛起的“她力量”。地区篇四个分报告研究了苏南、苏中、苏北三大区域苏商发展的现状和特点，探讨了省外苏商的外迁与反哺。行业篇三个分报告通过详细的行业发展数据，对苏商行业分布、先进制造业和现代服务业的发展成效和问题进行了评估，并提出相应的对策建议。开放篇三个分报告对苏商国际化路径、“引进来、走出去”相结合的开放战略、长江经济带战略下苏商的双向开放做了专题研究。最后，案例篇从苏商创业创新、商业模式创新、转型升级、品牌建设四个方面对代表性苏商企业进行了案例研究。

本书的相关课题研究得到了南京财经大学现代服务业协同创新中心的重点资助。本书在写作过程中得到了指导委员会的悉心指导，得到了江苏苏商发展促进会等有关单位的大力支持，实地调研工作也得到了苏商企业的积极配合。南京大学出版社为本书的出版做了大量工作，在此一并深表谢意。

编　者

2017年1月30日

目　录

综合篇

Part Ⅰ　Comprehensive Report

专题篇

Part Ⅱ　Special Report

地区篇
Part Ⅲ　Area Report

行业篇

Part Ⅳ　Industrial Report

开放篇

Part Ⅴ　Open Report

案例篇

Part Ⅵ Case Report

综合篇

第一章 2015—2016苏商经济发展回顾与展望

2015年是“十二五”的收官之年。“十二五”时期，江苏省济转型升级取得重大进展，改革开放全面深化，新的发展动能正在加快形成，上述变化对江苏民营经济发展和民营企业成长产生了持续深远的重大影响。苏商作为植根于江苏的民商群体，发展的环境、政策、途径、机制、绩效等在“十二五”期间都发生了显著变化。身逢大转型时代的苏商企业，以智造战略与互联网思维引领企业转型升级，围绕“创客”、“互联网＋”、“中国制造2025”等，秉承“厚德、崇文、实业、创新”的新时期苏商精神，缔造了独特的“苏商经济”现象，为江苏胜利完成“十二五”规划确定的主要目标任务，实现“迈上新台阶、建设新江苏”的良好开局做出了积极贡献。

第一节 2015苏商经济发展回顾

在过去的2015年间，尽管苏商经济普遍面临国际竞争力不足和转型升级的压力，但广大苏商创业创新，在加快创新转型中保持了平稳健康发展，苏商经济呈现良好的发展势头，对江苏经济整体增长的贡献不断提高。2015年，江苏民营经济占全省经济总量的55%；民间投资占全社会投资总额的69.7%；民营企业实现出口占全省的33.4%；民营经济上缴税金占全省税务部门直接征收总额的57.1%；分别比“十一五”末的2010年提高了2.2、5.5、13.3和5.2个百分点。

一、提升经济综合实力优势的苏商

无论是从苏商群体的规模和在江苏的比重来看，还是从苏商经济对江苏乃至全国经济的影响力和贡献度来看，苏商的综合实力都不容小觑，占据江苏经济的“半壁江山”的苏商对江苏省乃至全国的经济发展起着重要的推动促进作用。

（一）苏商群体规模不断扩大

民营经济是苏商中最富生机与活力的经济细胞，成为江苏经济发展的主体力量和优势所在。2015年，江苏省各类市场主体户数与注册资本金增速均呈现明显加快趋势，其中新登记注册私营企业39.4万户，同比增长41.8%；私营企业户均注册资本由上年底的355万元提高到400万元；注册资本超过1亿元的私营企业达9 360户，比上年底增加1 845户；私营企业集团达1 914户，比上年底增加87户。

截至2015年底，江苏累计实有各类市场主体（含分支机构）601.17万户，首次突破600万户大关，比2014年底增长7.90%，增速比2013年的1.14%提高了6.76个百分点；累计注册资本（金）157 986.75亿元，同比增长26.34%，比上年同期15.71%增速提高了11.23个百分点。对江苏市场主体类型进行分析，从市场主体数量来看，以个体工商户和私营企业为主，2015 年末，江苏全省个体工商户 387.22 万户，私营企业 182.20 万户，分别占市场主体总数的 64.41%和 30.31%(见图 1-1)。私营企业累计登记户数比上年底增加 24.7 万户，位居全国第二位。从市场主体注册资本来看，2015 年私营企业注册资本 72 965.40亿元，比上年增长 17.2%，位列全国第二位，占江苏省全部市场主体注册资本 46.18%。个体工商户虽然数量众多，但规模较小，2015 年注册资本总额 3 582.81 亿元，仅占全部市场主体注册资本 2.27%(见图 1-2)。

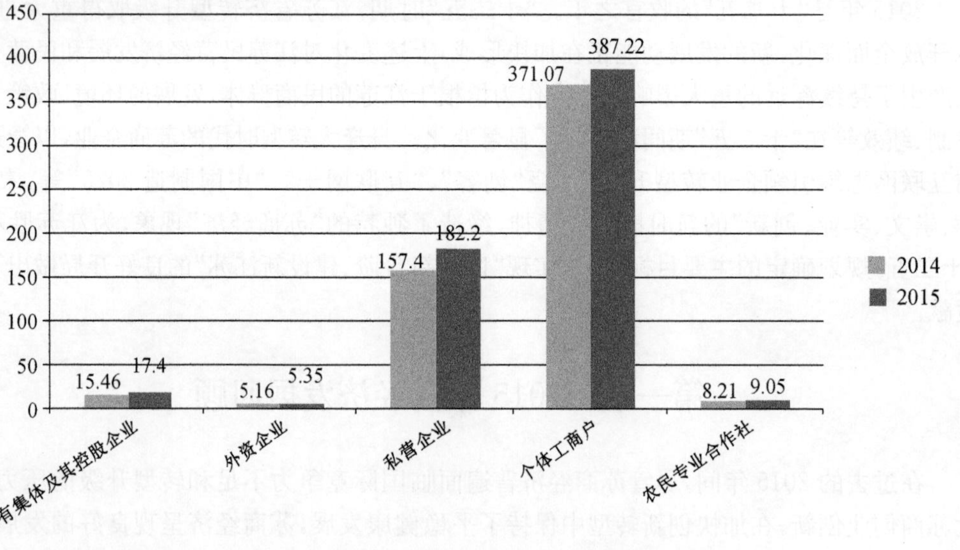

图 1-1　江苏省 2015 年市场主体基本情况统计图(户数:万户)

数据来源:江苏省工商行政管理局。

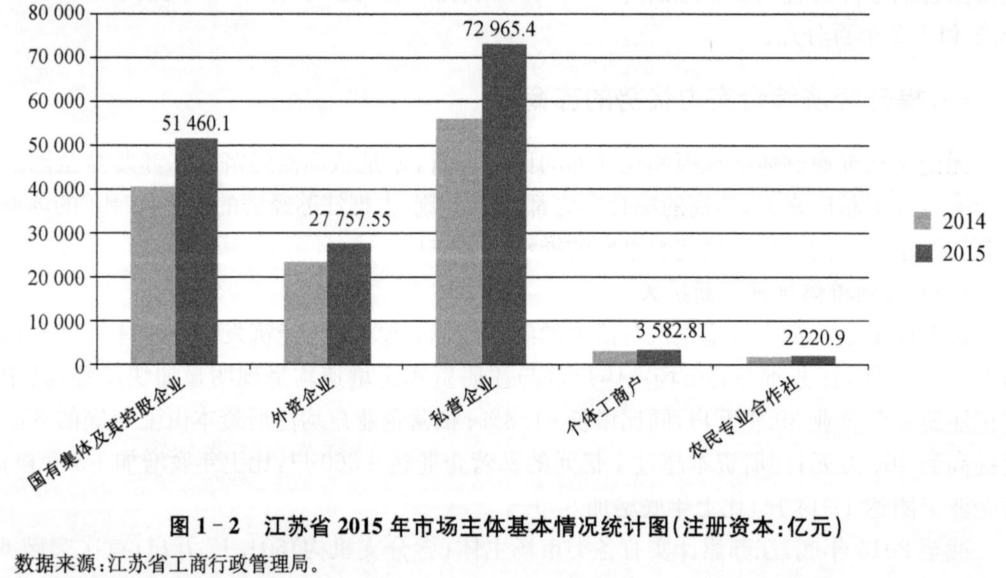

图 1-2　江苏省 2015 年市场主体基本情况统计图(注册资本:亿元)

数据来源:江苏省工商行政管理局。

(二) 苏商经济贡献不断提升

江苏民营经济贡献了全省 50%以上的生产总值、近 70%的投资、30%以上的外贸出口、

50%左右的税收和解决90%以上新增社会就业，苏商经济贡献度呈不断提高趋势。2015年，民营经济对全省GDP增长的贡献率达57.4%，比上年提高0.6个百分点。

1. 民营经济增加值占比提高

2015年，江苏全省民营经济完成增加值3.9万亿元，同比增长8.9%，比全省GDP增幅高0.4个百分点；民营经济增加值占全省GDP的比重达到55%，比上年上升0.5个百分点。面对工业运行面临的较大下行压力，民营工业的表现较好，规模以上民营工业全年完成增加值1.8万亿元，占全省规模以上工业的比重为54.5%，同比增长10.9%，比全省规模以上工业增幅高2.4个百分点；实现利润总额5 536亿元，同比增长12.4%，比全省规模以上工业增幅高3.3个百分点。

2. 民间投资成为推动投资增长的主动力

2015年，江苏全省完成民间投资3.2万亿元，同比增长14%，高于全部固定资产投资增幅3.6个百分点。民间投资占全部投资的比重为69.7%，比去年同期提高2.1个百分点；对固定资产投资增长的贡献率达90.8%。全省民间工业投资达1.7万亿元，占全省工业投资总额的72.9%。其中，私营企业和个体工商户完成工业投资1.5万亿元，同比增长19.1%，比全省工业投资增幅高6.7个百分点。

3. 民营企业成为出口增长的生力军

2015年，在对外贸易增速持续低迷的情况下，江苏民营企业实现出口总额1 131.2亿美元，同比增长0.2%，虽然较上年回落4.8个百分点，但仍高于全省出口增速1.1个百分点，高于外资企业增速2.5个百分点；民营企业出口总额占全省出口总额的33.4%，较上年提高0.4个百分点。

4. 民营经济成为江苏财税的主要来源

2015年，全省民营经济上缴税金6 652.4亿元，同比增长10.6%，占全省税务部门直接征收总额的57.1%。2015年，江苏纳税500强中民营企业257户，户数最多，比2014纳税500强多20户；地税收入360.59亿元，占全省500强企业地税收入的45.8%，贡献最大；税收增长53.6%，增幅最高，比2014年纳税500强高9.6个百分点。

5. 民营经济已经成为吸纳劳动力的重要力量

2015年，新登记注册私营企业近40万户。截至2015年底，私营企业和个体工商户中的从业人数2 791万人，五年来，全省私营个体经济年均增加从业人员超过150万人。

二、构建产业转型升级优势的苏商

分析2015年江苏民营企业行业分布特征，可以看到苏商正在布局更合理的产业链，融入国家发展战略，以供给侧结构性改革为契机，加快转型升级，产业结构得到进一步优化。一方面，大力推进民营企业智能制造，实施企业制造装备升级，推动制造业优势产业持续发展；另一方面，鼓励民营企业聚焦新一代信息技术、高端装备、新材料等15个重点领域，推动战略性新兴产业发展。

（一）智能制造升华江苏制造

江苏是中国制造业第一大省，总产值占全国的1/8，2015年工业企业收入、利税、利润均居全国第一。制造业仍是江苏经济发展的主引擎，传统优势产业仍占有重要地位。2015

年,第二产业私营企业 59.27 万户,占总户数的 32.54%,注册资本 27 664.32 亿元,占私营企业总注册资本的 39.41%。其中,制造业私营企业 47.15 万户,雇工人数 793.05 万人,注册资本 19 351.80 亿元,雇工人数、注册资金居各行业之首(见图 1-3)。

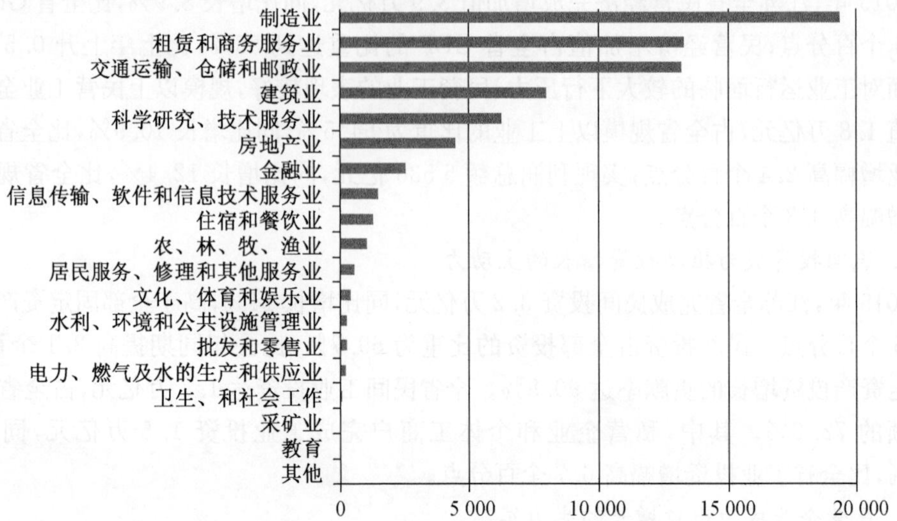

图 1-3 江苏省 2015 年私营企业注册资金行业分布(亿元)

数据来源:《江苏统计年鉴 2016》。

2015 年江苏百强民营企业,虽然广泛分布于 14 个行业(具体为电子、房地产、纺织、服务业、化工、机械、建材、建筑业、零售业、批发业、商贸、轻工、医药和冶金),但以制造业和建筑业企业为主。其中,有 61 家为制造业企业(冶金 16 家、机械 14 家、纺织 12 家、化工 7 家、轻工 5 家、电子 3 家、建材 2 家、医药 2 家);23 家为建筑业企业。在"2016 中国民营企业制造业 500 强"名单上,江苏制造业民企有 94 家上榜,其中,前三强为恒力集团有限公司、江苏沙钢集团有限公司、中天钢铁集团有限公司,"龙头"企业的行业规模不容小觑。

智能制造是工业转型升级的重要方向,是信息化与工业化深度融合的重要体现。江苏注重把智能制造作为建设具有国际竞争力先进制造业基地的重要抓手,加快推进民营企业智能制造,实施企业制造装备升级计划,推广机器人应用,推动建设一批示范智能车间和智能工厂。2015 年 7 月 18 日,"江苏智能制造专委会"发起人会议召开,菲尼克斯(中国)投资有限公司总裁顾建党、埃斯顿机器人有限公司总经理韩邦海、新贝斯特国际集团总裁董晓军、中国东方数控公司总经理王坤、中国机械工业集团有限公司科学技术研究院副总工程师郝玉成、上海工业自动化仪表研究院院长徐洪海等作为主发起人,提出坚持智能制造不动摇的发展方向。

(二)互联网思维加快布局新兴产业

2015 年,苏商经济呈现出由传统产业向新兴产业调整的趋势,多元化布局进一步成为民营企业的一个新常态。民营企业经过多年的资本积累,渐渐具备了横向扩张的实力,同时随着主营业务增速放缓,竞争力下降,更加激发了它们多元化布局的动力。广大苏商积极把握"互联网+"机遇,加快布局战略性新兴产业,利用信息技术提高生产经营效益,助力企业转型升级。

从 2013 年始，中国服务业占 GDP 的比重超过了制造业，中国经济呈现整体转型的趋势。2015 年，江苏服务业占 GDP 比重也已经达到 48.6%。与之相适应，第三产业在私营企业中已然占据主导地位。2015 年，江苏第三产业私营企业 118.94 万户，占总户数的 60.99%，注册资本 44 230.35 亿元，同比增长 39.03%，占私营企业总注册资本的 60.62%。在企业单位数、注册资本等指标中，第三产业比重最高、增长最快。但是，第三产业中民企依然存在规模偏小、层次较低的问题。2015 年江苏百强民企中服务业企业仅为 16 家，其中商贸流通业企业为 10 家。对比世界五百强企业的行业分布，主要在金融保险、能源采矿、汽车及零部件、连锁经营贸易、电信与公共设施、电子电气设备、化工制药、航空与防务等行业，差距依然明显，这也是苏商进一步做大做强做优的方向。

互联网对工业时代以来的生产资料、生产关系、组织模式等均带来了颠覆性的冲击。当下全球市值最高的十家公司中，互联网科技企业占据 6 家，分别是苹果、Alphabet（谷歌母公司）、微软、亚马逊、Facebook 和腾讯。传统行业和互联网的结合已成必然，积极拥抱互联网成为苏商转型升级的一个共同且明显的特征。红豆集团，这个以纺织起家的无锡老牌民企，就是苏商中用"互联网思维"引领突围的佼佼者。早在电商刚刚起步的 2008 年，红豆就以淘宝、京东商城、1 号店等第三方平台为切入点，成为品牌服装企业中"触网"的先行者。2011 年以来，红豆先后打造了国内领先的服装垂直类综合销售平台——红豆商城、红豆万花城、纺交中心和中国面料馆。集团电商年销售额从 2008 年的 1 500 万元跃升到 2013 年的 3.3 亿元。目前，红豆已经联手全球第二大、欧洲最大在线零售商德国 OTTO 集团，力争搭建汇集国内外品牌服装的专业新平台；红豆互联网基金平台正在建设当中；红豆通信则是红豆着手打造的 APP 终端产品。

专业孵化器建设不断为江苏高新技术产业和战略性新兴产业发展注入源头活水。目前，江苏全省建有各类专业孵化器 108 家，覆盖软件、生物医药、集成电路、动漫、环保、新材料、工业设计、微电子、光机电等多个产业领域。全省光伏、物联网、纳米、软件等新兴产业代表性企业都诞生于孵化器，科技企业孵化器已经成为高科技新兴产业培育的摇篮。

三、增创开放型经济新优势的苏商

走在开放前沿的江苏，按照习近平总书记视察江苏时提出的"增创开放型经济新优势"的要求，不断扩大对内对外开放，以开放促改革、助发展、强活力，不断引领开放型经济向更高层次发展。

（一）保持开放型经济领先优势

作为外贸活跃度的重要指标，2015 年波罗的海干散货指数一举跌破 500 点，相对于 2008 年历史最高点 11 793 点，跌到了历史最低水平。在世界经济疲软的大背景下，2015 年江苏全省完成进出口总值 5 456.1 亿美元，比去年同期下降 3.2%，进出口降幅比全国平均水平窄 4.8 个百分点，在沿海主要省市中仅次于浙江省，占全国份额提高 0.7 个百分点，位居全国第二。其中，出口 3 386.7 亿美元，下降 0.9%；进口 2 069.5 亿美元，下降 6.7%（见表 1－1）。国有和外资企业下滑明显，民营企业降幅较小。2015 年，全省民营企业进出口 1 524.1 亿美元，下降 1.7%，其中，出口增长 1.3%，进口下降 8.0%。2015 年江苏进出口、出口、进口均好于全国平均水平，展现了经济大省的发展定力。江苏咬定"位次不后移、份额不减少、质量有提升”目标，找准自己的位置，落好优势子、打好特色牌，充分发挥制造业实力和工程建设能力较强的优势，保持了开放型经济发展的领先优势。

表 1-1　2015 年沿海主要省市外贸进出口情况

地区	累计进出口值(亿美元)			同比(±%)		
	进出口	出口	进口	进出口	出口	进口
全国	39 586.4	22 765.7	16 820.7	−8.0	−2.8	−14.1
广东	10 229.5	6 435.6	3 793.9	−5.0	−0.4	−11.9
江苏	5 456.1	3 386.7	2 069.5	−3.2	−0.9	−6.7
上海	4 492.4	1 959.4	2 533.0	−3.7	−6.8	−1.2
浙江	3 474.1	2 766.6	707.5	−2.2	1.2	−13.4
山东	2 417.4	1 440.5	976.9	−12.7	−0.5	−26.1
福建	1 693.8	1 130.4	563.4	−4.5	−0.4	−11.9

数据来源：江苏省发展和改革委员会《2015 年全省外贸进出口情况》。

(二) 外贸进一步转型升级

2015 年，江苏省 IT、船舶、光伏等传统优势行业的出口表现十分稳健。“如便携式电脑、平板电脑均有不同幅度的增长；出口交船量也有显著增长；省内光伏企业积极开拓东盟、印度等新市场，行业景气程度和盈利能力均有所提高。”①2015 年，江苏省出口体现“智造”水平的高新技术产品 8 142.9 亿元，增长 2.5%，其中计算机与通信技术、电子技术、材料技术和航天航空技术增幅均高于全省“平均分”，高新技术产品出口逆势增长。苏宁易购、金鹰商贸的“金鹰购”、苏果“e 万家”等跨境电商平台发展势头良好，龙潭跨境电子商务产业园正式运营，跨境电商已成为外贸新的增长点，新型贸易业态开始崭露头角。

(三) 顺势而为拓展开放空间

江苏践行开放发展理念，大力实施以“国际化企业为主体，国际化城市为基础，国际化人才为支撑”的经济国际化战略，更加主动融入国家全方位对外开放大局，积极对接国家“一带一路”战略、长江经济带战略，主动接受上海自贸区“溢出效应”，方向上突出放大向东优势、做好向西开放的文章。2015 年，江苏省对美国、东盟和韩国出口分别增长 3.7%、2.6%和 0.2%。当前，江苏省前五大贸易伙伴分别为：美国 867.6 亿美元，欧盟 847.3 亿美元，东盟 596.5 亿美元，韩国 585.0 亿美元，日本 528.2 亿美元。

(四) 民营企业成为境外投资主角

2015 年，江苏境外投资新批项目 880 个，中方协议投资额 1 030 460 万美元，连续多年对外实际投资位居全国前列。其中，民营企业“走出去”态势持续良好，投资近八成。2015 年，江苏民营企业境外投资项目 693 个，中方协议投资额 795 137 万美元，占全省的比重分别为 78.75%和 77.16%，同比增幅分别为 25.09%和 45.19%(见表 1-2)。

① 李子俊，董彦，毛弘杰. 2015 年江苏外贸出口逆势增长[N]. 南京日报，2016-02-02.

表 1-2 江苏省 2015 年境外投资情况(按投资主体分)

指标	2011 年	2012 年	2013 年	2014 年	2015 年
新批项目数(个)	**505**	**572**	**605**	**736**	**880**
国有及国有控股企业	34	60	58	58	52
集体企业	3	4	3	1	3
民营企业	369	383	426	554	693
外资企业	99	125	118	123	132
中方协议金额(万美元)	**360 154**	**504 547**	**614 272**	**721 571**	**1 030 460**
国有及国有控股企业	27 271	84 488	46 418	65 224	59 895
集体企业	1 495	2 185	974	9 998	38 164
民营企业	251 638	320 725	434 218	547 679	795 137
外资企业	79 750	97 149	132 663	98 669	137 264

数据来源:《江苏统计年鉴 2016》。

民营企业境外投资方式突出以平台建设助推抱团出海。2015 年 4 月,商务部、财政部确认江苏永元投资有限公司投资建设的埃塞俄比亚东方工业园为加工制造型境外经贸合作区。截至 2015 年底,工业园已吸引入园企业 42 家(其中,中资控股企业 36 家),完成基础设施投资 8 982 万美元,园区累计实现总产值 45 615 万美元,上缴埃塞俄比亚政府各项税收 2 990 万美元,为东道国创造就业岗位 6 791 个,企业集群式"走出去"效应已初露端倪。

四、大众创业万众创新的苏商

大众创业万众创新是富民之道、公平之计、强国之策。江苏坚持把推进大众创新创业作为重大任务来抓,加快推进"创业中国"苏南创新创业示范工程(全国首个获批的"创业中国"区域性示范工程),抓紧落实《关于发展众创空间推进大众创新创业的实施方案(2015—2020)》各项任务,围绕创新创业服务提升、众创空间建设、创新型产业孵育、创新创业资源整合、创新创业氛围营造等关键环节,以创新创业打造江苏经济增长新引擎。

(一) 以完善体制机制,提升服务功能为重点转变政府职能

江苏省成立由省科技厅、教育厅等 19 个部门组成的推进大众创新创业联席会议,进一步放宽政策、放开市场、放活主体,加快构建适应大众创新创业的体制机制,更好地释放创新潜力和创业活力,打通决策部署的"最先一公里"和政策落实的"最后一公里"。大力推行营业执照、组织机构代码证、税务登记证"三证合一",建设江苏省创新创业"好创网"平台,建立 2 500 人的创业导师队伍。

(二) 加快众创空间建设步伐,强化创新创业载体和投融资两个支撑

江苏出台《江苏省推进众创空间建设工作方案》,新设规模为 1 亿元的众创空间专项,支持引导行业领军企业、创业投资机构、社会组织等机构投资建设或管理运营众创空间等新型创业孵化载体。2015 年以来,纳入省级以上备案的众创空间达 207 家,新建各类创新创业载体 700 家左右。江苏省科技厅将科技创业载体建设列入年度重点工作加以推动,省科技

型企业技术创新资金重点支持企业开展技术创新,几年来共立项目1 720项,省拨款达4.57亿元。充分发挥省天使投资引导资金、创业投资引导资金、"苏科贷"等专项资金作用,进一步引导创投、金融等机构加大对孵化企业的扶持力度,目前全省创投机构管理资金规模达1 750亿元。

(三)积极探索孵化器市场化投资建设和运营管理新模式

江苏全省科技企业孵化器共集聚了近20万科技人才,共建有各类科技企业孵化器515家,其中国家级孵化器133家,孵化面积2 769万平方米,在孵企业超过2.9万家,每年新入驻企业平均达4 000家以上,累计毕业企业达8 243家。全省科技企业孵化器建设由早期的政府主导向企业、高校、社会机构等多元化投资发展,采用企业化管理的孵化器数量逐年增加。目前,全省60%以上的科技企业孵化器运行主体为独立公司法人,超过20%的科技企业孵化器为民营企业为主投资建设。

(四)积极搭建科技创业技术服务和赛事服务平台

苏州、南京等地创新孵化器发展初露端倪,如苏州工业园区打造的金鸡湖创业长廊,针对创业者面临的痛点、难点,引导知名企业、资本、媒体、科研院所等社会力量,联合创业服务机构,在较集中的区域集聚了以车库咖啡孵化模式的蒲公英创业吧、以创新工场模式孵化项目的创客邦、应用于移动互联网的CICI(城市信息云平台)梦工场、以扶持大学生创业为主的苏大天宫、以媒体服务为模式《创业家》杂志等一批新型业态的创业孵化器,探索发展创业服务新模式。2013年至2015年连续举办三届江苏科技创业大赛,一批年轻化、高质量、高水平的创业企业和团队脱颖而出,在全省营造了良好的科技创业氛围。2015年6月30日,由苏商会和创客公社承办的首届"i创杯"江苏省互联网创新创业大赛启动。"i创杯"覆盖全省十三市,为近千个项目对接近百位投资人,在7个城市举办了8场路演赛。

在江苏,以大学生、科技人员、留学归国人员和农民创业者四类主体为主力,正形成"草根创业"蔚然成风、"精英创新"层出不穷、本土科技企业遍地开花、科技型企业家大量涌现的生动局面。南京联创、天合光能、苏大维格、美新半导体、远景能源等一大批高科技企业从孵化器中脱颖而出,发展成为行业领军企业。

五、锐意进取的江苏百强民营企业

百强民营企业是苏商中的排头兵,已经成为支撑和带动江苏省经济社会平稳健康发展的重要力量。2015年,面对复杂多变的国际国内环境,江苏省百强民营企业进一步深化供给侧结构性改革,坚持转型发展,积极创业创新,在经济新常态下取得积极成效,在推动建设具有国际竞争力的先进制造业基地中的地位和作用更加突出。

(一)百强民企继续壮大规模优势

江苏省经信委、省工商联发布2015年度全省百强民企榜单显示,2015年,江苏省百强民企经济总量稳步提升,全年实现营业收入总额达到30 221亿元,较上一年增加了10.5%,户均实现营业收入302亿元,比上年提高29亿元。全省百强民企营业收入入围门槛为93.2亿元,比上年提高1.4亿元。其中,有6家民营企业年营业收入超千亿元,比上年增加2家;10家民营企业营业收入超500亿元,比上年增加1家;94家民营企业营业收入超百亿元,比上年减少2家。具体如图1-4所示,苏宁控股集团全年实现营业收入首次超过3 000

亿元，列百强民企之首；恒力集团、江苏沙钢集团全年实现营业收入均超过 2 000 亿元，位列第二、三位；苏宁环球集团、三胞集团、中天钢铁集团全年实现营业收入均超过 1 000 亿元，位列第四、五、六位；盛虹集团、海澜集团、红豆集团、扬子江药业集团全年实现营业收入均超过 500 亿元，分列全省百强民企第七至十位。

截至 2015 年末，江苏省百强民企拥有资产总额 22 866 亿元，比上年增长 22.7%；户均资产规模达到 229 亿元，比上年增加 43 亿元。百强民企中，资产规模超百亿元的有61 家，比上年增加 2 家；资产规模 50—100 亿元的有 16 家，比上年减少 1 家。

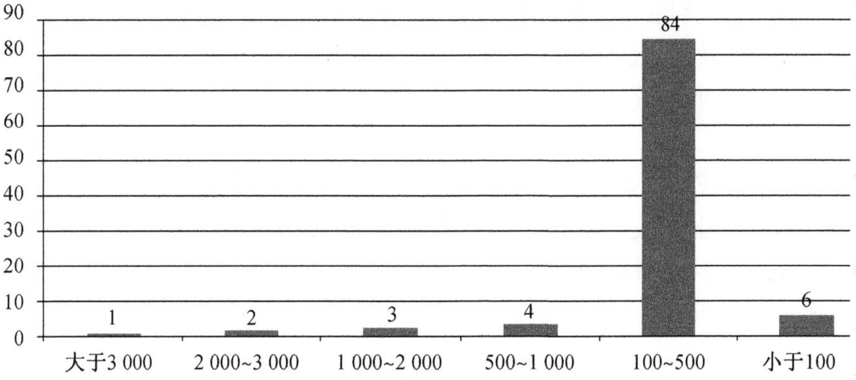

图 1－4　江苏省 2015 民营百强企业营业收入规模分布(亿元)

数据来源：江苏省经信委、省工商联发布 2015 年度全省百强民企榜单。

(二) 百强民企继续保持竞争优势

“2016 中国民营企业 500 强”榜以 2015 年度营业收入为基准。榜单显示(见图 1－5)，江苏 94 家企业入围，比上届增加 3 家，居于浙江之后，排名全国第二，拥有近两成席位。在前二十强中，江苏省占五席。其中，苏宁控股集团排名第二，较去年上升一位，营收总额为 35 028 812 万元；恒力集团排名第八，较去年上升一位，营收总额为 21 207 961 万元；在供给侧改革、钢铁行业去产能的大潮下，沙钢排名虽有下滑，但依旧处于民企 500 强的前十之中，营收总额为 20 554 340 万元；此外，苏宁环球和三胞集团分别排名第十七和第十九。而浙江

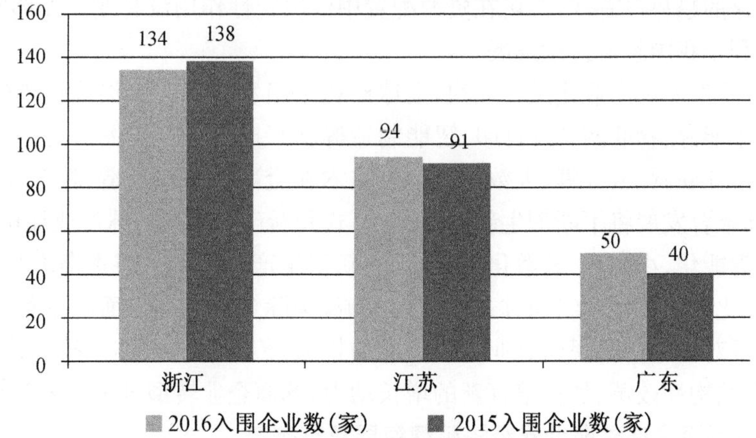

图 1－5　2015—2016 年苏浙粤百强民营企业分布表

数据来源：全国工商联“2015 中国民营企业 500 强”、“2016 中国民营企业 500 强”榜单。

省入围500强前20名的有两家企业，分别是列第十二位、十三位的吉利控股集团及海亮集团。

在“2016民营企业制造业500强”中有94家江苏制造业企业上榜，排名前55位的企业同时位列“2016中国民营企业500强”。在“2016中国民营企业服务业前100强”中，江苏有15家企业入围。其中，苏宁控股集团蝉联了民营企业服务业100强第一位，苏宁环球和三胞集团分别位列第八和第十，表明了江苏民企除了在第一、二产业上继续保持传统优势外，正积极向现代服务业等第三产业拓展。

(三) 百强民企盈利能力分化加剧

2015年江苏百强民营企业实现利润总额仍然保持在千亿元以上，达到1 010亿元，比上一年下降7.8%。企业的盈利空间进一步收窄，将会加快影响企业的长期稳定发展，企业盈利能力亟待提高。

百强民企中42家企业利润总额超过10亿元，比上年度增加10家。民营企业行业分化在不断加大，新兴产业及服务业迎来快速增长，互联网和相关服务业、电子计算机、通讯及其他电子设备制造业等盈利能力较强；而传统行业特别是相对过剩行业，如煤炭开采和洗选业、黑色金属冶炼和压延加工业等面临严峻挑战。

第二节 2016苏商经济发展趋势展望

2016年是“十三五”规划和全面建成小康社会决胜阶段的开局之年；也是中国经济进入深度调整期和推进结构性改革的攻坚之年。2016年苏商经济面临的发展环境，可以从国际、国内和省内三个方面进行分析。

一、苏商经济面临的国际环境分析

(一) 和平与发展的时代主题下新一轮科技革命和产业变革蓄势待发

从国际形势来看，和平与发展的时代主题没有变，世界多极化、经济全球化、文化多样化、社会信息化的趋势没有变，市场在资源配置中的决定性作用没有变。外部发展环境保持和平稳定，有利于我国经济持续发展。

随着新技术发展和产业化进程加快，全球产业重组和产业链布局调整步伐加快。移动互联网、可再生能源、物联网、3D打印、智能制造等新兴产业加速发展。变革性创新在很多领域不断推进，互联网、云计算、大数据等信息技术在金融、商贸、制造、教育、医疗等更多领域普及应用和融合发展将不断催生新业态、新模式和新产业。在全球产业加快重组的同时，依托信息化、智能化、小型化、分散化、个性化的新型生产组织方式将逐渐取代分工明确、规范严格的标准化大工厂生产组织方式而成为主流，国际分工方式也面临变革。科技产业大变革的趋势，既对江苏中小民营企业形成更大的挑战，传统产业面临被技术性淘汰的风险，也为江苏深化结构性改革、加快培育新的增长动力，苏商企业转型升级带来新契机。

(二) 危机后深度调整期世界经济延续疲弱复苏态势

2016年世界经济仍将延续疲弱复苏态势，由于国际金融危机深层次影响在相当长时期依然存在，世界经济仍处在危机后的深度调整期和变革期，短期内难以摆脱低速增长状态。

据国际货币基金组织 2016 年 1 月发表的《世界经济展望》最新预测，全球经济 2015 年增长 3.1%，预计 2016 年和 2017 年的增长率分别为 3.4%和 3.6%。相比 2015 年 10 月《世界经济展望》，全球经济活动的回升预计将更为缓慢，特别是在新兴市场和发展中经济体的困难和风险明显加大。全球前景面临的风险仍然偏于下行，总需求疲软是抑制投资的一个因素。经济衰退可能会对生产率水平和生产率增长造成永久性负面影响，预期潜在增长缓慢会抑制总需求，从而进一步限制投资，形成恶性循环。主要经济体走势和宏观政策取向分化，金融市场动荡不稳，大宗商品价格大幅波动，全球贸易持续低迷，贸易保护主义强化，为此，各国都在大力推进结构性改革，为未来的经济增长积蓄动能。

世界经济贸易增长低迷导致外需拉动作用减弱。入世后，江苏省开始进入一个外贸高速发展的阶段，2001 年至 2007 年间，江苏省外贸年均增速达到 37.7%。国际金融危机后，江苏省外贸进出口增速持续回落，2008 年至 2014 年，年均增速为 6.2%。尤其是 2012 年以来，连续四年同比增速低于 2%，2015 年甚至出现负增长。在全球经济贸易增长乏力的情况下，2016 年外贸出口稳增长仍面临不少困难。随着国际经济环境的变化，江苏不可能再像以往那样寄希望于扩大出口和投资来拉动经济增长，外部环境变化对苏商企业的挑战增多。

二、苏商经济面临的国内环境分析

(一) 经济新常态下发展前景依然广阔

从国内形势来看，经济长期向好的基本面没有改变，供给侧结构性改革推动中国经济中高速增长，国内工业化、信息化、城镇化和农业现代化深入发展，市场潜力巨大，发展前景依然广阔。经济发展进入新常态，向形态更高级、分工更优化、结构更合理阶段演化的趋势更加明显。社会生产力基础雄厚，产业体系完备，资金供给充裕，自 2009 年，我国超越日本成为世界第二大经济体以来，国内生产总值稳居世界第二位，占世界经济总量的比重逐年上升，与美国的差距明显缩小，2015 年 GDP 相当于美国的 63.4%，比 2012 年提高 11 个百分点。

创新累积效应正在显现，科技创新能力显著增强。“十二五”以来，我国科技进步贡献率已由 50.9%增加到 55.1%，国家创新能力世界排名提升至第 18 位，正步入跟跑、并跑、领跑“三跑并存”的历史新阶段。2015 年全社会研发支出预计达到 14 300 亿元，比 2010 年增长一倍，其中企业研发支出超过 77%。人力资源丰富，中国人均受教育水平近年来飞速提升，高中阶段教育录取机会进一步扩大，毛入学率达到 86.5%，比 2009 年提高 7.3 个百分点，高等教育大众化水平逐步提高，毛入学率达到 37.5%，比 2009 年提高 13.3 个百分点，略高于法国、瑞士、挪威等发达国家。

中国对外投资大于招商引资的新时代到来。2016 年第一季度我国对外非金融类直接投资 2 617.4 亿元，同比增长 55.4%，实际使用外资金额 2 242.1 亿元，同比增长 4.5%，进入资金输出大于引进的新时代。生产要素综合优势明显，宏观调控政策保持连续性和稳定性，社会主义市场经济体制机制不断完善，为推动发展创造了许多有利条件。

(二) 面临稳增长、调结构、防风险等多重挑战

我国发展中不平衡、不协调、不可持续问题依然突出。在经济结构、技术条件没有明显改善的条件下，经济增速换挡、结构调整阵痛、动能转换困难相互交织，将压缩经济增长空间，对经济增长进一步形成制约。2010 年以来，我国 GDP 增速从 10.6%逐年滑坡至 2015

年的6.9%，经历着改革开放以来从未有过的长时间、大幅度调整(见图1-6)。

投资回报率大幅下降。中国投资回报率ROI从1993年15.67%的高水平持续下降，2000年至2008年稳定在8%至10%。金融危机之后投资回报率水平大幅下降，2014年ROI已经降低到2.7%的历史新低。1979年至2007年，中国全要素生产率(TFP)年均增长率在3.72%，而2008年至2014年下降到2.21%。实体经济投资回报率下降导致国内资金逃离实体经济，避实趋虚，房地产和金融炒作泛滥，积累了巨大的风险，局部风险处理不好可能产生系统性风险，资本跨境流动方向发生改变，人民币汇率由资本流入过多造成的升值压力变成贬值压力，必须从增强活力、降低成本入手，提高实体经济投资回报率吸引国内外投资者。

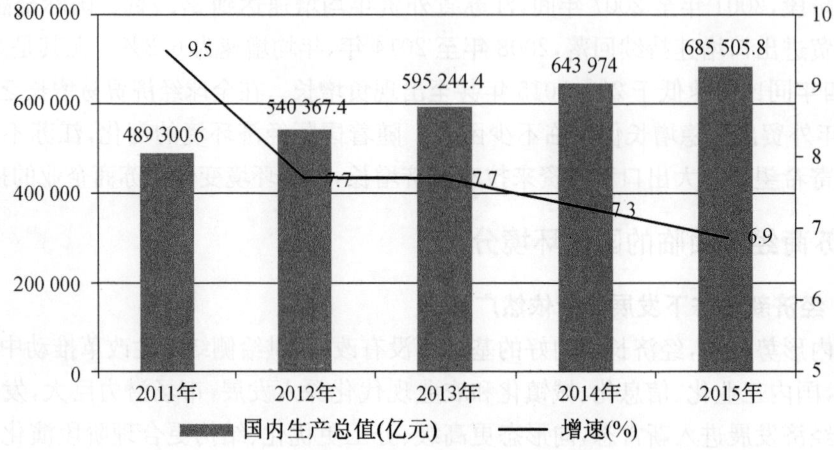

图1-6　2011—2015年中国国内生产总值及其增速

数据来源：国家统计局。

国民总杠杆率上升过快。截至2015年底，中国实体经济部门(不含金融业)的整体杠杆率已经达到263.62%，其中家庭部门杠杆率为39.95%，政府部门杠杆率为57.37%，非金融企业部门杠杆率为166.30%。在政府部门杠杆率中，中央政府杠杆率约为20.07%，地方政府杠杆率约为37.30%。非金融企业的高负债率导致资金成本过高，2015年利息支出占新增社会融资比重的47%。

人口红利迅速下降。中国人口结构已经到达拐点，从中国人口劳动力基本面的变化看，我国劳动年龄人口(16—59岁)2010—2011年达到峰值。15—64岁人口占总人口比重从2010年的74.53%，下降到2015年的73.01%(见图1-7)。劳动年龄人口2015年减少487万人，累计减少1 447万人。2015年首次出现了流动人口减少568万的新情况，人口转移过程中不可避免的出现了城乡劳动力争夺中的权衡，劳动力供给关系发生转折变化。与此同时，劳动力成本提高过快，国际金融危机以来，我国城镇单位就业人员平均货币工资年均增长13.2%，农民工工资年均增长13.5%，高于同期劳动生产率(按现价计算)年均增长11.1%的水平。

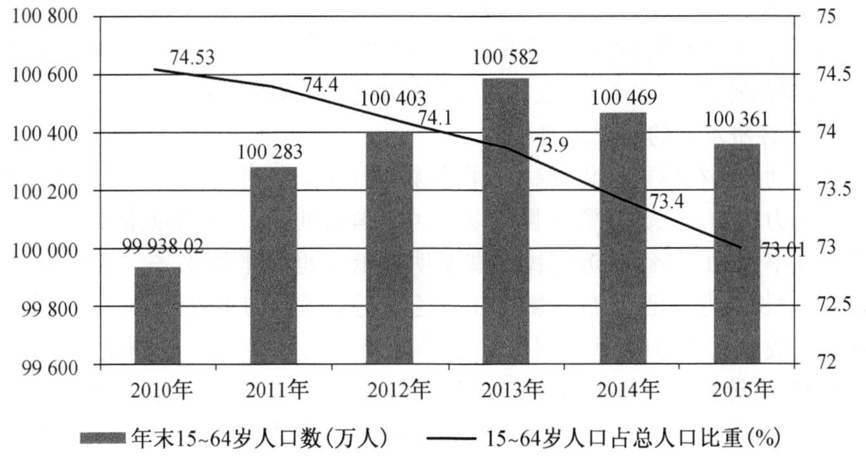

图 1-7　2010—2015 年中国 15—64 岁人口数及其比重

数据来源:中经网统计数据库。

总体来看,2016 年改革红利将会逐渐得到释放,国内经济开始底部企稳。我国发展仍处于可以大有作为的重要战略机遇期,也面临诸多矛盾叠加、风险隐患增多的严峻挑战。必须准确把握战略机遇期内涵和条件的深刻变化,实现供给侧和需求侧政策平衡,在适度扩大总需求的同时,更加注重供给侧结构性改革,特别是要适应国际国内需求结构变化提高供给体系质量和效益,实施创新驱动发展战略,培育经济增长新动力,努力跨越“中等收入陷阱”,开拓发展更大空间。

三、苏商经济面临的省内环境分析

(一) 苏商经济发展的三大利好因素

一是经过“十二五”时期的奋斗,江苏全省经济综合实力和发展水平得到显著提升,经济总量连跨三个万亿元台阶,超过 7 万亿元,年均增长 9.6%,高于全国 1.8 个百分点;人均 GDP 超过 8.8 万元,位居全国各省(区)首位。一般公共预算收入连跨四个千亿元台阶,突破 8 000 亿元,年均增长 14.5%。发展的稳定性、竞争力和抗风险能力明显增强。经济转型升级取得重大进展,产业结构调整实现“三二一”的标志性转变,第三产业比重超过 48%,年均提升 1.4 个百分点。战略性新兴产业销售收入年均增长 16.8%,高新技术产业产值占规上工业比重达到 40.1%,年均提升 1.4 个百分点。江苏作为制造业大省,制造业发展基础好,在全国具有领先优势,将在制造强国战略中找准位置、主动担当,构筑产业技术新高地、打造产业升级新动能,率先建成制造强省。

二是多重国家战略叠加效应加速释放,江苏经济在国家发展全局中战略地位将进一步增强。“十三五”时期,“一带一路”、“长江经济带”、“长三角一体化”、苏南现代化建设示范区、苏南国家自主创新示范区、江苏沿海开发等国家战略在江苏交汇叠加,为江苏加强战略统筹,更好发挥综合效应,提供了新的历史机遇。多个国家战略在江苏的布局实施,不仅将带来政策、资源、项目、投资集聚,也将营造出独特的发展环境,将为民营经济发展创造更多的机会。

三是江苏创新型省份建设迈出重要步伐。国家明确提出 2020 年进入创新型国家行列,实施创新驱动发展战略。江苏区域创新能力连续 7 年位居全国第一,研发经费支出占 GDP

比重由2.07%提升至2.55%。拥有全国首个以城市群为单位的自主创新示范区,正在建设具有全球影响力的产业科技创新中心和具有国际竞争力的先进制造业基地,突出创新驱动、智能转型、质量品牌、优化服务,塑造江苏制造新形象、激发创新创业新活力。

(二)苏商经济发展的三大压力

一是增长动力结构亟待优化,稳增长面临新的压力。江苏经济潜在增长率有所下滑,亟需新旧增长动力转换。江苏投资率长期以来居全国前列,而消费率偏低。2015年,消费对经济增长贡献率为51.5%,江苏居民消费率明显低于世界平均水平。消费与积累比例失调,需求持续增长动力不足,已成为影响江苏经济正常运行的重要因素。近年来,江苏实施创新驱动战略成效显著,但在基础创新力、高端创新突破力、科技创新创业水平、创新机制体制、区域创新生态等领域仍存在诸多薄弱环节。核心技术较少,拥有自主知识产权的品牌还不多,关键设备大多依赖进口,制造业对外技术依存度高达65%左右。科技成果转化率还不高,江苏专利申请量和授权量全国领先,但科技成果转化率只有10%左右。在加快转变发展方式的背景下,如何寻找新的动力源是江苏经济发展亟待破解的重大问题。

二是产业结构深层次矛盾突出,转型升级面临新的压力。江苏服务业占GDP比重年均提高1个百分点以上,但在三次产业中占比低于全国平均水平。在工业结构中,重工业增加值占规模以上工业比重高达74%。产能过剩是经济转型中的最大风险点。"去产能"是供给侧结构性改革的五大任务之一,如何淘汰落后产能,是摆在江苏这个能源大省面前的难题。制造业领域产能过剩的负面效应不断蔓延,对区域经济持续健康发展产生很大影响。一方面,产能过剩行业的企业利润增速不断下滑。产能过剩导致的工业品价格下降压力仍在继续传导,2015年5月工业生产者出厂价格指数(PPI)同比下降3.9%,比上年同期下跌3.8%,已经连续39个月负增长,严重损害着制造业企业的生产积极性。再加上产成品库存和应收账款增加导致工业企业资金周转速度放慢,企业经营效益普遍下滑。另一方面,产能过剩抑制经济全要素生产率的提高。产能过剩行业占据大量的土地、人力和信贷资源,挤压了其他有利于经济转型的行业的生长空间。企业投资信心普遍不足,2015年二季度江苏工业景气调查显示,53%的企业未来半年无投资打算。

三是资源环境约束进一步加剧,实现绿色发展面临新的压力。总体上看,江苏发展方式粗放,经济发展还没有迈过高污染、高风险的阶段,生态环境全面性、根本性好转的拐点仍未出现。资源约束趋紧,人均资源占有量低,土地资源尤其紧缺,人均耕地仅相当于全国人均水平的2/3;以煤为主的消费结构导致原煤消费总量持续增大,能源自给率低;全省二氧化硫和化学需氧量单位国土面积排放强度分别是全国平均水平的1.6倍和2倍。全省重工业企业占规模以上工业企业比重超过60%,六大高耗能行业产值占到30%的比重,重化工企业单位产品能耗比世界先进水平高10%—50%,节能减排任务艰巨。2015年全省环境空气质量达标率为66.8%,13个省辖城市达标率范围为61.8%—72.1%。国控水体断面中水质符合Ⅲ类的断面比例为48.2%,Ⅳ—Ⅴ类断面比例为49.4%,劣Ⅴ类断面为2.4%。与2014年相比,劣Ⅴ类断面比例上升1.2个百分点,环境形势依然严峻。

四、苏商经济发展的战略与对策

2016年江苏经济发展主要预期目标是:地区生产总值增长7.5%—8%,全社会研发投入占地区生产总值比重达到 2.6%，外贸进出口力争实现正增长，城乡居民收入增长与经济增长基本同步，节能减排确保完成国家下达的目标任务。实现 2016 年发展目标，应着力实现转型、创新、改革、开放四者间的良性循环。

（一）以供给侧结构性改革为主线，产业转型升级应对新工业革命挑战

紧紧围绕供给侧结构性改革这一主线，重点抓好"三去一降一补"五大任务：积极稳妥地去产能、合理有序地去库存、积极审慎地去杠杆、科学有效地降成本、全力以赴地补短板，着力推进转型升级，着力提高发展质量和效益，提高全要素生产率。

要用足用好江苏雄厚的基础和资源，以智能制造为主攻方向大力发展先进制造业，实现"信息化"与"工业化"的两化融合，对接"中国制造 2025"行动计划。以产业科技创新为支撑培育壮大战略性新兴产业。注重在现代服务业领域培育新的增长点，推动现代服务业与先进制造业嫁接融合，把推进信息化作为现代服务业的主线，通过"互联网＋"实现江苏经济的转型升级。

（二）深入实施创新驱动发展战略，充分释放全社会创业创新潜能

强化企业创新主体地位，实施创新型企业培育行动计划，落实企业研发费用加计扣除，完善高新技术企业、科技企业孵化器等税收优惠政策，支持行业领军企业建设高水平研发机构，支持民营企业和中小微企业创新活动，加快将国家自主创新示范区试点政策推广到全省。

发挥大众创业、万众创新和"互联网＋"集众智众力的乘数效应，倡导建设"全民创业型社会"。大力弘扬"创业创新创优，争先领先率先"的新时期江苏精神，充分激活广大人民群众蕴藏的无穷创业创新热情、智慧和力量。破除一切不利于创新创业的体制障碍，通过制度建设鼓励和支持广大城乡居民尤其是懂技术、有理想的本土人才自主创业创新。建设一批双创示范基地，培育创业服务业，发展天使、创业、产业的投资，支持分享经济发展，提高资源利用效率，让更多人参与进来，富裕起来，加快在江苏培育一批"马云"、"马化腾"式的创业人才。

（三）抓住改革的时间窗口，切实转变政府职能

抓住改革的时间窗口，以简政放权为突破口，切实转变政府职能，加强政府服务，实现由"强发展型政府"向"强服务型政府"过渡。进一步理顺政府与市场关系，全面公布地方政府权力和责任清单。"用正面清单限制政府，用负面清单管理市场"，制定出政府行政审批目录清单、政府行政权力清单、专项资金管理清单以及行政事业性收费目录清单等；在部分地区试行市场准入负面清单制度。深化价格改革，健全价格机制特别是生产要素价格机制，在制度层面上坚决破除制约市场主体活力和要素优化配置的障碍，真正使市场在资源配置中起决定性作用和更好地发挥政府作用，实现有效益、高质量、可持续的发展。

大力推行"互联网＋政务服务"，实现部门间数据共享，修改和废止有碍发展的行政法规和规范性文件。同时，建立科学的监管网络和机制，适应由事前监管向事中、事后监管转变。

（四）增强"走出去"与"引进来"结合度，扩大出口需求供给侧新思路

作为外向型经济大省，江苏迫切需要扩大出口需求供给侧新思路，向有利于创新驱动的新一轮开放模式转型。增强对外投资和扩大出口结合度，不仅要注重"高水平引进来"——通过国内平台环境的建设，利用内需虹吸全球人力资本、技术资本和知识资本，更要强调"大规模走出去"——依托国内市场和出口导向战略中掌握的资源,在全球广泛配置可以就地吸收和利用的各种先进生产要素和资本。通过"引进来"、"走出去"实施更加积极主动、互利共赢的开放战略,培育以技术、标准、品牌、质量、服务为核心的对外经济新优势。

在落实"一带一路"战略中拓展开放空间,在政府、产业、企业三个层面上做好顶层设计,相互支持,构建起完善的战略体系,在苏商产业间、企业间打造全方位、立体化、网络状的大联通。运用并购等手段打造有全球竞争力的跨国企业,实现全球价值链跃迁,在参与长江经济带建设中加强区域合作。

参考文献

[1] 徐从才.江苏经济发展方式转变与创新经济发展:回顾与展望[J].产业经济研究,2012,03:1-8.

[2] 陈建清."十三五"江苏经济发展面临的挑战与解决思路[J].唯实,2015,12:54-57.

[3] 王庆五,吴先满,陈柳,李慧,吕永刚,杜宇玮.江苏"十三五"经济发展总体思路[J].唯实,2015,09:48-51.

[4] 徐康宁."十三五":江苏经济全面升级的关键阶段[J].群众,2015,10:13-14.

[5] 黎峰.江苏"十三五"经济结构调整的思考[J].江南论坛,2016,03:4-6.

[6] 孙肖远.中国经济新常态下区域转型发展的探索——以江苏为例[J].世界经济与政治论坛,2016,01:148-159.

[7] 李宝会,储东涛.从供需两侧培育和激发江苏经济发展新动能[J].唯实,2016,04:46-50.

第二章　推进供给侧改革，促进苏商新发展

供给侧改革是适应和引领经济发展新常态的必由之路。自2008年国际金融危机以来，我国经济增长的要素供给条件逐渐发生转折性变化，突出表现为资本产出率、人口增量和全要素生产率“三降”，不断削弱经济中长期可持续发展的基础，倒逼改革重构经济增长动力。面对需求侧改革效果下降，国内经济可持续发展面临严峻挑战的现实状况，习近平总书记提出实施供给侧改革，抓住了新常态下重启经济发展动力的关键，为开启新阶段中国经济持久发展提供了科学指引。

民营企业作为充满活力和创造力的市场主体，在供给侧改革中发挥着重要作用，是顺利推进供给侧改革的重要支撑。与传统的需求侧改革不同，供给侧改革对民营企业的整体创新体系提出了新的要求。在供给侧改革和互联网经济的背景下，民营企业要想实现持续健康发展，坚持创新发展和转型升级尤为重要。随着中国政府积极推动“大众创业、万众创新”、实施中国制造2025、加快建设创新生态环境等，民营企业创新发展面临前所未有的契机与优势。在经济“新常态”和供给侧改革的背景下，苏商应该主动去探索适应时代经济发展的新道路，转变传统落后的旧思维，积极主动实践“创新、协调、绿色、开放、共享”新发展理念，把握好时代的脉搏，成为供给侧改革的重要力量支柱。

第一节　供给侧改革的内涵

改革开放三十多年来，中国经济持续快速增长，创造了世界经济史上的“增长奇迹”，成功步入中等收入国家行列，成为名副其实的经济大国。但随着人口红利衰减、“中等收入陷阱”风险累积、全面深化改革进入攻坚期，国际经济格局深刻调整等一系列内因和外因的作用，经济发展正进入“新常态”。现阶段，以结构性产能过剩为特征的“供给失灵”是经济新常态的典型特征，基于“需求侧”视角的需求管理已无法适应我国经济发展的客观需要。供给侧改革是我国在当前形势下寻求经济新增长的必然选择，也是引领我国经济持续健康发展的必然选择。供给侧改革关键是放松政府管制，释放市场活力，降低制度性交易成本，提高投资有效性，确保供给体系质量和效率，是适应和引领经济发展新常态的重大创新和必要举措。

一、供给侧改革的提出

2015年11月10日举行的中共中央财经领导小组第十一次会议上，习近平总书记首次提出了“供给侧改革”，指出“在适度扩大总需求的同时，着力加强供给侧结构性改革，着力提高供给体系质量和效率，增强经济持续增长动力，推动我国社会生产力水平实现整体跃升”。在此基础上，11月17日，李克强总理在主持召开“十三五”《规划纲要》编制工作会议时强调，要在供给侧和需求侧两端发力促进产业迈向中高端。随后，在11月18日，习近平总书

记在亚太经合组织(APEC)工商领导人峰会发表演讲时表示:“要解决世界经济深层次问题,单纯靠货币刺激政策是不够的,必须下决心在推进经济结构性改革方面做更大努力,使供给体系更适应需求结构的变化。”2015年中央经济工作会议更加强调了供给侧结构性改革的重要意义,指出:“推进供给侧结构性改革,是适应和引领经济发展新常态的重大创新,是适应国际金融危机发生后综合国力竞争新形势的主动选择,是适应我国经济发展新常态的必然要求。”

推进供给侧改革,是以习近平为总书记的党中央在综合分析世界经济长周期和我国发展阶段性特征及其相互作用基础上,集中全党和全国人民的智慧,从理论到实践不断探索经济发展战略的结晶,是新常态下民营经济健康发展的指路明灯。

二、供给侧改革的内涵、特点及实质

(一) 供给侧改革的内涵

供给和需求是经济学中最重要的两个概念。需求由“三驾马车”组成,即消费、投资和出口。供给则包括两个层面:狭义上是指生产者在某个价格水平上,愿意且能够提供的商品或劳务;广义上的供给则包括了能够推动生产率提升和经济发展的供给侧因素,包括经济活动主体、生产要素、技术进步、结构变迁(工业化、城市化等)、制度管理变革等内容。

不同于从消费、投资或出口的总需求端进行调控,供给侧改革是将上述供给端的因素作为宏观调控的着力点,通过各种措施增强经济的总供给能力;推动经济结构的转型升级,从而创造新供给,释放新需求,打造经济可持续发展的新驱动力量。中国经济目前的结构性问题主要包括经济增长动力结构、产业结构、要素投入结构、区域结构、排放结构和收入分配结构这六个方面的结构问题。这六个方面的问题既相对独立、又相互叠加和影响,通过以往的需求管理政策达不到预期的效果,相反刺激需求还有可能加重结构性问题。因此,需要通过结构性改革,有针对性地解决各个层面的结构性发展瓶颈,从而优化整体经济结构,推动经济转型升级。

(二) 供给侧改革的特点

供给侧改革和需求管理政策具有各自不同的特点,如表2-1所示。供给侧改革强调充分发挥市场的决定性作用,强调激发企业和民众的积极性和创造性,注重激发市场本身的发展活力;强调通过提高全要素生产率来实现经济增长;注重从供给端增强经济的中长期发展和竞争能力;强调制度的作用,强调优化各个主体之间的责权利关系,以化解深层次矛盾。

表2-1 供给侧改革和需求管理政策的特点对比

供给侧改革	需求管理政策
强调充分发挥市场的决定性作用,强调激发企业和民众的积极性和创造性,注重激发市场本身的发展活力	注重政府在经济发展中的调控功能
强调通过提高全要素生产率来实现经济增长	强调通过投资拉动经济增长
注重从供给端增强经济的中长期发展和竞争能力	针对的是经济发展中的短期和即时性问题
强调制度的作用,强调优化各个主体之间的责权利关系,以化解深层次矛盾	强调政府政策的作用,常常运用财税政策、货币金融政策来管理经济

资料来源:王先庆,文丹枫.供给侧结构性改革:新常态下中国经济转型与变革[M].北京:中国经济出版社,2016.

（三）供给侧改革的实质

针对我国经济发展的具体情况进行供给侧改革，实质是要形成新主体，培育新动力，发展新产业。

1. 形成新主体

简政放权，减少政府对市场中具体经济事务和活动的过度干预，充分发挥市场“看不见的手”对资源、资本、产品等要素的优化配置和整合利用功能，使企业、企业家、创业者等真正成为经济活动的主体，激发他们的投资和创造热情，构建出具有持久发展活力的市场新生态。

2. 培育新动力

改变以往主要依靠投资和出口的经济增长模式，注重技术进步和创新，变革完善管理和制度性因素，从而提高全要素生产率，打造经济增长新引擎，增强经济的可持续发展能力和整体竞争力。

3. 发展新产业

深化市场经济体制改革，加快淘汰落后产能和僵尸企业，缓解产能过剩矛盾，推动资源的更优化配置和更高效利用，实现市场出清；同时，顺应新一轮信息化改革浪潮，积极发展新兴技术和产业，创造新供给，释放新需求，培育经济增长新动力，推动经济结构转型升级，开启经济发展新周期。

三、我国推进供给侧改革的原因

（一）需求管理政策的作用减弱以及副作用越来越明显

改革开放三十多年来，我国主要依靠大规模要素投入实现了经济高速增长，1979—2012年我国GDP年均增长9.8%，同期世界经济年均增速只有2.8%。2008年国际经济危机爆发后，为了稳定经济增长和就业率，国家出台了一系列刺激政策及增加政府投资，这些政策在当时确实取得了一定的效果，但此后需求管理政策的作用在减弱并带来了一些明显的副作用，如产能过剩、企业效益下降、资产价格泡沫、银行不良资产率上升等副作用和后遗症。这些因为长期实施总需求刺激政策而产生的发展问题，要求政府必须转换调控思路，从更为根本的结构性矛盾入手，进行供给侧改革，以便为经济增长培育新的驱动力量。

（二）适应和引领经济发展新常态的重大创新和必然要求

经济发展新常态具有以下特点：一是从高速增长转为中高速增长；二是经济结构不断优化升级，第三产业消费需求逐步成为主体，城乡区域差距逐步缩小，居民收入占比上升，发展成果惠及更广大民众；三是从要素驱动、投资驱动，转向创新驱动。推进供给侧结构性改革，是适应和引领经济发展新常态的重大创新。

首先，经济速度的新常态需要供给侧改革来引领。经济增速已从过去三十多年的9.8%的年均增长率水平下滑至2015年的6.9%。如何使经济平稳探底，并稳定在持续的中高速增长态势上，需要通过供给侧改革培育新增长点来实现。其次，经济结构的新常态需要供给侧改革来引领。经济结构调整包括调整存量和优化增量两个方面。调整存量的方式有去产能、去库存、去杠杆等，这正是供给侧改革和供给管理的内容。优化增量的途径是培育新产业、新业态、新技术、新品牌等，这也正是供给侧改革和供给管理的题中之义。再次，供给侧改革是针对经济结构性问题的深层次制度矛盾而推进全方位的改革，有助于解决区域结构、收入结构不合理等问题。最后，经济动力的新常态需要供给侧改革来引领。过去的经济增长主要是依靠需求侧的投资、消费和出口“三驾马车”来驱动，今后的经济增长必须转向改革、转型、创新来驱动，实行供给侧改革，从供给端发力有助于推动经济动力的转换。

(三) 国家实现可持续发展的战略需要

可持续发展要求平衡好经济增长与资源环境的关系、当前发展与长远发展的关系，以及当代人利益诉求与后代人利益需求的关系。然而，由于我国经济发展长期以“速度”为中心，导致了诸多影响可持续发展的问题，如资源的低效利用和过度消耗、严重的环境污染等问题。因此，要实现我国经济的长远发展，就必须进行结构优化和转型升级，以提高全要素生产率，实现低投入、高产出的转变。全要素生产率的提升，主要包括三个基本途径：制度变革、结构优化和要素升级。这也是推动我国经济持续增长、提升整体竞争力的“三大发动机”。而这三个经济发展新动力的培育塑造，只能从供给管理思路出发，通过“供给侧结构性改革”来实现。因此，供给侧改革也是打造可持续经济发展模式的必然要求和基本路径。

(四) 与国家推进全面改革的精神相吻合

2013 年中共十八届三中全会提出了全面深化改革的总目标。而“供给侧结构性改革”包含了多个范围和层面的改革：人口政策改革、行政管理制度改革、产权制度改革、土地制度改革、国有企业改革、财税制度改革、金融制度改革、价格制度改革、社会福利制度改革和生态制度改革等。从这个意义而言，进行“供给侧改革”是对“全面深化改革”这一社会发展总目标的落实，表明了政府宏观调控思路的转向：从注重短期增长的需求管理，转向以提升经济可持续发展能力为目标的“供给侧改革”；从注重政府主导作用的总需求刺激，转向以激发市场活力、完善社会主义市场经济体制为目标的“全面改革”。

第二节　苏商在供给侧改革中面临的机遇与挑战

加快推进供给侧改革对江苏民营经济而言既是难得的机遇又是严峻的挑战。一方面，从本质上而言，供给侧改革着眼于解决经济增长动力问题，充分发挥市场在配置资源中的决定性作用，给苏商带来诸多机遇，如全面深化改革的机遇、重构产业科技创新链和发展高端制造业的机遇、经济转型升级的多重机遇、企业创新发展和提升产品品质的机遇等。紧紧抓住供给侧改革带来的重大机遇，对于江苏实现转型再平衡、加快推进由低水平供需平衡向高水平供需平衡的跃升具有重要意义。同时，供给侧改革对苏商而言也是挑战，江苏民营企业的发展面临管理体系落后、新兴产业和服务业水平不高，传统制造业核心竞争力不强、融资困难、产品竞争力不强等困境，能否在供给侧改革的背景下实现转型升级和创新发展，在更加激烈的市场竞争中实现“优胜”而不被淘汰，对民营企业而言是一项严峻的挑战。

一、苏商在供给侧改革中面临的机遇

(一) 新一轮全面深化改革的机遇

供给侧改革是按照十八届三中全会要求推进的全面改革，供给侧改革涉及针对主体的改革、要素的改革和经济结构改革。针对主体的改革包括创业就业制度改革、国企改革、垄

断行业改革、政府机构改革、行政审批制度改革和司法制度改革，通过对企业、政府、居民等主体的改革，优化配置各种主体权利，调动各方面的积极性和创造性；针对要素的改革主要有科技制度改革、教育人才制度改革、信息管理制度改革、土地制度改革、资源产权制度改革、金融制度改革、环境制度改革，通过要素改革，提高生产要素资源配置效率；针对经济结构的改革主要有价格制度改革、投资制度改革、户籍制度改革、城乡福利制度改革、干部考核制度改革，主要解决产业结构、城乡区域结构、收入结构不合理的问题。随着供给侧改革大潮的涌起，各领域改革不断提速，政府出台一系列推进供给侧改革的政策和意见，各地区也在不断加大供给侧改革的力度，一些多年来难以解决的体制机制性矛盾正在被逐一攻克，进一步增强了经济发展动力，全面深化改革的大环境为民营企业的转型升级提供了良好的发展机遇。

（二）重构产业科技创新链和发展高端制造业的机遇

经过改革开放三十多年的发展，江苏已形成较强的供给能力。2015 年，全省实现地区生产总值 70 116.4 亿元，人均 GDP 突破 1.4 万美元，迈入高收入经济体的门槛。但江苏省供给体系的质量和效率仍需提高，经济规模大而不强、中低端产品过剩和高端产品及服务供给不足等问题仍没有得到根本解决。2016 年省政府工作报告指出，“实现‘十三五’发展目标任务必须突出供给侧改革”，着眼于提高江苏供给体系质量和效率，从实现“经济强”战略高度，明确提出把发展基点放在创新上，加快构建产业新体系，建设具有全球影响力的产业科技创新中心，建设具有国际竞争力的先进制造业基地。建设“一中心、一基地”，是江苏供给侧改革的重要一环，民营企业应积极抢抓创新型领军企业培育行动计划、苏南国家自主创新示范区建设、全国智能制造先行示范区建设等机遇，在“一中心、一基地”建设中有所作为。

（三）经济转型升级的多重机遇

供给侧结构的深刻改革，为江苏民营经济转型升级带来多重发展机遇：一是去产能的机遇。出清过剩产能是决定供给侧改革成败的关键。钢铁、石化、水泥、平板玻璃、造船、能源、纺织、机械业是江苏经济的重要支柱，但是存在产能过剩、行业集中度不高、竞争力较弱等问题。通过去产能，为有条件的企业开展跨行业、跨地区、跨所有制减量化兼并重组带来机遇，打造一批行业新的龙头企业，提高行业集中度，增加企业利润。二是去库存的机遇。房地产去库存是稳增长的一个重要因素。通过房地产去库存，将有效释放农业转移人口城镇购房需求，带动医疗、教育等相关领域投资机会，提高租赁市场活跃度，打通商品房和保障房转用通道，推动房地产企业转型升级，降低房企风险，稳定地产投资。三是去杠杆的机遇。通过去杠杆，有利于拓宽企业融资渠道，通过上市、私募股权融资、银行投贷结合、直接债务融资、开展资产证券化业务、提高融资租赁市场渗透率等途径，优化企业融资结构，降低债务成本。国际经验表明，去杠杆的同时会增加新兴行业股权融资领域的投资机会，主要包括高端装备制造业、TMT（科技、媒体和通信）、互联网、新材料、医药医疗、休闲服务等领域。四是降成本的机遇。成本高是困扰我国企业特别是民营企业发展的重要因素，降成本的重点为：减轻企业税费负担、降低企业制度性交易成本、降低企业用工与物流成本、降低用能用地成本。政府出台一系列旨在降低企业成本的利好政策减缓了民营经济发展的成本压力，有利于促进其转型升级。五是补短板的机遇。基础设施、民生保障、公共服务、脱贫攻坚、现代农业是影响江苏发展协调性和平衡性的薄弱环节。“补短板”对于解决当前经济和社会问题更具紧迫性和针对性,也更具战略意义。补短板就是强根基,补齐软硬基础设施短板,促进基本公共服务均等化,增加有效投资,打好扶贫攻坚战,支持企业技术改造和设备更新等补短板的行动,给民营经济发展奠定良好的基础,提供发展机遇。

(四) 企业创新发展和提升产品品质的机遇

提高企业竞争力,改善产品和服务供给,也是深化供给侧结构性改革的主要领域。经济下行期间,如何进行转型升级对企业的生存和发展至关重要。供给侧改革强调技术、产品、业态创新,给各类企业创新发展和转型升级提供新契机:一是倒逼企业把改善产品供给作为主攻方向,主动减少无效和低端供给能力,扩大有效供给和中高端产品能力,增强供给结构对需求结构变化的适应性和灵活性;二是倒逼企业树立精益求精、追求卓越的管理理念和追求完美的工匠精神,下气力提高产品、服务的质量品质,加快培育具有国际影响力的自主品牌,抢占市场制高点;三是倒逼企业改进生产经营模式,充分利用现代信息技术和互联网,推动“互联网+”协同制造,发展基于互联网的按需、众包、众创等研发设计模式,推广个性化和柔性化生产,构建虚拟产业集群,在更大范围内整合要素资源,创新商业模式。

二、苏商在供给侧改革中面临的挑战

(一) 管理体系落后,产品竞争力弱

民营企业的管理体系落后主要体现在以下几个方面:一是人力资源管理体系落后。一些民营企业持有错误的人才观念,没有建立健全的薪酬管理和绩效考核,内部的培训较少,员工之间的隔阂比较严重,员工的满意度较低,极大地影响了效率。二是财务管理体系落后。在当今互联网经济的冲击下,大多数民营企业依旧按照传统的财务管理体系模式管理企业资金,对风险管理没有长远的目标。三是经营管理体系落后。许多企业依旧是家族式经营管理模式,以家庭为核心的管理分配方式,实行集权化领导、专制化决策,在企业经营管理过程中,通常以伦理规范代替行业规范。

缺乏服务意识,产品竞争力弱也是民营企业发展面临的突出问题。一些民营企业对自身产品的市场定位不准确、不清晰,没有明确的方向,广泛地存在着随波逐流、盲目发展等经营管理现象。品牌是一个产品或企业的形象,是企业最重要的无形资产。企业核心竞争力的提升来自于对自身品牌的建设,大部分民营企业忽视企业的品牌建设,或者对品牌建设存在误区,仅用尽手段去提高产品的知名度,而不注重高质量产品的创新与研发,这些行为都不利于企业核心竞争力的提升。

(二) 新兴产业和服务业水平不高、传统制造业核心竞争力不强

目前江苏民营企业仍主要集聚在传统的制造业、为居民生活提供服务的批发零售业、交通运输、仓储和邮政业、住宿餐饮业、居民服务业等一般性竞争领域,且规模性企业少,产业集聚度不够,而且在新兴产业和服务业领域发展水平较低。由于民营企业规模有限、发展的时间较短,企业掌握核心技术少,发明专利不多,原始创新成果极少,一大批高新技术企业与高科技民营企业还缺乏更新换代的主导技术产品以及长期发展自有核心技术储备。由于发明专利少,以及由发明专利所形成的产业核心技术大多掌握在外国跨国公司手中,所以导致民营高科技企业效益比较低,多数企业的平均利税率只有10%左右,其增加值率只有20%

左右，原因在于大部分利润被掌握核心技术的跨国公司赚得，而我国的民营高科技企业只赚取少量加工费。一些民营高科技企业的老总们也曾承认“自己只是一个打工仔”。尽管近几年来，民营科技企业的专利数量增长较快，但仍有70%以上企业没有发明专利，只有外观设计和实用新型专利，他们所拥有的技术主要是在引进消化基础上的“二次”开发技术，其中绝大部分是模仿型技术，自主创新的程度较低。

（三）企业融资困难，金融机制有待健全

由于创新的风险性、复杂性、长期性与广泛性，民营科技企业的技术创新需要有大量的、稳定的、长期的资金投入作为保障。资金不足是江苏民营经济创新能力提升的最主要障碍。民营企业融资难既有其自身财务管理体制不健全，信誉较低等内部原因，也有一些外部因素。

一是民营企业创新资金来源渠道单一。江苏省民营企业大多数都是小规模、产品附加值低、资金十分有限的企业，因此银行就成为民营企业融资的重要渠道。在我国企业，尤其是中小企业融资，主要依靠银行贷款，但是我国的大多数银行一般不大愿意给中小企业贷款。原因主要有两点：第一，中小企业数量众多，企业情况千差万别，给中小企业贷款会大大增加银行的业务量和经营成本，往往得不偿失；第二，中小企业难以向银行提供有效的贷款担保，银行对他们缺乏信任，同时又缺乏相应的担保机构。加之我国目前其他的融资渠道又较少，因此，我国中小企业在融资方面非常困难。

二是风险投资和资本市场投资路径不完善。根据技术创新的特点，国外解决高技术企业创新资金来源的最好办法是大力发展风险投资和依靠资本市场投资。但我国由于政策环境、退出机制等多方面影响，目前风险投资尚未很好地发育与建立起来。就从资本市场直接上市融资而言，民营科技企业能直接上市融资者机会很小，比例很低。目前到商业银行贷款，虽少数企业在解决“双担保”的前提下，能获得少量的短期流动资金贷款，但无法获得银行长期的稳定的中长期贷款；而民营科技企业的技术创新普遍要求的却是长期、稳定的资金流。

三是直接融资门槛高、竞争激烈。在直接融资方面，对于大多数企业而言，主板市场门槛太高，审批时间较长，新三板、创业板和中小企业板有待进一步完善且竞争激烈。具有成长性的民营科技企业很难通过资本市场进行股权融资。在企业与风险投资公司的关系上，大多数风险投资公司偏好投资于规模较大、相对成熟并有赢利保障的企业。

（四）加剧企业间竞争和优胜劣汰

供给侧改革倒逼企业转型升级对民营企业来说既是机遇又是挑战，供给侧改革实质上是企业间科技较量、转型升级较量、创新能力比拼的一个过程，会按照市场规律推动优胜劣汰，以实现资源的优化配置。去除低效、低水平产能是供给侧改革的重要内容，去产能就是淘汰劣质企业，扶持优质企业。由于江苏省中小民营企业数量较多，且多集中在传统的制造业领域，大多面临“低端产能过剩，高端产能不足”的困境，在供给侧改革中，一些不能实现转型升级的企业将会被淘汰，因此民营企业会面临更大的市场竞争压力。

第三节　苏商在供给侧改革中的定位

从数量上来看，民营经济是江苏经济重要的组成部分。2015 年，全省民营经济面对错综复杂的宏观经济环境，在加快创新转型中保持了平稳健康发展，完成增加值 3.9 万亿元，同比增长 8.9%，比全省 GDP 增幅高 0.4 个百分点，对全省 GDP 增长的贡献率达 57.4%，比上年提高 0.6 个百分点；从历史来看，江苏民营经济历史悠久，起步较早，苏商素有“实业救国”和锐意创新的历史传统，在江苏经济社会发展的各个不同阶段，都起到了积极的作用。民营经济是江苏经济发展的重要引擎、科技创新的重要力量、扩大就业的重要渠道、社会活力的重要源泉，在江苏省经济发展和转型升级过程中起着重要的推动作用，也是助力供给侧改革的活力源泉。“厚德、崇文、实业、创新”的苏商精神是江苏民营经济增长最重要的人文创新动力。苏商在供给侧改革中要打头阵、当主力，充分发挥其基础性和全局性的地位。

一、苏商在供给侧改革中具有基础性、全局性地位

2016 年 3 月 4 日，习近平总书记在看望参加全国政协十二届四次会议的民建、工商联委员时提出“两个毫不动摇”和“三个没有变”，即“实行公有制为主体、多种所有制经济共同发展的基本经济制度，是中国共产党确立的一项大政方针，必须毫不动摇巩固和发展公有制经济，毫不动摇鼓励、支持、引导非公有制经济发展”，“非公有制经济在我国经济社会发展中的地位和作用没有变，我们鼓励、支持、引导非公有制经济发展的方针政策没有变，我们致力于为非公有制经济发展营造良好环境和提供更多机会的方针政策没有变”。同时，习近平总书记还在民建工商联委员联组会上强调“让民营企业真正从政策中增强获得感”，并用“亲”“清”两字阐明新型政商关系。在当前宏观经济进入新常态、传统行业转型升级压力增大的情况下，非公企业遇到的困难更为突出，习总书记的讲话坚持了非公有制经济的地位，给民营企业人员吃下了一颗“定心丸”。

习近平总书记强调，推进供给侧结构性改革，要从生产端入手，提高供给质量，增加有效供给。企业是市场供给的主体，是生产的组织者和服务的提供者，推进供给侧结构性改革最终要靠激发企业活力来实现，民营企业是最具活力的市场主体。江苏作为实体经济大省，民营经济不断发展壮大，为全省稳增长、调结构、促转型做出了重要贡献。民营经济在供给侧改革中处于基础性和全局性的地位，如果民营经济得不到健康发展，会直接影响实体经济的发展，经济转型升级和供给侧改革的成效也将大打折扣。在当前推进供给侧结构性改革中，民营经济应继续发挥重要作用，在实现自身转型升级、创新发展的同时，为江苏全省大局提供重要支撑。

民营经济占据江苏省经济的半壁江山，2015 年江苏省民营经济增加值占全省 GDP 的比重达到 55%，民营经济对全省 GDP 增长的贡献率达 57.4%。全省民营经济上缴税金 6 652.4 亿元，同比增长 10.6%，占全省税务部门直接征收总额的 57.1%，全省私营企业和个体工商户登记的从业人数达到 2 791 万人，比上年底增长 6.7%。其中，私营企业从业人数达到 2 093 万人，比上年底增长 6.1%；个体工商户从业人数达到 698 万人，比上年底增长 8.6%。图 2-1 和 2-2 分别给出了 2010—2015 年江苏私营企业和个体户数量、私营个体

经济增加值占 GDP 的比重。

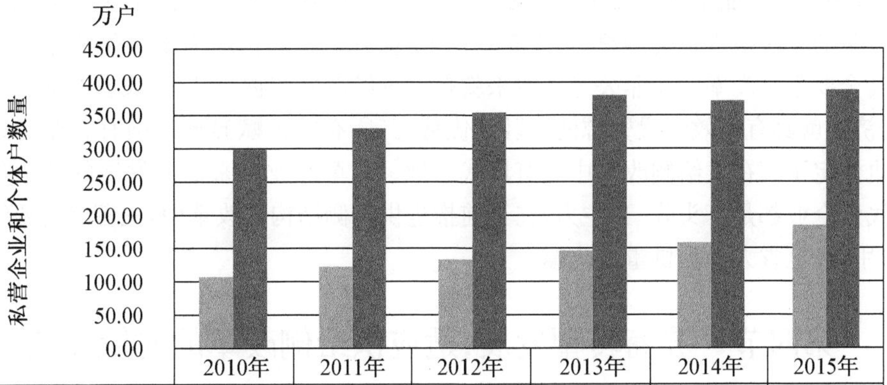

	2010年	2011年	2012年	2013年	2014年	2015年
私营企业数量	104.81	119.80	131.30	145.10	157.40	182.20
个体户数量	300.60	330.40	352.80	379.40	371.10	387.20

图 2－1　2010—2015 年江苏私营企业和个体户数量

数据来源：历年《江苏省统计年鉴》。

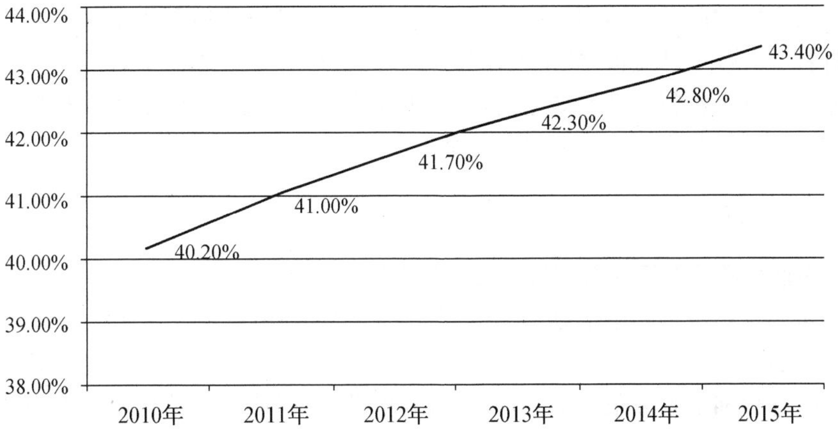

图 2－2　2010—2015 年私营个体经济增加值占 GDP 的比重

数据来源：历年《江苏省统计年鉴》。

由图 2－1 可知，2010 年江苏私营企业和个体户数量均呈增长趋势，私营企业数量由 2010 年的 104.81 万户增加到 2015 年的 182.20 万户，个体户数量由 2010 年的 300.6 万户增加到 2015 年的 387.2 万户，其中 2014—2015 年增长幅度较大，可能与江苏省积极推动商事制度改革、放款市场准入条件及推动“大众创业万众创新”工作有关。由图 2－2 可知，江苏私营个体经济增加值占 GDP 的比重较大，民营经济是推动江苏省经济发展的主力，2010 以来，私营个体经济增加值占 GDP 的比重持续扩大，由 2010 年的 40.2%增加到 2015 年的 43.4%。

二、苏商在推进供给侧改革中要打头阵、当主力

供给侧结构性改革不是搞新的“计划经济”，根本在于充分发挥市场在资源配置中的决

定性作用，通过进一步完善市场机制，矫正过多依靠行政手段配置资源所导致的“要素配置扭曲”，调整各类扭曲市场的政策和制度安排，进一步激发市场主体活力，从提高供给质量出发，用改革的办法推进结构调整，扩大有效供给，提升供给结构对需求变化的适应性和灵活性，提高全要素生产率。而非公经济本来就是市场经济的产物与基础，民营企业与生俱来在市场经济中就具有高效配置资源的“基因”优势，其所有的天赋异禀是国有企业所无法比拟的，这也注定了其在供给侧改革中更有用武之地。改革开放以来江苏发展的各个阶段性改变中，民营企业都是打头阵、当主力，在当前推进供给侧结构性改革中，民营经济要继续发挥重要作用，为全省大局提供重要支撑。

第四节　苏商转型发展，适应供给侧改革的对策建议

供给侧改革为民营经济发展提供强大动力和新的发展思路，对于江苏民营经济转型升级、实现新发展具有重要的战略意义。江苏民营经济的新发展需要着力把控供给侧，抢抓供给侧改革良机，牢固树立和贯彻落实创新、协调、绿色、开放、共享五大发展新理念，紧紧围绕江苏“两个率先”的任务目标，坚持弘扬“江苏制造”的优势和“苏商精神”，追求科技创新和技术进步，积极向“江苏智造”转型。面对错综复杂的宏观经济环境和供给侧改革“去产能、去库存、去杠杆、降成本、补短板”的重大任务，江苏民营经济应充分发挥“重实业，崇创新”的苏商精神，坚定不移走创新驱动发展之路，坚定不移走国际化之路，坚定不移打造品牌提升质量效益。为此，政府和企业必须在以下几个方面做出努力。

一、政府层面

(一) 构建合理的市场准入制度和公平的市场竞争环境

首先，进一步推进行政审批制度改革，全面实施“权力清单”和“负面清单”。一是继续加快清理和下放行政审批事项，建立权力清单制。建立相关部门联合审批和省、市、县三级联动审批机制，建设网上政务服务中心，提高行政审批效率；清理规范行政事业性和非行政事业性涉企收费项目，对已清理规范的涉企收费项目，要落到实处；加大力度推动垄断行业市场化改革，让民营企业平等参与垄断行业项目的招投标。二是设立“负面清单”，使民营企业明确自身法律规范的界限，为民营经济创造高标准法制化的营商环境。

其次，构建公平的法治环境，保护民营经济主体的合法权益。一是构建充分有效的产权保护法律制度，使民营企业有统一的法律地位，遵守统一的法律规定，切实依法保护民营企业和企业家合法财产不受侵犯、合法经营不受干扰；二是出台和完善各项法律法规和相关配套措施，为民营企业自主创新和市场开拓提供权益保护、资金支持和创业扶持，以保障民营经济稳定发展。通过给予民营企业家公正平等的地位和良好有序的市场环境，进一步增强其责任感和积极性，以减少人才流出。

第三，深化垄断行业改革和国企改革，促进民营经济参与“混合经济”。大力推进垄断行业改革，鼓励民营经济参与国企市场化改革，大力发展“混合经济”，通过竞争性领域放开市场、资本多元化改造、可竞争性环节分离等措施，促进民营经济参与竞争和发展，同时要在竞争模式、治理模式、财税体制、监管模式、公共服务等多方面整体同步推进。引导民企发展战

略性新兴产业和现代服务业,支持民间投资进入铁路、市政、能源、金融、社会事业等领域。

(二) 推进金融体制改革,解决民企融资难题

第一,构建多层次的金融体系、一体化的服务体系。从供给端发力,放宽金融管制,拓宽金融体系的广度和深度,构建由大、中、小银行和小金融机构组成的多层次信贷供给体系。江苏作为民营经济大省,应建立专门服务民营企业的政策性银行,引导民间资本参与建立中小金融机构,积极发展民营企业和草根金融,规范发展互联网金融,大力发展科技金融。根据民营企业的特点,建立与其相匹配的贷款评审标准和体系,改革金融机构内部考核制度,逐步降低民营企业融资成本。

第二,构建多层次股权投资体系和"金字塔"式的资本市场体系。积极鼓励、引导民营企业直接融资、上市融资,对具备一定条件的高科技企业进行引导和扶持。拓宽民营企业债券、票据融资渠道,开展融资租赁服务。鼓励发展专业服务,鼓励发展中小银行,推动金融租赁公司发展,规范发展民间融资,加快融资担保体系建设,规范和完善融资担保和再担保机构,创新民营企业担保模式。

第三,优化财政扶持政策和税收优惠减免政策。政府应对民营企业,特别是民营科技企业加大财政补贴力度,完善和落实税收减免政策,充分发挥定向财政政策对自主创新和技术进步的引导和激励作用,扩大和完善民营企业贷款风险补偿机制。在政府采购中,应对不同所有制企业一视同仁,扶持民营企业拓展国内外市场,加大对民营企业科技创新、创业、人力资源培训等公共服务平台建设的财政资金投入,进一步加大对担保机构开展民营企业融资担保业务的财政支持。

(三) 加快实施科技创新驱动战略

首先,加快推进大众创业、万众创新工作。通过优化建设布局、完善体制机制、提升服务功能和创新建设模式等手段激发民营企业创新创业发展活力;其次,落实"中国制造 2025"战略部署,强化创新发展、高端发展、特色发展,根据江苏省产业发展特点,重点加快发展新一代信息技术产业、生物和新医药产业、绿色低碳产业、新材料产业和数字创意产业等六大产业;再次,加快推动传统产业去产能。继续推进国际产能和装备制造合作行动,遵循市场机制、国际惯例和商业原则,通过直接投资、工程承包、技术合作、装备出口等多种方式,加快推动有实力、有意愿的江苏企业"走出去"拓展更大的发展空间。同时,制定综合性鼓励政策,支持产能过剩行业加快兼并重组步伐;最后,加快推进"一中心、一基地"建设。强化企业主体作用进一步释放企业在创新建设中的活力,落实企业制造装备升级和互联网化提升两大计划。引导企业把制造的根扎在研发上,特别是把企业研发机构做优做强做活,提升创新效率。

二、企业层面

(一) 积极参与混合所有制改革

混合所有制改革延续了存量改革的态势,非公有制经济与公有制经济共同发展,使国有资本和民间资本同时保持高速增长,加速了经济发展。民营企业要敏锐地把握住混合所有制改革及市场出清带来的兼并重组、债务重组、破产清算等低成本扩张机遇,把握住降低实体经济成本行动带来的减税减负、轻装上阵的机遇,把握住扩大有效供给带来的培育新产业

新业态、加快技术改造和装备更新、动能转换的机遇,融合发展,激发新动能,在新一轮洗牌中变得更优更强,实现质的飞跃。

(二)将去产能和创造高端新产业紧密结合起来

江苏民营经济传统产业和新兴产业均存在产能过剩现象,传统产业中钢铁、水泥、造船、电解铝、家电过剩较严重,新兴产业中的风电、太阳能也相对过剩,但控制系统、叶轮等还依赖进口,一些高端新兴产能,如集成电路、发动机制造,对于制造大省江苏而言,依然是技术短板。因此,江苏民营经济要看清这种过剩和不足的矛盾对立,清醒看到短板中的巨大市场空白和发展空间,通过供给侧结构性改革,敢于自我革命,果断调整产业结构、产品结构,降本减支、创新挖潜增效,以化解产能过剩;同时重新组织生产要素,瞄向高端,转型创造高端新兴产业。

(三)积极对接"一带一路"战略,加快"走出去"

加速对接和紧贴"一带一路"战略、长江经济带战略等国家战略,围绕国家战略转型升级,弘扬外向型经济传统,提高供给质量和效率,走国际化之路。民营企业要树立强烈的国际化意识,充分发挥江苏制造业实力和工程建设等基础建设能力较强的优势,在"一带一路"战略中大力推进国际产能、装备制造和资源能源等方面的合作,参与全球资源整合和跨境并购,加快优势产能的全方位转移,在国际产能合作中化解过剩产能。

外贸是江苏民营经济的长项,外贸事关江苏国民经济发展全局。面对国际经济的困难局势,江苏民营外贸发展的基本面没有改变,必须遏制进出口下滑态势,防止由减速变为持续失速。要加速推进外贸发展,着力推动外贸供给侧结构性改革,巩固传统发展优势,培育新的发展动能;要优化贸易结构,引导加工贸易向全产业链延伸,做大做强一般贸易,支持企业培育出口品牌,遏制恶性竞争,树立江苏产品和品牌的良好形象;要鼓励和促进跨境电子商务、市场采购贸易、服务贸易的创新发展。

(四)提升传统制造业核心竞争力,大力发展新兴产业和现代服务业

国际金融危机爆发后,企业的共性现象是:凡有自主知识产权、有自主品牌的企业,其抗风险能力就比较强;满足于"小打小闹"、靠贴牌加工赚取微利的企业,则大多渐渐陷入生存危机。江苏民营制造业十分发达,但许多传统制造业企业特别是中小微民营企业自主创新的能力仍相当薄弱。在制造企业供给侧改革中,江苏民营企业必须向技术前沿要动力,向产业高端要空间。一定要努力通过自主创新提升核心竞争力,实现传统制造业动能转型,不断提升江苏制造的品牌、质量和效益。

江苏省产业结构调整已经有了突破性进展,"三二一"现代产业结构已初步形成。在供给侧改革中,要加速以生产性服务业为重点发展现代服务业,民营制造业企业要努力向"微笑曲线"的两端延伸,民营传统服务业要加速转型升级,通过实施服务型制造重点项目,培育一批民营制造业服务化示范企业,促进现代金融、信息技术、现代物流等重点产业加快发展,培育壮大平台经济、工业设计等新兴业态,积极打造生产性服务业集聚区。

(五)建立互联网思维,加速信息化、智能化发展步伐

江苏民营企业应树立互联网思维模式,用互联网思维引领民营企业的创新发展。民营企业的领导要深入研究传统企业与"互联网+"的融合模式,从中进行借鉴。首先,企业领导在充分了解"互联网+"的基础上,积累相关的方法和技能,抓住"互联网+"的机遇;其次,借鉴相对较成功成熟的商业形态，结合企业自身的实际情况，瞄准互联网商机，积极探索新型商业模式；第三是整个企业管理团队要不断更新理念，树立“互联网＋”的全局思维与战略形态，迅速融入互联网商业大军中。以跨界融合为着力点，大力实施“互联网＋”行动计划、充分利用政府搭建的网络信息平台，积极参与“智慧江苏”建设。

江苏民营企业要加速大力实施制造装备升级，积极参与“中国制造 2025 江苏行动”、“江苏制造＋互联网”计划。江苏民营设备制造业的基础较好，要率先增加研发和技改方面的投入，努力在高度自动化、高度智能化和高度信息化上取得突破，进而带动各行各业信息化程度不断提高，在打造“一中心、一基地”过程中得到新提升、新发展，为实现“一中心、一基地”做出应有贡献。

(六) 努力实现创新“领跑”和绿色发展

为了在企业产品、技术层次的提升和核心竞争力的增强上取得领先的地位和优势，江苏民营经济必须在提升技术装备水平及智能化程度上，在创新产品结构和提高产品质量方面由目前的“跟跑”状态向“领跑”态势转变。目前，江苏省已拥有创新型领军企业 140 家、科技拟上市企业 1 030 家、高新技术企业 10 814 家、民营科技企业超过 10 万家。民营企业一定要成为创新驱动发展的主力军，江苏科技型民营企业一定要瞄准智能化、绿色化、服务化、高端化，以更大力度、更高水平开展技术改造，努力实现技术装备新、业态模式新、发展动力新，推进制造业加快向中高端迈进。

江苏省民营经济目前在绿色发展方面存在着产业污染严重、单位产品能耗过高、产品市场秩序混乱、生产质量低端等主要问题。苏商应积极主动实践“绿色”发展理念。

一是增强自身绿色发展意识，加强绿色技术的创新投入，注重提升产品质量，打造绿色发展品牌；二是引进先进设备和技术，实现“弯道超车”，为绿色发展提供硬件支持；三是优化内部建设，为实现绿色发展提供软件支持。民营企业家应注重提升自己的素质、强化企业内部的精细化管理和培育企业文化；四是注重人才引进与培养，为实现绿色发展提供人才支撑；五是实施“走出去”发展战略，实现产业转移产能合作，延伸产业链，在更高层次更深领域实现企业的绿色发展。

参考文献

[1] 陈建清. 供给侧结构性改革：江苏机遇与实现路径[J]. 唯实，2016，06：58－60.

[2] 刘宁，刘建峰，胡卫勋. 准确把握“供给侧改革”的科学内涵[J]. 法制与社会，2016，02：98－99.

[3] 刘迎秋. 供给侧改革与民营企业发展[J]. 中国党政干部论坛，2016，03：68－72.

[4] 贾康. 供给侧改革的理论内涵[J]. 经济，2016，01：9.

[5] 马常艳. 权威专家解读“供给侧改革”内涵和路径[J]. 化工管理，2016，04：34－35.

[6] 吴跃农. 供给侧改革促进民营经济新发展[N]. 人民政协报，2016－06－03(5).

[7] 吴跃农. 推进供给侧改革，促进江苏民营经济新发展[J]. 中央社会主义学院学报，2016，03：72－77.

[8] 吴跃农. 民营经济在供给侧改革中如何作为[J]. 群众，2016，08：47－48.

[9] 王文俊. 供给侧结构性改革的实质、路径与实现条件[J]. 中小企业管理与科技(中旬刊)，2016，07：159－160.

[10] 王先庆，文丹枫. 供给侧结构性改革：新常态下中国经济转型与变革[M]. 北京：中国经济出版社，2016.

[11] 张立栋. 民企如何抓住“供给侧改革”的机会——访中国社科院民营经济研究中心主任、经济学家刘迎秋[J]. 中国民商,2016,01:51-53.

[12] 张立栋. 聚焦供给侧改革与民营企业发展[J]. 中国民商,2016,01:50.

[13] 中共江苏省委. 江苏省人民政府关于推进供给侧结构性改革的意见[J]. 江苏省人民政府公报,2016,09:3-11.

[14] 朱尔茜. 供给侧结构性改革:动因、内容与次序[J]. 河北大学学报(哲学社会科学版),2016,03:75-80.

[15] 庄道秋. 江苏吹响供给侧结构性改革“集结号”[N]. 中华工商时报,2016-04-11(1).

专题篇

第一章 苏商创新发展报告

民营经济占据江苏省经济的半壁江山，在稳增长、促改革、调结构、惠民生等方面发挥着十分重要的作用。民营经济是江苏省科技创新的重要力量，近年来，全省民营科技企业量质齐升，科技含量和创新能力均显著提升。2015年，全省民营科技企业达101 046家，同比增长19.8%，实现总收入72 812亿元，同比增长17.8%。全省民营科技企业研发投入约占全省企业研发投入的2/3，近半数以上的民营科技企业建有独立研究开发机构，能够自主开发新产品或新工艺。民营科技企业知识产权创造能力显著增强，截至2015年底，全省民营科技企业拥有有效专利数40万件。

供给侧结构性改革关键在创新，在推进供给侧结构性改革和创新型省份建设的进程中，江苏省民营经济应发挥主力军作用，充分利用不断创新发展的科技政策、不断深入的商事制度改革以及“大众创业万众创新”等良好的发展环境，不断探索互联网条件下适合自身发展的商业模式，抢抓“一带一路”发展战略和“长江经济带”发展战略带来的机遇，坚持开放创新，实行创新国际化，积极主动融入全球创新网络，通过优化和配置全球创新资源，实现创新发展和转型升级。

第一节 苏商创新的环境特征

江苏民营经济在实现“富民强省”和“两个率先”目标进程中发挥了重要的支撑作用。当前，面对错综复杂的宏观经济环境，在供给侧结构性改革的背景下，江苏省民营经济应坚持创新发展，加快推进转型升级，有效化解产能过剩，打造民营发展升级版。江苏省政府历来重视民营经济的发展，致力于为民营经济健康发展营造良好的创新发展环境。一是制定切实可行的科技政策，通过科学规划和合理引导为民营经济创新发展提供政策支持；二是积极推动商事制度改革，通过推行公司资本认缴制改革、企业信息公示平台建设、“三证合一”登记制度改革等为民营经济发展创造良好的营商环境；三是积极推动“大众创业万众创新”工作，充分激发苏商创新创业的活力；四是注重“境外引智”，为江苏民营经济创新发展注入新活力。

一、良好的科技政策环境

“十二五”以来，全省科技系统大力实施创新驱动战略和科教与人才强省战略，着力推进科技创新工程，在建设创新型省份、推动经济社会持续健康发展方面取得了突出成绩，2015年江苏区域创新能力连续7年位居全国首位，科技进步贡献率提高到60%，成为我国创新活力最强、创新成果最多、创新氛围最浓的省份之一。江苏较高的科技发展水平和创新能力离不开相关科技政策的引导。目前，江苏省正处于建设创新型省份的关键时期，在贯彻落实国家的各项科技政策的基础上，还制定并颁布了一系列地方性科技政策，对本省的科技创新工作进行科学规划和政策引导。

表 1-1　2015 年江苏省政府推进科技创新工作的部分政策性文件

时间	文件
2015 年 2 月 2 日	省委　省政府关于建设苏南国家自主创新示范区的实施意见
2015 年 2 月 9 日	省政府关于深化省级财政科研项目和资金管理改革的意见
2015 年 3 月 20 日	省政府关于更大力度实施技术改造推进制造业向中高端迈进的意见
2015 年 4 月 8 日	省政府关于加快互联网平台经济发展的指导意见
2015 年 5 月 17 日	关于支持江苏省产业技术研究院改革发展若干政策措施的通知
2015 年 6 月 12 日	省政府关于加快全省集成电路产业发展的意见
2015 年 7 月 14 日	省政府办公厅关于进一步加强苏北地区人才工作的意见
2015 年 8 月 24 日	2015 年下半年苏南国家自主创新示范区建设重点工作任务要点
2015 年 9 月 10 日	省政府关于重大科研基础设施和大型科研仪器向社会开放的实施意见
2015 年 11 月 12 日	省政府关于筹建江苏省西太湖、吴中等高新技术产业开发区的批复
2015 年 12 月 3 日	加快科技服务业发展的实施方案

资料来源：江苏省科学技术厅网站。

表 1-1 列出了 2015 年江苏省政府推进科技创新工作的部分政策性文件。这些政策从江苏省各地区的科技发展现状出发，因地制宜，充分发挥地方优势和区域功能，引导全省和各地区科技创新工作的有序进行，营造了良好的科技政策环境，有利于推动江苏民营经济的创新发展。同时，为深入实施创新驱动发展战略，调动和激发科技人员创新创业积极性，江苏省还设立科学技术奖、企业技术创新奖等奖项对创新人才和创新企业进行奖励。表 1-2 列出了 2015 年度江苏省企业技术创新奖获奖企业名单。

表 1-2　2015 年度江苏省企业技术创新奖获奖企业

序号	企业名称
1	江苏苏博特新材料股份有限公司
2	南京康尼机电股份有限公司
3	江苏恒顺醋业股份有限公司
4	苏州热工研究院有限公司
5	南通富士通微电子股份有限公司
6	江阴兴澄特种钢铁有限公司
7	日出东方太阳能股份有限公司
8	江苏鱼跃医疗设备股份有限公司
9	连云港中复连众复合材料集团有限公司
10	中海油常州涂料化工研究院有限公司

资料来源：江苏省科学技术厅网站。

二、商事制度改革助推创新创业浪潮

制度创新是企业活力之源，制度环境对民营经济的创新发展至关重要。近两年来我国推行的公司资本认缴制改革、企业信息公示平台建设、“三证合一”登记制度改革等商事制度领域的改革，提高了市场主体的准入效率，节约了企业成本，为民营经济的创新发展创造了良好的营商环境。

为了适应我国不断发展的经济状况，根据 2013 年 10 月召开的国务院常务会议的要求，我国开始进行公司注册资本登记制度的改革。李克强总理在此次会议上明确了公司注册资本改革的政策方向，具体做法为适度降低或取消注册资本的数额，取消企业年检制度并变更为年度报告制度，建立企业诚信制度，放宽市场主体的住所条件，使注册资本的登记制度由实缴登记制变为认缴登记制。十八届三中全会上通过的《中共中央关于全面深化改革若干重大问题的决定》指出，要简化工商注册制度，由先证后照改为先照后证，使注册资本的登记制度由实缴登记制变为认缴登记制。江苏省由试点改革逐步推动全省改革，出台《江苏省政府关于推进注册资本登记制度改革的实施意见》，从改革注册资本登记制度、改革年度检验验照制度、简化住所(经营场所)登记手续、推行电子营业执照和全程电子化登记管理和优化登记审批服务等方面部署积极推动改革的实施。

(一) 公司资本认缴制改革

注册资本认缴制是指在公司登记注册时股东可以不实际缴付或只实际缴付部分所认缴的注册资本，剩余部分按照公司章程规定的期限缴付，股东以其认缴的出资为限承担法律责任的制度。实行注册资本认缴制具有很强的现实意义，首先，放宽注册资本登记条件。新公司法取消了有限责任公司最低注册资本 3 万元、一人有限责任公司最低注册资本 10 万元、股份有限公司最低注册资本 500 万元的限制。新公司法还不再限制公司设立时股东(发起人)的首次出资比例和缴足出资的期限。实行认缴制最大限度地降低了创业门槛，为更多的创业者进行创业和创新活动提供了可能。其次，有效激发市场活力。认缴制的实施降低了企业的创业成本，提高了企业的办事效率，能够鼓励人们投资实体经济，激发投资热情，增强市场活力。再次，增强了企业资金使用的灵活性。原来不管公司是否需要资金，都要将注册资金缴入指定账户，限制了企业资金流转，实行认缴制减少了企业融资的压力，企业可以根据需要对资金进行合理分配使用，有利于增强企业的竞争力。最后，增加就业机会，认缴制可以有效地促进小微企业和创新型企业的成长。更多有创业激情的人进行创业会增加就业机会，带动就业。

(二) 企业信息公示平台建设

商事登记改革破除了企业“宽进”障碍，针对后续的“严管”问题，国务院制定了《企业信息公示暂行条例》，以实现“保障公平竞争，促进企业诚信自律，规范企业信息公示，强化企业信用约束，维护交易安全，提高政府监管效能，扩大社会监督”的目的。2015 年 1 月，江苏省政府下发了《省政府办公厅关于做好政府部门企业信用信息公示及共享工作的通知》，明确了依托省公共信用信息平台，建立行政许可审批信息、工商登记信息、行政处罚信息、企业年度报告信息的共享机制，通过省公共信用信息平台将相关信息推送至企业信用信息公示系统，进行信息公示。

(三)"三证合一"登记制度改革

"三证合一"登记制度改革是商事制度改革的深化。"三证合一"登记制度改革即把企业登记时依次申请,分别由工商部门核发营业执照、质监部门核发组织机构代码证、税务部门核发税务登记证,改革为一次申请、核发一个营业执照及代码的登记制度。自国务院部署探索实行"三证合一"登记制度改革以来,江苏省高度重视,在全国率先启动"三证合一"改革。2014年12月29日,江苏在省一级及宿迁、泰州、镇江和苏州工业园区、泗洪县等10个点同步开启"三证合一"登记改革,成为全国"三证合一"推广面最大的省份。在总结试点经验的基础上,江苏省积极推动全省的"三证合一"改革。2015年5月25日,省政府办公厅出台《关于进一步推进"三证合一"改革的意见》,进一步推进此项改革的发展和完善。

由表1-3中三证合一的前后对比可以看出,在传统的三证分离登记制度模式下,企业办理设立登记面临重复管理、多头管制,增加了企业负担,降低了商事登记效率。"三证合一"登记制度改革是对我国"三证分离"登记制度的重大突破与创新,对企业和政府来说都具有重要的意义。一方面,"三证合一"登记制度改革有利于便利企业注册,鼓励投资兴业,持续推动形成大众创业、万众创新热潮。另一方面,"三证合一"登记制度改革有利于推进简政放权,降低政府行政成本,提升政府服务效能,建设服务型政府,推动市场在资源配置中起决定性作用。

表1-3 三证合一的前后对比

事项	三证合一前	三证合一后
办理营业执照	需要领取3个证,分别是营业执照、组织机构代码证和税务登记证	只需领取1个营业执照,包含组织结构代码证和税务登记证号
	需要跑工商、质检、国税和地税4个部门,至少需要跑8趟,需要提交4份申请表	只需向工商局综合窗口提交一份申请表,仅需要跑两趟
提交材料	需要提交的材料多达26份	只需要提交13份材料(其中一份为领证后交)
数据填写	需要填写166项数据	只需要填写74项
登记部门反应时间	登记部门作出是否准予登记的决定至少需要一周以上的时间	登记部门作出是否准予登记的决定一般只需要3天的时间

资料来源:中国政府网。

不断深入的商事制度改革推动了江苏省的创新创业活动,2015年末全省工商部门登记的私营企业达182.2万户,当年新增39.4万户,注册资本72 965.4亿元,比上年增长30.7%;个体户387.2万户,当年新增63.7万户。

三、"大众创业万众创新"激发创新创业活力

近年来,江苏省政府出台了一系列推进"大众创业万众创新"工作的地方政策,13个省辖市也结合本地实际出台了一系列配套政策文件,把目标任务细化分解到相关部门,做到每项工作有目标责任、时间节点、考核内容,构建有利于大众创业、万众创新蓬勃发展的政策环

境。2015 年,江苏省出台具体实施方案,成立由省科技厅、教育厅等 19 个部门组成的推进大众创新创业联席会议,加速形成政府鼓励创业、社会支持创业、大众积极创业的良好发展环境。

江苏省政府积极推动“大众创业万众创新”,取得了明显成效。一是积极推进先行示范,深入实施“创业中国”苏南创新创业示范工程(全国首个获批的“创业中国”区域性示范工程),围绕创新型企业家培养、众创空间建设、创新型产业孵育、创新创业服务提升、创新创业资源整合、创新创业氛围营造等关键环节组织实施六大工程,打造江苏创新创业的标杆。二是加快众创空间建设步伐。出台《江苏省推进众创空间建设工作方案》,新设规模为 1 亿元的众创空间专项,支持引导行业领军企业、创业投资机构、社会组织等机构投资建设或管理运营众创空间等新型创业孵化载体。2015 年以来,纳入省级以上备案的众创空间达 207 家,新建各类创新创业载体 700 家左右。三是持续加大创业扶持力度,积极落实国家和省针对小微企业的各项税费优惠政策,设立省新兴产业创业发展资金,重点支持战略性新兴产业领域的处于培育期或初创期的高科技创业企业项目。2014 年有 11 967 家企业受惠于科技税收优惠政策,全省落实科技税收减免额达 254.62 亿元,较上一年度增长 10.62%,连续 6 年实现持续增长。

四、大力引进境外创新人才

随着经济全球化的深入发展,国际间人才交流与合作不断增强,人才跨国流动日益加速,境外人才资源已经成为重要的战略资源。近年来,随着江苏经济社会发展水平的显著提高,外向型经济的快速发展,政府出台一系列引进境外人才的强有力政策,吸引了一大批境外高层次人才来苏工作和创业,为全省转方式、调结构,加快实现“两个率先”目标提供了重要人才和智力支持。

图 1-1 和图 1-2 分别给出了 2012—2015 年全省引进境外专家的总人数和专家的类别。2014 年,全省引进境外专家首次突破 10 万人次,达到 101 700 人次,比 2013 年增加 2 094 人次,同比增长 2.1%,快于全国增速 1.0 个百分点。2015 年,全省引进境外专家 102 098 人次,比 2014 年增加 398 人次,位列全国第二,占全国引进境外专家总人次的

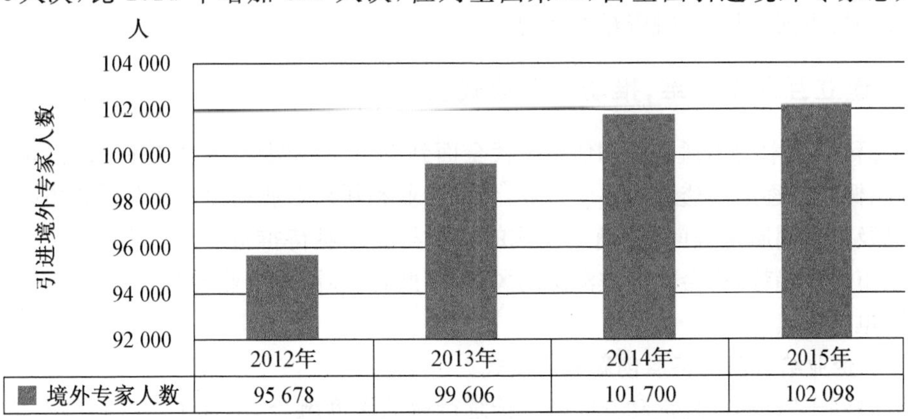

图 1-1　2012—2015 年江苏引进境外专家总人数

数据来源:江苏省统计局网站。

16.4%。从图 1－2 中可以看出，境外专家中经济技术管理类专家占有绝对优势，2015 年达到 73 488 人次，占比为 72%。境外经济技术管理类专家的引进，增强了江苏省科技创新的动力与活力。

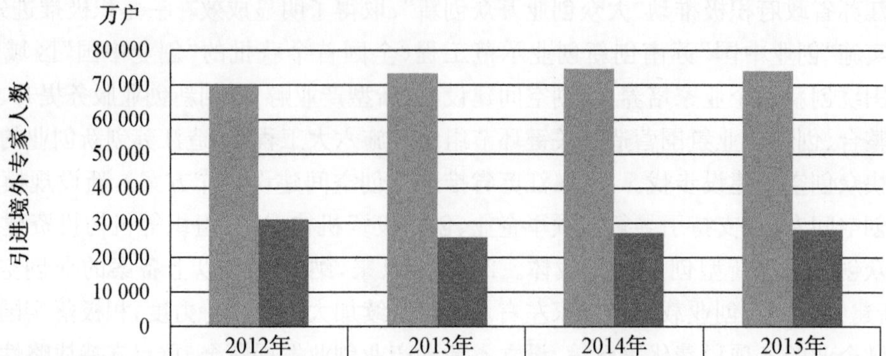

	2012年	2013年	2014年	2015年
■ 经济技术管理类	68 875	73 450	74 200	734 88
■ 教科文卫类	26 803	26 066	27 500	286 10

图 1－2　2012—2015 年江苏引进境外专家的分类别人次情况

数据来源：江苏省统计局网站。

第二节　苏商创新路径选择

创新是引领发展的第一动力，江苏民营经济只有通过持续创新才能突破发展瓶颈，实现转型升级和健康发展。供给侧结构性改革为江苏民营经济的创新发展指明了方向，提出了新的要求，苏商的创新发展应以供给侧结构性改革为主攻方向，不断探索新的创新发展路径。首先，在信息化时代，苏商应紧跟信息化潮流，建立互联网思维，加快实施“互联网＋”行动计划，不断探索新型商业模式；其次，积极推动“大众创业万众创新”工作，激发苏商创业创新的活力，将优化存量和扩大增量有机结合；再次，苏商应坚持开放创新，实施“走出去”战略和创新国际化，在全球范围内配置资源，寻求发展；最后，苏商的创新发展也需要健全融资体系，创新融资方式，以解决融资难的问题。

一、建立互联网思维，推动商业模式创新

随着科学技术的迅猛发展和信息时代全面到来，“互联网＋”、“大数据”、“移动物联”等新的市场概念已逐渐渗透进入各个行业，传统产业和新兴产业均面临经营模式雷同、产能过剩、产品及市场同质化等问题，商业模式的变革与更新亟待推进。民营企业若不能转型创新，对接市场大趋势，将会面临被淘汰的风险，因此，江苏民营企业的商业模式转型升级是一种趋势，也是必然之路。

（一）企业结合自身特点创新商业模式

“互联网＋”行动计划推动互联网与传统行业的深度融合，出现了一些新型电子商务商业模式，如“工具＋社群＋商业模式”、长尾型商业模式、跨界竞争商业模式、先免费后收费商业模式、O2O 商业模式、平台型商业模式等。企业应运用移动 O2O(线上线下)、云计算、大

数据等打造用户聚合平台、多元社交平台，开展基于个性化产品的众创和电子商务模式创新。苏宁集团是以互联网思维积极推动商业模式转型升级的成功典范。在近年来移动互联网快速发展的趋势下，苏宁紧紧抓住现代零售业变革转型的发展契机，努力实现线上的便利性与线下的体验功能相融合，将互联网的技术应用与零售核心能力进行充分的对接，从而更好地满足消费者的需求和供应链的优化，形成可持续发展的互联网零售模式，成功转型升级为“店商＋电商＋零售服务商”的商业模式。民营企业应把握移动互联网时代的商业发展趋势，积极探索适合自身发展的新型电子商务商业模式，实现转型升级。

（二）政府大力引导和支持企业商业模式创新

各地政府部门应该健全审批办理协调机制，推行行政审批代办制。政府对商业模式创新要积极培育、用心呵护，并且要善于通过孵化器来培育新商业模式，合理规划，引导投资资金。对于商业模式创新企业，可设立相应的评比称谓，同时享受相应优惠政策，以充分享受政策扶持。同时，政府部门也应该加强政务信息化建设，进一步将政府的公共服务产品外包给企业，这种做法推进了政府服务机制的改革，又为新商业模式提供了发展空间。

二、积极推动民营企业“大众创业、万众创新”

创新是创业的基础，创业推动着创新。大众创业、万众创新是主动适应和引领经济发展新常态、培育和催生发展新动力的必然选择，也是深入实施创新驱动发展战略、加快经济结构调整优化的必由之路。民营经济是“大众创业、万众创新”实践中最有活力的力量，是引领大众创业、万众创新的重要载体。政府应积极推动“大众创业、万众创新”，激发社会创新创业活力，推动民营经济实现创新发展和转型升级。

（一）软硬环境并重，促进载体建设提质增效

充分利用城市和工业园区的闲置空间和厂房进行改造，将节省的载体建设资金用于服务能力和服务团队建设以及进行创业扶持；借助“互联网＋孵化器”，建设省级众创空间联盟，打造开放式创业生态系统，鼓励众创空间积极主办或者对接各种创业路演、创业大赛、创业论坛、创业辅导与培训等创业活动；鼓励龙头企业参与建设孵化载体，支持社会力量创办中介服务机构，提供包括共性研发、人才服务、技术、产权和标准、信贷担保和融资支持等各类创新创业服务，积极引进和培育无形资产评估、项目策划、成果转化等中介机构，打造一体化创新创业生态圈。

（二）降低准入门槛，促进社会创业率不断提高

实施结构性减税政策，对有竞争力和符合产业政策的处于初期的创新创业企业进一步给予税收优惠，出台促进产业发展的文件，为创业者广开门路，拓展创业空间；激励企业、鼓励员工在产品、技术、工艺、管理和市场等创新中积极探索，营造企业内部良好的创新创业氛围；鼓励企业设立创业基金，参与创业项目众筹、投资，在促进企业转型发展同时，拓宽创业者融资渠道；建立大众创新创业教育体系，选齐配强创新创业教育专职教师队伍，聘请知名科学家、创业成功者、企业家、风险投资人等各行各业优秀人才，担任创新创业指导教师，让愿意创业的人能够创业，提高社会创业率。

（三）着力整体联动，统筹推进大众创新创业政策落地

一是充分发挥政府作用。实行顶层设计，完善宏观政策，细化操作细则，强化对大众创

新创业的引导作用;加强市场监管,以简政放权的改革为市场主体释放更大空间,实现草根经济和支柱产业共荣;着力软环境打造和公共服务产品的提供,为各类创新创业主体提供优质环境,进一步集聚创新资源,激发创新活力。二是发挥市场在资源配置中的决定性作用。推动各级政府部门、科研院所、各类产业园区、金融机构等协同运行,形成"政产学研用"相结合的创业创新孵化链条,加快建设创业孵化基地,合作开展创业培训,着力打造一批分布合理、功能齐全、资源共享的创新创业服务平台。三是发挥社会组织中介服务作用。建立以科技社团组织为主体的第三方评估力量,将创业创新项目指南编制、项目评审、项目过程管理、项目验收,以及创业创新人才评价、科技奖励、科技成果评价、技术技能鉴定等工作委托科技社团组织承担,提高评价过程和评价结果的公平公正性。

三、坚持开放创新,构建开放式创新网络

在知识经济时代,伴随着知识生产的垂直专业化分工的提升和通信及交通技术的发展,企业或区域可以迅速地在全球范围内搜索和利用创新资源,这一过程促进了全球创新网络的形成。在全球创新网络逐步形成的背景下,实行开放式创新,开展创新国际化活动成为企业提升创新能力的重要方式,江苏是开放型经济大省,民营经济作为江苏省经济增长的重要引擎,应坚持开放创新,实行"走出去"发展战略,积极推动创新国际化。

(一) 坚持开放创新,实行"走出去"发展战略

一是引导和支持民营企业充分利用国际国内两个市场、两种资源加快发展,积极引导民营企业重点开展与"一带一路"沿线国家的经贸合作,重点加大对"一带一路"沿线国家和地区的市场开拓,帮助企业扩大出口规模;鼓励江苏省民营企业加快在"一带一路"沿线国家的布局和集聚发展,积极运营好企业国际化基金和"一带一路"基金,重点支持企业在"一带一路"沿线国家开展投资合作和技术交流。鼓励民营企业积极融入长江经济带、长三角一体化等国家战略。二是主动对接上海自贸区建设,以接轨上海自贸区为契机,主动对接,切实改变拼资源、拼优惠、拼政策的传统思维,建立比政府职能转换、比社会主体和市场主体发展活力、比符合国际惯例的商务环境的"新三比"开放和发展氛围。三是加强国际间经贸合作。推动有条件的民营企业扩大国外投资,建设国外产业园区,促进更多有条件的园区建设更高层次的中外合作园区。完善中小企业境外经贸合作服务平台,强化跨国投资合作信息服务,为民营企业"走出去"提供更便捷、更高效、更优质的服务。

(二) 实行创新国际化

创新国际化有多种表现形式,如利用外资、通过绿地投资或并购在海外建立独立研发机构、申请海外专利、建立国际技术联盟和联合实验室、为特定创新项目组建合资企业等。江苏民营企业应积极实施创新国际化行动计划,深化与美国、英国等创新强国,以及国外知名机构的交流合作,构建企业创新合作伙伴关系。具体来说:一是企业应不断提升利用外资水平,充分利用外资的技术溢出效应来提升创新能力;二是推动研发活动的国际化,加强与海外企业、高校以及科研机构的技术合作与交流,有条件的民营企业可以在海外设立研发机构以及实行海外并购;三是积极推动 PCT 海外专利的申请,加强知识产权保护;四是大力发展对外贸易,围绕市场开拓和客户需求,优化产品研发和设计流程,整合公司资源实现对战略客户的一对一服务,以增强海外客户黏性。

四、完善融资体系，解决融资难问题

创新创业需要一定的资金支持，当前，江苏民营经济融资难问题成为制约江苏民营经济发展的重大障碍。造成民营企业融资难的原因，既有来自外部政府、金融体系的原因，也有来自企业内部的缺陷，既受信贷政策、法律和信用环境等宏观影响，又受制于企业自身、金融系统局限性等微观成因。民营企业融资难问题的有效解决，需要政府、金融体系和企业的通力合作。

（一）政府出策助力民营企业融资问题解决

1. 制定支持民营企业融资的宏观政策

民营企业虽然是我国经济体系的重要组成部分，但就融资而言是我国经济体系中的“弱势群体”，所以国家政府应该在宏观政策层面加大对民营企业的扶持力度，地方政府结合本省民营经济发展的实际情况对相关政策进行补充和完善。首先，在基本原则方面，国家政府及相关金融机构尤其是银行应该遵循平等原则对大型企业和民营企业提供贷款，不应该在贷款条件上歧视民营企业而对民营企业的贷款政策更加苛刻，相反，由于民营企业对整体经济的重要性以及在资金上的弱势而给予民营企业更多的政策照顾，如设立专项资金用于民营企业融资等。其次，在立法方面，国家和江苏地方政府都要进一步强化有关金融机构的贷款行为，要严格贷款审核，减少贷款的期限与企业的实际用途期限不匹配，加强事后追踪，一旦发现企业将大量资金挪用到了别的项目投资中去，要采取一定的措施。第三，积极落实优惠政策。政府要对中小民营企业实施资金扶持政策。对因不可抗力造成的中小民营企业停业破产，给以政府资金救助，对贫困地区的中小民营企业，把对其的支持体现在贫困救助款中，单独划拨，促进中小民营企业的发展；设立民营企业研发技术资金，对民营企业的科技创新研发费用给予补贴，鼓励银行对科研项目贷款降低利息，对科研经费、人员培训费用税收减免；进一步完善“拨改投”机制，改变政府科技项目资金补贴政策，部分改为股权投资，充分促进政府与债券、基金、保险等资金协调配合，撬动社会资本；对中小民营企业采取灵活多样的税收优惠政策，综合运用税率、税基、税额三种优惠措施对中小民营企业从不同角度给予优惠。

2. 落实政府职能，切实为民营企业服务

首先，政府应加强对担保机构的管理。由于民营企业信用不佳，财务报表可信度不高，很多社会中介机构都不愿意为民营企业提供信贷担保。虽然近些年建立了一些信用担保机构，但目前担保公司能力与实际需求之间仍然存在巨大差距。政府应通过加大补偿制度、建立多层次的担保机构、组织企业互联担保和建立担保机构的风险预警机制等手段加强对担保机构的管理。

其次，完善信用评价体系。一是政府相关部门要建立起公开的社会信息网络，实现信息的公开，满足各方对信息共享的诉求；二是成立中介评价机构，由政府、银行业协会、中小企业联合会共同监督，保证用以信用评价的数据的真实性，并定期将评价结果与税务、审计等相关执法部门的诚信数据以及民间借贷登记中心的数据进行交换，使评价结果准确严密，控制风险；三是督促各行业协会，统一本行业的信用评价评分细则及评价标准。

再次，建设服务型政府。继续深化商事制度改革，为民营企业的发展提供便利；政府要积极引导金融机构和企业不定期开展银企洽谈或者座谈会，建立中小企业金融服务工作联席会议机制，通报国家最新政策变化情况，交流各方在中小企业融资方面的有关经验及做法等；通过打造沟通服务平台，加强政策协调，形成政府、银行、企业共同抓融资的合力。促进政策性银行与创投机构紧密合作，发放政策性贷款，更大力度地扶持民营企业特别是科技型民营企业成长。

(二) 金融体系积极改革创新服务

1. 创新发展资本市场

从江苏省的省情出发，结合民营企业的特点和现状，建立多层次的资本市场，探索新的途径去发展目前以股票、债券为主的直接融资市场，拓宽民营企业的直接融资渠道。

一是优化多层次股票市场和规范债券市场。完善中小企业板、创业板和新三板，鼓励民营企业海外上市。通过完善债券发行担保制度、组建民营企业发债联盟、完善信用中介机构的信息披露制度以及创新企业债券品种等途径和手段规范债券市场。

二是加快发展风险投资和融资租赁。拓展科技产业含量高、有潜力的大中型民营企业的股权融资渠道，大力发展风险投资基金，壮大风险投资规模，完善风险投资的进入机制。金融租赁既有融资作用也有融物作用，出现风险时可以收回租赁物，对信用要求相对较低，因此比较适合中小民营企业，政府应提供相应的法律法规保护和适度的优惠政策，促进融资租赁业健康发展。

三是发展互联网金融，寻求科技与金融结合新路径，促进形成多元化、多层次、多渠道的科技金融融资体系为民营科技企业服务，建立面向中小企业线上、线下的多层次投融资服务体系，在融资规模、期限、成本等方面提供更具针对性和灵活性的产品和服务。

2. 规范民间借贷市场

民间借贷作为一种我国民营企业融资渠道的补充可以在一定程度上解决民营企业的融资问题，所以政府应该放宽民间借贷，但由于目前的民间借贷不规范，使得民间交易成了灰市，所以应在放宽民间借贷的基础上，进一步规范民间借贷市场。首先，建立多条民间借贷信息发布渠道以保证借贷双方信息畅通，建立信用中介管理公司，为民间借贷提供专业化的个人征信、法律咨询、信用担保等服务。其次，完善相应的法律法规体系。一方面承认民间借贷行为的有效性，取消民间借贷投资领域的不合理限制；另一方面积极探索加强民间借贷的金融监管机制，建立监测通报制度，明确利率管制、税务征收、违约责任、双方权利义务等，推动民营借贷正规化发展。第三，重视民间资本的产业导向。引导民间大量的资本进入以高新技术产业和实体经济为主的民营企业，帮助民营企业实现转型升级和创新发展。

(三) 企业加强自身建设

改善民营企业的融资困境需要政府和金融体系的大力支持，也需要企业自身的不断完善。民营企业出现融资难的困境，与民营企业本身财务管理不健全，缺乏内部控制机制，不能及时提供准确的财务报表，以及企业信誉不高，因成立时间较短缺乏历史的信用记录和公众形象等方面密切相关。因此，民营企业应加强自身建设，促进企业规范运作，不断提升经营管理水平，以促进融资渠道的畅通。一是要加强企业制度建设。改革管理制度，建立起“产权清晰、管理科学”的企业制度，提升企业层次；完善财务制度，建立和完善企业内部控制制度，强化财务控制。二是优化企业的资源配置。人才和科技对于企业的生存和发展至关重要，企业应重视开发人力资源，通过在职培训提升在职员工的质量，并注重引进核心人才，以增强企业的发展活力和创新力，同时注重实现人力资源的科学管理，建立科学合理的考评机制，充分发挥员工的积极性；积极推动技术创新，坚持开放式创新，推动产学研结合，并注重知识产权的保护。三是提升企业信誉。民营企业一定要充分认识诚信的重要性，努力提高自身信誉，树立诚信、守法的新形象。不断加强对金融法规的学习，杜绝对银行的欺诈行为，提高还款的信誉度，做到无不良信贷记录，赢得金融机构的长期信任。

第三节　苏商与浙商、粤商创新比较研究

江苏、浙江和广东都是民营经济发展大省，在我国改革开放和经济发展的过程中，三省形成各具特色的民营经济发展模式，具有代表性的有苏南模式、温州模式和珠江模式。三省民营经济的规模都持续扩大，对区域经济发展发挥越来越大的作用。2015 年，江苏省民营经济完成增加值 3.9 万亿元，同比增长 8.9%，比全省 GDP 增幅高 0.4 个百分点，对全省 GDP 增长的贡献率达 57.4%；浙江省规模以上私营企业工业增加值 5 143 亿元，比上年增长 3.6 个百分点，占规模以上工业增加值总额的 39.0%；广东省民营经济完成增加值 38 846.24 亿元，占全省 GDP 的比重达到 53.4%，比重比上年提高 0.1 个百分点，对全省经济增长的贡献率为 53.8%。在 2016 中国民营企业 500 强名单中，浙江省有 134 家企业入围，江苏有 94 家企业入围，广东省有 50 家企业入围，可见，三省的民营经济都具有较强的实力。三省民营经济创新和发展模式各具特色，在创新环境和创新能力上也有所差异，对其进行比较分析有助于相互借鉴，促进共同发展。

一、苏南模式、温州模式和珠江模式比较分析

（一）苏南模式

20 世纪 70 年代后期以来，苏州、无锡和常州等地兴起的乡镇工业迅速发展，逐步演化成为富有特色的农村工业化发展道路，费孝通教授(1983)将其概括为“苏南地区模式”，后简称为“苏南模式”。处于发展初期的“苏南模式”的主要特征有以下五个方面：一是集体所有制；二是接受大城市的辐射；三是政府经营；四是离土不离乡；五是工农相辅。

随着所有制理论的突破、国企改革的不断深化以及市场经济体制的逐步确立，新形势下的“苏南模式”在内涵和外延都发生了重大变化：一是“产权模糊”的乡镇企业实施改制以后，企业出资主体变成了民间资本为主，包括改制为规范的股份制企业、股权单一的个体、私营企业；二是党的“十五大”以来，在政府政策的鼓励下，民间新的投资热情高涨。因此，民营企业逐渐取代乡镇企业成为了“新苏南模式”的主体。20 世纪 90 年代中后期，随着苏南经济的发展，苏南模式逐步发展成为“新苏南模式”。“新苏南模式”是指在经济国际化背景下，在原“苏南模式”的基础上，经过创新演进所形成的新型区域经济与社会发展模式，其基本内涵是“三以三坚持”，即以实现“两个率先”为目标，以园区经济为载体，以打造现代国际制造业基地为引擎，坚持改革创新，坚持快速发展、科学发展、协调发展，坚持工业化、城市化、信息化、国际化互动并进。“新苏南模式”确立了发展外向型经济作为经济增长的突破点，开始大力利用外资，逐渐形成了以招商引资为特征的外向型经济，积极拓展国际市场。

(二) 温州模式

费孝通教授(1986)提出“温州模式”,认为“温州模式”的生产经营方式便是“家庭工业加专业市场”,还指出:“温州农村经济发展的基本特点是以商带工的‘小商品,大市场’”。随着“温州模式”下民营经济的发展,国内理论界将“温州模式”的特征进一步概述为:以家庭经营为基础,以家庭工业和联户工业为支柱,以专业市场为依据,以供销员队伍及农村能人为骨干,以农村包围城市,发展经济、繁荣经济。

随着企业产权制度的不断完善以及社会经济条件的变化,“温州模式”的内涵和外延也不断发生变化。其发展经历了以下阶段:一是民营企业的起步时期,家庭企业是该阶段最普遍的组织形式;二是 20 世纪 80 年代中期的“股份合作制”阶段,家庭手工业、个体私营企业开始走向联合;三是以现代企业制度为标志的阶段,一批企业集团、有限责任公司和股份有限公司纷纷创立。此外,“温州模式”仍不断探索外向型经济增长方式,主要利用海外资本扩张以及海外市场销售等活动进行国际化开拓。由此,“新温州模式”逐渐形成。

(三) 珠江模式

形成于 20 世纪 80 年代的“珠江模式”也是费孝通教授提出的,“珠江模式”是对改革开放中珠三角一带各种发展路径的通称,具体而言,它有 4 个典型代表,即“顺德模式”、“南海模式”、“中山模式”和“东莞模式”。“珠江模式”的主要特征是外向型,改革开放以来,珠江三角洲在从计划经济向市场经济转轨的过程中,利用国家赋予的优惠政策,以其独特的地理区位、土地和劳动力等优势,与外来资源相结合,创造了由地方政府主导的外向型快速工业化经济发展模式,走出一条具有中国特色的沿海地区新工业化发展道路。

随着时间的推移,“珠江模式”中珠三角地区的内涵也在发生变化,逐步扩大到广东、香港、澳门三地构成的区域,形成了“大珠三角”的概念。20 世纪 90 年代以来,珠三角凸显出由自主创新能力不足所带来的高投入、高污染和低效益、低层次等严重劣势以及资源和人才等严重制约,较大程度影响了区域经济增长。面对经济增长乏力,“珠江模式”着手调整产业结构,致力于高新技术产业带的建设。

二、苏、浙、粤三省民营经济创新环境的比较分析

(一) 经济综合发展水平

一个地区经济综合发展水平的高低对企业的创新创业水平会产生很大影响,经济综合发展水平较高的地区往往具有较为优越的发展环境、较为完善的基础设施建设以及较强的区域竞争性等。表 1 - 4 选取了若干用来衡量经济发展综合情况的指标,分别是地区生产总值、人均生产总值、三次产业结构、固定资产投资、进出口总额、城镇化率、城镇登记失业率、农村居民人均可支配收入和城镇居民人均可支配收入,对比分析了江苏、浙江、广东的发展水平。

由对比结果可以看出,江苏、浙江和广东都是经济发展强省,相比较而言,从地区生产总值、三次产业结构、进出口总额、财政收入、城镇化率几个指标来看,广东省具有较高的发展水平且具有较低的失业率,江苏省在人均生产总值、固定资产投资方面相对具有优势,浙江省的农村居民和城镇居民收入水平最高。

表 1-4　苏、浙、粤三省经济发展综合情况对比(2015)

类别＼省份	江苏省	浙江省	广东省
地区生产总值(亿元)	70 116.38	42 886.49	72 812.55
人均生产总值(元)	87 995	77 644	67 503
三次产业结构	5.7∶45.7∶48.6	4.3∶45.9∶49.8	4.6∶44.6∶50.8
固定资产投资(亿元)	45 905.17	26 664.72	30 031.20
进出口总额(亿美元)	5 456.14	3 467.84	10 227.96
财政收入(亿元)	8 028.59	8 549.47	9 366.78
城镇化率(%)	66.5	65.8	68.7
城镇登记失业率(%)	3.0	2.93	2.45
农村居民人均可支配收入(元)	16 257	21 125	13 360
城镇居民人均可支配收入(元)	37 173	43 714	34 757

资料来源:《江苏统计年鉴 2016》、《浙江统计年鉴 2016》、《广东统计年鉴 2016》。

(二) 创新资金投入

在知识经济时代,技术的复杂度和更新换代速度都有大幅度提高,技术创新活动需要大量的研发资金作为支撑。是否具有充足的研发资金直接关系到企业能否顺利开展科技创新活动。由于创新活动具有高风险性和高收益性,从短期来看,较高的投入未必产生较高的创新产出,但从长远来看,创新是企业持续发展的动力,高水平的研发资金投入是推动企业创新发展和提升竞争力的必要条件。

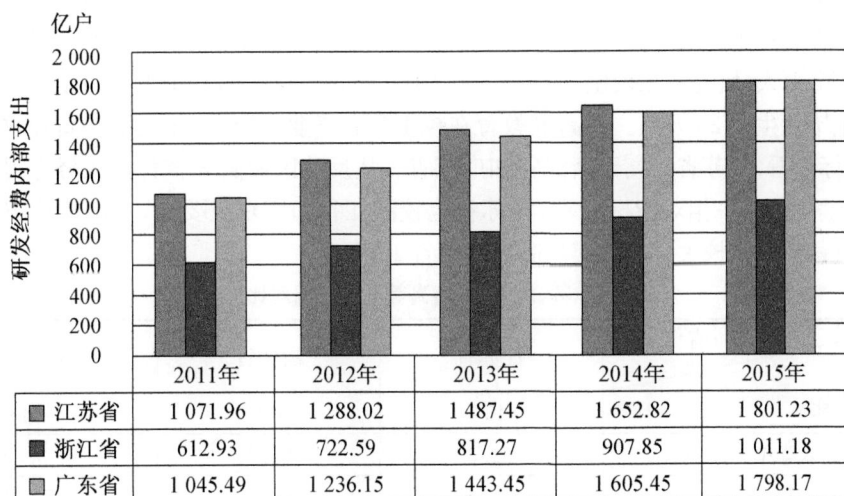

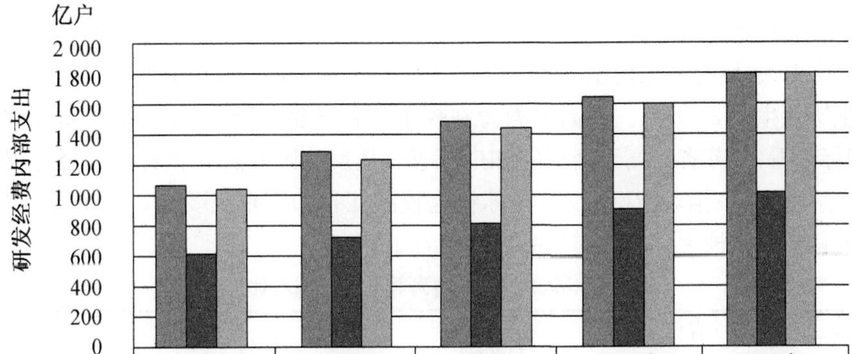

	2011年	2012年	2013年	2014年	2015年
■ 江苏省	1 071.96	1 288.02	1 487.45	1 652.82	1 801.23
■ 浙江省	612.93	722.59	817.27	907.85	1 011.18
■ 广东省	1 045.49	1 236.15	1 443.45	1 605.45	1 798.17

图 1-3　2011—2015 年苏、浙、粤三省研发经费内部支出

数据来源:江苏、浙江和广东三省历年统计年鉴。

图 1 - 3 对比分析了 2011—2015 年江苏、浙江和广东三省研发经费内部支出，从图中可以看出，江苏省注重科技研究与发展活动，其研发经费支出数额在三省中处于最高水平，广东省次之，浙江省的投入最低。同时，江苏省的研发经费内部支出增长较快，由 2011 年的 1 071.96 亿元增加到 2015 年的 1 801.23 亿元。

表 1 - 5　2011—2015 年苏、浙、粤三省研发经费占各省 GDP 比重

省份＼年份	2011	2012	2013	2014	2015
江苏省	2.20%	2.33%	2.45%	2.54%	2.57%
浙江省	1.92%	2.04%	2.20%	2.34%	2.33%
广东省	1.96%	2.17%	2.32%	2.37%	2.47%

数据来源：江苏、浙江和广东三省历年统计年鉴。

表 1 - 5 对比分析了 2011—2015 年江苏、浙江和广东三省研发经费支出占地区生产总值的比重，相比较而言，江苏省的研发投入强度持续处于领先水平，广东省次之，浙江省的水平最低。2015 年，江苏省研究与发展经费支出占地区生产总值比重达到 2.57%，浙江省和广东省的研发经费占地区生产总值比重分别为 2.33%和 2.47%。

(三) 科教环境

一个地区的科技教育水平对该地区企业的创新能力产生重要影响。高校是知识创新、知识传播和人才培养的重要阵地，高等教育资源集聚一方面为企业创新提供智力基础和人才保证，另一方面也有利于促进高校和企业之间进行方便快捷的交流，推动校企合作，进而推动企业创新。表 1 - 6 对比分析了江苏、浙江和广东的高等教育情况。

由表 1 - 6 可以看出，江苏省是名副其实的高等教育“大”省。2015 年，全省共有普通高校 137 所，高等教育毛入学率达 52.3%，比上年提高 1.3 个百分点。普通高等教育招生 49.96 万人，其中本专科招生 44.86 万人，研究生教育招生 5.1 万人；在校生 187.13 万人，其中本专科在校生 171.57 万人，研究生在校生 15.56 万人；毕业生 52.69 万人，其中本专科毕业生 48.41 万人，研究生毕业生 4.28 万人。从高等教育在校生数和毕业生数，这两项反映高等教育投入绝对量的指标来看，江苏省均高于浙江省和广东省。从反映区域高等教育投入努力程度的每万人在校大学生数这一相对指标来看，江苏省也较浙江省和广东省要高，初步估算 2000—2015 年，江苏省每万人在校大学生数年均高出浙江省 15%。

表 1 - 6　苏、浙、粤三省高等教育情况对比(2015)

类别＼省份	江苏省	浙江省	广东省
高等学校(所)	137	108	143
高等教育毛入学率(%)	52.3	56.0	33.0
高等教育招生数(万人)	49.96	30.93	56.15
高等教育在校生数(万人)	187.13	105.47	185.64
高等教育毕业生数(万人)	52.69	28.11	47.69
每万人在校大学生(人)	234.8	190.41	171.11

资料来源：《江苏统计年鉴 2016》、《浙江统计年鉴 2016》、《广东统计年鉴 2016》。

2015 年，浙江省全省共有普通高校 108 所，高等教育毛入学率为 56%。研究生、本科、专科招生比例为 1∶7.2∶6.2。广东省全省高等学校数量为 143 所。就每万人在校大学生这一指标来看，广东省的水平最低，同时，2015 年广东省的高等教育招生数为 56.15 万人，相对数量最多。近些年来，面对高等教育相对薄弱的现状，广东致力于通过高水平大学建设来带动整个广东高等教育水平的提升。

三、苏商、浙商、粤商创新能力比较分析

专利是反映创新产出和创新能力的重要指标。表 1－7 从专利申请量、发明专利申请量、专利授权量和发明专利授权量四个指标对比分析了 2015 年江苏、浙江和广东的创新能力。如表 1－7 所示，江苏省具有较强的科技创新能力，区域创新能力连续七年保持全国第一。2015 年，全省科技进步贡献率达 60%，比上年提高 1 个百分点。全年申请专利 428 337 件，其中发明专利 154 608 件；授权专利 250 290 件，其中发明专利 36 015 件。从上述四个指标来看，2015 年江苏省的创新能力领先浙江省和广东省。同时，江苏省高新技术产业也获得了较快的发展。全省按国家新标准认定高新技术企业累计达 1 万家。新认定省级高新技术产品 9 802 项，已建国家级高新技术特色产业基地 139 个。

表 1－7 苏、浙、粤三省创新能力对比(2015)

类别＼省份	江苏省	浙江省	广东省
专利申请量(件)	428 337	307 263	355 939
发明专利申请量(件)	154 608	67 674	103 941
专利授权量(件)	250 290	234 983	241 176
发明专利授权量(件)	36 015	23 345	33 477

资料来源:《江苏统计年鉴 2016》、《浙江统计年鉴 2016》、《广东统计年鉴 2016》。

浙江省 2015 年全年专利申请量、授权量分别为 307 263 件和 234 983 件，其中发明专利申请量和授权量分别为 67 674 件和 23 345 件，在三省中处于最低水平。全省有国家认定的企业技术中心 93 家，新认定高新技术企业 1 046 家，累计 7 905 家。新培育科技型中小企业 8 536 家，累计 23 930 家。

广东省 2015 年全年专利申请量、授权量分别为 355 939 件和 241 176 件，其中发明专利申请量和授权量分别为 103 941 件和 33 477 件，在三省中处于中间水平。截至 2015 年底，全省有效发明专利量 138 878 件，居全国首位。全省高新技术企业 11 105 家，高新技术产品产值 5.3 万亿元，增长 9.0%。

参考文献

[1] 胡海波."互联网＋"环境下的电子商务商业模式创新[J].企业研究，2015，05:21－23.
[2] 李文莲，夏健明.基于"大数据"的商业模式创新[J].中国工业经济，2013，05:83－95.
[3] 李景海，林仲豪."互联网＋"、创新驱动发展与广东民营经济转型升级路径研究[J].江淮论坛，2016，02:50－56.

[4] 凌锋.深化商事制度改革,增创市场化环境新优势[J].中国市场监管研究,2016,03:25-28.
[5] 吴跃农.推进供给侧改革,促进江苏民营经济新发展[J].中央社会主义学院学报,2016,03:72-77.
[6] 王俊.民营企业融资的障碍及解决对策[J].时代金融,2016,23:185-186.
[7] 王志刚.开放性民营经济加快发展的对策研究——以江苏为例[J].江苏省社会主义学院学报,2015,05:43-49.
[8] 阳芳华.深化商事制度改革,积极推进"三证合一"[J].中国工商管理研究,2015,11:43-45.
[9] 张兵.供给侧结构性改革背景下我国民营企业创新模式探究[J].市场周刊(理论研究),2016,08:35-36+38.
[10] 张源,杜玮.推动广东民营科技企业创新的财税激励政策研究[J].会计之友,2015,24:122-125.
[11] 钟肖英,王秀梅.电子商务2.0时代商业模式创新路径与竞争优势建立[J].商业经济研究,2016,19:73-75.

第二章　苏商女企业家发展报告

2015年以来，全国掀起了一股“大众创业，万众创新”的热潮，很多女性积极投身其中，为一方经济建设添砖加瓦。江苏也不例外，“她力量”迅速崛起，苏商中一批女性企业家脱颖而出。“商海中优秀的女性企业家不胜枚举，她们兼具一份柔情、两分优雅、三分浪漫、四分智慧，加起来就是十全十美。”①江苏女企业家在商界中运筹帷幄，凭借着中国女性素有的勤劳和智慧，深度参与到商业竞争中，在各自的领域发挥聪明才智，实现自我的人生价值，充分展现了现代女性的风采与魅力。她们是江苏新商业文明的有机组成部分，是蓄势待发的中坚力量，逐渐成为新一轮变革浪潮中的领航者。

第一节　江苏女企业家群体现状

近年来，江苏女企业家发展势头强劲，企业规模不断扩大，行业和地区分布越来越广；文化程度普遍提高，接受新知识和新事物的能力逐渐增强，江苏女企业家们为江苏经济社会的发展做出了巨大贡献，为女性的创业与发展树立了典范。

一、江苏女企业家基本状况

女性能顶半边天。在江苏企业家里，女企业家们以近四成的占比充分显示了在全省经济社会发展中的重要地位。据江苏省统计局最新调查数据显示：截至2014年，江苏省内二三产业规模以上注册企业达82 828家，其中，有30 584家的掌门人是女企业家，占企业家总数的36.92%(见图2－1)。

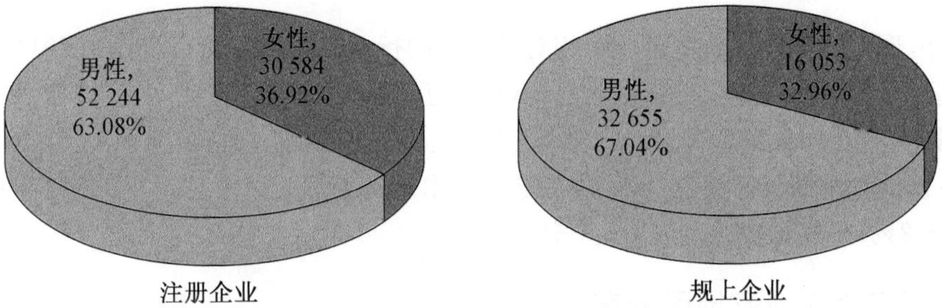

图2－1　江苏省女企业家在全部企业家中占比

数据来源：江苏省统计局。

面对当前国内经济下行的压力，规模以上工业企业积极迎接经济转型创新发展的挑战

① 章柔嘉等.女性领导力——吴子富做客首期浙商财智女性圆桌会[J].浙商，2013，09：82.

与机遇，在这其中，女企业家同样挑起了“半边天”。针对全省规模以上工业企业的数据分析显示，在全省 48 708 名企业家中，有 16 053 名女企业家，占企业家总数的 32.96%(见图 2－1)。实现生产技术进步，结合企业现状以及未来发展战略，制定符合自身定位的工业 4.0 道路，成为八成以上女企业家们实现企业转型创新发展、提升自身竞争力的共识。

二、江苏女企业家行业分布

近年来，越来越多的领域出现了女性精英，她们在各自的领域发挥着重要的作用，知名度和社会影响力越来越大。在江苏，化学原料和化学制品制造业、专用设备制造业、金属制品业、纺织服装和服饰业成为女企业家占比最大的四个行业。其中，化学原料和化学制品制造业有女企业家 1 191 名，女企业家人数占该行业企业家总数的 31.10%；专用设备制造业有女企业家 1 052 名，女企业家人数占该行业企业家总数的 34.69%；金属制品业有女企业家 1 042 名，女企业家人数占该行业企业家总数的 32.18%；纺织服装和服饰业有女企业家 1 006 名，女企业家人数占该行业企业家总数的 39.22%(见图 2－2)。

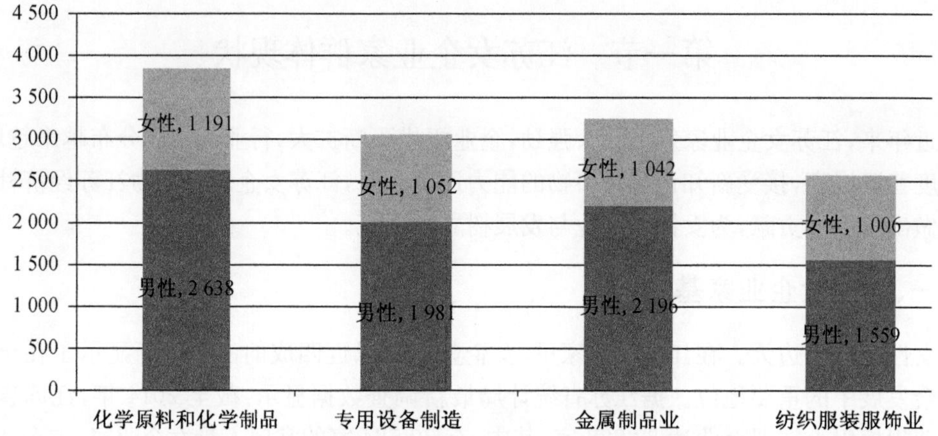

图 2－2　江苏省女企业家分布集中的四大行业(单位:人)

数据来源:江苏省统计局。

此外，现代服务业也是女企业家相对较集中的行业。根据苏州市统计局 2014 年企业创新调查显示，苏州女企业家比较密集的行业为:互联网和相关服务业，女企业家人数占该行业企业家总数的 75.0%；电信、广播电视和卫星传输服务，占 67.4%；商务服务业，占 61.7%；租赁和商务服务业，占 61.4%；专业技术服务业，占 54.2%；科学研究和技术服务业，占 52.2%；研究和试验发展业，占 51.3%。

三、江苏女企业家地区分布

从地区分布看，江苏省女企业家主要集中于苏南，苏州数量最多，常州比重最高。从女企业家数量来看，苏州、无锡、常州、南通成为女性企业家最多的四个地区，分别有女企业家 3 691、2 164、2 003、1 436 名(见图 2－3)，占全省女企业比重分别为 22.99%、13.48%、12.48%和 8.95%(见图 2－4)。这四个地区的女企业家人数合计占全省女企业家总数的近六成。女企业家集中于苏南，特别是苏锡常地区，这一分布特点和苏南的产业结构密切相关。如前所述，女企业家主要集中在化学原料和化学制品制造业、专用设备制造业、金属制品业和纺织服装服饰业四大行业，而这四大行业，尤其是纺织服装业，主要集中在苏南地区，由此决定了女企业家主要聚集于此。

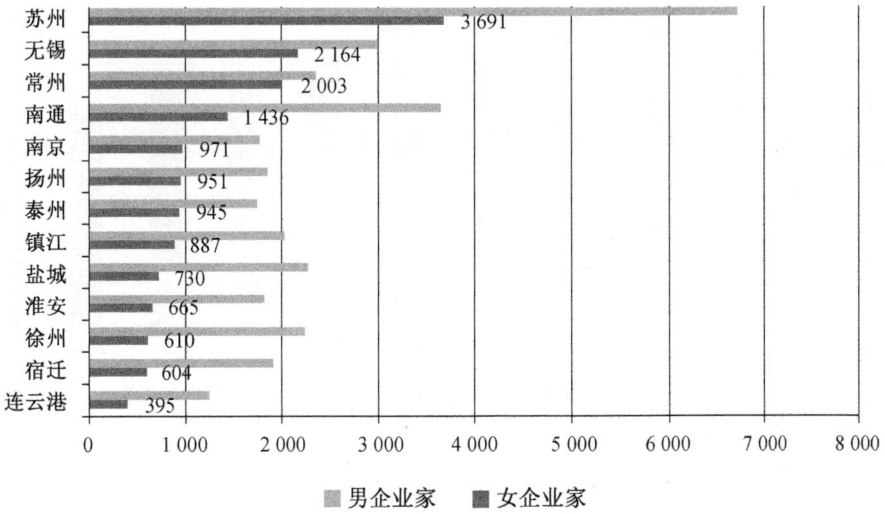

图 2－3　江苏省女性企业家地区分布数量图(单位：人)

数据来源：江苏省统计局。

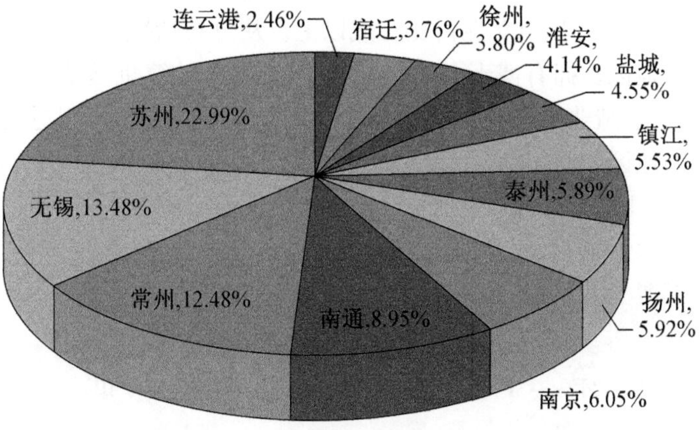

图 2－4　江苏省各地女企业家占全省女企业比重图(单位：%)

数据来源：江苏省统计局。

从女企业家人数占本地地区企业家比重来看，常州、无锡女企业家占比最高，超过40%，分别高达 46.05%和 41.93%；其次为苏州、南京、泰州、扬州和镇江，女企业家占比均超过 30%，分别为 35.44%、35.44%、35.17%、33.98%和 30.37%(见图 2－5)。由此可见，女性企业家占比最多的地区，也是江苏经济发展状况最好的地区，发达的地区经济催生了大批女性投身商海，而女性创业也进一步推动了当地的经济发展。

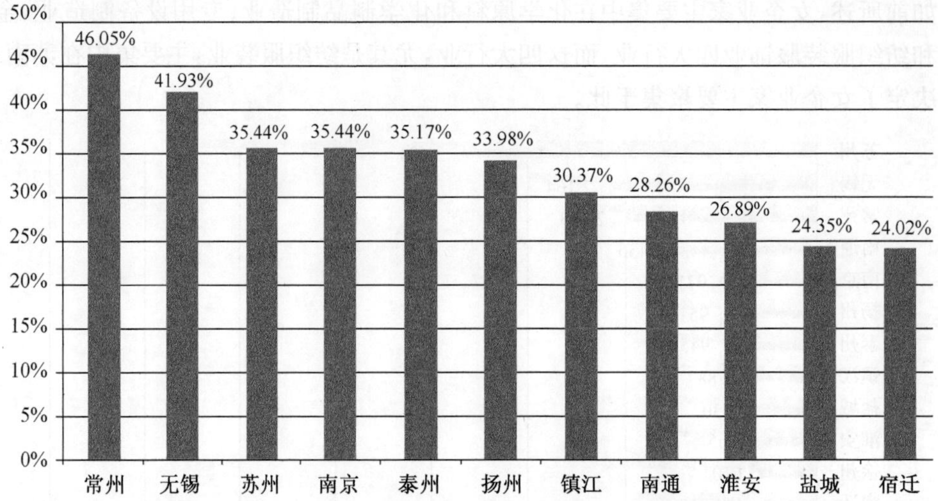

图 2－5　江苏省各地女企业家占本地企业家比重图(单位:%)

数据来源:江苏省统计局。

四、江苏女企业家学历分布

在社会精英普遍高学历的背景下,江苏女企业家更注重通过不断学习实现自我增值。江苏省统计局调查数据显示,江苏有博士以上学历的企业家人数为 354 人,占全部规模以上工业企业家人数的 7.3‰,其中女性占比三成以上。从分布情况看:江苏博士企业家主要集中在四大行业三个地区。拥有博士企业家较多的行业是:计算机通信和其他电子设备制造业、电气机械和器材制造业、化学原料和化学制品制造业、专用设备制造业四大行业。拥有博士企业家较多的地区是苏州、无锡和南京,三个地区共拥有博士企业家 220 人,占全部博士企业家总数的 62.15%。其中:苏州拥有博士企业家 147 人,占全部博士企业家总数的 41.53%;无锡拥有博士企业家 37 人,占全部博士企业家总数的 10.45%;南京拥有博士企业家 36 人,占全部博士企业家总数的 10.17%。

第二节　江苏女企业家群体特征

一、江苏女企业家性格特征

女性苏商身上体现出女性所独有的特点,并在创业经营中把它们不断放大,形成区别于男性企业家的性格特征,主要可以概括为三点:一是柔韧与坚持的精神,二是感性与直觉的天赋,三是学习与专注的品格。

(一) 柔韧与坚持

女企业家们都有着刚柔并济的性格。在中国经济下行背景下,社会各界特别呼吁企业家要有韧性。前《第一财经日报》总编辑秦朔曾说,外部市场的不确定性是难以预见的,但是,通过“韧”的斗争,可以最大限度地克服不确定性的影响,将企业导向确定的彼岸。“韧”,不仅是坚韧,是意志品质的顽强坚毅,也是柔韧,是企业组织善于预判外部变化、灵活应对的弹性，是一种“适者生存”、拥抱变化的力量。在江苏女性企业家身上，公众可以看到的正是难能可贵的“韧”的特质。例如江苏生美集团总经理唐纪美从白手起家，到如今拥有五家子公司，她只用了短短十年时间，便实现了产业的升级转型，将企业发展成为太阳能组件生产、光伏发电工程建设、汽车配套产业为一体的综合高效环保企业。在唐纪美的人生格言里，信奉着这样一句话：“上善若水，水善利万物而不争，处众人之所恶，此乃谦下之德也；故江海所以能为百谷王者，以其善下之，则能为百谷王。天下莫柔弱於水，而攻坚强者莫之能胜，此乃柔德也；故柔之胜刚，弱之胜强坚。因其无有，故能入于无间，由此可知不言之教、无为之益也。”她正是以这样一种纯粹的水样柔韧，引领着生美集团铿锵前行。①

（二）感性与直觉

在知识经济或信息经济时代，女性生理上的弱势慢慢被淡化，而女性所表现出来的“情商”品质，如女性天生的直觉、感性正在成为她们成功的重要特质。从企业管理层面来讲，男性企业家更重逻辑即左半脑的功能，女性企业家则把逻辑思维与右半脑的思维功能结合起来，即把感觉、直觉、关系、体谅等因素用于决策过程。即做决策时男性强调合理性，女性则力求既合理又合情。仔细观察江苏女企业家的性格特征，会发现她们较富于同情心，既重理性又重直觉，容易设身处地为他人着想，换位思考是其重要特点。由于她们往往肩负着事业与家庭的双重担子，需要兼顾生活的各个方面，因此把管理家庭的素质和人格力量展示在职业角色上。

（三）学习与专注

著名心里学家 Campbell 的“幸福平衡理论”指出人们的幸福感来自于人生三件事的和谐平衡：有意义的工作，有你热爱的事情；有意义的关系，有你所爱的人；有梦想，有你所信仰的事情。苏商女企业家擅长学习并懂得发挥自己的优势，专注于自己的梦想，做自己擅长做的事。成功企业家都有终身学习的习惯，干到老学到老，她们寻求得到更多的知识，学习更多帮助她们企业发展的技能。常州华冠电器集团有限公司董事长陈琴华，不仅自己带头走进上海复旦大学 MBA 总裁研修班，还全面发动创建学习型企业活动，每年由公司拨出 10 万元用于员工培训专项资金。同时，女性苏商几乎无一例外，都对自己的事业抱有孩童般的热情，梦幻着创造一个能完全展现自我的理想天地。倍思特食品（苏州）有限公司董事长顾建芳坚持“产品即人品”，执着于将产品精益求精，将事情做到极致。对于公司的每一件事，她都会严格把关，乐于亲力亲为，企业商标、可爱的企业吉祥物、橘红色的企业色、深入人心的广告语……这一切都得归功于顾建芳的精心耕耘。在互联网快速发展的时代，她也不愿被时代抛下，专心学习电子商务，学习能力强大的她，通过自身的不断努力，已获得了两个 EMBA，将理论应用于实践中。

二、江苏女企业家管理风格

（一）善于沟通与对话

根据武汉大学人力资源管理开发研究中心开展的“女性职业发展外部环境影响因素”调

---

① 镇江市妇女第十四次代表大会专题代表风采. 水样柔韧，海般阔达——江苏生美集团总经理唐纪美[EBOL]. http://www.zjwomen.org/show.php? contentid=10459.

查结果来看,47.9%的受访者认为我国女企业家的最大管理特色是“善于沟通和对话”,排名第一。女性苏商的管理特色之一就在于注重人际交流,她们表现出高超的人际交往才能,适度的灵活性与包容性,口头表达及肢体语言的技巧高明,善于倾听对方的表述从而判断是非。一方面,在企业管理内部,女性苏商更喜欢与下属进行深度的交流,她们期待合作,善于协商,她们对待员工的态度并不是简单地发号施令、设法控制或显示权威,而是努力以教育、指导、说服、影响等方法去达到管理的目的。她们倾向于通过对话寻求和谐的方式解决问题,不愿意激化矛盾,不愿意引起斗争。另一方面,在行业选择上,相当多的女企业家会把眼光放在与人打交道的行业上。从女性创业者的项目来看,从事批零贸易和餐饮业的女企业家比重高于男企业家 16.6%;从事社会服务业和房地产业的女企业家比重分别高于男企业家 3.4%和 2.2%;而从事其他各行业的女企业家比重则低于男企业家,其中制造业低了 9%。例如江苏厚达集团董事长赵清娥,涉足的迈特发经济信息咨询有限公司、江苏厚达信息科技有限公司、无锡卓成环保科技发展有限公司、无锡长相依健康月子护理有限公司,这些都是需要与客户进行大量交流沟通的服务型产业。

(二) 夫妻家族企业管理

“对唱夫妻档”,夫妻店是最常见也最特殊的一种家族企业。有统计显示在 A 股的上市公司中,几乎平均每 12 家上市民企里就有一家是“夫妻档”。江苏企业中,波司登、红豆集团、世嘉科技、中来光伏以及天华超净科技等都是典型的“夫妻店”。夫妻之间相处亲密无间,同吃同住,较其他企业管理层成员更容易形成默契,这种建立在信任、尊重还有情感基础上的默契无形地运用到企业管理中发挥了巨大的力量,推动了企业的发展。例如红豆集团的周海江和刘连红夫妇,周海江担任集团控股公司董事长,刘连红担任其旗舰上市公司董事长,主管地产和小额信贷业务。刘连红说,与丈夫共事最有利的一面就是,可以为了同一个目标而奋斗,这种感觉让沟通和理解都变得相对容易。两人有明确的分工——“我们在公司负责不同的方面,因此不会整天呆在同一个地方。”刘连红说,“但是,我们的沟通非常多。”①

(三) 注重企业人文情怀

管理学家亨利·明茨伯格在《关于管理的十个冥想》中谈到,组织需要培育,需要照顾关爱,需要持续稳定的关怀,关爱是一种更女性化的管理方式。女人与男人不同的是,她们有着一颗柔软的心。苏商女企业家以女性特有的温柔、细腻的气质以及母爱精神,坚持以人为本理念,关心员工利益,参加社会公益活动,在做大做强企业的同时,不忘回馈社会。苏州群鸿服饰有限公司的朱荣芬,创办公司 10 多年来,始终把职工看作家人,关心患病职工的病情,关怀困难职工的家属,从不吝啬伸出她那双充满爱的手。常州华冠电器集团有限公司董事长陈琴华建立了员工俱乐部,还先后捐款 50 万元帮助 18 名贫困学生和失学儿童完成学业。波司登股份有限公司副总经理梅冬说:“企业小的时候,是自己的;企业大了,就是社会的、国家的、人民的,所以我们要对社会、国家和人民负责!”②2008 年初中国南方雪灾,波司登捐赠价值 1.1 亿多元的羽绒服支援南方灾区;5.12 汶川大地震,波司登为汶川捐款并出资 1 000 万元参与重建新北川中学;青海玉树地震时,波司登又以最短的时间筹措了价值

① 影响红豆集团转折的刘连红[EBOL]. http://www.yjcf360.com/cybrenwu/14539955.htm.

② 波司登梅冬:谁说女子不如男[EBOL]. http://www.nz86.com/article/185797/.

1 100万元的物品运往玉树，梅冬成为了众多江苏女企业家中的一个典型范本。

第三节　江苏女企业家杰出代表

正所谓“三百六十行，行行出状元”，在江苏女性企业家里，不乏一批行业领军人物，在各自专业领域中成为杰出代表。

一、福布斯中国商界女性百强中的江苏女企业家

根据2015福布斯中国商界女性100强数据，江苏共有6家公司的女性领导人上榜，分别为宏图高科董事长杨怀珍，江苏康得新总裁徐曙，东华能源董事长周一峰，江苏阳光董事长、总经理陈丽芬，江苏国泰董事长谭秋斌，红豆股份董事长刘连红。其中，杨怀珍和徐曙跻身2015福布斯中国商界女性前50强，分别排在第40位和第46位。周一峰、陈丽芬、谭秋斌、刘连红则分列第63、67、82、87位。值得注意的是，女性领导人执掌的这6家江苏公司均为上市公司。宏图高科作为江苏三胞集团旗下公司，于1998年在上交所上市，系江苏省第一家信息产业上市公司。江苏阳光、红豆股份分别于1999年、2001年在上交所上市，江苏国泰、东华能源则分别于2006年、2008年在深交所正式上市，康得新2010年在中小板挂牌上市。

杨怀珍，1963年10月15日生，江苏南京人，从2013年7月26日至今担任江苏宏图高科技有限公司董事长。现任三胞集团有限公司总裁、党委书记，南京新街口百货股份有限公司董事长。历任南京制药厂有限公司财务处处长、副总会计师，宏图高科监事会主席、董事、副总裁兼财务总监、副董事长，三胞集团有限公司副总裁。先后荣获“2013年中国CEO年度人物”、“2012—2013中国零售商业年度人物”、“2013中国经济十大杰出人物”、“2013年江苏十大年度经济人物”、“金茉莉卓越奖·十二五卓越苏商女企业家”等荣誉。

陈丽芬，1959年生，江苏江阴人，从2014年5月8日起担任江苏阳光股份有限公司董事长、总经理。历任江阴毛纺厂工艺员、车间主任、生技科长、副厂长，江苏阳光集团有限公司副总经理。曾获“全国青年星火带头人”、“全国纺织巾帼建功标兵”、“全国纺织系统劳动模范”、“江苏省优秀技术开发人才”、“江苏省三八红旗手”等荣誉称号，并当选为中国毛纺行业协会第一届理事会常务理事、第十一届全国人大代表。

徐曙，1962年生，武汉工业大学机械基础硕士，从2011年12月12日起担任康得新总裁。历任华中理工大学教师、华建集团事业部总经理。负责主持了中国第一条预涂膜生产线的建设、原材料国产化研发、预涂膜生产工艺研发等项目。凭借卓越的管理能力和优异业绩，荣获第六届中国证券“金紫荆”最佳上市公司CEO奖，并成为获此殊荣的唯一一位女性CEO。

周一峰，1978年7月出生，北京中医药大学毕业，南京理工大学硕士。从2013年7月10日起担任东华能源董事长。现任FBC投资有限公司、马森企业有限公司、优尼科长江有限公司及东华石油（长江）有限公司执行董事，福基投资有限公司、宁波百地年液化石油气有限公司及东华能源股份有限公司董事长。

谭秋斌，1963年11月生，本科学历，高级经济师，1998年5月至今任职于江苏国泰，现

任江苏国泰董事长，张家港保税区合力经济技术服务有限公司董事长、江苏国泰国际集团有限公司董事和江苏国泰国际集团华昇实业有限公司董事。历任张家港市对外贸易公司秘书、业务员、副科长、科长，江苏国泰国际集团纺织品进出口有限公司副总经理，江苏国泰董事、副总经理、副董事长、总经理。

刘连红，1966 年 9 月生，研究生学历，自 2014 年 4 月 10 日起至今担任红豆股份董事长。现任无锡市锡山区阿福农村小额贷款公司董事长、江苏锡州农村商业银行股份有限公司董事会董事、红豆集团财务有限公司董事、红豆投资有限公司总经理，红豆集团有限公司总经济师等。历任无锡兴利制衣有限公司会计、财务经理，红豆国际财务部长、总会计师、副总经理，红豆集团投资与美洲事业部部长，无锡农村商业银行股份有限公司董事，阿福有限董事长等。

二、胡润女富豪排行榜中的江苏女企业家

从胡润女富豪排行榜(50 位)的入围情况来看(见图 2-6)，近十年来，江苏女性企业家一直都榜上有名，并呈现出良好的稳定性和延续性。尽管每次入围人数有所波动，但大部分年度均位居各省、地区前列，尤其是最近三年，虽然经历着转型升级的阵痛期，江苏企业仍然展现出良好的增长潜力和市场活力，上榜人数也随之提升。

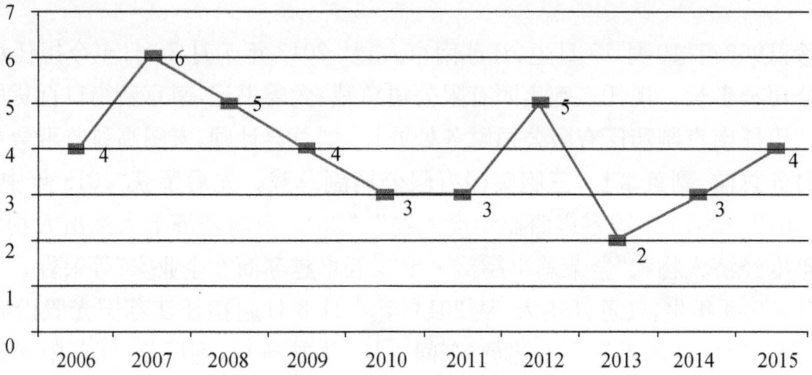

图 2-6 胡润女富豪排行榜中的江苏女企业家人数(单位:人)

数据来源:胡润研究院《2015 胡润女富豪榜》(Hurun Richest Women in China 2015)。

根据 2015 年胡润女富豪榜单，江苏有 5 位女富豪入榜，分别为江苏海澜集团周宴齐、苏宁云商卜扬、东华能源周一峰、江苏波司登梅冬以及出生于江苏盐城的海天味业的程雪(见表 2-1)。其中，东华能源周一峰是唯一一名同时入榜 2015 福布斯中国商界女性 100 强和胡润女富豪排行榜的江苏女企业家。除了周宴齐外，其他四位均白手起家，江苏女富豪呈现出越来越年轻的趋势。

周宴齐，1983 年生，2015 年以 210 亿的资产成为江苏女首富。周宴齐为江阴海澜集团周建平的女儿，是荣基国际的实际控制人，目前荣基国际持有上市公司 29.96%股份。荣基国际成立于 1998 年 11 月 27 日，于香港依据香港法例注册成立的有限公司。经过三次股权转让，2009 年 8 月 10 日，周宴齐完全持有荣基国际 10 000 股普通股，股权比例为 100%。

表 2-1 2015 胡润女富豪排行榜中的江苏女企业家

排名	排名变化	姓名	财富（亿元）	财富变化	公司	行业	总部	年龄
6	5	周宴齐	210	62%	海澜	服装、投资	无锡	32
19	新	卜扬	125	新	苏宁云商	家电零售、房地产	南京	42
19	新	周一峰	125	新	东华能源	石油化工	南京	37
32	8	程雪	100	82%	海天味业	食品	广东佛山	45
39	−23	梅冬、高德康（丈夫）	85	−19%	波司登	服装	苏州	48

资料来源：胡润研究院《2015 胡润女富豪榜》(Hurun Richest Women in China 2015)。

卜扬，1973 年生，苏宁电器副总裁，以 125 亿元资产位居胡润女富豪榜的第 19 位。2015 年 8 月，苏宁云商与阿里巴巴达成全面战略合作，阿里巴巴将成为苏宁云商的第二大股东。随后，苏宁又与万达合作，苏宁易购云店等品牌开进万达广场。得益于苏宁易购的快速发展，卜扬也因此身价大涨。

程雪，1970 年生，江苏盐城人，本科学历，高级工程师。1997 年至 2010 年 11 月历任海天调味食品股份有限公司企业策划总监、副总裁、董事，现任海天味业公司副董事长兼常务副总裁。以财富 100 亿位居 2015 胡润女富豪榜排行第 32 位，持有海天 9%的股份并以超过 50 亿元人民币的个人财富受到瞩目。

梅冬，1967 年 12 月生，高中学历，高级经济师，现任波司登股份有限公司副总经理，江苏省服装协会副会长、江苏省进出口商会常务理事、江苏省常熟市第十二届人大代表。梅冬与丈夫高德康共同创建波司登，目前共同拥有上市公司 65%的股份。梅冬是从普通女工快速成长起来的优秀共产党员和杰出的经营管理者，以不断创新的精神为波司登品牌注入鲜活的元素，为波司登打入国际市场和创立“世界名牌”立下汗马功劳。曾获得全国纺织工业劳动模范和全国“巾帼建功标兵”，2010 年获“全国劳动模范”等荣誉，是一代中国农村智力型新型农民快速成长的代表。

三、江苏省创业创新优秀女企业家

江苏省女企业家积极参与大众创业、万众创新的实践活动，为促进经济平稳较快发展发挥了半边天作用。2016 年 5 月 6 日，在江苏省女企业家协会第五次代表大会上，江苏省创业创新优秀女企业家评选结果正式揭晓。南京麦瑞克科技发展有限公司总裁黄剑虹、新誉集团党委书记、副总裁戈亚琴等 20 名女企业家获此殊荣，同时被授予“江苏省巾帼建功标兵”荣誉称号（见表 2-2）。

黄剑虹，南京麦瑞克科技发展（集团）公司创始人、集团公司法人代表、总裁。2005 年 9 月，黄剑虹与南京市科协共同投资创办了南京麦瑞克科技发展有限公司，后由原来的国有控股公司改制为民营公司。多年来，她带领团队积极进取、开拓创新、科学决策，将公司从单一的成果转化型企业发展成为现在的集国际科技成果转移转化、国际招商引资、软件研发与软件外包、BPO 外包、信息化服务、系统集成、智慧城市解决方案提供、实用型高端人才培养以及科技产业园建设与运营为一体的多元化高科技集团公司。近年来,黄剑虹荣获“江苏省优秀企业家”、“全国女大学生创业导师”、“全国巾帼建功标兵”、“南京市十大女杰出提名奖”及“三八红旗手标兵”等诸多殊荣。

戈亚琴,常州新誉集团党委书。戈亚琴饱含责任情怀,艰苦创业创新,在她的引领下,新誉集团成为了中国轨道交通引进新技术的领军企业,为中国轨道交通事业发展做出了积极贡献。作为一名女企业家,戈亚琴把企业作为展示女性风采的窗口、成就巾帼事业的舞台,先后获得“中国杰出创业女性”、“中国优秀女企业家”、“全国三八红旗手”、“江苏省五一劳动奖章”、“江苏最美巾帼人物”等一系列荣誉。

表 2-2　2016 年江苏省创业创新优秀女企业家名单

姓名	单位任职	姓名	单位任职
黄剑虹	南京麦瑞克科技发展有限公司总裁	周霞	江苏鸿运集团有限公司总经理
刘浩	江苏麦秋文化传媒有限公司总经理	吴兆娥	东海县海龙水晶工艺品有限公司董事长
薛建英	无锡市明珠电缆有限公司总经理	姜乃文	金湖县华能机电有限公司董事长
叶晓微	徐州华能物资有限公司董事长	何晓梅	东台同创玩具有限公司董事长
戈亚琴	新誉集团党委书记、副总裁	林星	高邮市兴邦皮具发展有限公司总经理
陈琴华	江苏华冠电器集团有限公司董事长	马金芳	宜禾股份有限公司董事长
金素琴	卓尔(中国)健康管理有限公司董事长	蒋燕	泰州超人汽车电子有限公司总经理
宋青	江苏绿世界控股集团董事长	洪爱萍	江苏福坤玻璃有限公司总经理
陆志萍	张家港市华亿科教设备有限公司董事长	刘秀兰	泰州梅兰春酒厂有限公司董事长
顾晏	南通文峰大世界总经理	高开亮	泗洪县人民医院董事长、院长

资料来源:江苏省女企业家协会。

陈琴华,常州华冠电器集团有限公司董事长,先后荣获“江苏省优秀女企业家”、江苏省“十佳爱心人士”、“江苏省三八红旗手”、“中国杰出创业女性”等荣誉称号。她以刻苦的学习和不断的钻研创新,让一个小作坊成为江苏省高新技术企业。公司的华程牌开关设备获得常州市名牌产品称号。她建立了“节约”、环保”、“效率”、“标准”、“诚信”五种企业管理机制,节约了材料和能源、提高了企业的经营效益。

洪爱萍,江苏福坤玻璃有限公司总经理。江苏福坤玻璃有限公司成立于 2007 年,是苏中地区集研发、生产、销售为一体的玻璃深加工基地,产品涵盖钢化玻璃、防弹玻璃、夹层玻璃、彩釉玻璃、中空玻璃等建筑、家私、装饰装潢用玻璃深加工产品。近年来,该企业在洪爱萍的带领下主动适应经济发展新常态,大力弘扬创业创新创优精神,继承发扬争先领先率先传统,不断更新理念,开拓进取,积极迎接市场挑战,转变经济发展方式,推进经济结构调整,以创业带动就业,用创新促进发展,为地方经济平稳发展作出了重要贡献。2015 年,该企业获得“江苏省两化融合试点企业”、“江苏省民营科技企业”称号,通过了国家级“节能产品认证”,并获得发明专利 2 项、实用新型专利 20 项。

第四节 女企业家发展的国内外比较与启示

一、全球女企业家基本状况

随着世界经济和社会的发展，女企业家的成功与崛起在全球范围内已经成为女性就业的新趋势。追溯至20世纪30年代以来方兴未艾的妇女运动浪潮、妇女的生存状态、就业问题等诸多现象，以及本世纪企业管理发展的方向和文化趋势，女性在各领域中影响力的不断变化，女性通过创业这个舞台更加被社会所认识，并赢得应有的荣誉和尊敬，女企业家在全球经济社会发展中日益发挥着重要的作用。金融危机以来，国际形势复杂多变，在经济全球化的背景下，女性创业步入“春天”。联合国的统计资料表明，在72个可获得统计资料的国家中，有58个国家女企业家的比例均在逐年上升，尤其是加拿大、美国等国家，女企业家的比例均在35%以上。

表2-3 2015年戴尔全球女企业家领导记分卡得分结果

排名	国家	得分	排名	国家	得分	排名	国家	得分
1	美国	71	10—12	牙买加	49	23	尼日利亚	38
2—3	加拿大	69	13	墨西哥	46	24—25	土耳其	36
2—3	澳大利亚	69	14	秘鲁	45	24—25	乌干达	36
4	瑞典	68	15—17	巴拿马	44	26	加纳	35
5	英国	65	15—17	中国	44	27	突尼斯	29
6	法国	62	15—17	韩国	44	28	埃及	24
7	德国	61	18—19	巴西	43	29	印度	17
8	波兰	56	18—19	俄罗斯	43	30	巴基斯坦	14
9	智利	51	20	南非	41	31	孟加拉	12
10—12	日本	49	21	马来西亚	40			
10—12	西班牙	49	22	泰国	39			

资料来源：2015 Global Women Entrepreneur Leaders Scorecard。

戴尔全球女企业家领导记分卡（Global Women Entrepreneur Leaders Scorecard）是首个聚焦于女企业家在启动、扩大规模、创造就业机会以及颠覆行业时面临的机遇和挑战的全球性评价体系，其调查结果全面展示了全球女企业家的状况，并对改进各国女企业家的发展条件向决策者和立法者提供建议，支持女性创办企业的繁荣发展。2015年戴尔全球女性企业家领导记分卡在相对商业环境、资源获取、领导力和权利、女性创业渠道、以及高增长女性拥有企业的潜力等五个主要方面对31个国家进行了评估，调查覆盖全球GDP的76%。依据2015年记分卡调查结果：美国、加拿大和澳大利亚被评为女性创业的最佳地点，其中美国总分71分（满分为100分），在记分卡上名列第一，这主要归功于其总体有利的商业环境以及女性在私营部门的职业流动。此外,美国政府在推动女性创业上扮演着重要角色,美国通过性别公共采购政策积极推进以增长为导向的女企业家,每年按性别进行企业普查,以政府采集的性别数据作为基准数据变更的关键。如果美国女性以和男性相同的速度创建以增长为导向的企业,那么美国在两年内预计会创造 1 500 万个就业机会。瑞典在公平地利用资源方面为女性提供了几乎和男性平等的机会,其中包括:87%的女性访问互联网,近 100%的女性拥有银行账户。总的来说,所有排名靠前的国家都提供了稳定的商业环境,以及较高水平的研发投资、创新生态系统和资本可用性,再加上水平相对较低的业务规章、腐败和市场垄断。

在 31 个国家中,超过 70%的国家得分低于 50 分,中国以 44 分排名第 15 位,成绩中等。这说明全球范围内女性和男性拥有的企业在业务增长方面存在显著的差距,性别差异阻碍着女企业家的发展。

二、中国女企业家基本状况

中国女企业家是在我国改革开放大潮中涌现出来,并迅速成长壮大的一个群体。响应"大众创业、万众创新"的要求,在经济发展新常态下广大女企业家充分发挥创业中的示范带动作用,为经济平稳健康发展贡献巾帼力量,成为推动我国经济社会持续健康稳定发展的一支生力军。

(一) 中国女性创业环境不断改善

在中国,女性处于创业活动蓬勃发展的时期,"十二五"以来良好的社会环境是不可忽视的重要因素。从全国层面来看,一方面,政府采取了一系列政策,支持各种所有制企业的发展,特别是关注民营企业的发展,使得女性的创业热情高涨。信息服务、金融、科技、教育、咨询、物流等现代服务业的发展,也为女性创业提供了良好的机遇。尤其是"全面建成小康社会、全面深化改革、全面推进依法治国、全面从严治党"战略布局实施以来,更成就了许多女性的创业梦。其中,"全面深化改革不但消除了不利于女性成长的潜规则,还为女性贡献智慧提供了许多机会。面对行政瘦身、积极财政政策和稳健的货币政策、税收政策、金融扶持等,女性创业的信心也不啻被点燃"。①

另一方面,国家针对不同妇女群体就业创业中面临的困难,出台支持性政策措施,促进妇女就业创业。实施鼓励妇女就业创业的小额担保贷款财政贴息政策,2009 年以来向妇女发放小额贴息贷款 2 220.6 亿元人民币,扶植和带动千万妇女创业就业。大力发展家政服务和手工编织等行业,为城乡妇女就地就近和转移就业提供服务。开展女大学生就业创业扶持行动,为女大学生提供就业培训、创业指导、见习岗位。实施"阳光工程",提高农村女性劳动力素质和就业技能,为促进农村女性劳动力向非农产业和城镇转移创造条件。

(二) 中国女性创业现状分析

"全球创业观察(The Global Entrepreneurship Monitor, GEM)项目的 2015 女企业特别报告(Special Report Women's Entrepreneurship 2015)显示,中国女企业家创业活动接近

① 浙江省工商行政管理局. 浙江首部女性创业蓝皮书出炉[EBOL]. http://gsj.zj.gov.cn/zjaic/jrgs/yqjc/201601/t20160106_141439.htm.

于要素驱动、创新驱动区域的平均值(见图 2－7)。

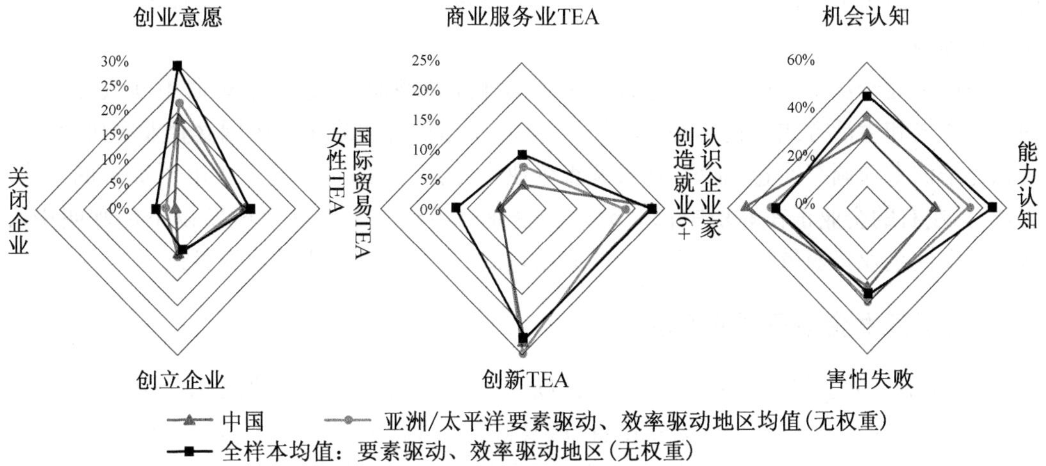

图 2－7　中国女性创业观察比较分析

数据来源：GEM，Special Report Women's Entrepreneurship 2015。

其中，中国女性认识一位企业家的比例高于均值，害怕创业失败的比例低于均值，这表明中国女性在创业中更容易找到行为榜样，勇于创业，不惧失败。但是，中国女性能力认知的比例显著低于均值，并且看到的创业机会略低于均值。在商业服务业、国际贸易领域中国女性企业家比重略低于均值，且在创新中比例略低，但中国女企业家创业能带来更多的就业机会。

第十一届全球女企业家会议公布的数据也显示，中国女企业家群体达到了全部企业家总数的 1/4，并且中国女性自主创业的比例比十年前提高了 17 个百分点，达到 21%以上，接近男性的水平。

《2014 中国女企业家发展报告》显示，根据中国女企业家协会的调查，我国女企业家队伍快速壮大，女性创业继续处于高峰期。在接受调查的女企业家中，大多在企业经营和管理中处于主导地位。女性企业家相较于男性企业家，决策更加谨慎、更为精准，创业意识更强，思维更为开放活跃，在公司管理中也表现得更有亲和力。她们投资经营的企业，其资产质量、盈利能力普遍优于同类企业。

中国女企业家其中多数来自民营企业。从经营投资规模看，依然多为中小微企业。随着我国经济持续快速发展，女性企业资产规模呈逐步扩大态势，女性企业的经营和管理能力在不断增强。

从行业分布来看，女性企业主要分布在第二、三产业领域。最新一期中国妇女社会地位调查显示，妇女从事第二、第三产业的比例比 10 年前提高了 25 个百分点。国家实施“创业创新巾帼行动”，促进女性在新兴产业就业，特别是在互联网领域中，女性企业家占比更是达到了 55%。在经济新常态大势下，经济增速换挡，新旧动能转换相互交织，创业女性面临着未来的选择。从区域分布来看，除了北京、上海等一线城市，东北三省、川、渝、浙、苏、粤、港、台等地的女性创业者比例均领跑全国。

在企业节约资源和环境保护方面，调查表明，女性企业单位产值能耗降低 20%及以上的企业比重为47.9%；企业主要污染物排放总量继续减少，女性企业为我国主要污染物排放总量减少做出了积极贡献。但也有一些企业受技术和资金约束，减排工作不到位，减排工作尚待加强。

我国正处于从工业社会向信息社会过渡的加速转型期，信息技术革命不断改变着传统的生产方式和生活方式。企业要持续发展，必须实施信息化战略。中国女企业家协会《企业信息化培训专项调查问卷》显示，在被调查企业中，约52%的企业建立了电子商务网站或网店，27%左右的企业正在筹划中；56.52%的企业已经建立了100个座席以下的呼叫中心。这说明女性企业普遍重视信息化技术的应用，并根据企业实际情况分步实施。

三、江苏女企业家发展的启示

《中共中央关于制定国民经济和社会发展第十三个五年规划的建议》中指出，要“优化劳动力、资本、土地、技术、管理等要素配置，激发创新创业活力，推动大众创业、万众创新，释放新需求，创造新供给，推动新技术、新产业、新业态蓬勃发展，加快实现发展动力转换”。在这样的大背景下，促进和支持女性创业对于经济的稳增长和调结构具有重要的意义，支持和促进女性创业不仅有助于女性的全面发展，而且会带来更大的性别红利，使经济增长更加具有可持续性和包容性。

总体来看，江苏女性创业走在了全国前列。但是江苏的女企业家队伍，在为社会经济建设做出了积极贡献的同时，由于受内外部环境、主客观因素的多重影响，女性企业在做大做强的发展道路上仍面临着种种障碍，她们所管理的企业尚处于幼稚阶段。为此，应借鉴国内外扶持女性创业的先进经验，整合政府、高校、企业和社会机构等各种社会资源。要充分发挥好创业服务平台的作用，在女性创业扶持中实现线上线下服务打通；政府要抓好各项创业支持工作的统筹和协调，优惠政策的出台落实上体现系统性、及时性和针对性；完善投资和融资机制，为女性创业提供资金支持；引导社会舆论导向，打造女性创业文化，给予女性创业更多的宽容、理解和支持。

(一) 运用“互联网+”思维，完善女性创业服务平台

整合各种社会资源，注重依托互联网，搭建综合的创业服务平台，建设各类女性创业孵化基地，保障女性创业服务平台的整体效益最大化。开启微信公众号，江苏省女性创业实现将线上线下服务打通。以帮助青年女性成功创业为目的，“巾帼创客联盟”与江苏创客空间联动创建，通过筹团队筹项目筹资金筹智慧，为妇女创业创新发挥孵化作用。

(二) 形成推动女性创业创新的良好生态系统

政府应该制定相关干预政策，鼓励女性进入创业领域；采取切实可行的具体措施，为女性创业搭建广阔空间。开展创业导师、创业项目、创业政策进校园、进社区、进妇女儿童之家等活动，落实好各项有利于扶持妇女创业的优惠政策。为需求驱动的公司提供有导向的项目支持：鼓励她们发展以成本优势、采购和分销优化为基础的创业商业模式。政策制定者应该在评估当前行业环境的基础上，引导和鼓励创业者进入到高附加值或高成长性的行业中，以发挥创业者的优势。

(三) 完善女性创业金融环境建设

转变小微企业融资机制，由以前的资产抵押为基础的银行贷款模式，向灵活多样、更为

便捷的融资方式转化，通过拓宽融资渠道和类型，为每个想创业、能创业、敢创新的女性提供更为公平的金融环境。Barasinska 等(2014)指出，也许是互联网去中心化的特征消除了女性网络融资的信用歧视，新型网络融资平台应纳入女性创业金融环境建设进程中来，P2P 网络借贷平台便是一个很好的选择，其小额、低息、多方面筹资的特征很符合女性创业融资的需求，女性重视信用的特质也有利于 P2P 网络借贷平台的稳定运营。除了营利性质的平台外，非营利平台也应受到重视，如美国 Kiva 就是其中典型代表，贷款利率较低(一般为2%)，甚至没有利率。

(四) 完善女性创业技能培训教育服务

有关妇女工作部门以及高校、成人高校，通过为女性提供职业技能培训、商业培训、电子商务培训等各类专业技能培训，如营销、人力资源管理以及财务管理等，改善女性人力资本结构，提升女性创业能力。尤其是知识密集或技术密集型的专业女性人才培养，使更多的女性人才发挥其知识技术优势，最大化重置创业领域内的女性资源。这些培训服务的提供应伴随女性创业过程始终，突出服务的全程跟踪性、针对性和及时性。

(五) 增强舆论宣传，培育女性创业意识

借助当地媒体，加强对女性创业者事迹及经验的宣传，重点宣传女性创业的个性优势，让社会了解女性创业的意义、优势和能力，改善女性创业的社会环境和家庭环境。通过相关创业故事、创业意识启蒙的宣传培育女性创业意识和对创业的正面认知，倡导将创业作为一种潜在的职业发展路径。将不同创业活动类型的相关概念融入到舆论宣传中，比如自我雇佣、雇主公司、成长型企业、组织内创业、社会创业等。

参考文献

[1] 谷海洁，刘成城，李纪珍. 女性创业进入决策的影响因素及创业合法性的调节作用——基于 GEM (2013)数据[J]. 技术经济，2016，05：83 - 91.

[2] 谢觉萍，屠凤娜，王云峰. 国外女性创业文献研究与创业过程模型的构建[J]. 管理现代化，2016，02：116 - 119.

[3] 李翠文，唐明凤，刘丹萍. 我国女性创业政策理论框架及其完善措施——基于女性创业理论视角[J]. 中国劳动，2016，12：27 - 31.

[4] 徐海燕，夏正晶，梁传波. "互联网＋"时代下女性创业模式比较研究——以江苏省为例[J]. 经济师，2016，10：52 - 53＋56.

[5] 谷海洁. 国外女性创业研究：基于发展阶段的综述[J]. 创新与创业管理，2015，02：115 - 127.

[6] 贾玉洁. 国内女性创业现状与障碍分析[J]. 经营管理者，2015，05：178.

[7] 郭钟泽，张丽琍. 全球女性创业发展指数与女性创业的影响因素[J]. 经营与管理，2015，10：81 - 84.

[8] 张晓琳. 女性创业比较：基于江苏和浙江样本企业的研究[J]. 商业经济，2015，08：115 - 117.

地区篇

第一章　新苏南模式与苏商发展

第一节　新苏南模式的内涵和特征

一、从"苏南模式"到"新苏南模式"

"苏南模式"是与"珠三角模式"、"温州模式"齐名的三大经济发展模式，最早是由费孝通先生在其1983年所写的著作《小城镇·再探索》中提出来，他将"苏南模式"的主要特征概括为以下几点：农民自食其力发展乡镇企业；集体经济在乡镇企业中占据主导地位；乡镇政府在乡镇企业的发展中起主导作用，并提倡共同富裕。这一模式的创立极大地调动了苏南经济的发展活力，成为推动苏南经济兴旺的主要原因。

21世纪初，苏南地区锐意进取，在全面建设小康社会的创新性实践中探索出了"新苏南模式"，这一模式不再单纯强调经济的发展，更对社会保障、生活保障等领域提出了要求。用数据来感受"新苏南模式"，截至2016年，江苏有17个县市入围全国百强县市，其中有11个县市来自苏南地区。全国百强县市前十名江苏独揽六席，包揽前四名的四县市里有三个来自苏州，分别是昆山、张家港和常熟；另一个是无锡江阴，这四县市连续多年蝉联江苏前四。截至2015年，教育、医疗和住房这三大保障体系在农村社会保险的覆盖率已经高达99%，最低生活保障已经做到了完全覆盖，卫生服务体系健全率已经达到100%，城镇居民广播电视数字化的普及率超过了90%，村与村之间都通上了公交车。这一数据的背后反映了"新苏南模式"和"苏南模式"一个最大的差异就是"全面建设小康社会"。发展不仅仅只是经济上的发展，而是在包含经济在内的社会保障、卫生服务、生态环境在内的全方面共同发展。

从"苏南模式"过渡到"新苏南模式"的主要原因是在进入80年代末90年代初之后，苏南的经济发展不管是在外部环境还是在内部结构方面都发生了巨大的变化，原来的发展模式已经不再适应当前的发展，具体表现为：

在外部环境方面有五个转变：一是宏观经济体制由计划经济转向市场经济。苏南模式过去所拥有的得天独厚的发展优势，即计划经济体制外的市场空间发生了重大变化。大中型国有企业经过市场化改革，已经和乡镇企业面临共同的市场，在统一的起跑线上竞争。集体所有制企业对于个体、私营企业所具有的政策优势表现得也不再明显。二是消费需求由卖方市场转向买方市场。从国内市场来看，改革开放初期，市场上的商品供不应求，价格相对较高，在相当一段时间内我国经济处于物质匮乏的状态。但是当进入了90年代中期，我国开始进入过剩经济时代，普通工业品价格持续下降，内需不足。从国际市场来看，90年代以来，几乎所有主要产品都存在生产能力过剩的问题，达到前所未有的水平，国际市场各类产品价格大幅度下降，同时发达国家贸易保护主义势力有所抬头，加上苏南地区的出口贸易相对集中在东南亚、欧美地区,使苏南乡镇企业出口感受到更大的压力;三是经济运行由高速发展转向中高速平稳增长。90年代中后期,随着买方市场出现以及国家出台的一系列宏观经济调控政策使得经济增速转向平稳。宏观经济的增速放缓使得企业利用低价竞争的优势丧失,从而转向质量竞争和技术竞争,而这也正是当时苏南经济,尤其是乡镇企业的短板,也正是这一短板迫使苏南企业简政放权,改革新的产权制度,调整经济结构;四是经济结构由适应性调整向适应性和战略性同步调整双向推进转变。改革开放的步伐加快使得我国与国外的经济往来越发深入,国际和国内市场一体化的进程逐步加快,苏南乡镇企业在参与国内竞争的同时,也必须面对国际市场的竞争,这就为苏南经济的发展增添了许多争技术、争项目、争投资的竞争对手,因此面对国内国外两个市场的激烈竞争,加强技术创新,进行战略调整成了苏南地区适应高压竞争的必由之路;五是企业由单一着眼内部机制转向制度创新、综合配套全面发展。党的十五届四中全会就对国有企业改革发展的若干重大问题做出了重大决定,要求加快国有企业改革和国有企业战略调整,并提出了一系列的战略目标和措施。

在内部结构方面也存在着如下七点问题:一是苏南集体所有制形式是以社区为特征的,因此带来了政企、政资不分的弊端;二是产权关系不明晰,企业内部缺乏活力;三是投资主体单一,给企业带来了高负债风险;四是由于区域利益和区域权利条块分割,易于带来过度竞争和低水平的重复建设,造成资源的浪费;五是城乡分割治理造成城乡一体化进程缓慢;六是在原有卖方市场的环境下,"船小好调头"的优势丧失,变成了在买方市场环境下"船小经不起风浪"的劣势;七是对集体经济主体地位的认识不够,抑制和影响了非公有制经济的发展。换言之,"苏南模式"以集体经济为主和政府行政推动的经济运行特征,在七、八十年代促进了经济的迅速发展,到了90年代中期以后,由于社会经济背景的变化和市场功能逐步完善,集体经济的模糊性产权和政企合一"地方权威主义"的经济组织方式,逐步从经济发展的"保护伞"和"助推器"转化成为经济发展的障碍性因素。

综上,进入90年代中后期,随着整个经济形势的变化,"苏南模式"未能及时适应,因势而变进行改革,造成了苏南经济发展相对缓慢。外部市场环境和宏观经济的变化等外部环境压缩了企业的发展空间,政府的行政干涉和集体所有制为主体等内部结构阻碍了生产力的发展。正是在这样的背景之下,苏南模式亟待变革,"新苏南模式"应运而生。

二、"新苏南模式"的内涵

改革发放初期,苏南人民开拓性探索社会主义市场经济,所形成的独特模式被概括为"苏南模式"。在进入新世纪新阶段之后,在全面建设小康社会的号召下,苏南人民又开始创新性的实践,所形成的新模式被称为"新苏南模式"。"新苏南模式"并不是对原有苏南模式的全盘否定,而是在原有基础上进行批判性的继承,形成了新的突破,其主要内涵被概括如下:

(一)以坚持共同富裕为目标

坚持共同富裕是社会主义核心价值观的体现,苏南人民始终不渝地在探索人民共同富裕的道路。在原有"苏南模式"的基础之上,"新苏南模式"坚持把富民作为优先发展的第一导向,合理统筹效率和公平的关系,防止出现两极分化,在共同富裕的道路上不断取得着新的进展。

同时,苏南各地始终在发展中抓住机遇率先发展,在经济社会中取得了斐然的成绩。近年来,在对原有"苏南模式"的思考中,苏南的决策者意识到单纯的高 GDP 是没有任何意义的,只有百姓富裕才是真正的富裕。正是基于这种认识,苏南地区大力实施了多项富民工程包括产业富民、创业富民等。在加快经济社会快速发展的同时,苏南地区也不断协调效率和公平的关系,缩小两极差距,防止两极分化。各地区政府纷纷采取措施:加大收入分配调节力度、为群众特别是低收入者构筑低保、医保、养老、征地和拆迁补偿等多重保障、社会保障全覆盖等。让"老有所终,壮有所用,幼有所长,鳏寡孤独废疾者,皆有所养"的梦想真正成为了现实。近五年来,苏南地区城镇居民收入增幅高出全国近 1.6 个百分点,农民人均收入高出全国 1.7 个百分点,城乡收入差距在全国也低于平均水平。

"新苏南模式"的成功表明,在中国特色社会主义的理论里,效率和公平的统一不是悖论,只要坚持共同富裕这样一价值追求,就一定能兼顾两者。

(二)市场、政府两只手协调发力

随着苏南地区进入工业化的中后期,政府和市场的关系越来越复杂,政府应当在经济发展中发挥什么样的作用,苏南地区的实践探索给出了答案。在社会主义市场经济体制下,作为无形之手的市场和作为有形之手的政府缺一不可,两只手都要强有力但也需要协调一致。

随着政府职能的转变和产权制度的改革,政府已经退出了对生产经营领域的直接干涉,充分发挥市场在资源配置中起决定性作用。在市场机制之下,企业自负盈亏、自主经营,成为独立的法人和市场主体参与市场竞争。在苏南地区,许多改制后的企业分散股权实现多元化,由过去的政府主导到现在的股权开放;个体私营经济厚积薄发,潜力大、后劲足成为了新的经济增长点;各种基础设施项目通过市场化运作取得成功。可以说,苏南地区的市场化水平走在了全国的前列。

政府在协调经济社会发展中起主导作用。苏南各地政府抓住国际产业转移的重大机遇,积极开拓外向发展;同时大力推进社会事业发展,构建社会保障体系实现社会保障全覆盖。在应对工业化、城镇化进程中,政府在大力推动经济增长方式转变的同时,不断协调土地、环境、生态等问题,致力于保护生态环境,为经济社会的可持续性发展创造条件。通过不断的探索,政府在经济社会的工作重点和职能定位逐渐明晰。

(三)艰苦创业、争先创优、勇于创新

吴文化的发祥地在苏南。吴文化千百年来所崇尚的脚踏实地和吃苦耐劳在苏南人民的身上得到了很好的体现。务实和坚韧的苏南人在新中国成立之初就积极探索,广泛吸收借鉴各种先进的思想观念和发展成果,走出了一条具有中国特色的农村工业化道路,形成了特色鲜明的"苏南模式"。在进入 20 世纪 90 年代之后,尽管发展放缓,"苏南模式"受到质疑,但是开拓创新的苏南人并没有因此停滞,继续在书写改革发展的新篇章。

新时期,全国和世界范围内竞争加剧,苏南地区在人才、资金、环境、市场、资源等领域挑战不断,苏南人民艰苦创业、鼓足士气,果断抓住国际产业转移的重要时机,充分利用外资、民资双向资金,取得了瞩目的发展成就,在经济社会取得巨大突破的同时,人文环境也得到了很大的改善,"亲商、富商、安商"、"亲民、富民、安民"等良好风气形成。这一系列努力造就了"新苏南模式",使得苏南地区走在了全面建设小康社会的前列。"艰苦创业、争先创优、勇于创新"的精神随之根植,成为苏南人强大的精神动力和"新苏南模式"的重要组成部分。

实践表明，在全面建设小康社会的进程中，充分发掘历史文化底蕴并赋予其新的内涵，培育出具有时代特征和本地特色的人文精神具有极其重要的意义。

（四）立足创新，描绘发展新蓝图

新苏南模式的一个重要特点就是“创新”，这里的创新体现在三点上：产权结构、产业机构和社会结构上。

早期苏南的发展以单一的集体经济为主，这种发展方式在计划经济体制下取得了一定的成功，但是随着市场经济的不断深化，单一的集体经济发展形势弊端显露，推进产权结构创新，就是要结束集体经济单一发展的局面，实现公有制、非公有制和混合所有制经济竞相发展。苏南地区需要根据自身生产力的发展以及区位特点，努力实现公有制经济的有效实现形式，实现产权结构创新，促进生产力的进一步发展。另外大力发展混合所有制经济，不断完善以集体经济为主的产权结构，坚持实施外资带动战略，强力推进“民营赶超”战略，民营经济后来居上，一跃成为苏南主要的经济体。

苏南在新阶段面临着产业结构的全面升级，传统劳动力密集型的产业发展已经丧失竞争力，产业结构方向向着资本密集型和技术密集型产业转变，合理利用外资，引进国外先进技术，改造传统产业；产业结构由原有第二产业占主体逐步向以高端服务业为主体的方向转变。同时抛弃原先粗放式的发展方式，将高耗能高污染的企业向园区内集中，实现工业化和保护耕地并举。

统筹城乡发展，破除城乡二元结构，推进社会结构创新。苏南各地通过全面覆盖社会保障、大力推动农村事业发展来实现城乡一体化发展，极大地缩小了城乡的差距，也使得苏南地区成为全国城乡收入差距较小的地区之一。苏南实现城乡一体化的发展路径是：以现代化带动城镇化、以工业化优化城镇化、以国际化促进城镇化这“三化”带动“三农”模式，实践证明，苏南的这种模式是中国特色社会主义城镇化的有益探索。

三、“新苏南模式”的特征

“新苏南模式”不是对原有“苏南模式”的全盘否定，而是进行了批判性的继承，这其中就包括扎根本地发展实业、在注重发展的过程中实现共同富裕，在市场为导向的前提下注重地方政府的作用等，这些传统依然被保留在新的苏南模式中，但是我们也可以看到“新苏南模式”的创新之处，这使得新的苏南模式在新形势下对经济的发展有更强的指导作用，也正因为如此“新苏南模式”有了以下新的特征：

（一）充满活力的所有制结构

“新苏南模式”所有制结构不再单一，而是外资、民资和股份制等经济成分活力竞相迸发。推动我国现代化建设，就是要团结一切有利因素和力量，不断推进改革，努力实现全体人民各得其所、各尽所能并且和谐相处的局面，这也是全面建成小康社会、构建社会主义和谐社会的具体要求。这里最为重要的要求就是多种所有制经济能够各尽所能、共同发展。在历史的发展过程中，苏南地区形成了以集体经济为主这种单一的经济形式，国有经济在苏南地区发展不足。20世纪90年代末，在开放型经济的浪潮中，苏南人抓住了机遇，积极引进和利用外资，最为突出的就是建立示范级国家经济技术开发区。以多种类型的开发区为主体，大力引进外资，从而提升了区域的国际化程度，这其中典型的有苏州新加坡工业园区、张家港国家级保税区、无锡国家级环保园等。在这里特别值得一提的是昆山国家级开发区，这个国家级的经济开发区是由昆山人自费开发的，开发之后才得到了国家的承认。昆山开发区是我国外商投资和台资企业最密集的区域之一，这里汇聚了超过半数的世界 500 强企业，对昆山的经济发展起到了巨大的作用。小小的昆山市吸引了全国近 12%的台资，相当于整个上海市吸引台资的总和，总量超过 60 亿美元。开放的经济为多种所有制经济的发展带来了活力。在进入新世纪以后，苏南成为民营经济发展的沃土。值得关注的是，国有企业和集体企业产权制度改革之后，除了一小部分转化为私人企业，其余大都走上了股份制的道路，很多企业更是成为了上市公司，作为小小县级市的江阴就有多达十几家上市公司。苏南的民营资本和股份制企业很多都拥有开放的经济背景，因此在开放的背景下充满活力的所有制结构也就成为了“新苏南模式”的主要内容。

（二）规模企业为主的企业结构

由于苏南地区在初期发展的规模中大都以集体经济为主，所以其经济规模相较其他地区的私人企业就要大很多。苏南地区在发展外商投资企业的同时，对国有企业和集体企业的改制不是简单的将其“私有化”或者只是一卖了事。虽然这当中也有一部分企业被完全改制后变为“私人企业”，但是更多的企业利用股份制或者股份合作制的形式走上了混合所有制企业的道路。

在企业中吸收私人股份，进行公司制改革，但仍然保留不同比例的国有或集体股份。正是通过这样的方式，使得企业的规模进一步扩大，即使农民自主创业也多是采取合作的方式，居民投资由分散走向组织。创建新型农村合作社，昆山市组建形式多样的合作社，这其中包括“富民合作社”、“社区股份合作社”和“土地合作社”等。截至 2015 年 6 月，这三种形式的合作社在昆山的数量达到 170 家、21 家和 7 家，共吸引 13 610 户入社，占整个昆山市的 16%。以上农民共投资入股 1.14 亿元，户年均所获红利都非常可观，占股金的至少 10%。这种有组织的创业投资成为“新苏南模式”的创新发展之处。

（三）先进制造业与现代服务业并举的产业结构

我国最早开始工业化探索的地区在苏南，因此这里的制造业也拥有得天独厚的优势。在全面推进小康社会的进程中，苏南地区的工业基础来源于三个部分，这包括城市工业、乡镇企业和外商投资企业。正是依靠乡镇企业和外商投资企业使得江苏的工业化水平一直位居全国的前列并且工业总产值一直独占鳌头，位列全国第一。但是，发展中的很多不足也逐渐显现出来，即建立在这两个基础上的制造业科技水平比较低，一直处在价值链的低端，产值高但是收益低。建立在这两种基础上的制造业多以劳动密集型产业为主，缺乏核心和关键技术。为了调整和优化产业结构，苏南在新阶段做出了两个方面的调整：首先，制造业向高端化升级，由原有的劳动密集型向资本密集型、技术密集型产业转变，提升“先进性”。另一方面，大力发展与制造业相关的生产性服务业，服从产业结构优化升级的要求。

（四）城乡一体协调发展的城乡结构

苏南最早开始农村城镇化的探索，其城镇化的模式值得其他地区学习。其城镇化的路径首先是科学规划县、镇、村，在此基础上有效进行村镇合并，推进人口有序汇集，积极引导乡镇企业向工业园区聚集，服务业向中心的城镇集中。其次，各县级市政府发挥主导作用，推进工业反哺农业、城市支持乡村工作，做好富民惠民工程。第三，推进苏南地区都市圈建设,将现代化的城市建设与农村的交通、网络和体制机制有效对接。第四,配套完善各项服务设施,包括教育、医疗、商业购物等,让农民能够真正的分享现代城市文明的成果。这些做法使得苏南地区尽管城乡差距在扩大,但是它确实是全国城乡差距最小的地区。

第二节 苏南民营企业发展的现状、问题与对策

一、苏南民营企业发展的现状

(一) 发展速度提升,规模总量扩大

近年来,苏南民营企业都围绕着促进产业结构调整,加快企业创新发展为主线进行全面提升。在保持传统产业竞争优势的同时,极力抢占战略性新兴产业的制高点。截至 2015 年,苏南五市(南京、无锡、常州、苏州、镇江)民营工业产值占本市规模以上工业产值的比重分别为 18.3%、41.3%、55.9%、16.8%和 40.7%,较去年都有所上升,实现增加值 783.64 亿元。

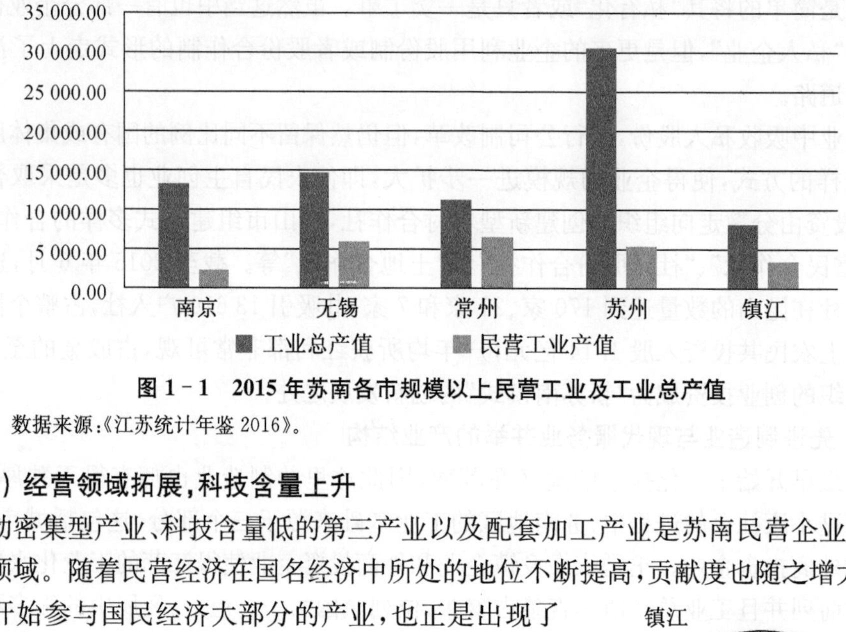

图 1-1 2015 年苏南各市规模以上民营工业及工业总产值

数据来源:《江苏统计年鉴 2016》。

(二) 经营领域拓展,科技含量上升

劳动密集型产业、科技含量低的第三产业以及配套加工产业是苏南民营企业过去主要集中的领域。随着民营经济在国名经济中所处的地位不断提高,贡献度也随之增大,民营企业已经开始参与国民经济大部分的产业,也正是出现了这样的趋势,苏南民营企业已经开始加快产业转型升级,快速向高新技术领域以及战略性新兴产业发展,其经济结构也更加合理。

截至 2015 年底,苏南五市规模以上民营工业企业研发投入经费内部支出总额 489.21 亿元,占江苏省研发内部支出总额的 35.54%,这其中以南京的研发投入最多,比镇江市多出了近 80 亿元。苏南五市(南京、无锡、常州、苏州、镇江)规模以上民营企业发明专利总数达到 186 751(见图 1-2),这其中苏锡常三市万名从业人员发明专利数分别比上年增长 47.2%、33.6%和 58.7%,三

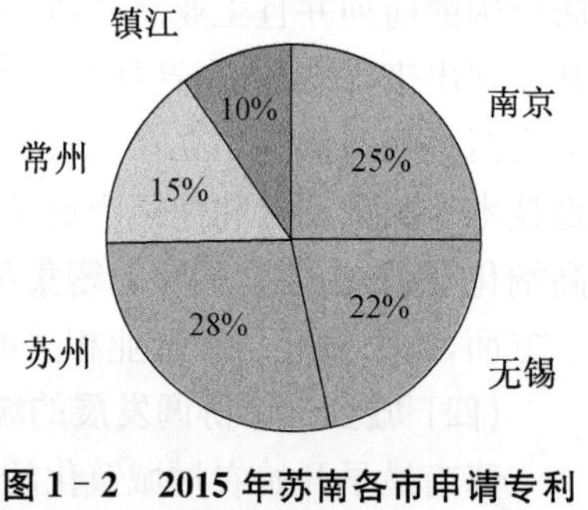

图 1-2 2015 年苏南各市申请专利占苏南申请专利比重(%)

数据来源:依据《江苏统计年鉴 2016》计算。

市均有不同程度的增长，这其中以常州的增幅最大。截至 2015 年数据显示，苏南地区研发和实验人员总数达到 25 万人，这其中各市都比去年有增长。所以整体来看，苏南地区民营企业创新能力明显提升，科创产出大幅增长。

(三) 投资活力增强，投资领域拓宽

就目前来看，民间投资对经济建设的作用已是举足轻重，对全社会固定资产投资的贡献也是越来越大。2015 年常州市民间投资占固定资产的投资已达到 58.13%，民营固定资产投入 1 924.41 亿元，同比增长 39.4%；2015 年无锡民营企业固定资产投入 1 428.5 亿元，比上年增长 9.1%；2015 年苏州民营企业固定资产投入 1 882.62 亿元，比上年增长 9.7%；同期南京民营企业固定资产投入 1 430.13 亿元，占全市固定资产投资比重 26.33%；同期镇江民营企业固定资产投入 918.66 亿元，占全市固定资产投资比重 42.88%，同比增长 45.3%。民间投资在价值规律和市场机制的双重作用下，能够自发调节保持均衡态势，而且体制机制自由灵活，具有极强的生命力和适应力，俨然成为苏南地区固定资产增长的主要力量。

投资额在不断上升的同时，民营企业已一改之前那种单纯以扩大生产为目的的粗放式投资方式，转向以提高技术含量、提高劳动者综合素质和以增加原材料、设备资金利用效率为主的投资模式。集约型民营资本的实质就是以提高科技水平和劳动者综合素质为切入点，不断提高经济增长的效应和质量，从而提高整体的生产水平，促进民营资本健康、持续、快速的发展。

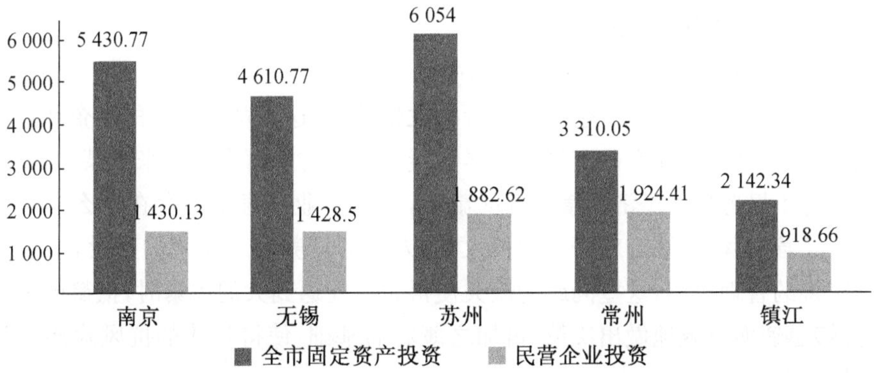

图 1－3　2015 年苏南各市全市和民营企业固定资产投资(亿元)

数据来源：《江苏统计年鉴 2016》。

(四) 社会贡献提高，经济影响扩大

民营经济对经济的贡献越来越大，不仅解决了城乡居民的就业问题，还成为了地方税收的主要来源。2015 年苏州私营企业 29.56 万户，个体工商户 48.96 万户，吸引就业人数 314.27 万人，民企完成纳税 1 008.08 亿元；2015 年无锡私营企业 16 万户，个体工商户 24.76 万户，吸引就业人数 196.63 万人，民企完成纳税 725.99 亿元；2015 年常州私营企业 9.79 万户，个体工商户 21.89 万户，吸引就业人数 134.92 万人，民企完成纳税 560.41 亿元；2015 年南京私营企业 20.62 万户，个体工商户 34.42 万户，吸引就业人数 181.80 万人，民企完成纳税 424.87 亿元；2015 年镇江私营企业 5.16 万户，个体工商户 14.93 万户，吸引就业人数 72.35 万人，民企完成纳税 290.75 亿元。

从上述数据可以得出，苏锡常民营企业对社会的贡献越来越大，经济发展中最为重要的问题就是就业问题，民营企业对其贡献是显著的。同时民营企业已是税收收入的重要来源。众所周知，税收具有对社会生产、交换、分配和消费的调节功能，在某种程度上可以提高就业水平、优化就业结构。由此看来，民营企业对经济社会和社会贡献度逐步扩大。

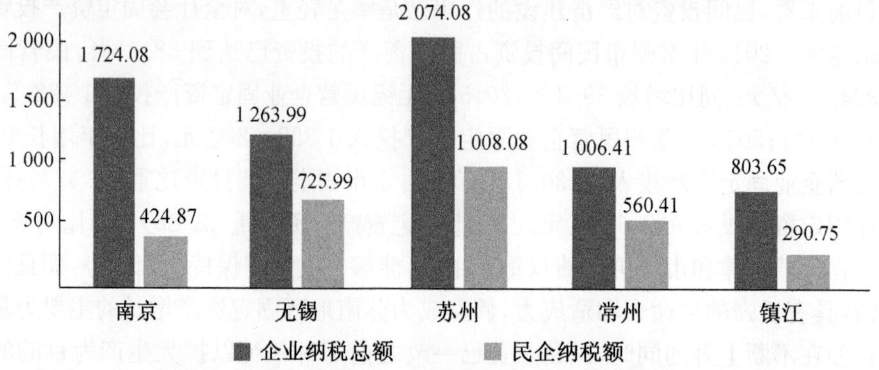

图 1-4　2015 年苏南各市全市和民营企业纳税额(亿元)

数据来源:《江苏统计年鉴 2016》。

二、苏南民营企业发展的问题与挑战

(一) 从国际视角看苏南民营企业

金融危机的影响。2008 年的国际金融危机对世界经济的影响依然未完全消除，金融危机加剧了世界经济的不稳定性，生产资料价格大幅波动，这无疑对很多民营企业造成了很大的经营风险，有些甚至因此而破产倒闭。尽管金融危机对民营企业带来了某种程度的冲击，但是我们不得不思考除去经济环境外部的影响，作为企业自身是否存在什么问题呢？民营企业在生产经营过程中，缺乏对研发的投入、对人才的培养和对品牌的建设，最重要的一点企业缺乏完善的管理机制，这些问题的缺失使得企业在遇到大的风暴时，抵御能力就变的很脆弱，不能够迅速而有效地做出决策，再加之薄弱的基础，使得整体的抗风险能力就严重不足，最终导致淘汰。

人民币汇率的问题。人民币升值对以出口为导向的企业是十分不利的，这使得他们的利润空间被压缩，对中小型的民营企业来说这种问题更加严峻。因为苏南地区的民营企业很多都是从事初中级产品的生产，在国际市场上主要依靠低价来获取自身竞争力，当人民币升值时，不仅产品的价格会上升，原材料的价格也同时面临价格上涨的压力，这直接会给中小型民营企业带来生产成本的增加，也因此削弱了其在国际市场上的唯一竞争优势。与此同时，汇率的变动所带来的风险是中小民营企业所不能承受的，他们的抗风险能力都比较弱，尤其在外币应收账款方面，由于汇率的不确定性，使得企业很容易造成汇兑损失，从而直接影响了企业的利润空间。

(二) 从国内视角看苏南民营企业

品牌发展滞后。相关资料显示，中国是世界上最大的货物出口国，但是贴牌产品在出口商品中占有很大比例，自主品牌的货物不足 10%。品牌对于企业的经营管理具有至关重要的作用。但是,民营企业对品牌的意识极其淡薄,缺乏一个整体上的规划和一个明确的品牌定位,核心价值缺乏,危机管理体系不健全等一系列问题制约着苏南民营企业的发展。与之相比,浙江地区同样也是民营企业的领头羊,中国民营企业500强的名单里,历年浙江都占据全国之首。浙江温州民营企业的实力不及苏州,但是在品牌建设方面苏州却较温州逊色很多,温州有200多个中国名牌和驰名商标,而苏州能列举出来的却是屈指可数。

生产经营性上涨。近几年,由于能源价格不断攀升,导致产品的原材料价格也水涨船高,民营企业的生存发展难度加大。很多民营企业都还没有摒弃原有的那种粗放式的经营方式,技术性研发投入不足,能源利用效率不高,产品的质量和性能都有待进一步突破,市场竞争力不足。成本上升是民营企业普遍存在的问题,对于那些本小利薄的中小民营企业来说,这直接会影响其利润空间,进而影响其生存空间。

企业管理水平不高。尽管前面提到苏锡常三市的民营企业规模逐步壮大,但是相对而言仍然是有限的。有些地区家族企业依然是民营企业的主要构成成分。随着企业规模的扩大,家族企业的管理方式也显露出其自身的缺点。尽管近些年不少家族企业引入职业经理人这种经营管理模式,但是所有权和经营权依然联系紧密,企业产权和企业家产权依然界限模糊。企业家不能很好地理解现代企业的管理理念,还是更多地想增强控制权,将企业的命运掌握在自己手里,不肯放权,从而使得决策层难以形成有效的约束机制,这是民营企业长期发展中普遍存在的问题,极大的限制了民营企业的长久发展。企业管理面临人事管理、流程管理、成本管理、市场管理和战略管理等五大问题,企业管理的不完善制约了其健康快速的发展。

三、苏南民营企业发展的对策建议

(一)构建科学合理的民营经济投融资体系

首先,民营经济在带动就业、促进有效竞争和经济转型发展中具有举足轻重的作用,各地各部门都要有充分的认识。其次,在了解民营经济投融资的相关法律和各项政策法规之后,要进一步强化自身服务意识,积极引导民间资本进入,降低准入标准、放宽准入条件,减少各项繁琐的行政审核标准,及时废除限制阻碍民间资本准入的法律法规,降低总体准入门槛。同时,事中监管部门和事后法律制裁部门要相互协调配合。实现各项法律制度的配套衔接,要让民营企业享受和"国有企业"同样的待遇,这样才能有效激发民营经济的活力,增强其投融资的积极性,从而形成合理增长、结构优化、效益良好的人好局面。

(二)提高技术创新能力,增强企业核心竞争力

经济持续增长和企不断业创造财富的关键就在于创新,这也是全球经济发展的一个大趋势,苏南地区民营企业的创新能力还有待进一步提高。要实现民营经济的可持续发展,需要做好以下几点:首先,要提高苏南地区民营经济的技术创新能力,就要加大研发经费的投入。在这一方面要靠政府的支持,因为苏南地区民营经济的技术研发还处在改进阶段,投研发体系还不健全,很多重大的研发项目还需要靠政府来组织实施,所以这也就决定了政府的研发投入在区域研发中依然发挥着重要作用,这就要求各级政府要加大科技投入,强化财政在研发领域的投资以确保研发经费稳步增长。其次,要充分重视知识产权和品牌建设。苏南地区民营企业尽管品牌众多,但是享誉全国的却是寥寥无几,品牌建设对于一个企业的发

展是很重要的，所以企业要增强品牌意识。对任何企业来讲，要想在激烈的竞争中立于不败之地，就不能受制于人，必须拥有自己的品牌。

(三) 加强内涵建设，重视人才培养

民营企业在新形势下已不能再用原有思维去管理企业，应该摒弃原有的家族管理模式，这就要求苏南民营企业应该树立现代企业制度的管理理念，建立现代企业制度标准，同时按照相关要求进行运作。按照产权明晰、政企分开、权责明确、管理科学这种新的制度去进行专业化的管理，增强企业决策能力的科学性。此外还要进一步强化人才制度培养，高效引进、重点培养，用良好的激励制度、薪酬制度和福利制度去激发广大员工的工作热情，真正保障员工的权益，这样才能让人才有归属感，留住人才保证企业的可持续性发展。总之，企业只有有了这些完善的科学管理体制，才能真正地朝着正确的方向发展。

(四) 强化"走出去"意识，拓展国际市场

世界经贸一体化的趋势已经越来越明显，苏南民营企业要顺应国际潮流，积极地"走出去"。"走出去"不是狭义的引进国外技术、设备和资金等，而是要充分用好国际和国内两个市场、两种资源，在对引进来的技术进行再创新时，也要努力提高自己的创新能力，着重打造自己的品牌，不断提高其在市场上的影响力和知名度。苏南民营企业更要制定长远的战略规划，根据自身产品的特点和优势，因地制宜、因时制宜，在海外拓展开发自己的新兴市场，从而借此机会提升自己的品牌影响力，参与国际竞争，成为潮流的佼佼者。当然，在"走出去"的时候，也需要认真研究，借鉴国内外成功企业走出去的经验，学习他们如何开发拓展新兴市场，这样才能更有把握，更有自信。

第三节　新苏南模式个案研究：常州武进区

一、"新苏南模式"在武进区的成功实践

2015 年，常州市武进区不管是在经济层面还是在社会层面都充分显示了"新苏南模式"对区域发展所带来的积极推动作用，这也同时让武进区成为区域发展的示范区，更为该模式在未来取得更大的成功提供了宝贵的实践经验。武进区先后获得"中国民营经济最具活力县(区)"和"中国民营经济首选投资县(区)"这两个称号。这两个称号的获得，让我们看到了民营企业在该地区的发展状况，同时也向我们展示了武进的特色，可以归结为以下几点。

(一) 以投资结构的优化抢占先机

从国家十二五规划开始，国家就突出引导、鼓励、支持投资结构不断优化。武进区也正是为响应国家的号召，结合自身发展特点，在稳步扩大投入水平的同时，不断优化投资结构，提高投资的质量，将原有那种集中投资于劳动密集型产业和低端加工制造业的趋势扭转为向电子信息产业、先进装备制造业、新能源及环保产业、生物医疗和医疗器材产业等中高端产业领域。截至 2015 年，投资领域已经涉及五大产业的 18 个产业群。2015 年上半年，该区的固定资产投资总额就达到 460.1 亿元，同比增长 18.3%。

(二) 以科学技术创新提升企业竞争力

民营企业的创新能力一直为人所诟病，为了解决这一突出矛盾，武进区开始加大对科技

创新的有效投入，重点将资金投入在资本和技术密集型产业上以促进企业快速的扩大。例如在 2008 年北京奥运期间，武进不锈钢管厂集团有限公司作为国家火炬计划重点高新技术企业就先后开发出 10 多项国家级、省级的技术产品，每年为此而投入的研发费用就达到 5 000多万元，其在国内高端市场的占有率就达到 50%，还有很多产品远销东亚及欧美等主要发达国家。又如江苏安格特集团有限公司探索出一条校企合作的新模式，依托高校的科技人才优势，将一批校科研成果转化为高新科技创新成果，并已经广泛应用于高速列车、航空航天以及新能源领域。2015 年实现利税 1.7 亿元，携手七家民企进入“全国民企 500 强”，产业竞争力优势明显。

（三）以外贸优势发挥领先作用

近年来，武进区集中了一批民营企业，他们积极开拓国际市场、整合国际资源，闯出了属于自己的一片天地。2015 年上半年，武进区外贸总额 50.6 亿元，同比增长 7.8%，全区注册登记外资 8.4 亿美元，同比增长 7.2%，进口总额 50 亿美元，处于苏南的领先位置。作为典型代表，瑞声声学科技就很具有说服力，2015 年瑞声声学科技就在海外投资 2.3 亿美元，完成了 5 次收购并购，拥有国际和国内专利超过 400 项。

（四）以治理环境污染为重点

武进区为了营造一个良好的生态环境，对全区 600 多家企业进行环境行为的公开测定，大力营造优质的生态体制，提升绿色环保的生态素养。这一举措既让政府对环境有了更全方位的把控，同时也可以提醒企业在生产活动中对自身排污的监测。武进区政府还专门制定了节能减排的方案以及节能减排的具体指标，将指标细化并逐个落实到各镇、部门和相关企业，使得环境治理竟然有序。

二、“新苏南模式”在武进区的发展之惑

尽管在“新苏南模式”的影响下，武进区取得了喜人的发展成就，但是在发展过程中也暴露出了一些问题值得我们引起重视。

首先，武进区的众多民营企业依然走的是“两头在外，中间加工”这样一种生产模式，即原料和销售在国外市场，加工生产在国内市场，用国外的先进技术而国内只提供劳动力这样一种模式，很显然这种模式是处在产业分工的末端，很多民营中小企业在产业链提升环节任务艰巨，以市场换技术的目标较难实现。多年的实践证明，外资在促进经济发展、扩大就业机会和增加财政收入方面起到了很重要的作用，但是很多时候外资企业只是起到了加工车间的作用，其研发基地、核心技术和销售市场都是由总部控制，这就使得武进区在这种模式下一直处于产业末端，生产附加值获取极低，没有核心技术的开发能力，更缺乏品牌竞争优势。虽然很多外资企业落户武进，但是因与本地企业未能形成完善配套的体制机制，所以一直未能孵化出高科技的产业，再加上区域产业结构层次和产品质量档次不高以及创新能力一直先天不足等弊病，使得在世界范围的结构调整中一直处于不利地位。武进区一直缺少一些高科技的龙头公司进行整合和带动，所以在很长一段时间内还将维持现行的贸易模式，产业创新升级任重道远。

其次，武进区的土地、能源、资源供应紧张，经过前一轮的快速发展，武进区已经出现对未来提前透支的问题，人均耕地面积已经达到了警戒线，并且随着工业化和城市化的进行，

甚至已经到达了无地可批的窘迫境地。

最后,武进区在很多时候都是政府主导型的发展,政府划分了各行政区,导致这些行政区之间出现了恶性竞争,影响区区之间的要素流动和正常往来贸易,从而阻碍了经济发展。有时候区区之间出现发展定位和产业分工雷同,导致基础设施重复建设,资源浪费。区域协调还存在问题,强政府的影子依然可见。

所以从这些方面我们可以看到,武进区要想在苏南地区继续领跑经济,实现新的跨越,还需要做出更多的转变,全面转型。

三、武进区民营企业未来发展之路

全面转型升级,切实优化产业结构。现阶段,资源与能源双紧的背景下,民营企业要想真正能够立于不败之地,就必须改变传统的发展方式,要转变忽视掌握核心技术而只重视资金投入的思想;转变忽视长远利益而只重视眼前利益的做法;要转变不愿自主创新而只是模仿的观念;要转变只重视竞争而缺乏合作的想法等。要加强合作,多与大企业优势互补,加强联系,在改造传统产业,提升现代产业的同时,注重培育壮大新兴产业,做到工业化和信息化的两化融合,限制并逐步淘汰落后产能,从根本上破除处在产业低端的局面,全面促进武进区的产业转型升级。

加大政府扶持力度。由于目前民营企业科技研发投入体系尚未成熟,在很多的重大项目上如果单纯依靠民营企业还尚不稳妥,所以这时还是需要政府来组织实施,加大对科技研发的资金投入,强化财政科技投资,保证研发经费能够稳步增长。此时,政府还要注重对民营企业的培育,使其能成为研发创新的主体,深化科技体制改革,推动体制机制的创新和完善。形成一个以市场为导向,企业为主体,产学研相结合的综合技术创新体系。同时,政府还需出台更多优惠政策,鼓励和吸引企业加大研发投入来提高自身的研发能力,深化企业的创新主体地位,加快成果转化,做好产权保护和各项创新机制体制管理办法,引导企业建立现代企业制度。

做优园区平台,加快集群发展。武进区要不断加强开发区建设,加快民营企业集群化发展,提高开发区的承载能力,按照“集聚、集约、开放、创新、生态”的要求,集中优势资源,创新体制机制,集聚高新产业,把现有的两个开发区打造成一面引领产业转型升级的标杆。此外积极响应国家号召,努力实现国家级高新区、生态园区和创新型园区的目标,完善区内各项配置,围绕“智慧产业、健康产业、电子信息、新材料、现代服务业”这五大特色加快园区的平台建设,合理规划园区,配好配强园区力量,做好招商引资工作,真正让集群企业享受便捷和实惠,让各类人才、项目和资金等要素能够有序向区内集聚。

加快推进技术创新人才的培养和引进。武进区要从“以人为本”这个经济社会的根本出发点和落脚点出发,深化人才意识,树立人才观念,集中培养、引进一批高水平高素质人才,充分发挥科教兴城的优势,大力提倡教育,创新教育,让那些真正具备创新精神,具备丰富知识体系和具有很强社会适应能力、善于与他人合作、掌握现代尖端科技、能够进行国际交往的新型人才能够真正的留在园区。政府要出台相关的政策,推行各项激发人才的体制机制,包括员工持股和股权期权制度等,充分激发各类人才创新的积极性,用优厚的福利制度真正地让人才能够安居园区。

大力推进生态文明建设，建设资源节约型社会。十八大报告指出："建设生态文明，是关系人民福祉、关乎民族未来的长远大计"。所以武进区在推进经济工作建设之时，第一应该将可持续发展的理念铭记于心，勿走"先污染后治理"的老路，注重绿色招商，而不能一味只图经济发展，而不顾生态环境，要从引资变成"选资"，将那些高污染高能耗的产业排除在外。第二，要狠抓节能减排工作，鼓励开展低碳产业，做到产业的低消耗、低排放和高效益，严格行业的准入标准，对重污染行业进行专项整治，如印染、酸洗等，对于那些不符合国家规定的企业或者项目，要及时关停，严肃处罚。第三，要加强环境监测和污染监控，对于化工、医药、纺织等污染源要进行现场监管和实时在线监督。第四，民营企业要加快淘汰落后的工艺技术和设备，这样不仅可以节约生产成本，还可以为新技术和新工艺腾出资金空间，除去潜在的风险。第五，推进企业重组，提高企业的规模效应和产业集中度，这样不仅可以实现经济效益，还能够提升生态效益，促成"双赢"局面。第六，大力发展高新技术产业，用新产业改造旧产业，促使传统产业升级，提高自身附加值。

我们有理由相信，拥有良好工业基础、注重创新发展的武进区，一定能够牢固把握住转变经济发展的主线，谋划出新的思路，实现更大跨越，只有这样，才能继续走在全省乃至全国的前端。

参考文献

[1] 潘维. 苏南模式更有学习和放射价值[J]. 社会观察，2012(3)：24－27.
[2] 戴桂英. 区域协同科学发展与社会和谐[M]. 浙江：浙江大学出版社，2011.
[3] 顾松年. 苏南模式创新发展和苏南经济的转型升级[M]. 南京：南京大学出版社，2009.
[4] 厉以宁. 认识民营经济在国民经济中的作用[J]. 中国物流与采购，2010(4)：42－43.
[5] 黄孟复. 中国民营经济是转方式保民生的重要力量[J]. 中央社会主义学院学报，2011.
[6] 厉以宁. 当前民营企业的困境和金融对策[J]. 企业研究，2012(1)：14－15.
[7] 陈晓雪，谢忠秋等.. 苏南民营经济发展研究[M]. 北京：中国经济出版社，2011.
[8] 王志华. 江苏制造业转型升级水平测度与路径选择[J]. 生态经济，2012(12)：90－95.
[9] 吴玲蓉. 我国民营经济发展中的主要问题与对策研究[D]. 上海：华东师范大学，2012.
[10] 张波. 中小企业转型升级的策略研究[J]. 科技管理研究，2010(12)：147－149.

第二章 苏中江海联动与苏商发展

推进江海联动开发,有效整合沿江沿海资源是江苏进一步提升发展实力,促进区域协调发展的客观要求。针对苏中民营企业现阶段发展的状况和存在的问题,苏中实施江海联动的有效战略,探寻突破的新路径,将江海联动开发的突破口定位在深水海港的开发建设,重点在六个联动方面加强网络开发,提高节点、域面、网络之间生产要素交流的广度和深度,形成沿江与沿海的网络化、一体化发展。苏中经过几年的联动开发,成效显著。特别是南通,南通市是"T"字形交汇处的重要节点,是"一带一路"国家战略和"长江经济带"国家战略同频共振的重要枢纽,南通提出了"十三五"时期经济社会发展可实行的重大任务,为建成长三角北翼经济中心打下坚实基础。

第一节 实施江海联动,探寻苏中突破的新路径

经过近十年的发展,苏中地区总体上已进入工业化、信息化、城镇化、农业现代化快速提升的时期。苏中应充分发挥苏中地区区位、产业、资源等优势,着力推进跨江融合、江海联动,形成与长三角核心区协调互动的区域发展新格局。

一、深入推进沿海港产城融合发展

苏中沿海的自然、经济基础,决定了缺少依靠民力进行大规模自主开发的条件。因此,苏中沿海开发不宜采用山东、浙江的模式,而应当借鉴国家实施西部大开发的战略思维,坚持基础设施先行,首先开工建设几个重点大项目的方法,在项目上取得突破,以此达到激发人气、汇聚人流、创造需求、形成市场的基本目的。

江苏在江海联系方面有一个明显的弱点,那就是缺乏一个大型深水海港作为江海联系的枢纽。目前在长三角具备江海联系枢纽港条件的只有上海港和宁波港。但它们毕竟不是江苏的港口,难以与江苏沿江港口形成良好的功能分工与协调。从长远来看,江苏不可能也不应当单纯依赖上海港和宁波港,江苏经济的快速发展和国际制造业基地的目标所形成的巨大需求,上海港和宁波港是不能满足的,对江苏而言也不一定是最经济的选择。上海不惜代价、顶住各方压力,全力开发大、小洋山深水海港。浙江开发北仑港已到五期。当港口供给和需求出现矛盾时,江苏受制于人,处于不利地位,这将成为江苏经济持续发展的瓶颈。在这样的格局中,江苏必须拥有自己的深水海港。有了自己的深水海港和强大的临海工业,江苏沿海地区才能成为江苏新的资源集聚中心,苏中、苏北才有可能与苏南错位竞争,互动发展。否则,苏中只能为生存被动接受、甚至被迫接受上海、浙江、苏南的淘汰工业,使本应淘汰的工业项目在苏中复苏,从而影响苏中产业结构优化进程。

"江海联动"开发的突破口在于深水海港的开发建设。深水海港的开发建设,对苏中乃

至全省经济发展将起到“四两拨千斤”的作用，是加快实施省委、省政府关于区际协调发展的一个新的、极有利的切入点，可以产生积极而巨大的综合效应，具有十分重要的战略意义。港口既能创造供给，又能创造需求。有了深水海港，就可以把沿江沿海的各种资源和要素整合起来，把区域内外市场联系起来，从而构成“江海联动”开发与区域经济增长的重要支撑点，带动这一区域的整体发展。

二、正确处理产业集聚和错位竞争的关系

“江海联动”开发要以产业联动为核心，产业联动又应以临港、临江、临海工业为支撑点。苏中发展应借鉴国外经验，联动开发沿海沿江流域，促进两大产业带的联动。

苏中地区应调整经济结构，努力实现产业发展的特色化。以园区为载体，加速培育江海产业带。坚持以调整经济结构、转变增长方式为主线，全力推进产业集聚，促进重点产业向重点园区集中、特色产业向特色园区集中、优势产业向优势区域集中，提高工业集聚化、集约化水平，形成一批具有较大规模和较强竞争力的企业群体。以江海为主题，加速繁荣生态旅游业。充分利用苏中独特的江海资源优势，创新投入体系，完善经营机制，加大生态休闲旅游项目开发力度，打响生态休闲旅游品牌，不断完善旅游休闲服务水平。以海洋为依托，加速壮大渔业经济。着力优化海洋捕捞结构，改造提高渔船装备水平，逐步实现渔船钢质化、捕捞机械化、导航现代化。提升海、淡水鱼养殖水平，积极发展以浅海、滩涂养殖为重点的生态渔业、以海珍品综合养殖为主的特色渔业、以工厂化养殖为标志的设施渔业。

苏中地区应注重合理分工、差别竞争，以产业集聚强化发展优势，以优势互补提高发展效益。注重产业协作，加快产业集聚。借鉴苏南、苏北共建园区的做法和经验，引导苏中开发区加强与苏南开发区的结对合作。围绕产业链前延后伸，加大龙头项目、缺环项目、延伸项目招引力度，进一步做大做强主导产业，加快发展战略性新兴产业，改造提升传统产业，增强产业集聚度和竞争力。例如，汽车及零部件产业是长三角地区的重要产业之一，上海、浙江以及南京、镇江、扬州、淮安等地均有一定的产业基础。苏中三市特别是扬州市，建议用足用好江苏省支持苏中特色产业发展的政策，精心服务上海大众仪征分公司，积极争取上海大众二期项目落户，努力打造江苏乃至长三角重要的汽车生产基地；继续加大汽车零部件项目招引力度，加快零部件项目集聚，打造以配套上海大众为主，辐射周边的零部件生产基地。注重错位竞争，培育产业特色。引导和支持南通重点发展依托江海的船舶、钢铁、化工等临港产业以及与上海分工协作配套的其他产业；扬州重点培育壮大汽车、新能源、半导体照明、电子信息、化工等产业；泰州重点培育壮大医药、机电船舶、化工等产业。同样以汽车及零部件产业为例，建议苏中三市特别是扬州市找准自身产业定位，根据不同车企的市场、消费人群的区别，确定产业发展重点，避免与长三角其他地区形成产业同构化、同质化竞争。

三、沿江与沿海的网络化、一体化发展

区域经济中的网络化，必须同时具备三大要素：一是节点，即以各类中心城镇、重大项目为增长极；二是域面，即沿轴线两侧节点所吸引的范围；三是网络，由物流、人流、资本流、技术流、信息流等的流动网及交通、通讯网组成。网络开发可提高节点、域面、网络之间生产要素交流的广度和深度，促进区域经济一体化。

(一) 规划联动,正确处理规划编制和规划执行的关系

推动苏中融合发展,重塑经济地理,应当坚持规划引领,增强规划编制和执行水平。注重规划的编制。建议重点围绕如何与长三角核心区对接融入,合理布局土地、人口、交通、产业等要素,编制高起点、高标准的苏中地区发展规划。规划编制应当突出三点:一是前瞻性。根据国际经济发展特别是产业发展、城镇化发展的新形势,国家宏观经济政策的新变化,提出应对策略,确定发展框架。二是统一性。注重与长三角地区区域规划、苏南现代化建设示范区规划、宁镇扬同城化规划的衔接,注重三市规划之间的相互衔接。三是可操作性。从规划编制之初,就充分考虑规划执行问题,并提高到操作层面上,使其具有可操作性。注重规划的执行。建议从三个层面增强规划执行的严肃性。县级层面应该拥有一定的规划编制权,在保证与上位规划一致的基础上,认真执行好规划,及时与上级和周边地区沟通对接。地级市层面,在抓好自身规划执行的同时,对县级市一些重要区域的规划加强指导和把关。省级层面,加强统筹,对苏中地区发展规划相关执行情况进行监督、检查,对规划执行中存在的问题及时协调解决。

(二) 基础设施联动

苏中应以港口、公路、铁路、供水、供电、通信网络等基础设施等为先导加快联网,为"江海联动"发展创造良好的环境。同时尽可能与苏南、上海相联结,以加快商流、物流、信息流、人才流、资金流的相互沟通,改善苏中的投资环境。苏中应打破行政壁垒,运用市场经济方法整合苏中的基础设施投资和运作方式。省政府对苏中的发展援助,应重点用于基础设施建设,着力于这一地区投资硬环境的改善,以减轻当地政府财政的压力。

(三) 要素联动

苏中地区要强化引力场的作用,积极主动承接外资、民资,上海、苏南和沿江地区的要素北移,促进苏中地区人流、车流、信息流、资金流的互动。要强化苏中、苏北之间的信息公开、透明,实现信息资源互通共享;建立长期的、专门的、时效性很强的信息交流平台,使苏中苏北企业的供需要求、标准、价格等得到及时、直接、通透的了解,促进双方人才、资源、信息、技术的深度融合。为大力吸引人才,应鼓励"户口不迁,关系不转,来去自由"的人才"柔性流动"和智力交流;对采用任期聘任、兼职、项目合作、技术攻关等方式的人才,暂不迁入户口的发给"特聘工作证",使其在购房、子女入托入学、缴纳保险、短期出国等方面享受所在地市民的同等待遇。鼓励苏中企业与高等院校采用多种形式联办民办学院,联办高水平的培训机构,加强管理、技术培训,努力提高本地企业的全面素质和经营管理水平,培养高层次人才。对企业人才的社会保障问题,应先行探讨人才流动后个人账户上的社保资金在异地之间顺利转接的问题,以促进人才流动。苏中优惠政策可以考虑重点在土地上做足文章。可借鉴上海、苏州吴中区等地的经验,对经营性用地采取农民或集体经济组织以土地入股,投资基础设施,使农民在土地增值中不断得到实惠,也使农民有一个相对稳定的收入和社会保障来源。

(四) 城市联动

苏中沿江、沿海地区的城市化需要再上新台阶,必须走以城市群体带动城市化的道路,通过大中小多种类型城市群的形成和扩展,提升这一地区的城市化水平。在沿江、沿海地区已经形成的一大批小城镇的基础上,通过城市联盟的带动,一定能够发展出一批小城市。建

立城市联盟不能盲目动用行政手段对地方利益机制进行改革或强行归并行政区，要相信在市场力量面前，地方政府会有其理智的路径选择，去推进区域经济的一体化。

(五) 企业联动

要大力促进苏中沿江与沿海微观经济领域中的各种经济活动，诸如企业之间的兼并收购活动；企业跨地区发展；企业联合起来收购国外的企业；各种形式的企业联合、合作和合营。这样才能实现企业产权的融合，这些是“江海联动”最有效的微观基础和制度平台，在这个过程中实现企业集中、市场集中和产业集聚，增强欠发达地区企业的自我积累、自我发展能力。跨地区的企业兼并活动，可以在本区域内产生以市场为导向的自我联合效应，加速沿江与沿海地带产业发展一体化机制的形成。

(六) 海洋开发联动

苏中应运用好丰富的海洋资源，沿江与沿海地区应依托现有产业、资源、技术、区位及软硬环境优势，进行区域规划，合作组建“海洋经济开发区”。“海洋经济开发区”不要多，而要大要优，采取比苏州工业园区更优惠的政策力度，吸引苏南企业跨江开发，鼓励国内外联合投资，发展全面对外开放的海洋经济，带动腹地区域的经济发展。“海洋经济开发区”的建设以推进海洋产业结构优化和产业升级为主要目标，应注意形成科学合理的产业结构布局和技术创新体系，注重创造良好的软硬环境和最佳生态环境，如提供便捷的服务、制定优惠的经济政策等，以较高的起点和定位，重点发展海洋产业，采用国际惯例进行管理，使“海洋经济开发区”成为沿江与沿海地区经济发展的重要基地。

四、正确处理综合开发和资源保护的关系

以基础设施建设为先导，加快开发进度。以过江通道和城际轨道建设为重点，以快速化、通勤化交通网络建设为目标，推进苏中三市与苏南、上海综合交通网络的全面衔接。针对苏中地区水网密布的情况，将水利工程建设放在重要位置，实施江河整治、中小河流治理、小型农田水利、农村饮水安全和河道疏浚等工程。推进苏中电网建设，加强新一代信息基础设施建设，全面提升苏中地区能源、信息保障水平。以资源保护为红线，推动可持续发展。应当坚持生态、绿色、可持续发展，对产业布局、资源配置等提出更为合理的战略安排。建议实施最严格的耕地保护制度和节约集约用地制度，严守耕地保护红线。建议加强生态功能区保护，从严管控污染排放，加快淘汰落后产能，抓好重大环境基础设施建设。长江岸线是苏中三市发展的重要资源和条件。一方面，进一步发挥长江黄金水道的作用，加快实施长江南京以下 12.5 米深水航道工程，推进沿江深水泊位和内河干线航道建设，使南京沿江港口群具备类似于沿海港口的功能。另一方面，按照综合开发、效益优先、集约利用、远近结合、可持续利用的原则，统筹规划长江岸线资源，科学划分生产、生活、生态和预留岸线，做到开发与保护相结合、经济与生态相结合。

正确处理整体融入和局部率先的关系。考虑整体性，推动苏中地区整体融合。一是加快推动同城化进程。建议苏中三市主动融入宁镇扬同城化和锡常泰、苏通经济圈建设，努力在设施、产业、资源、要素等方面提升融合度。加快规划建设以轨道交通为重点的城际交通网络，促进城市间无障碍对接。二是加快培育区域中心城市。南通全方位融入、对接上海，建设江海交汇的现代化国际港口城市。扬州围绕建设“古代文化与现代文明交相辉映的名

城”的目标，建设具有鲜明特色和文化底蕴、古城风貌与现代气息并存的城市。泰州拓展发展空间，完善城市功能，建设百万人口大城市。三是推进城乡一体化发展。建议苏中三市加快推动与下辖县市同城化，引导各县市进一步拉开城市框架，培育壮大重点中心镇。抓住扩权强县和经济发达镇行政管理体制改革的机遇，增强县域经济自主发展能力。大力推进新农村建设，持续改善农村生产生活条件。四是扶持薄弱地区发展。针对苏中地区内部发展的不均衡，抓紧制定具体的实施细则和配套措施，确保政策落到实处。考虑差别化，推动部分地区率先融合。苏中地区各个地方条件不同、基础不同。在推动苏中地区整体发展的同时，根据各个地方区位、产业、资源的不同，每个大市选择 1—2 个县市，打造融合发展的先行区。

第二节　苏中民营企业发展的现状、问题与对策

苏中地区地跨江苏沿江、沿海两个经济带，在全省发展大局中起到跨江融合、江海联动和承南启北的重要作用。自 2003 年省委、省政府作出沿江开发战略决策以来，特别是近年来，随着区域协调发展战略的深人实施，促进苏中崛起取得显著成效，苏中地区跨江合作不断拓展，特色产业加快集聚，经济实力明显增强，社会事业全面推进，人民生活持续改善。2013 年 6 月，省委、省政府出台了《关于推进苏中融合发展特色发展提高整体发展水平的意见》，推进苏中融合发展、特色发展、提升整体发展水平。强调抓住长三角发展一体化、江苏沿海开发和苏南现代化建设示范区等国家战略带来的叠加机遇，推进苏中跨江融合发展、江海联动发展，加快在发展上融入苏南、融入长三角核心区。

江苏根据苏中三市南通、扬州、泰州的区位条件、发展特点、比较优势和战略选择，进一步明确了三市的特色定位：南通努力在陆海统筹发展上取得重要突破，加快建设长三角北翼经济中心；扬州努力在跨江融合发展上取得重要突破，加快建设古代文化与现代文明交相辉映的名城；泰州努力在产业和经济社会发展转型升级上取得重要突破，加快建设现代特色产业名城。

一、苏中民营企业发展的现状分析

(一) 苏中各市民营企业规模分析

“民营”是具有强烈中国特色的词汇，从狭义说，民间资产特指中国公民的私有财产，不包括国有资产和国外资产（境外所有者所拥有的资产）。因此，民营企业是指：在中国境内除国有企业、国有资产控股企业和外商投资企业以外的所有企业，包括个人独资企业、合伙制企业、有限责任公司和股份有限公司。从企业的经营权和控制权的角度看，含一小部分国有资产和（或）外商投资资产、但不具企业经营权和控制权的有限责任公司和股份有限公司亦可称之为“民营企业”。根据数据的可得性，这里的民营企业选取为个体工商业与私营企业。

表 2-1　2015 年苏中各市民营企业基本情况

	户数(万户)	从业人员(万人)	资金数额(亿元)
南通	64.15	287.436 6	8 101.639 236
扬州	33.914 9	171.550 1	4 200.387 27
泰州	30.775 5	152.341 2	3 934.973 697
苏中	128.840 4	611.327 9	16 237.000 2

资料来源:江苏统计年鉴 2016。

自从改革开放后,江苏民营企业从无到有,从弱小到逐渐强大,成为经济发展中的一道亮丽风景线,创造了一系列辉煌业绩。苏中民营企业的总体实力持续提升,表 2-1 为 2015 年苏中各地区民营企业的基本情况。从统计数据来看,南通民营企业的户数,从业人员和资金数额在三市中规模最大,其中南通民营企业的户数占了苏中民营企业总户数的 49.79%,从业人员占了苏中民营企业总从业人员的 47.02%,资金数额占了苏中民营企业总资金数额的 49.90%,总的来说南通的民营企业占据苏中的半壁江山,其次是扬州、泰州,两个城市民营企业的规模差异不大。苏中各市民营企业的户数、从业人员、资金数额在整个江苏来说处于中等水平,与苏南的民营企业经营状况有差距,但比苏北的民营企业经营状况整体要好。

(二) 苏中各市民营企业主要经济效益指标分析

经济效益指标是指由企业按照工效挂钩办法规定,与企业工资总额挂钩的经济指标。经济效益指标的选择应综合反映企业经济效益,以实现利润为主要挂钩指标。经济效益指标能够很好地说明企业的发展情况。表 2-2 反映了苏中各市主要经济效益指标,苏中三市的各项指标相差不大,市与市之间的经济效益持平,南通市的企业亏损面的比例最小,产品销售率的比例达到最高,在销售产品方面南通起到了领头羊的作用,而在成本费用利润率与总资产贡献率方面,泰州在苏中三市中所占比例最高,说明泰州民营企业的经营业绩好,管理水平和盈利能力高。

表 2-2　2015 年苏中各市主要经济效益指标(%)

	企业亏损面	资产负债率	流动资产周转次数(次/年)	成本费用利润率	产品销售率	总资产贡献率
南通	7.11	52.47	3.45	8.22	99.15	20.26
扬州	7.50	52.11	4.02	7.30	98.27	23.36
泰州	7.81	53.46	3.62	8.44	98.42	25.34

资料来源:江苏统计年鉴 2016。

(三) 民营企业促进经济的发展

民营企业的社会贡献不断加大,影响能力进一步提升,近几年来,民营企业成为上市的主力军,苏中的民营企业也就成为解决就业,增加收入的主要渠道。2015 年苏中民营企业的从业人员达到了 611.327 9 万人,占全省民营企业的 24%,在结构变化上,民营企业的从业人员逐年增长,由表 2 - 3 可知,从 2000 年民营企业从业人数占总从业人员的 5%到 2015 年占总从业人员的 60.50%,民营企业渐渐成为劳动人民就业的主要途径。从吸纳就业的贡献看,近年来江苏民营企业每年新增就业岗位 300 多万个,苏中也提供了很多岗位,做出了相应贡献,民营企业越来越表现出强劲的就业吸纳能力,成为全社会就业压力的减压器。民营企业已经逐步成为苏中经济的重要力量,成为促进经济增长、保持社会和谐的中坚力量。

表 2 - 3 2015 年苏中民营企业从业人员占总从业人员比重

	总从业人员	民营企业占比
南通	460.00	62.49%
扬州	264.50	64.86%
泰州	281.30	54.16%
苏中平均占比		60.50%

资料来源:江苏统计年鉴 2016。

二、苏中民营企业发展存在的问题

(一) 高素质人才的缺失

相对于苏南来讲,苏中民营企业管理者的整体素质不高,对企业可持续发展等重大战略问题的深入思考与长远规划严重不足。民营企业管理者是富裕阶层的主体,其素质直接决定了发展战略和民营企业的发展前景,也极大地影响着经济的发展模式。要能够抓住机遇,利用足够的资金和技术推广市场热点和品牌建设,及时调整产业结构,能够加快新型工业化步伐。由于现在的市场状况,企业对于人才的需求越来越大,人员的流动也不断加快,管理体制也越来越合理,像苏南以及北上广的经济发达,好的待遇和机会带走了苏中大量的人才,还有的优秀人才进入了外资企业或国有企业,使得苏中民营企业人才严重失衡。民营企业中有很多担任了重要职位的管理人员学历不高,这不仅让企业难以提高管理水平,同时也限制了企业获得丰富的专业知识与先进的技术水平,阻碍了民营企业发展。

(二) 创新能力不足

在中国企业中,利益分配是民营企业创新的重要动力。企业是盈利性的经济组织,若投资于创新无法得到较高回报,企业就会认为没有必要自主创新。多数民企认为自主创新是大企业才要去做的高端技术,更多的中小企业仅是为降低成本增加企业利润而更新机器和生产工艺,除此之外很少涉足自主创新层面,江苏民企也不例外。

近年来,江苏民营企业专利申请量不断上升,反映出民企的专利保护意识正逐步提高。在苏中,大多数民营企业的产品仍是劳动或资本密集型产品,且劳动密集型产品占多数,企业缺少完善的知识产权保护环境。民营企业在遭受侵权时,其权益受法律保护的效果不佳。由于侵权成本低,政府监管不力,即使企业有创新成果也会被同行抄袭或者模仿,从而引起其他企业一窝蜂跟进。技术创新的成果没有得到企业内外的有效保护导致泄密,影响企业自身的发展,有的甚至反被别的企业再创新之后超越了本企业的技术水平,给企业带来巨大的损失，这种“破坏式创新”对江苏创业、创新型企业的权益已造成严重侵害。由于知识产权保护不到位最终导致大多数企业担心专利被抄袭，获取不到创新预期效用，而不愿投资于创新，这就造成许多江苏中小微企业不具备在产业中立足的核心技术，只能处于产业链分工的下游的加工、组装环节。

（三）经营管理不规范

不少企业缺乏必要的经营管理知识，科学决策和市场应变能力不足，缺乏可持续发展能力。如有的企业没有独立的财务核算制度，存在潜在的决策和管理风险；有的企业尚未建立现代企业管理制度，公司治理家族化现象比较严重，内部激励约束机制不完善。这些都会从根本上制约民营企业提升经营管理水平和整体活力。再次民营企业在收入保障、社会保障上都存在一定的差距，从而不能将优秀的人才留住。目前苏中民营企业在组织制度上还是较为科学的，能够促进企业的发展，但是许多中小型企业在权利分配上不合理，导致一些管理人员的积极性下降，此外，中小型企业在权责划分上存在很大问题，划分不清晰导致了权责不对称，有权无责以及有责无权的现象，企业在结构组织生活不仅出现了结构僵化问题也存在“赶时髦”两极分化问题，没有能够真正从企业自身的需求出发寻求合理的组织结构。

（四）诚信欠缺严重

虽然江苏民营企业的贡献和活力都在增强，但一些民营企业存在的诚信欠缺等问题却明显地影响着其自身活力的进一步迸发。文化积淀少、思想道德建设落后。与全国一样，江苏民营企业发展只有短短 30 多年的历史，一些企业在发展过程中所追求的唯一目标是利润最大化，道德建设远远落后于经营业务的发展，这就必然降低民营企业的诚信水准，影响其活力的充分迸发。据中国社科院的一项关于对民营企业诚信问题的统计指标显示，在中国民营企业诚信 50 强的排名中，浙江省入榜数为 26 家，江苏省入榜数仅为 9 家。这说明江苏民营企业在诚信方面明显不如浙江民营企业。质量诚信意识较为淡薄。由于民营企业大都是在不规范的市场环境中成长起来的，它们之中的一些中小企业往往会形成一种“唯功利性”的企业价值观，在生产经营过程中搞假冒伪劣、以次充好、违约毁约。江苏的大环境也反映了苏中民营企业在诚信方面不乐观。

三、苏中民营企业发展的对策

针对以上对苏中民营企业发展问题的分析，在实行民营企业发展对策时，应该按照扬长避短的逻辑要求，积极采取多重有效对策。

（一）提高民营企业人员素质

面对当前民营企业的职工普遍素质不高，苏中民营企业应该对职工进行相关培训，可以参考国外相关经验，开发人力资源，民营企业可以在以下方面进行大力度开发：第一，提高员工个人技术工作适应能力；第二，发展个人综合素质，如增长个人知识库，提升个人技能；第三，实现员工的创造力，学习国外先进经验，加强创新型人才培养。同时，苏中还应该拓宽引进人才的渠道，民营企业可以通过以下几个方面：第一，对于内部人才，企业应进行重点培养，并给予适当的奖励或提拔，这样可以调动企业人才的积极性；第二，民营企业可以通过媒体或网络进行社会招聘，有助于企业吸收各个层面，在企业中不同背景的人形成了多种文化的局面，增强企业的活力。民营企业在对新技术、新产品进行大力开发时需要专门的人才，所以企业要学会将外界资源引入进来,即人力资源的虚拟配置,这也为企业在以后激烈的竞争中提供强有力的保障,使企业获得大力发展机会。政府应结合苏中民企的具体需要,组织好各类人才招聘会,推动民企与各类高校、科研院所建立长期稳定的合作关系,逐步形成民企吸纳人才的长效平台和渠道,将职业教育提升至国家战略地位,培养中高端技工。

(二) 增强民营企业创新能力

经济发展的强大动力来源于企业创新。企业创新既包含生产工艺的更新,也包含生产组合方式的创新,以不同形式、不同层次间的企业联合为特征的企业集团,正是生产组合方式的创新。单个企业以技术升级为核心的自主创新往往耗资大、收益小,中小微企业大都不愿涉足,只有小企业有机组合或相互并购为较大规模的企业或企业群才有实力投资于持久创新。因此,企业联合和企业集团符合苏中民营企业转型发展的客观要求。民企联合可以更有效地优化企业内部组织结构,综合利用有效发明专利成果,增强全省民企在生存经营环境恶化中的抗冲击能力并吸引资金回归生产领域。苏中民营企业还应该加强品牌意识,深刻认识到品牌效益对企业发展的重要意义,通过品牌形象的提升来增加企业的无形资产,从而为企业长期发展战略目标的实现奠定坚实的基础。城市是经济社会发展的基本单位。苏中在构建创新型城市和城镇化进一步自然发展的过程中,要积极探索民企投资管理模式和科研管理机制创新,鼓励民营企业联合、发展企业集团;推进民企工业化与信息化的深度融合,把研发能力较强和创新条件充分的民营企业打造成全省一流的创新型企业。

由于市场多元化的不断发展以及全球经济一体化步伐逐渐加快,改变民营企业现有产品体系是适应市场多元化的有效手段。现在大部分的领导都不愿意进行产品与技术创新,造成了很多创新机会的流失,所以企业进行产品与技术创新过程中,必须专门从高层管理人员中抽调相应的人力来担当此重任,以公司的一种独立业务进行,并随时检查其开展进度。这样不仅顺利地推动创新项目的发展,而且也能相应降低企业生产负担。

(三) 优化民营企业内部管理

首先创优管理体制。按照现代企业制度的要求,引导民营企业实现由家族管理模式向现代企业管理模式转变,由传统企业制度向现代企业制度转变,由个体分散经营向集体、规模经营转变。其次不断推进技术革新。在目前的外在"倒逼"机制下,苏中民营企业要不断加大研发投入力度,提高自主创新能力,着力提升核心竞争力。对于家族企业,应该进一步分离企业的所有权与经营权,按照现代化企业的经营方法,将监事会、理事会以及股东大会的权责加以进一步的明晰,并建立健全一套行之有效的监督机制,按照国际制度来构建公司治理机制体系,保证公司管理上的稳定和创新真正意义上的从自身实际经营情况出发,构建一套完整的公司治理机制。

(四) 增强民营企业诚信意识

要积极引导民营企业加强企业文化建设,让先进的企业文化成为推动企业健康发展的精神源泉。为了改变部分民营企业思想道德建设落后的状况,必须积极引导企业形成由出资人带头倡导、全体员工共同创造、富有企业自身特点的丰富多彩的企业文化。通过企业文化建设,企业家诚信素质的培养和提高,有效积淀民营企业的诚信文化底蕴,从而为提升江苏民营企业的经营活力构架起强力的道德支撑。从政府方面看,苏中在政府加强信用管理方面已经迈出了一大步,政府已成为江苏民营企业诚信品牌崛起的重要推动力。根据进一步提升民营企业经营活力的要求，政府应该在全社会尽快建立完整的、健全的信用机制。一是要建立信用公开机制，政府要全力保证信息披露的真实、准确、完整、及时。二是要建立信用产品供求机制，要通过政府鼓励示范，增强用户意识，培育和形成信用产品的市场需求。三是建立信用的褒扬机制，政府管理部门应通过管理，严格关注和处罚有失信行为的企业，为民营企业在生产经营中减少因诚信缺失而提高的交易成本，并加大新闻媒体对失信行为进行披露和曝光的力度。从民营企业自身看，要将企业家诚信意识贯穿到整个企业生产经营活动中，并建立从原材料采购控制、内部质量审核控制、财务审核控制，到售后服务控制等全程信用管理系统，使企业每一道工序都参与到全程信用管理系统中来。

第三节　苏中江海联动个案研究：以南通市为例

作为江苏陆海统筹发展综合配套改革试验区的南通，拥有海域面积 8701 平方公里。如何把这片广袤的蓝色国土打造成为引领南通再创一个黄金发展期的新平台、新空间？南通以腾江越海的气度和敢为人先的胆识，率先蹈海，闯出一个个领先步伐。2014 年 8 月，南通市政府收到国家海洋局批文，该市获批成为全国唯一的国家海域综合管理创新示范市。中共南通市委关于制定南通市国民经济和社会发展第十三个五年规划的建议在 2015 年 12 月 11 日中国共产党南通市第十一届委员会第十次全体会议通过。会议分析了发展环境新变化和面临的新形势，研究了“十三五”时期南通市发展的一系列重大问题。

南通市滨江临海，是与长三角都市中心城市上海具有同等区位优势的北翼中心城市，但由于跨江通道建设滞后而倍受交通末梢效应的困扰，城市竞争力和区域经济发展水平远逊于位于沪宁交通线上的苏州、无锡等城市系统。随着江海开发联动战略、南向快速通道的贯通，南通市逐渐成为连接江南江北的门户地带，江海前沿城镇获得难得的发展机遇。

近年来，南通抢抓长三角一体化发展、江苏沿海开发两大国家战略机遇，走出了一条江海联动、跨江融合发展的特色之路，积极创建陆海统筹发展综合配套改革试验区。伴随着国家实施一带一路、建设长江经济带等一系列重大战略部署，处在江海交汇、水陆交融的南通，是多重国家战略叠加集成的结合点，南通陆海统筹发展综合配套改革试验区的建设又迎来了新的发展机遇。在构建陆海统筹综合配套改革试验区升级版的进程中，可以通过强化政策主动力，唱响规划主旋律，拉响交通主引擎，做大项目主推器等多种渠道，实现聚焦一带一路，策应长江经济，接轨上海龙头，建设北翼中心，深化江海联动，推进陆海统筹，让中国梦的南通篇章迎来更加辉煌灿烂的美好明天。

2013 年 12 月，江苏省委、省政府正式印发了《南通陆海统筹发展综合配套改革试验区总体方案》。南通随即对以陆海统筹发展综合配套改革为重点的全面深化改革工作做出了全面部署，出台了相关的实施意见和细则，明确经过五年左右时间基本建成国家级陆海统筹发展综合配套改革试验区，基本形成陆海统筹发展的体制机制，陆海互动、江海联动，城乡一体融合发展的空间格局，努力成为全省、全国陆海统筹发展的典范区域，达到江苏省全面小康社会建设指标要求。到 2020 年左右，全面融入苏南、深度接轨上海，成为长江经济带面向太平洋的重要门户城市，在更大范围内构建统筹发展、特色发展、融合发展、转型发展新格局，基本建成全国海洋经济强市，以建设现代化港口城市、经济强市和生态宜居城市为支撑，为建成长三角北翼经济中心打下坚实基础。

一、"十二五"规划实施结果

(一)"十二五"规划实施顺利

"十二五"时期,南通扎实实施"八项工程",经济社会发展达到新高度。一是经济实力增强。2015年,全市实现地区生产总值6 148.4亿元,人均GDP达到84 236元。各县(市)继续跻身"全国综合实力百强县(市)"行列。二是综合交通枢纽初步形成。崇启大桥、海洋铁路、通洋高速一期相继建成,临海高等级公路全线贯通,江海河联运高等级航道建设全面启动,兴东机场能级提升,实现一类口岸开放。三是产业升级步伐加快。规模以上工业总产值达1.26万亿元;服务业增加值占比、高新技术产业产值占规模工业比较"十一五"末分别提高5.6%、11.2%。南通高新区获批国家级高新区。四是新型城镇化建设日新月异。老城区面貌一新、功能提升,一批新城新区纷纷崛起。五是民生质量改善。通过国家环保模范城市、国家园林城市复核,城市绿化覆盖率、林木覆盖率进一步提高。2015年,城乡居民人均可支配收入分别达到36 291元、17 267元。五大社会保险基本实现全覆盖,在省内率先实施市级统筹大病保险制度。公众安全感持续位居全省前列。

江海联动开发取得突破性进展。沿江沿海港口、产业、园区、城镇融合发展加快,沿海开发、优江拓海、陆海统筹向纵深推进。国家发改委同意、省政府批准设立通州湾江海联动开发示范区,通州湾开发建设上升到国家和省战略层面,中心城市形态由滨江型向滨江临海型拓展。洋口港、启东港获批一类开放口岸,全市一类开放口岸达到5个。洋口港区15万吨级、吕四港区10万吨级航道开工建设,洋口港码头接卸LNG大型船舶超过100艘,南通市沿海首条集装箱航线在海门港区开通。在全省率先建立沿海重点区镇合一管理体制。

(二)"十二五"规划后存在的不足

南通市发展的成果大家有目共睹,但是还存在不平衡、不协调、不可持续一些问题,主要是:一是经济增量提质任务艰巨。经济下行压力加大,创新能力不强,少数企业生产经营困难,经济结构调整任务艰巨。产业层次不够高,处于产业链、价值链中低端。"十二五"时期,GDP年均增速较"十一五"时期低2.5%。2015年GDP总量仅为苏州的50.66%,人均低于全省平均水平。二是新动力培育难度较大。"十二五"以来,社会消费品零售总额年均增速比"十一五"下降5.1%;出口年均增速回落至12.4%;科技投入占GDP比重仍然不高。三是资源要素约束强化。"十三五"时期,南通面临新一轮大发展,对土地、资金、环境容量和能源总量的刚性需求还将持续扩大。但是,耕地和基本农田占比严重畸高,建设用地成本可能居高不下;贷款余额仅占存款余额的61.8%;节能减排空间更加有限;资源约束趋紧,生态环境需要进一步改善;人口老龄化程度较高,2014年常住人口中70岁以上人口占总人口比重达到12.6%,人口的整体素质有待提高。四是城镇化率低于全省平均水平,中心城市规模偏小,辐射带动作用有待加强。五是公共服务和社会治理水平有待提高,制约发展的体制机制障碍依然存在,社会建设和治理面临一些新情况、新问题。

二、南通面临发展机遇

（一）江海前沿城镇面临重大发展机遇

江海联动战略的当务之急便是抓紧建立符合产业结构发展要求的先进的临海工业区及能够为国际资本落户江苏提供平台的大型海港。长沙镇、吕四港镇、老坝港镇、长江镇、三星镇、平潮镇滨江临海，区位优势明显，处在江海开发战略的前沿地带。对于它们来说，这是一个极大的发展机遇。未来5—10年，江海地带将成为重工业发达的经济地带，城市化进程也将加速。上述六个城镇人口超过10万，升格为小城市并非难事；与之相对应的六个县行政中心镇发展成为中等城市，那么南通市城镇体系无论在规模结构，还是在空间布局上都将获得根本的改观。南通市的工业化、城市化进程将向前迈进一大步。工业化和城市化进程的加深，将极大地提升南通市城市和区域经济核心竞争力，促进该地区的经济现代化。

（二）依托港口建立专项开发区为前沿城镇的发展带来机遇

目前南通市在建港口中，有相当一部分已经以依托城镇为中心，建立了省级或者国家级经济技术开发区。例如，如皋港依托城镇长江镇建立的如皋经济开发区南区；洋口港依托城镇长沙镇建立洋口经济开发区；吕四港依托吕四镇建立吕四海洋经济开发区。上述开发区的设立使得前沿城镇基础设施、产业经济有了很大的发展。

三、南通“十三五”时期经济社会发展的重大任务

（一）大力推进海洋经济创新发展

率先开展开发性金融试点工作创新推进海域开发性金融试点，国家开发银行率先在南通开展开发性金融促进海洋经济发展试点工作，市政府与省国开行、省海洋与渔业局签署了支持南通海洋经济发展金融合作备忘录，建立了项目库，首批项目29个，投资总额856.5亿元，到2020年，国家开发银行计划为南通海洋经济创新发展提供601.2亿元的信贷规模，2015年获批贷款支持60.5亿元。

加快远洋渔业发展成功引进全球第三大资源性产业——南极磷虾产业项目落户南通，注册资金3亿元的南极磷虾企业成立，全国第一艘专业南极磷虾捕捞船船网工具指标获农业部批准并完成设计，项目达产后可望形成百亿元级产业。全市新投产远洋鱿钓船4艘，远洋生产渔船达37艘，实现远洋捕捞产量5万吨，占全省90%以上。

（二）深入推进陆海统筹发展综合改革，释放资源优势和发展活力

南通最大的资源，除了港口资源，就是土地资源，包括陆域土地以及已围垦、待围垦的海域。在南通迎来最好发展机遇的时期，面临的最大瓶颈也恰恰是建设用地问题。沿海开发的项目特点决定了用地量相对比较大，而现行土地和海域管理制度的规模、布局、价格管制明显束缚了南通发展。由于南通沿海开发具有前期政府性投资量巨大的特点，在地方政府负债受到刚性控制的情况下，如何建立多元可持续的投融资机制也是一个十分迫切的问题。一是以市场化整体推进陆海统筹改革。落实好陆海统筹总体方案，构建具有较强资源配置能力的市场网络枢纽；改进经济调控方式，重点转向为企业发展提供公共技术和产业服务、营造公平有序的竞争环境。二是加大土地和海域制度改革探索力度。抓住国土部支持南通开展陆海统筹国土资源改革创新工作和国家海洋局批准南通建设国家海域综合管理试点市

的重大契机,统筹修编实施土地和海洋规划;优化农业和建设用地布局、切实提高土地利用效率。

(三)全面提升对内对外开放水平

深入落实经济国际化战略,发挥地处"一带一路"和长江经济带交汇点优势,策应国家建设沿海沿江沿线经济带为主的纵向横向经济轴带、培育壮大若干重点经济区的战略部署,着力推进企业、城市、人才国际化,主动融入国家陆海内外联动、东西双向开放新格局,把南通建成长江入海口双向开放的重要门户基地、陆海统筹和江海联动的示范基地,发展更高层次的开放型经济。

(四)优化城镇体系规模结构

在省管县体制下,县财政自主加大投入力度,快速实现城市规模效益;加强县城与周边城镇空间整合,促进城镇空间集聚效应。如海门与常乐、三厂镇空间距离较近,同属海门市,完全有条件进行空间整合。三镇合并后,海门人口超过 20 万人。海安与城东镇也可整合为一个人口超过 15 万人的城市,城市集聚经济也将显著提高。加强经济社会发展总体规划和主体功能区规划的空间约束功能,科学划定永久性基本农田、城镇开发边界和生态红线区域,认真实施《重点产业布局指导意见》。坚持成片开发、混合开发、融合开发,开展城市总体规划修编和"多规融合"研究,提高中心城市首位度。坚持更新、工业再造与保护修复并重,统筹推进新老城区及城乡结合部发展。推进有条件的园区向城市综合功能转型。

(五)加快生态融合规划,打造江海生态文明区

充分利用江苏广阔的江海纵深岸线,建立江苏各城市间的生态合作机制,合理规划居住区、生产区和生态区,充分考虑生态环境的生活和生产承载能力;建立健全岸线综合开发利用和保护协调机制,合理划分工业、港口、过江通道以及取水岸线,严格分区管理及用途管制,同时建立岸线资源的有偿使用和合理退出机制。

大力发展绿色经济、低碳经济、循环经济,建立陆海统筹的生态系统保护修复和污染防治联动机制,形成人与自然和谐发展现代化新格局。完善陆海环境准入、执法监管、落后产能退出机制,构建绿色经济产业链和资源循环利用链。强化海洋生态环境保护,建立海洋生态综合管控、海洋生态保护红线、陆源污染物排海总量控制、海洋生态补偿、海洋生态修复等制度,创建国家海洋生态文明示范区。健全严格的陆海生态环境保护监管机制,完善环境监管工作流程,建立环境执法监管协作联动机制,完善生态环境责任追究和环境损害赔偿制度,不断提高环境执法水平。建立更加紧密的海洋、环保等部门沟通合作机制,建设陆海环境监控信息共享平台。联合开展水质监测监控、执法检查、重点污染源监督管理工作。

(六)全力推进大众创业、万众创新,加快建设国家创新型城市

创新是推动转型升级、提升核心竞争力的关键,是弥补传统比较优势减弱、保持经济中高速增长、实现优质高效增长的根本之策。南通具有较好的创新基础,既有发达的基础教育、服务实体经济能力日益提升的高等教育和职业教育、吸引力较强的"江海英才"计划和"312"产业人才计划作人才支撑,又有一批国家级、省级高新区以及产业技术研究院等产学研合作创新平台,更为重要的是,具有接轨、复制上海国际科技创新中心和苏南国家自主创新示范区经验的现实优势。

一要机制创新。创新海域价值评估,评估类型涉及海域占用补偿、海域使用权出资与作

价入股、海域使用权出让与转让、海域经营权出租等，先后实施 100 多宗 20 多万亩海域价值评估，评估总额达 38.95 亿元，储备海域 15.9 万多亩，数量居江苏首位、全国领先。推进成陆海域与土地“同权同价”组织编制市级海域基准价格评估技术规程，成陆海域在出让、转让、抵押、贷款方面至少实现千亿以上增值。二要监管创新，海域管理体系全国领先在全国率先实现了国家、省、市、县四级海洋工程监管信息的实时联网，先后组建了市海洋环境监测预报中心、市海域使用动态监管中心，在省内率先开展了沿海化工园区和重大海洋工程项目水质在线实时监测、围垦工程海上采沙实时监视监管，建设了三维实景动态监管系统，并在全国推广。目前，全市共建有 7 个海域使用动态视频监控点、2 个海洋环境水质自动监测浮标、21 个海洋工程环境常年监测站位。三要加强科技创新服务体系建设。大力培育专业化科技服务机构，加快建设省科技金融合作创新示范区。以人才高地引领产业高地建设，积极引进国内外知名教科研机构。四要建设国家级创业型城市。加快科技创业社区、城市楼宇等创业载体建设，加大创业培训和扶持力度，促进以创业带动就业。

回眸“十二五”，江海联动成就斐然；展望“十三五”，陆海统筹前程似锦。当前，南通海洋与渔业发展面临“海洋强国”、“海上新丝路”和长江经济带建设等多重国家战略实施带来的重大机遇，将以创建国家陆海统筹发展综合配套改革试验区为龙头，以海域综合管理创新为主线，以构建政策制度框架为重点，以优化配置资源为手段，切实加强体制机制创新，着力推进重点领域和关键环节创新试点，把南通建设成为海域综合管理体制机制创新区，为全国海域综合管理探索新路、积累经验、提供示范，为建设“强富美高”新南通作出新的更大的贡献。

参考文献

[1] 吴权，聂乾. 陆海统筹江海联动丰富完善江苏区域协调发展战略[J]. 江南论坛，2015(6)：4 - 6.
[2] 孙月平，周俭初，韩卫兵，等. 促进江苏江海联动开发[J]. 现代经济探讨，2005(5)：45 - 48.
[3] 孙月平，周俭初，刘俊，等. 江海联动发展江苏[J]. 群众，2003(4)：27 - 29.
[4] 田慧. 山西省民营企业发展问题研究[D]. 山西财经大学，2014.
[5] 程俊杰. 制度变迁，企业家精神与民营经济发展[J]. 经济管理，2016(8)：39 - 54.
[6] 曹广喜，刘禹乔，查颖. 江苏省民营企业发展现状及转型途径探析[J]. 中国商贸，2014，17：192 - 195.
[7] 李锐. 我国民营企业转型升级问题研究[D]. 福建师范大学，2013.
[8] 葛玉荣，汤明，王向前. 抢抓国家战略叠加机遇谱写江海联动华美篇章——南通市政协积极履职助力地方经济社会发展纪实[J]. 江苏政协，2015(10)：25 - 28.
[9] 陈为忠，王英利. 江海联动战略与南通城市空间优化对策研究[J]. 经济研究导刊，2016(2)：32 - 34.
[10] 赵京平，刘冬明，黄元宰. 南通市“十三五”时期经济社会发展重大任务研究[J]. 南通职业大学学报，2015(2015 年 03)：12 - 15.
[11] 余燕. 南通着力构建陆海统筹综合配套改革试验区升级版的思考[J]. 中外企业家，2015(12)：37 - 40.

第三章 苏北全面振兴与苏商发展

第一节 加快苏北振兴,推进全面建设小康社会

一、加快苏北振兴的意义

江苏作为东部地区沿海发达省份之一,在改革开放政策实施之后,成为中国经济发展最快、最具活力的省份之一,各项经济统计指标均位于全国前列。截至 2015 年,地域占全国 1.0%,人口占全国 5.7%的江苏,创造了全国近 10.98%的国内生产总值,9.25%的财政收入,12.9%的外贸总出口额和 18.7%的外商投资。但是,随着江苏省经济的快速增长,省内南北区域发展之间也呈现出日益扩大的趋势,人均 GDP 最高的昆山市达到 29 964.9 美元,已经超过了上海市排在了第一位,而最少的滨海县只有 6 152.8 美元,两者相差数倍。另据《2015 江苏经济形势分析报告》显示,江苏的实际失业率或许已经达到登记的一倍,南北差距已经超出全国东西差距,城乡消费需求严重不足,农民收入增长相对缓慢,贫富差距、城乡差距和地区差距进一步拉大,对经济社会的可持续发展和协调发展带来了一定的隐患。正是由于江苏区域经济发展的严重不平衡和两极分化,已经成为制约全省经济进一步腾飞的不利因素,不利于全省经济社会健康、稳定和可持续发展,严重影响全面建设小康社会的进程和"两个率先"目标的实现,从而也进一步威胁了江苏经济在全国领先的地位。

苏南地区包括南京、无锡、苏州、常州、镇江五个地级市,苏中包括南通、扬州、泰州三个地级市,苏北包括徐州、宿迁、淮安、盐城、连云港五个地级市。苏南经济的高速发展与苏北地区的发展滞后是江苏省区域发展差异的突出表现。尽管这几年,苏南、苏中、苏北都在经济发展中稳中求进,但就差距而言,苏北与苏南已经越拉越大。以苏南和苏北两个代表性城市—苏州和徐州为例,从主要的统计指标来看,2005 年苏州市的地区生产总值为4 026.52 亿元,徐州市的地区生产总值为 1 212.15 亿元;2015 年苏州市的地区生产总值为 145 040.07 亿元,徐州市的地区生产总值为 5 319.88 亿元;2005 年,两者的差距不到3 000 亿元,2015 年却已经达到 9 000 亿元,差距逐渐被拉大。十年的发展,在苏北经济加速的过程中,两者之间的差距不仅没能缩小,反而呈现拉大的趋势。

过大的区域差异会对江苏经济社会的发展带来什么影响呢? 首先,过大的区域差异会损害苏北地区的自我发展能力。由于苏南地区生活条件优厚、收入水平高、区位优势显著并且基础设施也非常完善、经济发展投资回报率高、政策优惠、智力密集等一系列因素导致苏南地区拥有很强的"聚集力",使得劳动、资本等各种生产要素向内集聚,形成所谓的"效益外溢"现象。与之相反的是,苏北地区由于本省落后,投资环境差、政策支持不足等原因使得原本困乏的人才、资金进一步向外流出,使得发展的环境更加恶劣,本土企业的发展障碍重重,

产业结构升级缓慢，步履维艰，这都将极大地损害苏北的自我发展能力。

其次，区域差异过大将制约全省综合发展效益的提高。我国在确立了社会主义市场经济体制后，地方政府在区域经济发展中拥有相当程度的自主权成为区域利益的代表，各地市政府以维护各区域经济利益为重要行为准则，而过大的区域差异将诱发区域经济主体行为方式的变化，使得整个江苏省各地区出现大量重复建设、重复引进，从而导致企业规模偏小，布局不合理、争夺市场和资源等现象，忽视经济发展中的比较利益原则。区域分工的含糊不清，不仅会使苏南经济发展受到制约，而且会使苏北发展的速度减缓，从而降低全省经济发展的总体效益，使得全省经济不能健康发展，区域协调互动的能力大大减弱，时间一长甚至会影响到江苏经济在全国的领先地位。

最后，区域差异过大可能带来社会问题。过大的区域差异往往会给社会心理带来一定的负面作用，经济社会发展的同时都伴随着社会的发展，并且呈现出正相关性，区域发展差异过大必然带来的是收入和消费的差距拉大，而人们最关心的就是自己的收入差距有多大。如果高收入地区和低收入地区的差距过分明显，那么人们的社会心理就可能失衡，从而影响社会的稳定发展。省内区域差距扩大，苏南优厚的收入水平刺激着苏北地区的人口向苏南地区大量流动，一旦这种流动的人口超过了苏南所能承受的上限，那么就很有可能给经济发展乃至社会进步带来负面的影响。一方面，苏南地区的城市住房、交通、医疗保障负担加重，社会治安环境恶化，犯罪率上升。另一方面，苏北流失的劳动力资源往往属于比较年轻、受教育程度较高的人群，他们的流失使得苏北地区的劳动力结构更加落后，从而制约经济的进一步发展，影响了社会的公平，从而也进一步扩大了苏南苏北的区域差异。

因此，促进江苏区域协调发展，加快苏北全面振兴具有重要的战略意义。苏北全面振兴是实现江苏省“两个率先”的迫切需要，是贯彻落实“三个代表”重要思想和科学发展观的必然要求，是构建社会主义和谐社会的战略举措。要想实现全省的小康，就离不开苏北的小康。要想实现全省的现代化，就离不开苏北的现代化。要想实现全省的率先，就不开苏北的争先。所以，全省各部门、各地市都要统筹全局，充分认识苏北振兴的重大意义，加强紧迫感和责任感，统一思想、齐心协力、艰苦奋斗，加快苏北振兴。

二、苏北与苏中、苏南经济发展差距的成因

区域经济发展差异的产生和发展是一种经济现象，这种现象的产生不是由单纯的某一个因素作用的结果，而是由包括地理位置、资源禀赋、基础设施、人文因素、政策体制等多种因素共同作用、长期积累的结果。但是，就特定区域，特定时间而言，某个因素的作用力大小肯定是不相同的。从历史和现实的分析中，将苏南苏北发展差异主要因素归结如下：

首先，地理位置的差距。苏北地处苏、鲁、豫、皖四省的交界边界，由于与江苏经济核心区相距甚远，所以受其辐射程度也比较小。同时，与苏北相邻的地区多为各省的贫困地区，所以在其广阔的地域里缺乏一个经济实力强劲的增长极，从实际情况上来看，各地区长期处于分散状态，没有凝聚力，缺乏统一的发展规模，唯一的港口城市连云港也缺乏带动能力，发展相对滞后。苏中地区地处江苏的中部，毗邻便捷的长江通道，依托此优势，实现了与全省政治、文化中心——南京和苏南大部分城市的广泛联系，从而受经济核心区的辐射影响获得增长活力。苏南，紧邻全国最大的经济中心、国际中心——上海，处于长三角这一主要的经

济区和城市集聚区，受上海的影响和辐射极大，处于“一小时”辐射圈，所以发展极为迅速。

第二，发展战略和政策的差距。从改革开放来，江苏先后实施了区域平衡发展——区域非均衡发展——区域共同发展——苏北大发展——沿江开发等战略，并出台了相应的区域政策。在发展的路径中，区域非均衡发展是从1984年到1993年，也正是这十年的非均衡发展，使苏南在政策上得到了倾斜，从而产生了十年的黄金发展期，而与此同时苏北则成为政治的边缘区域未受到重视，尽管在随后有了区域共同发展、苏北大发展、建设沿东陇海产业带和加快苏北振兴等一系列战略的实施，但是要弥补苏北与苏中、甚至与经济落差较大的苏南地区的差距已经是非常困难了。事实上，省委省政府在加快苏北发展的同时，仍然在努力的提升苏南的发展质量和发展水平，实施的苏北大发展等举措也并没有从体制机制上得到真正的落实，这就使得缩小区域经济发展的差距难以达到预期的效果。

第三，产业布局的差距。新时期，苏南在新战略新思路的发展指导下，积极利用和引进外资，优化投资环境，加大基础设施的投资建设，基本建成了以高新技术为主导产业的现代化制造业基地，初步形成了网络化的产业布局，其中第一、二、三产业布局合理。苏中地区也借势发挥，形成了一批包括石化、精细化工、家电和高档汽车等技术密集型的产业群，也基本形成了轴线化的产业布局。苏北在产业带建设中，将建设东陇海产业带摆在了发展的突出位置，此外还有推进新亚欧大陆桥建设的相关举措，这一系列措施对苏北理论上是极其有利的，但由于苏北地区基础相对薄弱，产业布局未能发挥出应有的效应，以至于仍然处于从点布局到轴线开发的进程中。可以说，阻碍苏北产业轴线化的最主要因素就是苏北薄弱的综合实力，这也使得苏北产业布局一直处于零星式的分布，从而影响了城市之间的分工协作和区域经济发展，最终拉开了与苏中、苏北之间的差距。

第四，外来投资的差距。投资对经济增长具有无可替代的作用。改革开放以来，我国的发展模式多偏向于高投入、高消耗这一发展模式。对于沿海的江苏，则更为突出。苏南、苏中和苏北在GDP与全社会固定资产投资额的相关系数上都非常高，投资成为区域经济增长的强大引擎。与此同时，苏南借助强大的政策优势和区位优势，吸引了大量的国内外投资，全社会固定资产投资额密度远高于苏中、苏北地区，投资上的巨大落差造成了苏南与苏中、苏北之间巨大的落差。

第五，人文环境的差距。现代经济中基于文化底蕴的人文环境越来越成为主导一个城市或者区域形象的窗口和标志。深厚的文化底蕴往往会成为这个城市吸引投资的“吸铁石”，彰显这座城市的魅力。所以，苏南、苏中、苏北三大区域的人文环境也就成为了经济发展差异的重要因素之一。苏南是吴文化的发源地，吴文化自古就有强烈的商业意识、开放意识和创新意识。这些意识很自然与现代市场经济融为一体，从而锤炼出苏南人的开放、开拓、自立和拼搏精神，这些精神也成为现代苏南文化的内核，深刻影响着苏南的发展，同时也增强了苏南发展的机遇意识。与此同时，苏南政府的职能地位从“行政型”转变为“服务型”政府，良好的人文环境直接催生出了“苏南模式”。创造了数十年的发展奇迹。苏中地区的南通自古也是江苏渔业、盐业和棉纺织业的重要基地，与吴文化同源。悠久的历史让这座城市增加了更多的开放、先进、务实和包容的文化内涵。扬州历史上就是久负盛名的名城，文人骚客赋予了扬州独特的魅力，使其拥有巨大的文化资源和博大精深的人文内涵。相比之下，以两汉文化、神话西游为主要特色的苏北地区则显得有些逊色，“穷山恶水”的传言与政府的职能缺失导致苏北的形象未能跟上经济发展的步伐，从而使其大打折扣，自然所吸纳的投资不及苏中苏南地区了。

第六，改革开放与市场化的差距。苏南地区在改革开放的洪流中，凭借自身在政策、区位、人文和环境等方面的优势，大力发展乡镇企业，推进工业化进程。一方面，通过推进市场化建设，激活企业内生发展动力，以市场为导向配置资源，在管理体制上锐意进取、大胆改革。个别企业的成功诱发了“多米诺骨牌”效应，更多企业竞相效仿，一大批民营企业如雨后春笋般崛起于苏南大地上，创造了震惊全国的“苏南模式”。另一方面，吴文化中固有的开放意识在开放的政策环境下得到了体现，苏南地区通过吸引大量外资，同时不断学习国外先进的管理技术和管理经验来提升企业的发展水平。在苏南的带动之下，苏中地区近水楼台、耳濡目染，经济也得到了很大的提升。而苏北却因为地处边缘，加之政策失衡以及人们的市场意识淡薄，错过了很多的发展良机，就此拉开了与苏南、苏中的差距。

综上所述，也正是这些因素的共同作用，使得苏北在历史的发展过程中一直处于下游，从而逐渐拉开了与苏南、苏中的距离。新形势新阶段，要想实现苏北的跨越式发展，实现经济社会领域的赶超，要走的路还很漫长。

三、加快苏北振兴，全面建设小康社会的具体举措

不管是经济发展、社会进步还是综合发展，苏南、苏北之间都存在着非常显著的差距，并且这种差距在逐渐拉大，这种严重的差距会制约江苏省整体的经济发展，要想顺利实现“两个率先”，全面建成小康社会的宏伟目标，亟需采取措施加快苏北振兴，缩小区域差距。

（一）整合空间结构，推动南北互动发展

在空间开发上，由于东陇海产业带在苏北有比较突出的优势，具有很强的发展潜力。所以要先行启动东陇海产业带建设，这既是省际竞争的现实需要，也是全面振兴苏北的长远需要。为了能和上海、浙江竞争，在长三角地区争有一席之地，江苏实施了沿沪宁和沿江开发。那么为了和鲁南竞争，使得苏北能够在淮海经济区站稳脚跟，那么东陇海产业带的开发建设就具有极其重要的战略意义。同时，东陇海产业带建设对推进市场一体化，活跃南北交流可以发挥示范和纽带作用。所以必须通过合理的产业政策引导，配合优厚的投资政策，结合苏北自身的发展特色和条件，才能选择适合自己的产业类型和发展模式。

（二）加强政府调控，实现协调发展

资金不足、人才匮乏、技术落后等都是地区发展缓慢的基本原因。所以省委省政府要加强力度进行宏观调控，结合苏北扶贫攻坚计划，加大苏南地区对苏北地区的支持力度，在南北之间广泛开始协作与联合。通过建立联合地区开发基金，由苏南地区筹资，从而达到互惠互利、共同发展的目的。此外，要实现技术转让和人才流通的双向流通机制，精准扶贫、对口支援，扶持落后地区发展，把这种发达地区与欠发达地区相互协作、联合协作的机制固定下来，长期合作，最终实现共同富裕。

（三）因地制宜，建立合理产业结构

苏北地区要认清发展现实，综合考虑自身在市场、区位优势和地域分工的要求，因地制宜，构建自身产业结构。首先，在巩固第一产业内部结构，强化农业基础地位，用高科技改造农业的同时，要重点发展高新技术产业和第三产业，大力发展旅游、信息技术、金融、贸易、房地产等

新兴产业,这样不仅可以促进产业结构的优化,还能够吸引大量的就业劳动力。建立经济与环境相协调的绿色社会生活服务保障体系,实现经济社会的可持续发展。另一方面,苏北地区要抓好发展机遇,强化自己的经济技术基础,尽快与国际接轨,参与国际分工,实现赶超。

(四) 大力发展教育,提高人力资本存量

人才匮乏是苏北地区经济发展的短板,为此苏北地区必须加大对教育的投资,强化人才培养意识,构建完善的教育体系。首先,在普及基础教育的同时,要大力推出贴近实际、贴近农村生产的教学内容,培养农民劳动致富、创新致富的能力,保证农村人口的素质能够得到普遍的提高。其次,大力发展与产业相关的各类职业技术教育,结合苏北实际,为当地发展输送技能型人才。再次,要把控制人口数量,提高人口质量作为突破口,严格实行计划生育政策。最后,各企业单位要树立人力资本是第一资源的思想,用良好的政策和优厚的条件吸引当地的人才和外来人才,这样才能为苏北经济提供强有力的智力和人才支持。

第二节　苏北民营企业发展的现状、问题与对策

民营经济是推动经济发展、促进社会进步的中间力量,也是国民经济的重要组成部分。当前随着十三五规划的提出,国家在扩大内需、推动创新、振兴产业上加大了扶持力度,民营企业也因此迎来了新的发展机遇。但是同时民营企业所面临的竞争加剧、环境约束、资源紧张等挑战也随之而来。

一、苏北民营企业发展现状

民营工业总量高速增长。“十二五”期间,苏北民营工业销售年均增幅达 14.9%,民营工业增加值年均增幅达 18.2%,均高于同期 GDP、全部工业和国有经济的增幅。2015 年,苏北民营工业分别实现销售 7 880.29 亿元、增加值 604.09 亿元(见图 3-1)。

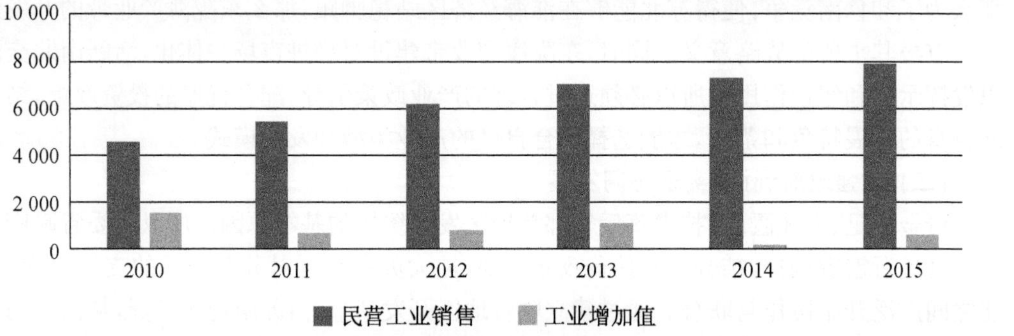

图 3-1　2010—2015 年苏北民营工业销售及工业增加值(亿元)

数据来源:江苏统计年鉴。

民营企业规模日益壮大。到 2015 年底,苏北民营企业的总数已经到 16.8 万户,其中规模以上的民营企业数量达到 10 934 户,亿元以上 1 678 户,十亿元以上 55 户,百亿元以上 5 户。苏北规模以上民营企业数占苏北规模以上企业数比重比上年提升 2 个百分点,占比超过 90%(见图 3-2)。

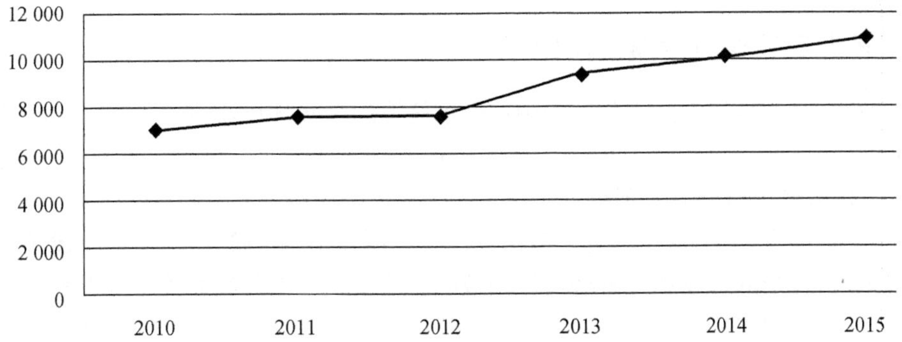

图 3-2　2010—2015 年苏北规模以上民营企业数(户)

数据来源:江苏统计年鉴。

民营经济所占比重逐步提高。截至 2015 年,苏北民营经济工业销售占苏北全部工业销售所占比重为 32.5%,比上年提高了 1.2 个百分点;苏北民营经济增加值占苏北 GDP 比重为 42.8%,比上年提高 0.5 个百分点(见图 3-3)。民营经济成为拉动苏北经济发展的重要引擎。

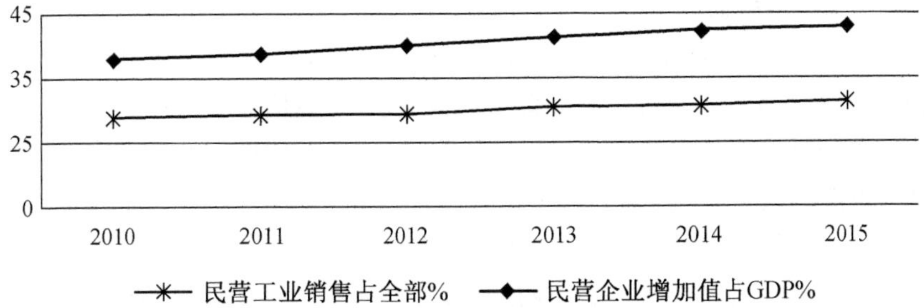

图 3-3　2010—2015 年苏北民营工业销售、企业增加值所占比重

数据来源:江苏统计年鉴。

民营企业自主创新能力持续提升。近年来,苏北民营企业大力进行产业转型,由原来劳动密集型产业、科技含量低的加工配套产业向现代服务业、先进制造业和战略性新兴产业等领域拓展。苏北民营企业积极投身创新驱动发展,推动企业转型升级。2015 年,苏北民营企业申请专利数为 6 318 件(见图 3-4)。认定的驰名商标中,72.6%是由民营企业创造的。企业创新研发投入占 GDP 的 1.8%。

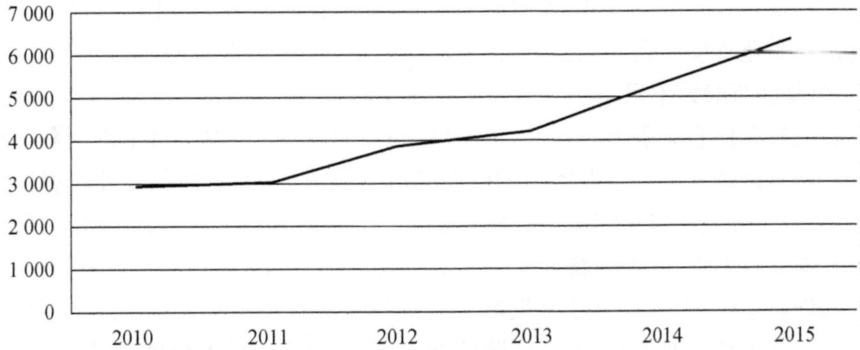

图 3-4　2010—2015 年苏北民营企业申请专利数

数据来源:江苏统计年鉴。

二、苏北民营企业发展的问题

苏北民营企业尽管在过去的发展中取得了辉煌的成就,但是就其本身而言,仍然存在一定的问题。

(一) 民营经济市场准入不平等

经过长期的发展,民营经济进入市场时,受到很多的限制,拥有较高的进入壁垒,影响了苏北良好经济格局的形成和在某些经济领域的快速发展。国有资本所经营和涉及的领域多达 80 多个,几乎遍及所有行业。国家允许外资进入的领域也多达 60 多个,可是民营经济所能经营的领域却被限制在 40 多个。垄断行业如水利、电信、能源、交通等基础设施都是限制民营资本进入的。尽管在有些项目上允许了民营资本的进入,但是仍然存在诸多的不公平对待。目前就苏北民营企业来看,所经营的行业还都是以一般性的服务行业为主,鲜有高科技民营企业。制造业、运输业、批发零售业和餐饮业等是苏北民营企业进入较多的领域,这种内在的不合理必然制约着经济的发展。

(二) 融资渠道不畅通

苏北民营企业在创立之初也和大多数民营企业一样,资金主要来自个人或者家族。但是随着规模的不断扩大,资金的需求也就越来越旺盛,单纯依靠企业的积累已经不足以满足快速发展的需要,对外部资金的需求也越发强烈。但是,苏北地区对中小企业服务的资本市场发育不良,也没有太多的金融中介机构,贷款机制极度不完善,加之这些中小企业规模小、信息不透明和自身素质等因素,使得民间经济贷款困难。即使对其放贷,也会有总额的限制,而且放贷过程缓慢,手续繁多,偿还期限短,利率高等。同时,苏北民营企业直接融资困难,通过发行股票和企业债券的门槛又非常高,很难符合上市的条件。产业间也未能建立有效的投资基金,风险投资基金制度也尚未建立。

(三) 管理水平落后

管理水平落后是很多民营企业的通病,民营经济领域尚未建立一支真正意义上的企业家队伍。苏北民营企业主很多都只有中专、大专学历,文化程度普遍不高导致管理水平落后,缺乏相应的管理知识和市场决策能力,很难适应现代市场机制日趋激烈的竞争。很多企业主在发展中求稳怕变,没有干大事的气魄,所以影响了企业的规模发展。此外,家族式的管理模式和小作坊式的管理方式,使得企业用人陈旧,缺乏创新,企业内部缺乏一支懂得现代市场营销和企业管理的人才队伍,员工素质层次不齐,专业技术人才留不住。

(四) 企业创新能力不足

企业要想具有核心竞争力,就必须具备创新意识和创新能力。自主创新和引进创新是创新的两种基本途径。由于企业能力的限制和历史等原因,苏北多数企业选择的是引进创新,因此缺乏自主开发、引进改造和吸纳的服务体系,创新和技术进步没有相应的支撑体系。技术自主开发能力不强,一方面源于企业自身规模和资金的限制,另一方面源于企业管理者缺乏相应的创新意识,而导致自主开发能力弱。苏北大部分民营企业起点低、科技含量低,产业多以劳动密集型产业为主,抵御风险的能力不强,投资布局不合理。尽管国家出台了相关政策鼓励民营科技企业发展,但是由于融资难等问题,使得在真正科技含量高的领域,苏北民营企业的进入还是比较少的。

（五）信息化建设水平低，社会服务落后

社会化服务体系是推动民营经济发展的重要保证。目前，苏北地区为民营企业提供的科技创新、技术咨询、成功转化等相关的科技中介机构较少，尤其是按民营机制运作的区域科技企业创新服务中心、科技评估中心等民营科技中介机构较少，服务保障不全面，使得民企在发展中所遇到的信息、法律、管理、知识产权、资信评估等一系列问题，不能有效解决。这严重制约了苏北民营企业整体素质水平的提高，成为企业发展的外部障碍。同时企业缺乏现代化的信息咨询服务，信息来源渠道不畅，从而使得市场信息不对称，无法及时有效地获得市场的最新信息。这些都是企业需要克服的当务之急。尽管国家出台了相应的政策法规，但是真正落到实处的却是蜻蜓点水，远没有达到真正的目的。

三、苏北民营企业发展的对策研究

改革开放之初，公有制经济占绝对优势，民营经济只能夹缝中求生存，国家的各项方针政策也都是为公有制经济服务的。在这样的环境下，人们也形成了一种共识，即生产力高的行业应当是国有企业，处于中间的是集体企业，生产力水平最低下的就是民营私人企业，正是由于生产力水平的不平衡，才出现了允许多种经济并存的发展局面。正是由于人们对民营经济有了这样的认识，使得民营经济在很多领域受到了歧视和不公正的待遇，限制民营企业进入。所以国家要实现各种经济因素竞相迸发，就必须公平公正地对待民营企业，优化资源配置，降低准入标准，在资源的配置上，譬如土地的分配、生产许可证的发放以及经营权的审批等领域不能存在歧视性的政策，平等对待公有制和非公有制。在金融、电信、教育、医疗等现代新型服务行业，逐步开放，让更多的民营资本进入，成为带动国家经济发展新的经济增长点，这些对于苏北地区民营企业的蓬勃发展有很大帮助。

（一）提高政府的服务管理意识

尽管国家出台了各项政策法规规范行业发展，但是仍有一些职能部门我行我素，以罚代管甚至只罚不管，个别行政人员到企业收费没有标准，“三乱现象”依然存在。基层执法人员的素质不高，服务意识淡薄，存在很多变相收费、乱罚款和乱摊派的现象，一些部门人员甚至随意对民营企业检查、收费，严重损害民营企业权益。在税收上，存在很大的税收弹性，不按标准执行，给民营企业的发展带来了过重的负担。所以，政府部门要强化服务管理意识，规范行政标准，提高执法人员素质，真正做一些有利于民营企业、民营经济发展的事，将真正的发展红利惠及到每一家民企，从而激发民企发展活力，成为真正振兴苏北经济的强大引擎。此外，还要减轻苏北民营企业的税收负担，过重的税收负担对本来就弱小的民营企业来说无疑是雪上加霜。

（二）打破历史环境的阻碍

许多民营企业的领导者在改革开放的时代，多数直接或间接地经历了太多的苦楚和磨难才打下了属于自己的江山，所以对于他们艰苦奋斗创业所得的事业他们都倍加爱护和珍惜，但是也正是这份固执和死板使得民营企业的命脉被牢牢掌控在家族成员的手里，极度的排外思想也就因此固化下来。加之苏北的整体经济水平比较低，民营企业普遍实行家族化的管理，人才制度落后，人才缺乏，员工素质普遍比较低，多以劳动密集型产业为主，技术研发和投入较少，生产工艺落后，效率低下，产品技术含量低，创新能力差。不管是在思想观念

还是经济基础上,苏南与苏北都有一定的差距。苏南人创业思想活跃、追求财富,人人都想当老板;而苏北对民营经济还不能做到一视同仁,多数苏北人安于现状,创业意识淡薄,不敢承担风险。所以苏北民营企业要破除历史的阻碍,重新认识和审视现代企业制度,强化创新意识,完善人才培养机制,引进专业化的人才对企业进行管理升级,将企业打造成一个真正适应现代市场竞争的创新型企业。

(三)完善民营企业融资体制机制

苏北民营企业由于自身因素及信息不对称等因素导致民营企业融资难。苏北民营企业一般规模较小,抵御市场风险的能力较为薄弱,他们对资金的需求不稳定,一般额度小、频率高、随机性大,这往往增加了融资难度和融资成本,也增加了对商业银行债务跟踪的难度。同时由于苏北民营企业创立时间都比较短,也就导致信用历史记录比较短,加之内部的管理制度和财务制度不健全,所以资金在流动性、风险性和盈利性上体现出的信息就是不透明,这就导致银行部门对其评估的难度增大,从而使得商业银行对其放贷持审慎态度。所以,要想真正解决民营企业融资难问题,政府和社会就要想方设法括展中小企业的融资途径,帮助中小民营企业建立完善的财务制度和管理制度,加强财务信息的公开,建立合理的风险评估机制,有效对民营企业进行评估。金融企业在对民营企业的抵押担保贷款申请时,只要符合相关条件,在控制放款规模的同时,要尽量满足其贷款需求,提高其贷款积极性,解决企业融资难的问题。

(四)优化人文环境,建立完善人才机制

苏北民营企业由于规模小,所以使得对研发的投入比较小,一般都是以模仿成熟的技术为主,这就使得很多优秀的高级技术人才很难有用武之地,并且即使有部分高级技术人才愿意留下,员工一般都缺乏其他方面的条件满足,所以很容易被"挖墙脚"。企业之间只有不断靠增加工资才能留住人才,这无疑增加了成本,削弱了竞争力。人才匮乏成为制约苏北民营企业发展的关键因素之一。此外,在人才的管理上,民营企业也是重使用轻培养,重视经济效益忽视个人成长,重视物质奖励轻沟通尊重,所以难以长久留住人才。家族式的管理使得对外人不放心,过分集权,员工对企业缺乏文化的认同感,许多人才跳槽就是因为很难融入其家族圈,抱负得不到施展,无奈走为上。所以对于苏北民营企业来说,真正要想成为一个有竞争力的市场企业,就要在企业内部形成一个良好的文化氛围和完善的人才培养体制机制,建立有效的沟通机制和激励机制,引进现代企业制度,让真正有才华有学识的人能够发挥自己所长,得到优厚报酬,重视团队培养,从整体上去提高员工的素质,着重解决企业发展与人才不足和素质偏低这一尖锐的矛盾,真正使企业拥有行业竞争力。

第三节　苏北全面振兴个案研究:以徐州为例

一、徐州发展实现新跨越

近几年来,徐州市在市委、市政府的领导下,坚持稳中求进的工作总基调,突出发展重点、创新发展思路、调整发展结构、破解发展难题、提高发展质量,全市经济社会发展取得新成就。同时,为了能够加快推进"两个率先",抓好全面建设小康社会的关键时期,徐州市通过振兴徐州老工业基地、将东陇海地区纳入国家城市化战略格局、融入长三角和进入高铁时代等一系列举措，持续促发展、创先争优。

“十二五”期间，徐州 GDP 在 2011 年突破 3 千亿元，2015 年突破 5 千亿元大关，是 2010 年的 1.8 倍。全市 GDP 占全省比重由 2010 年的 7.1%提高到 2015 年的 7.6%。徐州市人均 GDP 在 2011—2015 年期间，分别为 41 407、46 877、52 694、57 655、61 511元(见图 3 - 5)。2011—2015 年间，徐州人均 GDP 年均增长 11.6%，高于全国 4.4 个百分点，高于全省 2.4 个百分点。

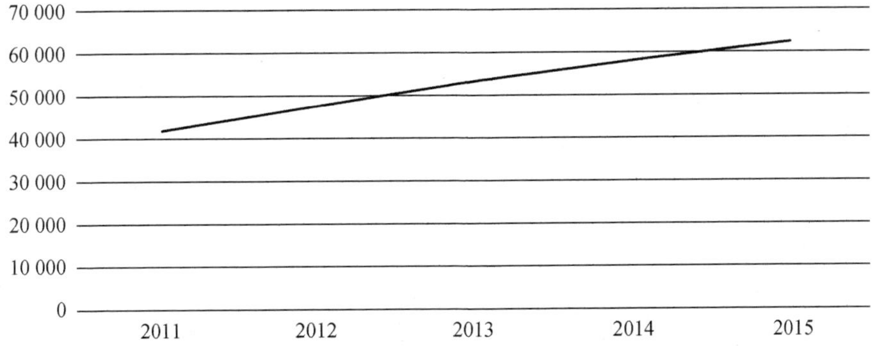

图 3 - 5　徐州市人均 GDP(元)

数据来源：江苏统计年鉴。

2011 年徐州市一般公共预算收入 318.42 亿元；2012 年全市一般公共预算收入 366.76 亿元，同比增长 15.18%；2013 年全市一般公共预算收入 422.84 亿元，同比增长 15.29%；2014 年全市一般公共预算收入 472.33 亿元，同比增长 11.7%；2015 年全市一般公共预算收入 530.68 亿元，同比增长 12.35%(见图 3 - 6)。2011—2015 年间，徐州市公共财政预算收入年均增长 19.0%，高于全国 5.0 个百分点，高于全省 4.5 个百分点。

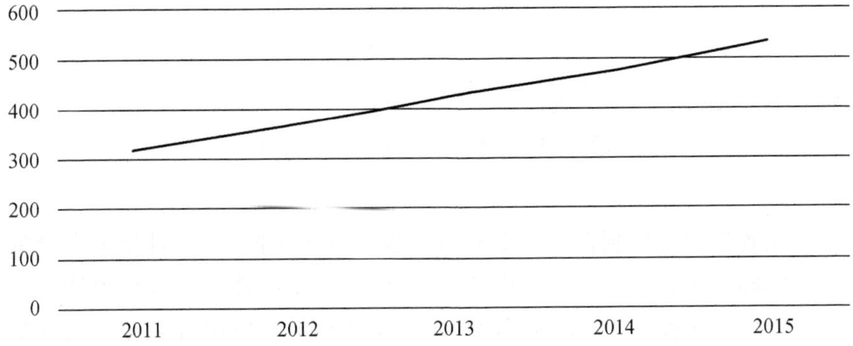

图 3 - 6　徐州市一般公共预算收入

数据来源：江苏统计年鉴。

2011 年徐州市固定资产投资为 2 201.03 亿元；2012 年全市固定资产投资为 2 685.89 亿元，同比增长 18.05%；2013 年全市固定资产投资为 3 090.13 亿元，同比增长 13.08%；2014 年全市固定资产投资为 3 671.56 亿元，同比增长 18.86%；2015 年全市固定资产投资为 4 266.12 亿元，同比增长 16.19%(见图 3 - 7)。2011—2015 年间，徐州全市固定资产投资年均增长 17.1%,高于全国 2.4 个百分点,高于全省 1.3 个百分点。

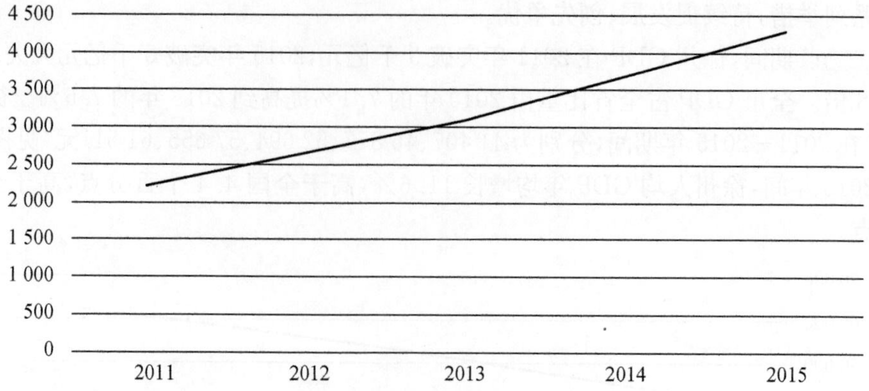

图 3-7 徐州市固定资产投资额

数据来源:江苏统计年鉴。

2011 年徐州市社会消费品零售总额达 1 141.89 亿元;2012 年全市社会消费品零售总额达 1 312.50 亿元;2013 年全市社会消费品零售总额达 1 495.91 亿元;2014 年全市社会消费品零售总额达 2 099.20 亿元;2015 年全市社会消费品零售总额达 2 358.45 亿元(见图 3-8)。2011—2015 年间,徐州市社会消费品零售总额年均增长 14.6%,高于全国 0.8 个百分点,高于全省 0.9 个百分点。

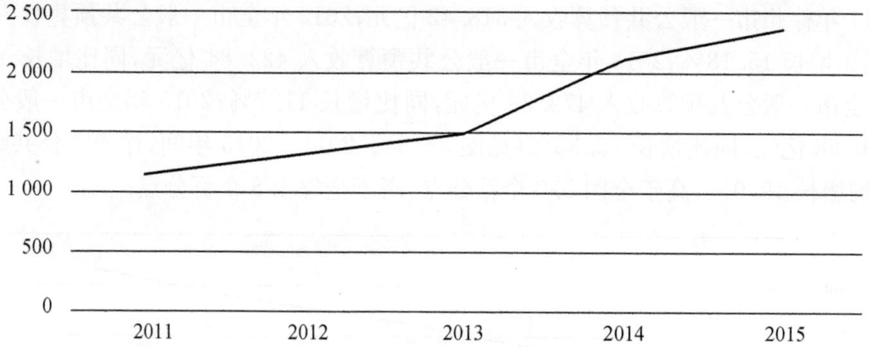

图 3-8 徐州市社会消费品零售总额

数据来源:江苏统计年鉴。

全市城镇调查失业率控制在 5%以下,社会保障体系不断完善,社保五大险种基本实现全覆盖。每年实施一批为民办实事工程,民生民计得到持续改善。五年累计实施市区棚户区改造 2 750 多万平方米;全市新(改扩)建中小学 223 所,2 所中等职业学校升格为专科院校;新增三级医院 10 家,新(改扩)建医疗卫生设施 205 万平方米,市中心医院新城区分院建成运营。文化体育事业加快发展,成功打造"舞动汉风"品牌,圆满完成第十八届省运会承办任务。机关效能建设全面加强,百姓办事"零障碍"成为为民服务特色品牌。平安徐州、法治徐州建设深入推进,公众安全感进一步提高。

几年来,徐州市抢抓加快发展重大机遇,咬定发展不放松,用足用好全面振兴老工业基地、促进资源型城市可持续发展等方面的政策,充分发挥机遇叠加和政策放大效应,加快经济结构调整，加大基础设施建设力度，加强生态文明建设，走出了一条老工业基地振兴的新路子，形成了徐州的发展优势和工作特色。

二、全面振兴徐州老工业基地，打造苏北振兴新引擎

徐州作为煤炭资源型城市，已经有一百多年的开采历史，是全国重要的基础能源供应基地，为江苏省、华东地区乃至全国的经济社会发展都做出了历史性的贡献。徐州发展的最大优势在于依托能源，但是其发展最大的劣势就在于依赖能源。随着徐州市过度的开采开发，其矿产资源也日渐枯竭，采掘业也处在经济周期的衰退期，徐州市已经逐渐丧失了依赖能源发展的助推力，相反已经成为了发展中的障碍和阻力。为了实现徐州发展的可持续性，寻找接替资源产业的形势严峻，产业转型迫在眉睫，通过产业的转型升级来实现徐州市整体的可持续性发展已经是必然选择。

以新型工业化为第一方略，加快产业转型升级。以信息化带动工业化、以工业化促进信息化，走出一条科技含量高、经济效应好、环境污染少、资源消耗低、人力资源能够得到充分利用的道路。一方面强化主导产业优势，改造传统产业；另一方面大力培植战略性新兴产业，大力发展高新技术产业，着力将徐州市建成现代化的制造业基地。在主导产业方面，要将"工程机械及专用车辆、多晶硅及光伏"这两大千亿级产业作为发展重点，将徐州打造成"国际知名、全国最大的工程机械及专用车辆城"和"国际一流的光伏产业基地"。在高新技术产业领域，要着力发展壮大新材料、新医疗、生物医疗和电子信息产业。在改造传统产业时，要将先进的信息技术、高新技术应用于"食品、化工、电力、冶金、建材、纺织"等传统行业，加快传统行业转型升级，提高其市场竞争力。

以壮大特色农业品牌为引导，加快现代农业发展。作为农业大市，农业的发展关系着徐州市资源转型升级的大局。要紧紧围绕农民增收、农业增效的主题，大力推进农业产业化和农业结构调整，充分发挥好比较优势，争取把徐州打造成全省乃至全国的农业示范基地，实现由传统农业向现代农业的转变。此外，在维持现有综合生产能力的前提下，还要加快农业结构的战略性调整，实现经济作物、特色养殖业和优质林果业并举的农业生态结构，并实现标准化和规模化。合理布局，将农业培养成优势主导产业，提高整个农业产业的水平，让更多的农民能够进入到产业化之中，分享产业成果，并打造出一个真正有特色有规模的农业品牌。

大力发展现代服务业，打造区域性服务业高地。徐州地处三省交界处，交通网络密集，拥有很强的区位优势和交通优势。因此徐州应该致力于将其发展成为具有辐射和带动能力的现代化商贸中心、物流中心和金融商务中心，着眼于大物流、大商贸、大旅游和大市场。以城市商业圈为轴线，构建一体化的商贸物流网络，将徐州打造成淮海地区初具规模和影响力的消费高地。高度重视现代化、增值型的大物流发展，对现有物流资源进行整合、改造和提升，培育出现代物流市场和优质的物流企业，以打造千亿级物流业为目标，与制造业紧密结合，积极建设一批与区域发展相符的物流基地和物流项目，成为引领现代服务业的中流砥柱。

完善基础设施建设，提高区域中心城市辐射功能。徐州市的发展应该与城市的转型升级相结合，多元化城市发展，做大做强区域性中心城市。首先，对原有新老城区进行科学定

位,总体把握,加快区域与区域之间的公交轨道设施建设,形成空间衔接、有机互补的主城区功能模块。其次,对原有中小城镇和矿区进行升级改造,加强其道路、通讯、绿化、供热和污染治理等多领域的建设。第三,建设基础设施,用好综合交通网络。京沪高速铁路、丰沛铁路以及徐兰铁路运营专线都是徐州市重点参与建设的项目,在抓好重点项目的同时,也要稳定徐州—香港之间的航线,增加更多的国内国际航线从而提高旅客吞吐量。此外,公路建设也要突出重点,抓好徐济、新宿高速公路,全面改造原有的高速干线,保证徐州都市圈一小时快速通道。

拓宽开放渠道,积极融入国际经济。鼓励有实力的企业在引进来的同时,积极地走出去,实施"引进来"和"走出去"双向融合战略。鼓励企业大力投资并购海外企业,从而扩大自身企业规模,充分利用好国际国内两个市场,建立海外能源、原材料和生产基地。此外,扩大招商引资的规模,充分利用好外资,以优化经济发展环境为保证提高引进资本的质量和水平,创新招商方式,切实转变经济发展方式,推进区域经济一体化发展。最后,要积极探索与其他区域合作共赢的模式,加大南北共建的力度,同时徐州市还应加快国际级经济开发区的申报,设立保税仓和内陆港口,打造国际空港成为对外开放的口岸。

参考文献

[1] 程言君. 老工业基地振兴的规律基础和成功举措—基于徐州的研究[J]. 创新,2013(4):53-57.

[2] 魏剑锋. 国外产业集群理论:基于经典和多视角研究的一个综述[J]. 研究与发展,2010(3):9-18.

[3] 张蕾,高志文,吴优. 关于苏南向苏北产业转移乏力的研究[J]. 江苏商论,2009(3):3-5.

[4] 张颖瀚. 中国城市化道路的前沿特色—改革开放30年江苏城市发展的回顾与展望[J]. 现代经济探讨,2009(2):5-9.

[5] 辜胜阻. 壮大县域经济的五项战略对策[J]. 人民论坛. 2009(17):21-22.

[6] 黄德春,许长新. 江苏产业经济发展及其对策[J]. 工业技术经济. 2009(4):2-5.

[7] 刘慧. 区域差异测度方法与评价[J]. 地理研究. 2006,25(4):710-718.

[8] 张敬华. 打造特色发展模式加快资源城市转型[J]. 中国矿业大学学报:社会科版,2009(4):6-8.

[9] 凌中. 江苏沿海开发与生态型小城镇建设的战略思考—以江苏省盐城市为例[J]. 盐城师范学院学报,2010(2):40-44.

第四章　省外苏商发展研究:外迁与反哺

江苏是民营企业大省,苏商在全国有着突出的地位和强大的实力。随着经济全球化与区域一体化不断深入,国际国内市场竞争日趋激烈,苏商为了获得并保持竞争优势,抢占市场制高点,寻求更有利的生产经营地点,加快了企业迁移的步伐,一批重点企业在发展壮大后纷纷选择向省外、国外扩张。省外、海外苏商虽身在外地但心系江苏,主动用好省内省外"两大资源",积极服务江苏"两个率先",寻求反哺江苏本土经济的途径。

第一节　企业外迁与反哺的辩证关系

一、企业外迁

对外扩张是资本的本性,随着市场经济的发展和商品市场的完善,区域性资本会在全国或者是全世界自由流动,在更大范围内从事生产经营活动,以最大限度地获取利润。企业迁移是企业发展与成长过程中对资源、要素、市场、环境等做出的一种综合选择,是市场经济发展到一定阶段的必然产物。

所谓企业外迁,是指企业地理位置的改变或向外延伸扩张,实质是企业区位再选择的过程。企业以新建、并购、合作等方式,通过整体或者局部的空间位移在企业创办地之外实现迁移或者企业扩张,既包括企业整体物理位置的迁移,也包括下级分支机构的异地设立;既涵盖物理要素地域上的转移,也涵盖所有生产要素的地域转移,如资金、品牌、研发机构和营销网络等(华金秋,2008)。

从迁移所涉及的规模和部门来分,企业迁移可分为整体迁移、总部迁移、职能部门迁移(如:研发机构、销售部门、生产基地等)、建立子公司等;从企业迁移的目的和原因来分,企业迁移可分为市场拓展型迁移、资源利用型迁移、环境吸引型迁移、资本运作型迁移等(向荣,2006)。

从我国目前的实际情况来看,国内经济经过几十年的高速发展,劳动力成本、土地租金、资金成本等已经出现了较大幅度的提升,靠高投入、高消耗、高排放换取工业增长,靠低成本、低价格、低效益拓展市场空间的道路已经越走越窄。粗放型的增长方式面对资源与能源的刚性约束越来越难以为继。江苏企业面临的土地、原材料、用工、融资、环保等多重成本上升的压力逐步加大,制造业利润不断被压缩。在这种形势下,基于经济发展空间上的梯度差异,出现了一定程度的企业外迁。企业外迁既表现为一些企业从沿海地区向内陆东西部地区迁移,也表现出从国内向周边一些发展中国家迁移。由于生产运营成本同周边一些发展中国家的差距日益扩大,加上产品出口受限等因素,很多劳动密集型的产业正在加快外迁的步伐,纺织、鞋帽、五金、家具建材、机械零配件等一批制造业从我国外迁到越南、印尼等国。

从整体上看,企业外迁是我国产业结构升级的一种体现。从产业梯度理论的角度看,不同国家或地区因为生产要素禀赋的差异以及比较优势的存在，产业间存在一定的梯度关系。产业梯度分工对产业转出地的效应主要表现在可以调整和优化转出地的产业结构，缓解本地区发展的生产成本的压力和生产要素禀赋的限制，为本地区其他具有发展潜力的产业提供发展空间；对产业转入地的效应主要表现在可以有效降低转入地的失业率，增加本地的财政收入，对其产业成长的推动和技术进步的促进。

二、企业反哺

反哺是一个生物学概念，从企业角度理解，主要指通过政府有关政策的引导及优良投资环境的构建，促使已经外迁的企业通过整体回迁、开办子公司、输入技术或者资金等方式回到企业创办地或者回到企业创办人家乡（向荣，2007）。

企业反哺作为生产要素在区域间自由流动的一种现象，可以分为直接反哺和间接反哺两种模式。直接反哺表现为外迁企业对迁出地通过贸易和投资进行反哺，主要表现形式是企业回迁、资金回流和人才回归，其中以资金、项目的反哺为主。间接反哺则表现为外迁企业在迁出地和迁入地的知识溢出、信息溢出等，例如人际正式和非正式沟通所带来的知识溢出，人员流动所带来的信息流通等。企业反哺的方式主要如图 4－1 所示。

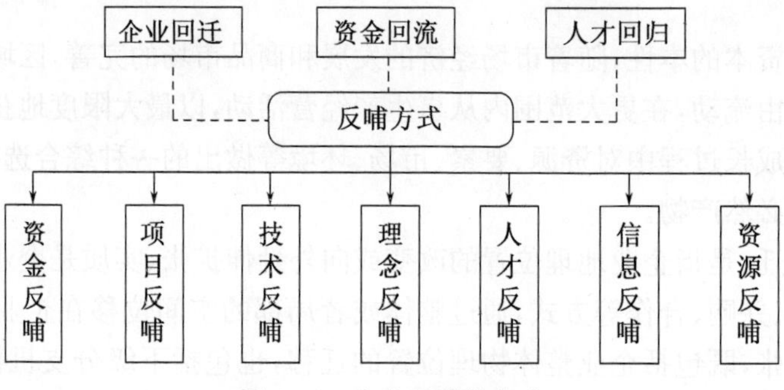

图 4－1　企业反哺的方式

资料来源：潘茜茜，杨刚. 浙江民营企业外迁与反哺现象解析及对策探讨[J]. 现代商贸工业，2010，20：111.

企业反哺符合企业的利润价值创造逻辑，是符合企业持续成长的战略行为。一方面，外迁企业拥有迁出地相对完备的信息，从而更倾向于在比较熟悉的迁出地进行再投资，从而缓解投资的信息风险；另一方面，外迁企业拥有基于迁出地的区域性专用性资源，例如与迁出地政府、各种机构以及商业企业拥有良好的关系，这些区域性专用性资源是具有创造租金能力的稀缺资源，为最大化地利用这些区域特有资源，外迁企业倾向于在迁出地进行再投资。

三、企业外迁与反哺的辩证统一关系

“外迁”与“反哺”，是在“互利共赢”的区域开放战略指导下的辩证统一，是坚决贯彻科学发展观的集中体现。一方面，江苏政府鼓励企业外迁，让江苏民企在更大范围内参与国内、国际竞争；另一方面，江苏省又出台措施加大吸引内资力度，吸引江苏籍企业家回乡反哺。从表面上来看，这是相互矛盾的。但是从深层次原因来看，这是产业升级的必然趋势。

外迁，引导推动劳动密集型、资源密集型传统产业向中西部地区有序转移，江苏做为“探路者”，既是为了延伸江苏经济的产业链，也为江苏本地调整经济结构、提升产业层次创造了机会和空间。江苏是国内较早开展“腾笼换鸟”工作的省份。“腾笼换鸟”，就是改变粗放型的增长方式，把现有的低效率落后产业转移出去，腾出空间培育高附加值新兴产业。江苏从调整全省产业布局、推进产业结构升级的角度，推进“腾笼换鸟”工作，明确提出全省不同区域产业升级的要求，引导地方制定相应的产业转移规划和实施方案，给予投资者明确产业引导信号，实现区域间产业梯次有序转移。

苏商企业通过“走出去”创办经营实体，不仅拓展了行业的发展空间，而且形成了较强的综合实力、较好的产业基础，实力壮大后回归的苏商反哺为江苏推进经济结构调整、加快经济增长方式转变提供了较好的基础和条件，有利于产业结构的升级与优化，是企业外迁的最终结果。

“外迁”和“反哺”的辩证统一，建立在迁出地与迁入地的利益共享基础上，开展双方互补性合作。实现江苏的产业优势、市场优势和中西部资源优势、政策优势的叠加。每年上半年在陕西参加“西洽会”，江苏省内企业前往西部地区对接洽谈；下半年在江苏举行“江苏行”，省外苏商回到家乡走一走、看一看，双向交流架起了江苏与西部地区深化合作、互动共赢的重要桥梁。苏商的流动性带来了江苏模式的异地复制，并将随着“反哺”力度和频度的加强，从而促进江苏本土经济的发展。

第二节　苏商外迁的基本情况

江苏民营企业“走出去”发展由来已久。从20世纪90年代中期工业企业异地投资起步，苏商向外探索发展的脚步一直没有停下，而且越走越稳、越走越快。响应“一带一路”号召，苏商以双赢为基本出发点，从自身需要出发，并策应对方需求，在全国乃至全球坐标中进行产业布局定位。一大批江苏企业家异地投资兴业，在工业制造、能源开发、商贸物流、建筑地产、基础设施、现代农业等领域取得丰硕成果。

一、苏商外迁的动因

（一）市场拓展型迁移

市场需求在哪，企业就跟到哪。江苏是制造大省，企业技术水平高，不少苏商选择企业外迁是看准自身产业和当地市场的结合点，为了适应目标市场的变化而对企业的生产经营机构做出调整，以拓展企业市场，提高产品竞争力，促进企业发展壮大。

例如，艾雷奥特（江苏）飞机工业有限公司看准中西部地区以及中亚国家的潜在需求，加快进入通用航空领域，2015年在完成斯洛文尼亚一所航空培训学校收购后，将与波兰等客商合资设立蓝天航空产业园，做长航空产业链，力争在低空飞行产业领域分得一杯羹。

产业配套蕴藏着巨大商机，苏商外迁在产业配套中寻求新的发展优势。2012年苏渝产业合作，张家港攀华集团投资60亿元在重庆涪陵区建薄板项目，除配套当地汽车产业外，很重要的一点就是对接当地近两年新发展起来的IT制造业。“产业配套需要缩小物流半径，重庆的汽车制造、机械装备、数码家电等产业发展很快，给配套企业带来了很大商机。”①集

① 看江苏投资中西部新趋向[N]. 新华日报，2012-9-27，A5.

团董事长助理熊伟革表示，该项目投产后将成为集团重要的利润增长点。此外，无锡华翔、江苏丰东热技术、江苏罡阳等在重庆的投资，着眼于与当地汽车、机械等行业的对接。江南模塑科技集团贴近用户、就近配套投资建厂先后在武汉、沈阳投资建设彩色保险杠喷涂项目，为当地汽车厂家提供配套服务。

（二）资源利用型迁移

受可持续发展的资源保障能力的约束，江苏省冶金、石化、建材、纺织等受本地资源条件限制的行业产业转移趋势明显。加强区域资源的合作开发，到中西部资源丰富的省份，到矿产、能源、土地等资源丰富的国家和地区，建立粮食、煤炭、石油等战略资源基地，利用当地优势资源，解决原材料供应不足的制约，大量压缩生产和运输成本。获取资源，成为江苏工业企业异地投资“走出去”的重要动因。

以徐矿集团为例，为摆脱资源枯竭窘境，十多年前就走出去寻找资源，合作范围遍及陕西宝鸡、新疆塔城、贵州桐梓以及孟加拉国等地，初步构建起了陕甘、新疆、贵州三大异地煤炭生产基地，获取异地煤炭资源 60 亿吨。这样的合作，既可缓解江苏能源之急，又为企业找到了一条生路。

原料，也是宿迁泗绢集团落户陕西安康的理由。董事长韩兴旺认为，“我们与陕西丝绸集团已合作 20 多年，因为江苏地区桑蚕越来越少，2/3 以上靠外购。多年来，一直是他们提供蚕茧，我们加工成丝线、面料后给他们销售。”①通过落户安康的项目合作实行高档绢丝、绢纺的研产销一体化运作，泗绢货源渠道将更稳定，陕西丝绸集团则可以放手发展种养基地，解除蚕农的后顾之忧。

同样因为原料，苏州利泰醒狮(太仓)控股有限公司与新疆巴州库尔勒经济技术开发区，签订了总投资 30 亿元的合作协议，在新疆建设年产 100 万纱锭的项目。苏州利泰年均产能 20 万纱锭，棉花主要来自新疆和国外。“到新疆设基地，虽然劳动力成本已无多大优势，但就地采购棉花，还能享受每度 0.35 元电价优惠，这对我们来说是有吸引力的。”②

（三）政策驱动型迁移

企业在迁移过程中不可避免的会和当地政府部门发生诸多往来，政府的政策性因素是导致企业迁移的重要因素。政策驱动型迁移可以进一步划分为诱致性迁移和强制性迁移。诱致性迁移是由于迁入地区更有吸引力的软硬件环境而带来的企业迁移，主要是由于政府营造良好的投资环境，包括完善城市基础设施，为外来资本、技术和人才的进入清除种种障碍，建立健全激励机制和提供有利于经济发展的可靠制度保证，完善法制和法规，培植良好的社会秩序。近来，江苏民营企业是外地政府招商引资的重要对象，各地纷纷推出各种有诱惑力的招引举动和优惠条件来吸引江苏企业迁入，如地方政府的投资刺激政策、宽松的服务环境等，这必然会诱发江苏产业转移现象的产生。

强制性迁移则是由于所在地区的政策环境压力导致的企业迁移。一方面，作为沿海发达地区，江苏自然承担着区域统筹发展的重责，政策性扶贫和资金转移首当其冲，而产业对接是增强贫困地区内生动力、实现共同发展的重要途径。例如，自 1996 年苏陕开展对口扶

① “一带一路”使“西洽会”机遇扑面　苏企寻找新定位[N]. 新华日报，2015-5-26.
② “一带一路”使“西洽会”机遇扑面　苏企寻找新定位[N]. 新华日报，2015-5-26.

贫和经济协作工作以来，两省在人才、资金、科技等方面进行了广泛交流合作，两省实施产业合作项目 240 个，总投资额超过 1 000 亿元。目前，在陕西发展的苏商企业超过 5 000 家，涵盖各个行业领域，实现了优势互补、互利共赢。像延安市吴旗县境内沙棘可达 110 万亩，宜兴茗岭茶厂与延安圆方集团合作投资 1 800 万元，运作仅两个月便给当地农民增加副业收入 24 万元，经过深加工生产沙棘保健茶，年销售额可近亿元。另一方面，导致企业外迁的压力因素方面，包括土地匮乏，“民工荒”困扰，要素成本上升和技术制约加重，区域行业性的恶性竞争加剧，环保规制趋于严格等。当企业的扩张欲望和盈利期望与当地的经营条件和投资环境发生矛盾时，外迁往往是一种既无奈又现实的选择。例如，为改善本地环境，江苏对企业污染物制定了更高的排放标准。在此背景下，一些农药、化工、铜加工等企业移地建厂，向经济欠发达地区搬迁。在此过程中，要防止污染由东部向西部地区转移，提高新建项目的准入门槛。例如，新建化工项目只能进入符合产业定位、通过区域环评、经省辖市人民政府批准通过的化工园、化工集中区或集中点。

（四）资本运作型迁移

“走出去”跨行业战略投资，实现资本运作扩张，也成为苏商企业区际转移的动力因素。江苏民营企业重视资本运营工作，在资本市场上多路并发，全面统筹上市挂牌、重组并购、股权投资、短期债券等金融资源的综合运用，进一步激发市场活力、壮大资本总量。

在上市筹资方面，把企业上市作为集聚发展要素、优化治理结构、扩大品牌效应的重要途径，实现上市公司数量与质量同步提升、产业资本与金融资本比翼齐飞。例如，2016 年是江阴资本经营的一个丰收年。在首发上市 IPO 方面，中国晶体新材料和雪豹日化分别在韩国和香港挂牌上市，江阴银行、广信材料在深交所成功上市；苏利精细、神宇通信两家企业成功通过审核等待上市，申利实业、江化微电子等 7 家企业在排队待审；通利光电已经启动境外上市程序，有望于年内在韩国上市。新三板方面，新增中达软塑、奥派交通等 16 家挂牌企业，挂牌企业总量已经增加至 40 家。

在重组并购方面，引导大企业集团、上市公司、重点骨干企业充分利用资本经营工具及其衍生产品实施并购重组，增强抵御国际市场风险能力，实现快速裂变发展、可持续发展。在股权投资方面，鼓励国内外各类投资者在江苏设立创业投资、股权投资企业或分支机构，鼓励和支持各类社会资本直接投入拟上市企业。

二、苏商外迁的基本情况

江苏是苏南模式的发祥地、民营经济的集结地，民间资本已成为江苏最具活力的投资主体。江苏民营企业紧紧抓住西部大开发、东北振兴、“一带一路”的机遇，通过合作开发、投资开发等多种形式“走出去”。

（一）积极开拓西部市场、利用西部资源

2001 年至今，西部大开发战略实施已经有 15 年的时间，在中央不断加大倾斜和支持力度下，西部发展取得了明显成效。但与东部等地区相比，西部地区发展仍然相对滞后，尚不具备完整的产业体系，缺乏经济发展的“造血”功能。2016 年，国务院审议通过《西部大开发“十三五”规划》，部署进一步推动西部大开发工作。客观而言，西部地区改革红利的释放来自于西部地区的投资空间和基础建设空间，来自于城镇化和产业转移。目前，中国正在进行

着由东向西的产业梯度转移,广大苏商在向西部的产业转移中大有可为。

江苏省与中西部地区的经贸合作已有多年。多年来,一大批江苏籍企业家扎根西部,在工业制造、能源开发、商贸物流、建筑地产、基础设施、现代农业等领域取得骄人业绩。江苏企业在开拓西部市场、利用西部资源、拓展发展新空间上表现出巨大潜力。四川苏商主要从事的行业有办公家具、环保、景观绿化、电器制造、新材料、服装鞋类、医药、房地产、机械制造、电子信息、电子制造、电气设备制造、生物科技、有色金属采选、酒店管理、教育、医药医疗设备、物流、生态农业等 20 多个行业,在川投资近数百亿元。江苏籍人士到云南投资经商已达 18 万人,江苏籍在滇企业约有 6 000 多家,累计总投资额达 500 多亿元,每年新增投资额约 30 亿元。江苏有 200 万人在新疆工作生活,新疆江苏商会旗下 3 000 多家企业,其中,资产过亿的企业有 80 多家,资产千万以上的也有 200 多家。

截至 2015 年,江苏单是参加西洽会,就已达成各类经济合作项目 3 016 个,投资和贸易额达到 4 330 亿元。在"2016 丝博会暨第 20 届西洽会"江苏省的投资洽谈、经贸合作更是取得了丰硕成果,共达成合作项目 137 个,总金额达 385.96 亿元。其中:内联合作项目 85 个,签约协议金额 255.21 亿元;贸易成交项目 52 个,签约协议金额 130.75 亿元。这些项目涉及基础设施投资、高新装备制造、新能源开发、科研合作、市场建设、商品贸易等多个领域。其中包括了苏州市利泰醒狮(太仓)控股有限公司与新疆伊犁州奎屯市经济开发区,签订"纺织类投资及进出口业务"项目,总投资 30 亿元;盐城市江苏正硕实业有限公司与甘肃省环县人民政府,签订"国际商贸物流城"项目,总投资 15 亿元;常州市中旖控股集团与秭归县人民政府,签订"LNG 综合利用项目"项目,总投资 5.5 亿元;苏州市中利腾晖光伏科技有限公司与榆林瑞拓新能源开发有限公司,签订"新能源开发及光伏电站项目",总投资 4.5 亿元等多个重大内联投资和贸易项目。

(二) 积极开拓东北市场、推动东北振兴

继西部大开发之后,中央 2004 年提出了振兴东北老工业基地的战略部署,这是在我国沿海地区经济发展基础上,实行东西互动的重大举措。2016 年 11 月,国务院发布关于深入推进实施新一轮东北振兴战略加快推动东北地区经济企稳向好若干重要举措,围绕制约东北发展的突出问题,开创东北发展新局面。在"东北振兴"的国家战略背景下,推动东北经济复苏,苏商在东北振兴过程中面临着巨大的机遇与挑战。

在东北,苏商利用江苏的先进管理理念和领先技术服务东北地方经济,他们已经成为横跨江苏、东北两地的桥梁和纽带,是两地经济发展和社会文化建设不可或缺的组成部分。辽宁,是我国最重要的重工业基地,也是工商业发展的沃土。在这里活跃着一大批来自江苏的工商界人士,苏商的足迹遍布了辽宁的山山水水,他们兢兢业业、艰苦创业、和气生财,在辽宁大地上写下了浓墨重彩的一笔。据不完全统计,截至目前,有超过 1 万家江苏籍企业在辽宁发展,从业人数达数十万之众。这些苏商已经将辽宁看作自己的第二故乡,并为当地经济和社会发展做出重要的贡献。比如在大连,许多有名的企业都与苏商紧密地联系在一起,如远东电缆、洋河股份、欧贝龙电器、博杰公司、南通三建等。辽宁省江苏商会成立于 2007 年 12 月 12 日,商会会员涉及机械制造、地产开发、建筑建材、食品饮料、医药生物、金融等多个领域,会员单位已达 200 余家。实施"东北振兴"的国家战略,辽宁将与江苏建立对口合作机制,同时开展互派干部挂职交流和定向培训,这将进一步推动两地之间的经贸联系。

被称为鱼米之乡的江苏既是经济大省,也是建筑大省,黑龙江苏商的显著特点之一就是从事建筑行业的居多。出身泰州的黑龙江省江苏商会会长李焕军,正是在建筑市场淘到的"第一桶金"。在哈尔滨,有诸多标志性建筑、广场、居民小区都是由江苏建筑施工队伍开发建设,据估计,目前约有20万江苏人在黑龙江从事建筑行业。苏商企业在吉林投资总额达1 500多亿元,涉足机械仪器、石油化工、电脑软件、五金机电、食品加工、地产建筑、生物医药、健康保健、环保绿化、纺织服装、餐饮娱乐等20多个领域,江苏省投资吉林省的亿元项目已有12个,在吉林省固定资产投资额超过1 100亿元。

当今中国正处于深化改革的关键时期,经济结构调整升级,发展方式由原来的粗放型转变为节约型,经济发展"新常态"成为时代强音。在这样的时代背景下,东北苏商只有相互联合,抱团发展,相互之间学习、互助,才能适应时代发展的新要求,才能在东北站稳脚根,扬长避短,因地制宜,获得更多更好的发展机遇,实现互利共赢,实现经济效益和社会效益的双丰收,发挥苏商在东北经济发展中的主动性。

(三)积极开拓海外市场,实现产业转型升级

随着"一带一路"和"走出去"国家战略实施的逐步深入,越来越多的江苏企业走出国门,通过到境外投资兴业的方式来提高自身技术水平、打造海外品牌、延伸产业链以及开拓海外市场。目前,江苏对外投资企业遍布美国、澳大利亚等约150个国家,"走出去"主要呈现为三个并驾齐驱:

一是大项目与境外产业集聚区建设并驾齐驱。徐工集团出资2亿美元在印度钦奈建设工程机械生产制造基地;常州天合光能投资1.5亿美元在印度设立了天合光能(印度)私人有限公司;常州金昇集团斥资2亿欧元收购瑞士欧瑞康集团部分业务;苏宁旗下苏宁体育产业集团以约2.9亿美元获得国际米兰俱乐部约70%的股份等。江苏企业"走出去"大项目不断涌现。

境外产业集聚区建设的成熟经验也开始"外溢"。在埃塞俄比亚,江苏其元集团投资开发的东方工业园一期2平方公里内,马路四通八达,水、电、气、通讯一应俱全,一幢幢标准钢结构厂房拔地而起,工业园优势很明显,一个劳动力月薪300元,一度电0.25元,产品销往欧美不受贸易保护主义干扰,已有12家企业入园。

二是制造业与服务业对外投资并驾齐驱。江苏省是制造业大省,上市公司中75%为制造业企业,从产品"走出去"到企业"走出去"成为江苏制造业国际化的主要路径。徐工集团布局全球实施的国际化战略是苏商制造国际化的典型代表。早在2007年9月,徐工集团初试海外布局,在波兰的装配厂破土动工。2010年,全资收购荷兰AMAC公司;2011年至2012年全资收购德国FT公司;2012年,与德国老牌巨头施维英公司"联姻",助推徐工欧洲国际事业全面开拓。2011年至2013年,徐工通过与知名大学合作,投资建设徐工欧洲研发中心,并且同步设立徐工欧洲有限公司和徐工欧洲采购中心,在欧洲真正实现研、采、销一体化。不止于欧洲,近年来,徐工全方位布局全球,构建覆盖五大洲的营销服务网络,仅海外的一级代理商就有280多个。巴西基地及六大海外装配厂陆续投产,年出口万台主机到174个国家和地区;巴西、俄罗斯、澳大利亚、中亚、中东等市场占有率居前3位。

民营企业三胞集团则是服务业"走出去"的典型。2014年是三胞集团的"国际化元年",其正式启动了"走出去"发展战略。三胞集团及旗下企业、战略合作伙伴先后并购了纳斯达克中国电商第一股“麦考林”、英国第三大百货连锁 House of Fraser、美国最大的新奇特连锁 Brookstone、世界上历史最悠久的玩具零售商英国 Hamleys 玩具商店等。三胞集团将“走出去”作为国内零售业快速转型升级的最好捷径,借此打造“自有品牌+买手品牌+场景化销售+O2O+金融”的全新“商业 4.0”模式。此外,苏宁从零售业起步,不断延伸至包括商业、文创、体育、金融等领域,伴随着并购国际米兰,苏宁全球产业的布局日渐清晰,构建了大服务、大消费的产业生态圈。

三是向发达国家投资和跨国并购并驾齐驱。随着走出去战略的深入发展,江苏企业赴欧美发达国家投资的热情高涨。2016 年 1—6 月,江苏投向欧美、大洋洲等国家和我国香港地区的投资额超 54 亿美元,同比增幅 67.9%。与此同时,“一带一路”国家地区已成为苏商重要的海外掘金地。2015 年南京赴“一带一路”沿线国家投资 24 个项目,较前年同期增加了 11 个,中方协议投资额为 2.3 亿美元,占总额的 11%,同比增长了 3.3 倍。国别涉及文莱、缅甸、柬埔寨、印度、印度尼西亚、马来西亚、以色列、蒙古、巴基斯坦、新加坡、斯里兰卡、泰国、越南、乌兹别克斯坦等 14 个国家。

越来越多的江苏企业通过跨国并购的方式开拓海外市场。江苏省上市公司海外并购产业中近四成集中在制造业等领域,此外在商业服务、批发零售等行业,大型流通企业海外并购也成绩斐然。2016 年 1—9 月,江苏企业实施海外并购项目 179 起,中方协议投资额 29.2 亿美元,同比高速增长 78.8%。仅三胞集团,就在美国、英国、以色列等国以及我国香港地区完成多起产业并购项目,涉及百货、玩具、时尚生活电子产品、健康照护等行业。并购方向从资源类资产转向高新技术产业,并购对象主要是技术前沿的欧美企业。

三、苏商外迁的趋势和特点

(一) 服务业投资增势明显

随着生产分工专业化,企业会把原来由内部提供的服务活动转由专业厂商提供,以降低成本,提高竞争力,这为服务业发展创造了巨大的市场。发展服务业,一要商业模式新,二要资源整合能力强。江苏企业具备这两点,服务业投资的迅猛增长,正在改变江苏企业对外投资集中在制造业的单一结构。

2015 年,江苏省发布《江苏省人民政府关于加快发展服务贸易的实施意见》、《江苏省人民政府关于促进服务外包产业加快发展的实施意见》,表明江苏省将加大服务业“走出去”的步伐。服务外包是服务贸易的重要实现形式之一。2015 年,江苏省服务外包发展稳定,在全国的占比进一步提升。以凤凰传媒、苏豪集团等外向型骨干文化企业为基础,逐步在美洲、欧洲及我周边国家和地区建设一批文化贸易平台,带动上下游相关企业“走出去”。支持服务型企业参与境外经贸合作区和境外产业集聚区投资、咨询、设计、建设和管理。继续巩固中国香港、韩国、日本、美国等传统市场,提高新兴国家市场占比,大力开拓“一带一路”沿线国家市场,积极发展运输、建筑和教育等服务贸易,培育具有丝绸之路特色的国际精品旅游线路和产品,推进承载中华文化的特色服务贸易发展。

(二) 产业资源的跨区域配置拥有主动权

近年来,江苏民营企业加快对省外投资,江苏成为重要的投资来源地之一。但是,这并没有弱化江苏本部发展,更没有出现产业“空心化”现象。东部地区和中西部地区顺应产业规律,在产业链中找到了适合自己的不同环节。在产业向外转移中,苏商把技术密集度高、技术性强的研究开发、产品设计、核心部件生产等部门留在本部,力求拥有对产业资源跨区域配置的主动权。

例如,位于扬州的亚普汽车部件股份有限公司是专业从事汽车塑料油箱系统开发、制造和销售的集团化公司,占有国内汽车塑料油箱市场50%的份额,为中国最大的汽车塑料油箱系统开发、制造商。按照现代企业制度运作、跨国经营,亚普的总部和研发中心设在扬州,下辖扬州、上海、长春、重庆、成都、烟台6个油箱生产工厂,参股(50%)武汉亚普汽车塑料件有限公司;控股(55%)芜湖亚奇汽车燃油系统有限公司(与奇瑞合资)和亚普印度、亚普澳大利亚、亚普俄罗斯、亚普捷克4家海外工厂。亚普公司根据市场需求在外地投资,此举虽可视为产业转移,但亚普的总部和研发中心并无迁移打算,技术研发、品牌管理、质量监控等都掌握在总部。亚普把做大总部经济比作放风筝,风筝放飞上天,但线绳仍牢牢在握,对产业资源的跨区域配置拥有主动权。

(三)主动“抱团”提高产业资本协作水平

越来越多的江苏民营企业到外省市投资,“抱团”提高产业协作水平,共同抢占市场。在省外、国外建立产业集聚区、产业转移示范区,集群嵌入型产业转移成为主要形式。2011年出台的《江苏省境外产业合作集聚区确认办法》规定,对于经认定的省级境外产业合作集聚区,按不超过当年中方基础设施实际投资额的20%予以补助,单个园区当年补助总额不超过1 000万元。而对于进入江苏省境外产业合作集聚区的本省企业,可按不超过当年中方实际投资额的5%予以补助,当年单个项目补助额不超过300万元。当省级境外产业合作集聚区发展到一定水平,达到国家境外经贸合作区标准,经认定后还可享受财政部、商务部外经贸发展专项资金更大力度的支持。同时,江苏正研究成立沿江产业转移区域合作机制,以上中游地区国家级、省级开发区为载体,设立一批承接产业转移示范区和加工贸易梯度转移承接地。

苏商大佬抱团组建“资本航母”。江苏首家民营性质的大型投资公司——江苏民营投资控股有限公司(下简称苏民投),于2016年5月正式获得营业执照,6月在无锡正式揭牌,成为全国首家省级民投集团。苏民投由沙钢集团、协鑫集团、红豆集团等江苏省内知名民企发起设立,共有11家企业确认入股,首期注册资本86亿元,其中,红豆集团、沙钢集团、协鑫资本、扬子江船厂、澄星实业集团、新城发展投资、丰盛集团等7家企业各认缴出资10亿元;中超控股、正和投资、远东控股集团等3家企业各认缴出资5亿元;新苑投资认缴出资1亿元。“苏民投”是江苏规模最大的投资公司。“苏民投”的成立,可以有效解决民营经济在转型升级中的投资行为分散、金融杠杆运用不充分、融资困难等投资难题。

(四)异地商会搭建苏商合作共赢的平台

商会大致分为两类:一类是行业性商会,一类是地域性商会。地域性商会进一步分为本地商会和异地商会两类。改革开放以来,江苏在省外、海外投资经商的各种经济成分,尤其是以民营经济为主的企业和经营者组建的江苏商会(企业联合会等)相继成立。特别是近年来,异地江苏商会迅速发展,覆盖全国的江苏商会组织网络初步建成并逐步完善。目前,在全国除江苏和港澳台以外的30个省(自治区、直辖市、新疆生产建设兵团)均已成立了省级江苏商会,率先完成省级江苏商会全国覆盖;异地江苏商会的组建工作正向省辖市延伸,在广东、山东、辽宁、河北、福建等省 160 多个地级市成立了江苏商会。与此同时,海外江苏商会也在积极的整合和筹建中,阿联酋、纽约州等一批海外江苏商会建设发展迅速。2016 年 8 月,美国江苏总商会在洛杉矶正式成立,为中美交流和发展搭建了新的合作舞台。

由有着共同地缘、共同诉求、共同目标的苏商个体组成的异地商会,成为广大苏商交流合作、相互促进、共同提高的平台。各地江苏商会团结带领当地苏商,应对各种困难,维护合法权益,降低经营成本,获得更快发展,成为苏商企业发展的好帮手。商会不断加强规范化运作机制,立足"服务立会"宗旨,加强政府与企业的沟通,降低行政管理成本,提高公共决策效率,发挥桥梁纽带作用,成为当地政府管理服务苏商企业的好助手。各地江苏商会在宣传政策、联谊乡情、凝聚团结、提供服务、反映诉求、维护权益和加强自律等方面发挥积极作用,为提高苏商的影响力和号召力,拓展江苏产品市场占有率,促进江苏与各地的共同发展,做出了突出贡献。

第三节　省外苏商反哺江苏经济

江苏与苏商之间有着割舍不断的血缘亲情,不管苏商走到哪,根始终在江苏,荣辱与共、兴衰与共。江苏正处于转型升级的关键时期,为实现"聚力创新、聚焦富民,高水平全面建成小康社会"的奋斗目标,需要民企的力量与智慧。因为,民营企业是创新创业的主体,也是富民惠民的载体。当前在江苏各地,无论是在基础设施建设、传统产业改造、新兴产业培育方面,还是在推动科技创新、保障改善民生、治理环境污染方面,民营企业都面临着难得的机遇,拥有着广阔的发展空间。可以说,广大民营企业家投资江苏、兴业江苏正当其时,省外江苏籍企业家组团回乡投资正在成为新的现象。

一、苏商反哺的动因

(一) 国家战略机遇叠加为苏商提供了广阔发展空间

江苏是国家重大发展战略的叠加区域,在长三角一体化、江苏沿海地区发展、苏南现代化建设示范区等战略深入实施之际,"一带一路"和长江经济带战略又一次在这里叠加,国家层面战略布局对江苏的重大利好,为省外苏商回乡投资提供了广阔空间。以作为"一带一路"节点城市的连云港为例,"十三五"国民经济和社会发展规划中"支持中欧等国际集装箱运输班列发展","推动新亚欧大陆桥等国际经济合作走廊建设","建设上合组织国际物流园和中哈物流合作基地"等一系列规划部署,凸显了连云港的战略地位,给连云港的发展带来了无限机遇。新疆企业家王涛是连云港东海人,除了在新疆奎屯市经营房地产、建材、酒店等业务,还在北京、上海投资电子商务产业。王涛选在连云港的东海建设电子商务产业园,大部分运营人员将转移到东海,与当地特色产业对接,运营成熟后引入新疆的优质产品。陕西大件汽车运输公司则看中连云港的区位优势,投资建设综合物流基地,相当于在出海口有了自己的"根据地"。

(二) 江苏投资环境优势突出

江苏省地处经济发达的"长三角"区域,一直是中国经济发展最快、开放度最高的地区之一,综合经济实力在全国一直处于前列。江苏区位优势明显,"县县通高速"早已实现"千里江苏一日还",再加上沪宁、京沪、宁杭、宁安、郑徐等高铁线的陆续投运,高铁满足产业转移需求、城市建设和经济结构调整需求的功能越来越明显。江苏市场机制相对比较成熟，产业配套比较完善，有利于高新技术和新型服务业的发展，对苏商回归创业具有较强的吸引力。21世纪经济研究院课题组《2016年投资环境指数报告》显示，依据软环境、市场环境、商务成本环境、基础设施、生态环境和社会服务环境6大类指标测评，在受评的30个省市自治区（西藏缺乏数据未参与总指数评定）中，江苏投资环境指数第二，仅次于广东。江苏区域经济发展软环境总体较好，尤其是其中的市场环境、社会文化和商业法制环境。在产业配套上，江苏中小企业、专业市场和工商产业紧密结合、互为依托，形成了门类齐全的制造业配套体系；以高度发达的商品市场和不断发展的现代物流，形成了连接国际市场的营销体系，这些都为进入江苏的企业提供高效率、全方位的配套服务。

（三）省外苏商转型需要广泛整合资源

回乡投资是产业转型升级的良机，也是要素市场的合理再分配、大布局。江苏经济实力强、发展环境好，在"大众创业、万众创新"的推动下，正在培育经济增长新动力、产业发展新业态，为省外苏商转型发展提供了良好平台和契机，他们的到来又为江苏特别是苏北苏中地区发展注入了活力，推动江苏与中西部互动融合。陕西江苏商会企业家认为，"走出去"和"引进来"相结合，企业发展空间更大。陕西有2 000多家江苏企业，投资总额超过千亿元，家乡政府部门积极引导，为在外苏商回乡投资搭建了很好的平台，对省外苏商将产生示范效应。在外苏商愿意回乡投资，回馈家乡不是简单的"折返跑"，而是要做"乘法"，提升发展的层次和水平。

（四）江苏区域经济发展梯度为苏商反哺提供了着力点

江苏区域经济南北梯度排列，就工业而言，目前苏北处于工业化中期，苏南则已进入后期。长江以北八市尤其是苏北五市，是江苏推动区域协调发展的重要着力点。2015年，江苏经济呈现"北快南稳"格局，苏南、苏中、苏北地区生产总值分别比上年增长8.2%、10%和10.2%，苏北高于全省1.7个百分点；一般公共预算收入分别增长9.2%、13.9%和12.9%，苏北高于全省1.9个百分点；从固定资产投资增速看，苏北则高于全省9.2个百分点。具有后发优势的苏北增幅继续高于全省平均水平；苏中工业融合发展、特色发展也呈现良好态势；而肩负着为转型升级"开路"重任的苏南，则在新、旧增长动力更迭的阵痛中继续提质增效。苏北发展的质量和效益的进一步提升，需要包括省外苏商在内的各类企业家添砖加瓦。

（五）对江苏社会网络体系的依赖

省外苏商回乡投资，不仅寄托着企业自身发展的愿望，最直接的动机是一种亲情、乡情、友情的天性使然，即根植于江苏的社会网络体系。这里的社会网络主要是指由血缘（或家族）、地缘及亲缘等各种关系交织而成的一个个网络社区所组成，个人是网络中的结点，人与人之间的关系联结使得交易活动得以进行，并最大限度地降低经营风险和交易成本。从对血缘、亲缘到对地缘的认同，也使得社会网络关系从家族关系扩展到同乡关系，对家乡或同乡身份的认同。在长期的商业活动中，江苏传统的血缘、亲缘、地缘关系能够顺应商业利益关系的变化而变化，这使社会网络与经济网络能够耦合成一个有机整体，对企业反哺有很大的影响作用。

（六）江苏政府宏观上的牵引力

江苏民营企业反哺的另一原因是江苏政府宏观上的牵引力，是各级政府积极引导的体现。为此，回乡投资已成为许多"走出去"江苏企业的一个选择。栽好梧桐树，引来凤还巢。

例如，宿迁是江苏唯一的区域协调发展综合改革试点市，宿迁市返乡人员创业示范园为减轻返乡创业者创业初期的成本，示范园对入驻的项目，第一年免费提供500平方米创业场地，第二年给予60%的租金补贴，第三年给予30%的租金补贴。江苏省盐城市亭湖区以在外创业有成人士、大学生、务工能人为重点服务对象，持续推进“六送”活动，“六送”即送信息、送乡情、送岗位、送培训、送项目、送经验，推动返乡创业再掀新高潮。阜宁县政府在阜宁风电产业园发展过程中给予各项帮助，建成了全省最长风电产业链条，这样不仅促进了链上各企业的相互配套和协作，还能吸引更多补链企业前来“加盟”内投资办厂，为江苏中成紧固技术发展股份有限公司等企业回乡发展提供更多空间和机遇。

二、苏商反哺的基本情况

2014年，为更好地顺应西部地区江苏企业家返乡投资、回馈家乡的热切愿望，搭建更加完善的合作交流平台，江苏省政府驻西北办事处牵头主办了“西部优秀企业家江苏行”，省发改委、省经信委、省商务厅、省工商联和西部地区江苏商会共同协办。作为一座桥梁，“西部优秀企业家江苏行”已经成功举办三届(见表4-1)，“江苏行”的吸引力越来越大。

2016年10月9日，第三届“西部优秀企业家江苏行”走进宿迁，200多位省外苏商齐聚一堂，回报桑梓成为共识。经过前期对接，西部地区企业与江苏省各地达成了一批合作意向，27个项目集中签约，总投资额93亿元，涵盖新能源、节能环保、高端装备、现代农业等领域。

在外发展的苏商对家乡感情深、情况熟，更能找到符合自己的投资方向和产业项目。江苏行”既为江苏经济注入了新动力，也为省外苏商转型提供了新平台。

表4-1 历届西部优秀企业家江苏行举办情况简表

	时间/地点	活动内容	成果
第一届	2014.10.9淮安	陕西、新疆等西部地区13个省(区、市)的120余位江苏籍企业家与苏北、苏中地区8市经济合作部门、开发区、园区交流洽谈	省政府驻西北办与淮安市人民政府，西部地区江苏商会与淮安市各县区、经济开发区共签订9个战略合作框架协议。西部地区江苏籍企业与苏中、苏北地区8市签订15个投资合作协议，投资额达到107.45亿元。现代服务业、文化旅游、清洁能源、高端制造业成为西部地区江苏籍企业家回馈家乡投资的重点领域，也顺应了苏北苏中地区产业转型的需求。
第二届	2015.10.9连云港	西部地区13个省(区、市)优秀企业家150余人与苏北、苏中各省辖市政府及全省13个市相关部门、开发区、园区交流洽谈	签订3个战略合作框架协议和20个产业合作项目，总投资额115.27亿元。其中，省政府驻西北办与连云港市政府签订战略合作协议，共同推进江苏“一带一路”交汇点核心区和先导区发展；陕西江苏商会、新疆江苏商会分别与连云港经济技术开发区、东海经济技术开发区签订合作协议。
第三届	2016.10.9宿迁	西部地区13个省(区、市)优秀企业家200余人与苏北、苏中各省辖市政府及全省13个市相关部门、开发区、园区交流洽谈	27个项目集中签约，总投资额93亿元，涵盖新能源、节能环保、高端装备、现代农业等领域

资料来源：依据相关新闻报道整理。

参考文献

[1] 潘茜茜,杨刚. 浙江民营企业外迁与反哺现象解析及对策探讨[J]. 现代商贸工业,2010,20:111-112.

[2] 华金秋,王媛. 深圳企业外迁现象透视[J]. 深圳大学学报(人文社会科学版),2008,03:22-27.

[3] 向荣. 浙商的"外迁"与"反哺"——基于从"浙江经济"到"浙江人经济"的实证分析[J]. 中国工业经济,2006,10:59-66.

[4] 向荣. 浙商反哺浙江:现状、理性认识与引导政策建议[J]. 商业经济与管理,2007,01:14-18.

[5] 许薇薇,张学华. 跨区域迁移企业反哺迁出地的动因与模式研究[J]. 科技创业月刊,2013,05:75-76+82.

行业篇

第一章　苏商行业分布研究

面对汹涌来袭的新一轮科技革命与产业变革浪潮，制造业大省江苏的传统产业发展速度减缓、转型升级任务紧迫。“十二五”期间江苏经济结构转型升级步伐加快，三次产业结构实现“三二一”的标志性转变，根据世界发达国家的经验，一旦三产超过二产，经济结构将发生质的变化。江苏经济稳中提质，在 GDP 规模迈上新台阶的同时，GDP 增速、新增就业和消费价格等关键性指标均平稳运行，谱写了“强富美高”新江苏的壮美画卷。

产业结构只是表象和结果。产业结构背后，是企业结构、企业家结构。有什么样的企业家就有什么样的企业，有什么样的企业就有什么样的产业。江苏发展新经济的背后是众多苏商企业，他们一面深度承压，一面积极转型；老一代苏商二次创业的激情不断激发，新生代苏商崭露头角。一批先进的苏商企业以创新思维、创新行动，走在创变最前沿，通过创新研发、抱团发展，克服工业经济整体环境不景气的困难，抢占发展制高点，闯出了一条生气勃勃的道路。2015 年江苏区域创新能力连续七年位居全国首位，全社会研发经费投入占 GDP 比重达 2.55%，科技进步贡献率达 60%。高新技术保持较快增长，产值占规上工业比重达 40.1%，比 2014 年提高 0.6 个百分点。新兴产业稳定增长，战略性新兴产业产值增速为 10.7%，快于规上工业增加值增速 2.4 个百分点。

第一节　从新三板挂牌公司看苏商行业分布

一、江苏新三板挂牌公司总体行业分类研究

2013 年末，国务院发布了关于全国中小企业股份转让系统（新三板）若干问题的决定，支持新三板向全国进行扩容。新三板的挂牌门槛偏低，且没有严格的财务标准，更适合处于发展中的民营企业挂牌。据新三板官方统计数据显示，在 2015 年底近 5 000 家挂牌企业中，中小微企业总体占比为 95%，小微企业占比为 69%，民营企业占比高达 96%。新三板企业代表一个地区中小型企业的实力和构成状况，新三板企业的产业分布可以从一定程度上反映一个地区的民营经济产业结构状况。基于此，本节根据新三板挂牌企业的情况，分析江苏省苏商行业分布。

截至 2016 年 11 月 15 日，新三板共有挂牌企业 9 548 家，北京、广东、江苏稳定在第一梯队。其中，江苏省挂牌企业达 1 160 家，占比达 12.15%，仅次于广东省（1 468 家，15.38%）和北京市（1 416 家，14.83%）。依据新三板行业分类指引及行业分类结果，从管理型和投资型两个维度对江苏新三板挂牌公司所处行业分类进行分析。

（一）管理型分类情况

管理型分类共分为 19 个门类。从江苏新三板分类结果看，制造业公司共计 779 家，占

总数的67.15%;信息传输、软件和信息技术服务业共计129家,占比11.12%(见图1-1)。数量行业分类最少的三类分别是住宿和餐饮业、教育、采矿业,各只有1家。由此可见,江苏省的新三板企业以制造业、信息传输、软件和信息技术服务业为主。

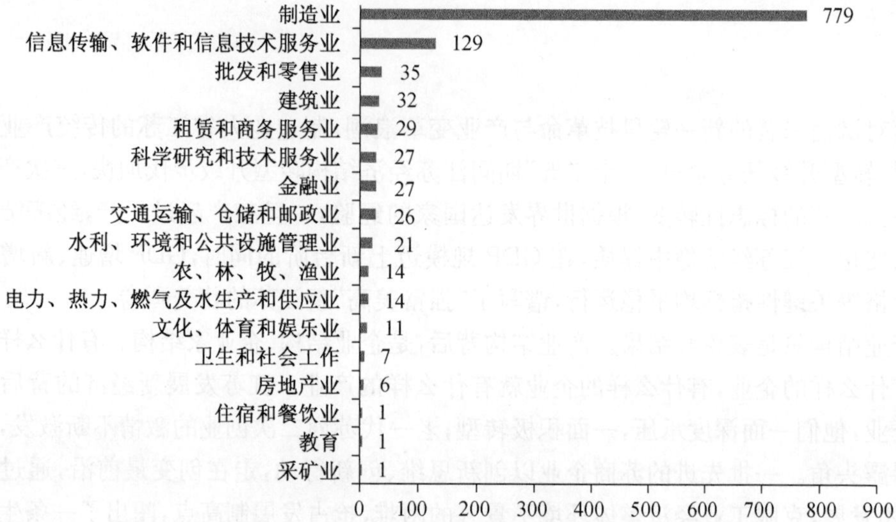

图1-1 江苏省新三板企业行业分布—管理型分类(2016.11.15)

资料来源:Wind资讯金融终端。

(二)投资型分类情况

投资型分类共分为11个一级行业、28个二级行业、65个三级行业以及132个四级行业。一级行业分类结果显示,江苏新三板工业类企业数量最多,达407家,占比为35.09%;信息技术类企业260家排在第二位,占比22.41%;材料行业企业数量210家排在第三位,占比在18.10%;其次为可选消费、医疗保健等门类。整体来说,根据新三板挂牌企业的情况,江苏省产业结构中以工业、材料、信息技术、可选消费为主,产业结构较为合理。

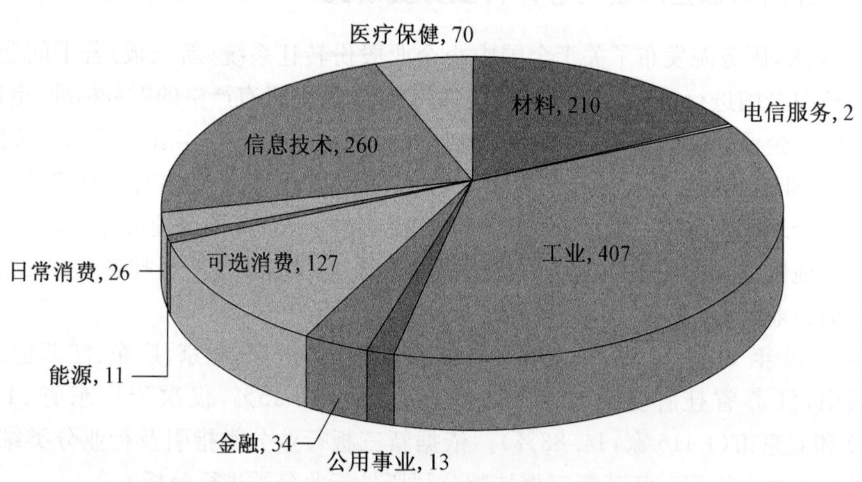

图1-2 江苏省新三板企业行业分布—投资型分类(2016.11.15)

资料来源:Wind资讯金融终端。

二、江苏新三板挂牌公司行业分类的区域差异

江苏省新三板挂牌企业呈现区域集中特点。如图 1－3 所示，苏南、苏中、苏北地区新三板挂牌企业分别为 930 家、130 家和 100 家，占比分别为 80.17%、11.21%和 8.62%。苏南地区明显高于苏北、苏中地区。苏南内部，苏州、无锡、南京的新三板挂牌公司居全省前三，分别为 405 家、200 家、186 家，常州以 98 家列第四。四市新三板挂牌企业共 889 家，占江苏省全部新三板挂牌企业的四分之三。江苏省产业结构的地区差异较为明显。其中，苏南地区以信息技术和工业为主，特别是信息技术行业占比明显超过全省水平；苏中、苏北地区以工业和材料业为主，其中苏北地区材料业占比明显高于苏中、苏南地区。总体而言，苏南地区产业结构优于苏中、苏北地区。

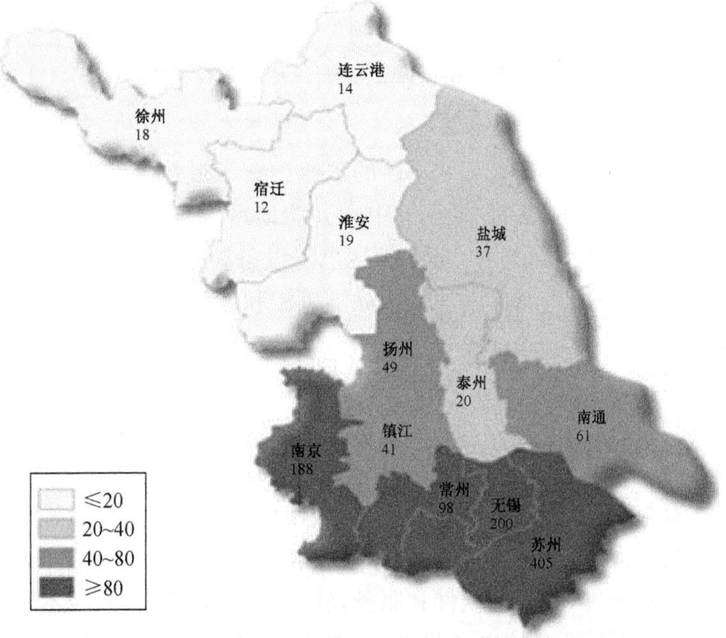

图 1－3　江苏省新三板企业地区分布(2016.11.15)

资料来源：Wind，苏宁金融研究院。

三、江苏新三板挂牌公司细分行业研究

江苏省的新三板企业主要以信息技术、工业、材料及可选消费企业为主，根据新三板的三级行业标准进一步细分，不同区域在细分行业分布上存在较大差异。

(一) 工业类企业细分行业

江苏省工业类企业更多从事机械与电器设备行业。在 407 家江苏省工业类企业中，机械类企业数量最多，占比 43.28%；其次为电气设备类，占比 18.83%；商业服务与用品类企业数量排在第三位，占比 11.74%。

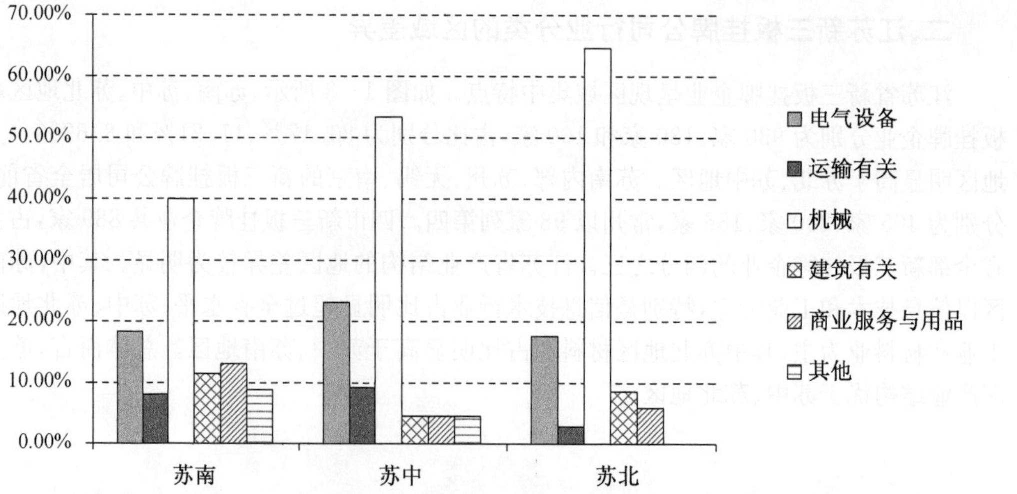

图 1-4　江苏省新三板工业细分行业分布(2016.11.15)

资料来源:Wind,苏宁金融研究院。

从地区来看,虽然苏南、苏中、苏北地区的工业类新三板企业均以机械和电气设备为主,但苏南地区的机械和电器设备占比低于苏中和苏北地区,苏南地区电气设备和机械占全部工业企业的比重为 58.13%;而苏中、苏北地区电气设备和机械占全部工业企业的比重合计分别达到 76.74%和 82.35%。苏南地区中除了机械和电气设备外,其余行业占比分布较为平均,也高于苏北和苏中地区。

(二) 信息技术类企业细分行业

苏南地区不同城市间信息技术行业差异较大。江苏省新三板挂牌企业中,属于信息技术行业的共有 260 家,苏南地区有 240 家,占据全省的九成以上。其中,南京、苏州、无锡、常州四市的信息技术企业共有 234 家。在这四个城市中,南京的信息技术行业与其他三个城市的行业分布存在较大差异。具体来说,南京市信息技术行业中,除了没有半导体行业以外,电子设备、仪器和元件,互联网软件和服务,软件,通信设备,信息技术服务等行业分布较为均衡;其余三市均以重资产的电子设备、仪器和元件行业为主,占比均超过 40%(见图 1-5)。

(三) 可选消费类细分行业

江苏省可选消费类企业以汽车及零配件、家庭耐用消费品为主。在 127 家可选消费类企业中,汽车及零配件企业达到 41 家,占比 32.28%。家庭耐用消费品和纺织服装类企业分别占比 19.38%、17.05%,位列二、三位。从地区来看,苏南地区可选消费类企业中从事媒体行业的明显高于苏中、苏北地区,占该地区可选消费行业的 15.84%;苏中、苏北地区纺织服装类企业占比明显高于苏南地区,分别达到 35.29%和 27.27%,而苏南地区这一比重仅为 12.87%。

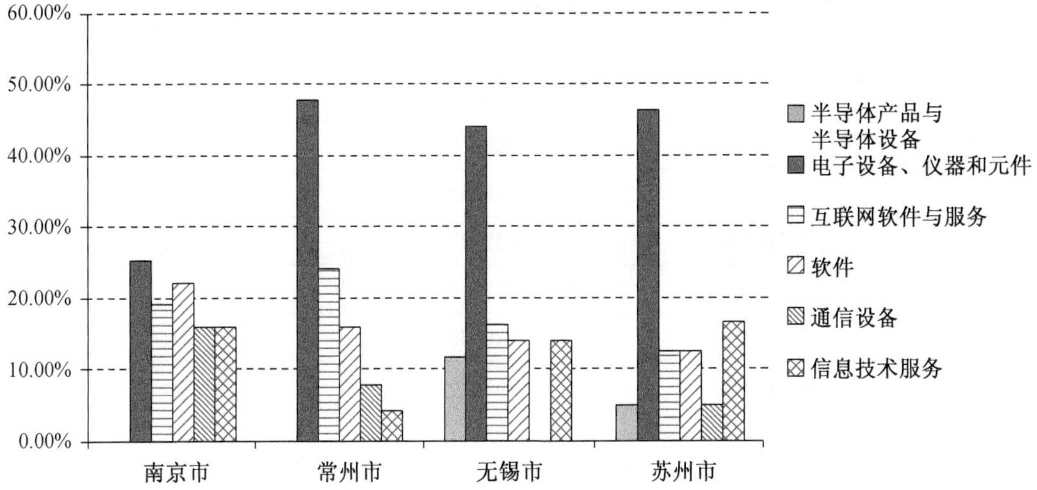

图 1－5　苏南四市信息技术行业细分行业分布(2016. 11. 15)

资料来源：Wind，苏宁金融研究院。

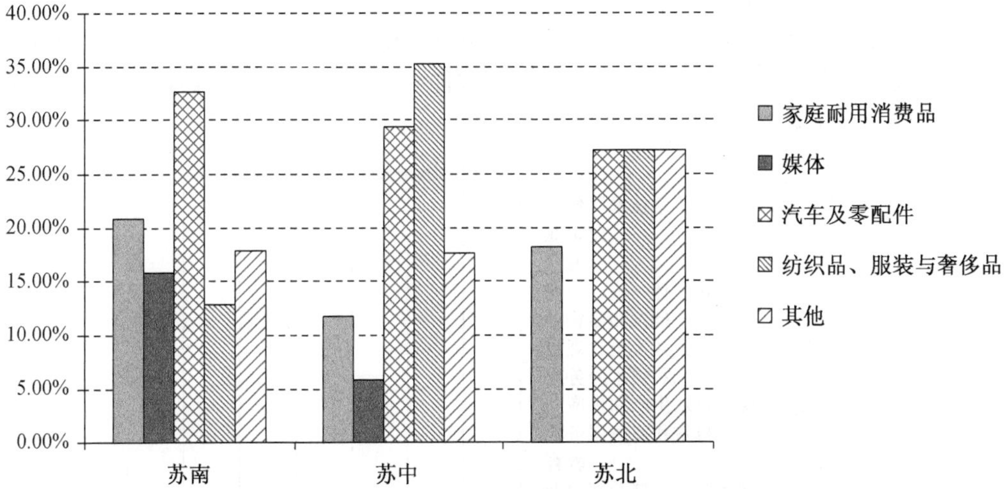

图 1－6　江苏可选消费类细分行业分布(2016. 11. 15)

资料来源：Wind，苏宁金融研究院。

四、江苏新三板挂牌公司分行业运营状况研究

(一) 企业市值

截至 2016 年 10 月 31 日，江苏省有 408 家新三板企业有市值，占比 36.2%。挖贝新三板研究院梳理出 2016 年 10 月江苏省新三板企业市值排名前 100 名(TOP 100)。TOP 100 榜单的上榜门槛为 4.57 亿元，整体来看，市值在 5—8 亿元的企业数量最多，为 42 家；其次是市值在 10—20 亿元的企业，有 22 家；市值在 8—10 亿元和 5 亿元以下的企业均有 12 家；市值在 20—50 亿元的企业有 8 家，市值在 50 亿元以上的企业有 4 家(见表 1－1)。

表 1-1　江苏新三板挂牌企业市值 TOP 10(2016.10.31)

排名	证券简称	证券代码	总市值(亿元)
1	南京证券	833868	174.42
2	东海证券	832970	160.15
3	南通三建	838583	80.01
4	恒神股份	832397	65.48
5	赛特斯	832800	38.67
6	华精新材	830829	31.68
7	确成硅化	833656	28.18
8	慧云股份	834342	26.52
9	金宏气体	831450	25.03
10	正信光电	838463	24.55

资料来源：挖贝新三板研究院。

从行业分布来看，TOP 100 榜单的企业主要集中在制造业、信息服务业和建筑业。制造业企业数量最多，有 62 家；其次是信息传输、软件和信息技术服务业，有 11 家；建筑业排在第三位，有 6 家(见图 1-7)。

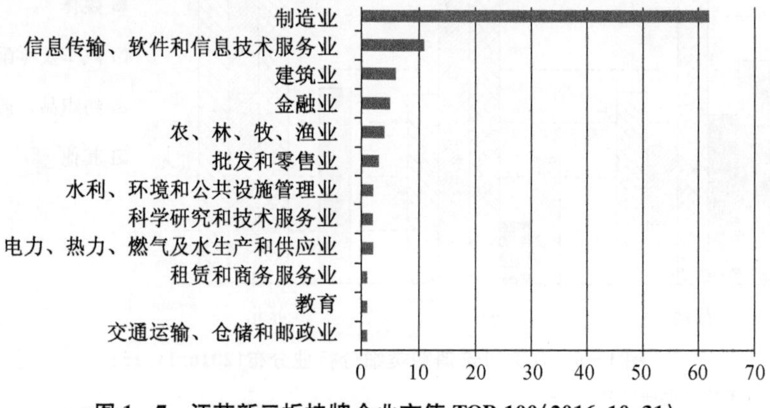

图 1-7　江苏新三板挂牌企业市值 TOP 100(2016.10.31)

资料来源：挖贝新三板研究院。

(二) 营收规模

营收规模可以部分反映一个企业的实力。根据 2016 年中报，江苏省已挂牌的所有新三板企业，2016 年中期实现营业收入同比增长 4.59%，不同行业的新三板企业优势各异：材料、可选消费类企业平均营业收入分别达到 9 513.46 万元和 7 965.67 万元，高于信息技术、工业类企业的 6 451.06 万元和 5 221.99 万元。因此，未来应进一步扶持、推动信息技术的发展，实现江苏省产业结构的升级优化。

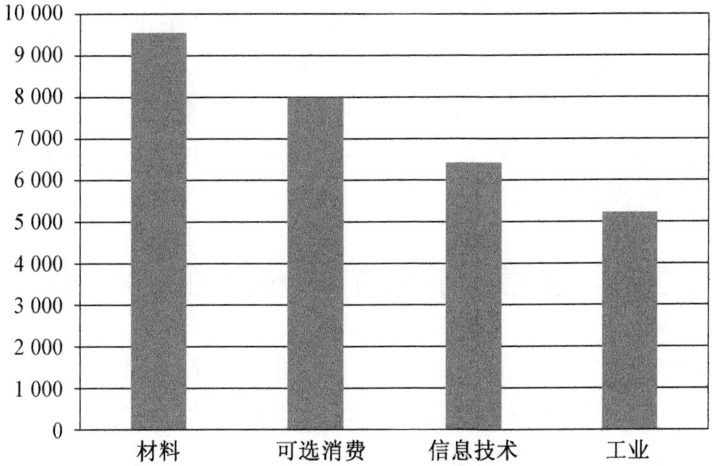

图 1-8 江苏新三板挂牌企业平均营收规模(万元)

资料来源:Wind,苏宁金融研究院。

(三) 成长性

新三板中新兴产业占比较高,这些产业具有较强的创新性与活力。因此新三板企业的体量虽然偏小,但是成长性高。2016 年中期,江苏省新三板挂牌企业中,从实现平均营业收入、平均归母净利润来看,信息技术类企业同比增长 32.66%、27.32%,可选消费类企业同比增长 18.83%、53.11%;工业类企业同比增长 13.18%、14.91%,材料类企业同比增长 2.25%、20.17%。由此可见,代表新产业类型的信息技术和可选消费类企业成长性明显优于传统行业,这也是造成新三板成长性显著好于中小板的一个重要原因。

(四) 盈利能力

新三板公司由于其自身所处发展阶段特点,盈利规模远小于中小板及创业板,但新三板企业净利率的提升速度要快于创业板和中小板。根据 2016 年中报,江苏省已挂牌的所有新三板企业,2016 年中期归母净利润同比增长−21.84%。归母净利润不增反降主要因为新三板挂牌速度快,公司数量多,并且有很多不产生利润的早期企业,这些企业拉低整体均值在情理之中。

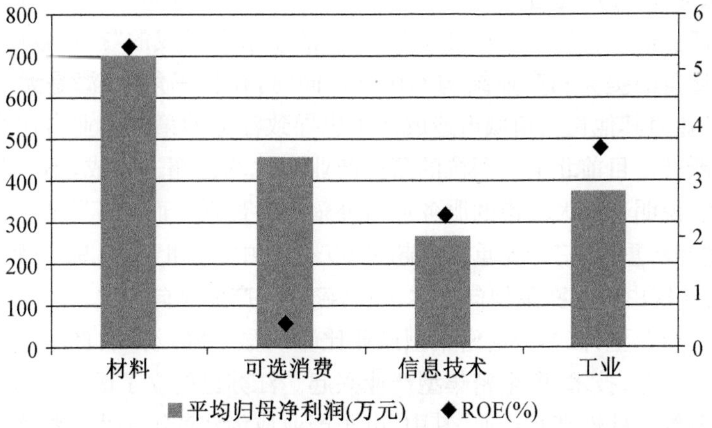

图 1-9 江苏新三板挂牌企业盈利情况(2016.11.15)

资料来源:Wind,苏宁金融研究院。

2016年中期，材料、工业、信息技术、可选消费平均归母净利润分别为698.15、372.90、266.49、459.24万元，平均净资产收益率(ROE)分别为5.43%、3.61%、2.39%、0.47%(见图1-9)，材料、可选消费行业ROE较去年同期增长0.32个、0.57个百分点，工业、信息技术行业ROE较去年同期分别下降2.59、3.12个百分点。由此可见，材料、工业新三板企业盈利能力明显高于可选消费和信息技术行业。

第二节　新常态下苏商产业转型的现状和特征

江苏经济要转型，首先需要苏商转型。苏商企业正依靠科技创新的力量，助推传统制造业快速转型，推动产业链从“制造”的低端向“智造”的高端升级，努力实现传统产业向现代产业的根本性转型。江苏产业转型的过程，是各产业协调发展、产业总体水平不断提高的产业结构优化过程，具体表现为产业结构的高度化、合理化、国际化和低碳化。

一、苏商产业结构高度化

产业结构高度化主要是指产业结构从低水平状态向高水平状态的发展，是一个动态的过程。梳理江苏产业结构高度化的历程，可以概括为两方面标志性内容：一是产业结构发展沿着第一、第二、第三产业优势地位顺向递进的方向演进；二是产业结构发展沿着劳动密集型产业、资本密集型产业、技术(知识)密集型产业分别占优势地位顺向递进的方向演进。

(一) 产业结构沿着一、二、三产业优势地位顺向递进

按照三次产业结构序列的变动情况可以将江苏产业结构的演变历程大致分为五个阶段：第一阶段前工业化时期(1949—1963年)，产业结构序列为“一、三、二”；第二阶段前工业化向工业化初期过度(1964—1971年)，产业结构序列为“一、二、三”；第三阶段工业化初期向中期过度(1972—1988年)，产业结构序列为“二、一、三”；第四阶段工业化中期向后期过度(1989—2014年)，产业结构序列为“二、三、一”；第五阶段(2015年至今)，产业结构序列为“三、二、一”。由此可见，江苏三次产业结构遵循产业结构高度化变动的一般规律，即一产比重下降，由首位变为末位，1972年是一、二次产业比重变化的转折年份；二产比重先升后略降；三产业比重提高，三产超过二产，2015年是二、三次产业比重变化的转折年份。

虽然第三产业取得较快的增长，但较为强势的制造业形成的“挤压效应”在一定程度上影响了服务业比重的提高和产业结构的优化。同时，在长三角，上海是无可争议的中心城市，上海的服务业对其他长三角城市造成挤压也导致江苏的第三产业占比在未来几年内仍然不会有大的跃升。目前北上广深杭的第三产业占比均已超过六成，不但服务业产值占比高，而且总量大，说明这五大城市的服务业对外辐射力最强。而江苏除省会南京三产占比为57.3%外，其他经济重镇，三产比重均未超过50%，其中，苏州为49.9%，无锡为49.1%。

(二) 产业结构由劳动密集型向资本、技术密集型产业顺向递进

目前在传统产业里，江苏劳动密集型产业比重明显下降，纺织、食品等江苏传统产业强项逐步退出支柱产业，技术、资金密集型产业兴起。江苏已树立了医药制造、航空航天制造、电子及通讯设备等支柱性高新产业，其中，电子产业成为江苏第一大支柱产业。

高新技术产业是现代产业结构中的高端组成部分，其不仅本身能够创造巨大的经济产

值,而且具有显著的正向外溢效应。江苏在高新技术产业,以及高端制造业领域,建立了明显的相对优势。江苏自 20 世纪 80 年代末便已开启发展高新技术产业的序幕。20 世纪 90 年代中后期全面进行了大力发展高新技术产业的探索,新世纪以来顺应知识经济的潮流更是掀起了发展高新技术产业的高潮。2015 年,江苏全省高新技术产业实现产值61 373.61 亿元,比去年同期增长 7.62%。从产业层面来看,江苏高新技术产业主要集中于智能装备制造业、新材料制造业和电子及通讯设备制造业。2015 年这三大产业实现工业总产值分别为 18 182.56、17 289.21、13 955.09 亿元,占高新技术产业产值比重分别为 29.63%、28.17%、22.74%,合计占比高达 80.54%。高新技术产业的良好发展势头,加上区域自主创新体系建设和各种高新技术产业优惠政策的出台,将为以高新技术产业为目标的产业结构高度化提供良好支撑。

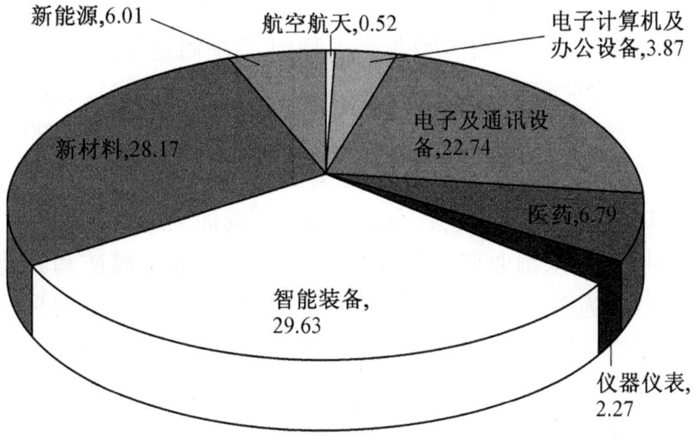

图 1-10 2015 年江苏高新技术产业行业分布(%)

资料来源:江苏省科学技术厅、江苏省统计局,2015 年江苏省高新技术产业主要数据统计公报。

江苏在高新技术产业发展方面具有诸多优势条件,也取得了显著成就。但是,高新技术产业发展与经济结构调整、产业转型升级的新要求目前还不完全适应,面临诸多制约发展的因素,如“高端产业、低端环节”的矛盾突出,自主创新能力偏弱,市场规模较小,布局规划不够合理等。

二、苏商产业结构合理化

产业结构合理化是指产业与产业之间协调能力的加强和关联水平的提高。产业关联关系反映产业之间的技术与经济联系,是经济运行体系中重要的基本关系。不仅区域经济中基于资源禀赋的产业分工和特定产业发展状况同产业关联紧密相连,而且产业组织形态、企业重组及其发展战略等一系列问题事实上也都建立在产业关联状态基础上。产业结构合理化主要包括两个方面的内容:一是产业关联的强度,即各产业之间具有较高的关联作用;二是产业关联的结构,即各产业之间的规模比例关系保持一种相对均衡的状态。江苏在产业结构合理化方面取得了一系列显著成就:

(一) 产业关联强度

产业关联强度是指产业间产品(服务)供给或者需求关系的强弱,描述了产业间的相互依赖与支持程度。利用2012年江苏42部门的投入产出表,江苏省统计局测算了各产业部门的技术经济联系①。若某部门的需求扩张(或收缩)对社会生产的影响程度超过平均水平,则影响力系数大于1;若某部门的生产活动对社会需求增加(或减少)的感应程度超过平均水平,则感应度系数大于1。影响力系数和感应度系数都大于1的产品部门,会将从需求端感受到的变化双重放大影响到它的上下游产业。江苏影响力系数和感应度系数均大于1的产品部门,分别是食品和烟草,纺织品,金属制品,化学产品,电气机械和器材,造纸印刷和文教体育用品,租赁和商务服务。由此可见,从关联强度的综合分析来看,江苏具有主导性质的产业主要为轻工业、重工业和服务业。

将2012年产品部门的感应度系数与2007年横向对比,五年间有15个部门的感应度系数增加。15个部门中包含了5个生产性服务业部门,5个制造业部门,2个采掘业部门和3个基础设施类部门。5个生产性服务业部门分别是金融(第三位),交通运输、仓储和邮政(第五位),批发和零售(第六位),租赁和商务服务(第八位),房地产,各部门的感应度系数在42个部门中居于前列,体现出生产性服务业对满足社会需求的重要性。5个制造业部门分别是通信设备、计算机和其他电子设备,金属冶炼和压延加工品,金属制品,造纸印刷和文教体育用品,废品废料。2个采掘业部门为金属矿采选产品,非金属矿和其他矿采选产品。3个基础设施类部门分别为燃气的生产和供应,水的生产和供应,公共管理、社会保障和社会组织。感应度系数提高说明这些产业在整个产业链上的被需求程度在不断增强,符合产业链条的升级方向,处于产业发展周期中的黄金阶段。

(二) 产业关联结构

不同行业企业聚集的分工协作基础是产业关联的结构,产业复杂网络刻画了区域产业集聚的基本状况,其核心子网是这种产业分工和聚集体系的骨干。依据尹翀、杨志媛(2015)的研究,江苏产业集聚的主要产业链集中于产业复杂网络的核心子网中(图1-11),核心产业是化工、机械设备制造和电子信息,其特点是依托地区丰富的自然矿产资源和便利的水陆运输条件,形成从资源开采→冶金→加工→制造衔接紧密的产业链条,并辅以流通性服务和能源产业的强力支持。

江苏依托丰富的有色金属、特种非金属等资源和位于“黄金水道”与“黄金海岸”交汇的独特区位优势,以特色产业集群和强大的县域经济为支撑,在整体上发展了横跨资源采选、纺织服装、冶金原材料、设备制造、区域物流等多门类的产业体系布局,并建立起相互之间有力协同、具有多层次特征的产业链配置模式。江苏的整体产业延伸度高,通过深化产业分工体系,强化资源的深加工和高利用能力,提升了区域的整体竞争力水平。

不过,江苏在产业结构合理化方面也存在诸多突出问题。从产业配置结构来看,主导产业对区域经济发展的辐射和带动作用还没有充分显现;区域要素利用效率不高,三次产业的平均劳动生产率的增长速度均呈波动下降趋势,这说明产业结构调整对于劳动生产率的改

① 江苏省统计局.江苏产业转型升级的路径选择——基于江苏投入产出表分析[EB\OL].http://www.jssb.gov.cn/tjxxgk/tjfx/sjfx/201510/t20151012_269631.html.

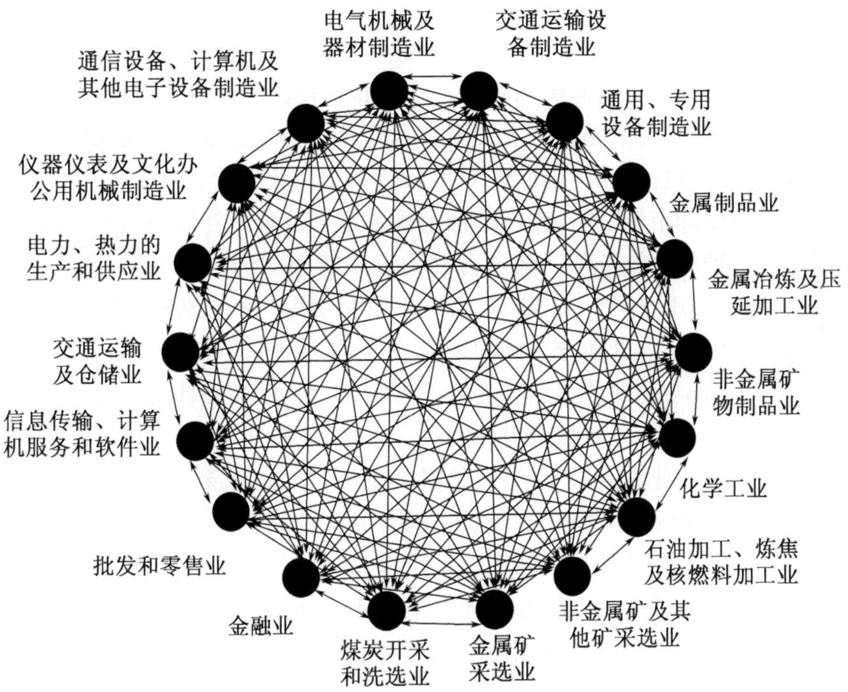

图 1－11　江苏产业关联结构示意图

资料来源：尹翀，杨志媛．产业关联强度与结构的区域异质性分析——以“粤苏鲁”为例的一项比较研究[J]．产经评论，2015，03：18。

善作用在减弱。同时，企业的盈利状况并不稳定，虽然利税总额和利润总额在绝对规模上稳步增加，但是从资产利税率和资产利润率等相对指标来看，这种上升趋势已经开始减弱。总之，产业结构合理化为江苏产业结构调整奠定了坚实基础，但是追求动态均衡的步伐刻不容缓。

三、苏商产业结构国际化

产业结构国际化主要指一个国家或地区通过在全球范围内获取和配置产业发展要素，在全球市场上实现产品或服务价值，依托全球价值链升级和产业布局调整，实现产业结构优化升级的过程。旧苏南模式的核心是集体经济。自 20 世纪 90 年代后期起，乡镇企业日益式微，江苏为此进行了战略转型，选择了国际化取向，实行“以土地换资金，以空间求发展”的战略，积极吸引和利用外资，大力发展对外贸易。以苏州工业园区、苏州新区、昆山经济开发区、吴江开发区等的建成为标志，江苏与中国台湾、新加坡以及欧美等国家和地区的企业合作，经济结构从本土企业为主导变为外资企业为主导。

（一）外商直接投资

利用外资是江苏开放型经济发展的重要特色。相对于广东东莞等地而言，江苏的产业结构国际化，是建立在一定的基础上的，起点较高。在引进外资的时候，就已经进行了产业转型升级的布局。江苏的高新产业和新兴产业，如 IT 产业，基本都非本土培养，而是借台湾产业转移之机完成飞跃。明基、华硕空降苏州，使苏州横空出世，成为中国的 IT 产业之都。而苏州通信产业、电子产业的高端崛起,亦遵从此种路径。外商直接投资的强势进入,为江苏产业洗牌提供了良好的契机,对江苏产业结构调整做出了重要贡献,一方面,外资有利于缓解产业结构调整的资金瓶颈问题;另一方面,外资能够通过技术外溢效应为产业结构调整升级提供技术动力,特别是在研发支出投入方面外资企业做出了很大贡献。

江苏实际利用外资自2003年到2014年保持了十二年的全国第一。不过,随着国际经济形势的波动以及国际市场的持续疲软,加上国内宏观政策由外需向内需的转型,江苏开放型经济已经出现了种种放缓迹象。随着劳动力成本优势的弱化,2013年以来,江苏利用外资呈下降态势,并在2015年被广东超过。江苏实际利用外资在2015年被广东赶超是诸多因素叠加的结果,从外资的产业分布结构来看,江苏依然保持以制造业为主的引资结构是重要原因之一。2015年,江苏服务业实际利用外资113.16亿美元,同比下降7.74%,占全省比重46.62%。同时,江苏制造业利用外资在2014年下降16.46%,2015年下降18.63%,制造业下降的同时服务业没有跟上,导致总量的下降。外资在第二产业的过度集中以及对第一产业和第三产业投资偏少,可能会固化既有的产业结构,阻碍三次产业结构优化的步伐,制约产业的健康发展。同时,江苏经济对于外企依赖性比较大,强势企业,多出自外企,缺少类似于华为、中兴、腾讯、元征、金蝶等本土企业领导的主体产业。这种模式缺少产业基础,一旦大量外资撤离,产业安全堪忧。

(二) 对外贸易

如果说外商直接投资主要是从要素供给层面影响产业结构调整的话,那么对外贸易则是主要从市场需求层面对产业结构调整产生影响。江苏自改革开放以来就一直致力于发展对外贸易,20世纪90年代开始江苏对外贸易步入快车道,特别是21世纪初加入WTO使江苏对外贸易发展迎来了黄金期。生产诱发系数对各项最终使用的生产诱发能力进行衡量,反映了某项最终使用增加单位需求时所诱发的全社会总产出增量。2012年,江苏消费、投资和出口(包含出口和调出)三大最终需求的生产诱发系数分别为1.557、1.389和2.009,出口最高,消费次之,投资最低。出口需求所诱发的总产出占全省总产出的60.3%,即全省总产出对出口需求的依存度为60.3%;投资和消费需求所诱发的总产出分别占全省总产出的20.3%和19.4%。

由此可见,当前对外贸易虽然仍是拉动经济增长、推动产业结构调整的重要因素,但是由于海外市场需求萎缩,“中国制造”价格优势削弱等因素的影响,对外贸易影响力度正在减弱。特别是随着宏观政策重点由外需转向内需,其角色地位将进一步减弱,在出口乏力的态势下,不少外贸企业正在谋划转战内需市场。

四、苏商产业结构低碳化

产业结构低碳化是以低碳可持续发展理念为指导,创新低碳发展技术,优化资本、技术、劳动、土地特别是化石能源的配置效率,调整产业结构布局,重点发展低能耗、低污染、低排放的产业,限制发展高能耗、高污染、高排放的产业,从而不断降低整个产业体系的碳排放量的产业结构调整过程。

“十二五”时期,江苏推动经济绿色转型,为经济结构调整、环境改善、应对全球气候变化做出了重要贡献。大力实施节能减排重点工程,鼓励发展循环经济,严格控制高耗能项目,超额完成化解过剩产能、淘汰落后产能任务，推动重点耗能企业能效提升，战略性新兴产业和高新技术产业规模和占比加速扩大。2015 年，全省电力行业关停小火电机组 52.6 万千瓦。单位 GDP 能耗下降、化学需氧量、二氧化硫、氨氮、氮氧化物排放削减均完成年度目标任务。2015 年，节能环保产业主营收入超过 8 000 亿元。与 2010 年相比，全省单位 GDP 能耗下降 22%，单位 GDP 建设用地规模下降 33%。

江苏生态建设成效显著。制定生态文明建设规划，划定全省生态红线保护区域。2015 年末全省设立自然保护区 31 个，其中国家级自然保护区 3 个，面积达 56.7 万公顷。深入开展工业废气、机动车尾气、城市扬尘等各类污染物综合治理，建立大气污染防治区域联防联控机制，实现燃煤大机组脱硫脱硝全覆盖，PM2.5 平均浓度同比下降 12.1%。深入开展重点流域治理，太湖流域水质持续改善，南水北调江苏段水质达标。加强绿色江苏建设，林木覆盖率提高到 22.5%，国家生态市(县、区)达到 35 个。

但是，江苏在通往产业结构低碳化的道路上压力重重。由于产业结构本身的重化工业比重偏大，而此类产业多属于高能耗、高排放、高污染产业，这使得能耗指标相对偏高，节能减排的任务相当艰巨。

第三节 苏商产业转型升级的路径分析

一、深入实施创新驱动战略，引领产业升级发展

我国已明确提出到 2020 年进入创新型国家行列，2030 年进入创新型国家前列，到新中国成立 100 年时成为世界科技强国的科技创新目标。江苏作为我国经济发展水平较高的省份，在全国率先开启了实施创新驱动战略的序幕。“十三五”时期，江苏将围绕建设“全球有影响力的产业技术创新中心、具有国际竞争力的先进制造业基地”的战略目标，以提高产业科技创新能力为导向，深入实施创新驱动发展战略，全面增强企业自主创新能力，推动新兴产业规模发展、主导产业高端发展、传统产业转型发展、现代服务业加快发展，培育自主知识产权和自有品牌，使创新驱动成为江苏转型发展最强大的引擎。

(一) 提升企业多维创新能力，强化企业家全球创新精神

建设创新型省份是一项复杂的整体性事业，提升企业创新能力，我们必须关注企业的多维创新潜力，特别是技术能力提升和市场能力扩张。经济合作与发展组织(OECD)与欧盟统计署(Eurostat)联合出版的奥斯陆手册(Oslo Manual)使创新活动成为可以统计测度的对象，把创新活动细分为四类：产品创新、流程创新、市场创新和组织创新。一方面，企业应增强产品创新和市场创新能力，引入在属性或用途上全新的或有重大改进的商品和服务，在某一领域内占领市场；通过产品设计或包装、产品分销渠道、产品促销方式或产品定价等方面的新的营销方式打造全新市场，促进市场繁荣。另一方面，企业应合理分配资源用于组织创新和流程创新，利用新的组织方式的开发、计划及其实施而进行外部知识的获取，提高企业组织的效率；通过创新改进技术活动或生产活动中的操作程序、方式方法和规则体系，得以降低产品的单位成本，增加单位产品利润。

人是科技创新最关键的因素，企业家是全球化中最重要的力量。企业的原创性技术研

发能力和可持续经营发展，很大程度上取决于企业家队伍是否具有较高的创新精神和较强的整体素质。应当立足当今"大众创业、万众创新"的鲜明时代主题，继续鼓励企业家特别是民营企业家形成创新意识和全球视野；应当尊重企业家的劳动，重视企业家的社会价值，充分肯定企业家队伍对经济和社会发展所做出的贡献；支持有关社会机构为提高企业家创新意识和创新能力提供切实的帮助，营造适合企业家队伍顺利成长和主动创新创业的良好环境。

(二) 深化科技体制综合改革，形成适度竞争的市场结构

深化科技体制综合改革，探索加快科技资源向创新优势转化的新途径，改革和建立以应用为导向的科研评价体系，建立规范高效的科研管理体制和经费分配制度，构建符合科技发展规律、具有江苏特色的自主创新制度和政策体系。企业创新取决于市场力量的推动，合理的竞争结构对企业创新能力的培养有着重大的意义。适度竞争市场最有利于企业各类创新方式的开展。因此，政府除了通过专利等形式为企业创造创新友好的法制环境之外，更应该致力于建立良好规范的市场竞争秩序，形成适度竞争的市场结构，只有这样才能从内部真正激发企业创新的积极性。

(三) 实施科技创新国际化战略，积极融入全球创新网络

坚持实施科技创新国际化战略，积极融入和主动布局全球创新网络，鼓励"引进来、走出去"，大力发展科技服务业，培育一批国内外知名的科技服务机构和龙头企业，利用大数据、云计算、移动互联等技术，推动科技服务业与高端制造业、战略性新兴产业融合发展，催生新业态，促进科技服务业专业化、网络化、规模化、国际化发展。探索创新国际化的有效路径，进一步深化与创新能力强的国家和地区及一流创新机构的长效合作，探索科技开放合作的新模式、新途径和新体制，提升企业开放创新能力与水平，扩大江苏国际产学研合作的国际影响力。

二、协调现代产业体系，提升产业竞争优势

新常态下江苏产业结构将呈现出"服务业加速发展、制造业高端分化"的特色。制造业转型拉动了具专业化特色的生产性服务业的需求，消费需求的增长也夯实了服务业大发展的基石。产业结构转型升级的方法是做好"加减乘除"法，遵循产业间的协调发展路径，为实现江苏经济持续发展，提供新的增长动力来源。

(一) 通过第二与第三产业的支撑，促进第一产业规模化发展

第一产业感应度系数较高，影响力系数较低，基础性行业地位明显，为其他行业生产供给较多的产品和原材料。江苏农业发展到了转型升级的路口，规模化和现代化生产经营成为未来农业发展的新趋势。要发展以质量效益为导向的现代农业，按照高产、高效、优质的要求，通过合作社、家庭农场等形式推进农业产业化、规模化、标准化、信息化，提高农业综合生产能力、抗风险能力和市场竞争能力，提高农业生产的经营效率，提高农产品的供给品质，更好地为第二、第三产业提供物质基础。同时，农业规模化经营的实现和效率提升又需要第二和第三产业提供支撑，要充分发挥能源生产供应以及跟农业生产密切相关的工业、交通运输及仓储业、批发和零售业、金融业等第二和第三产业在第一产业转型提升发展中的作用。

(二) 第二产业的转型升级需要从第一产业和第三产业寻找突破口

第二产业中,江苏纺织品,金属制品,化学产品等基础性原材料类行业的感应度系数和影响力系数相对较高,第二产业的转型应重点关注这些行业。第二产业转型升级,除了行业通过自身研发技术水平提升、生产结构调整等措施解决之外,还应从产业协调发展角度出发,从第一、第三产业寻找突破口。第一产业大规模机械化生产时代的到来,为机械制造行业、钢压延加工业、食品及酒精饮料行业发展提供了新的机遇,这些行业的过剩产能可以转向农用机械行业生产。第一产业规模化生产,也可以提高食品、纺织服务相关行业的质量和安全标准及附加值水平。第三产业中金融业发展是新兴产业发展和需求结构平衡的驱动力,可以通过进一步完善金融服务体系,促进资金需求相对较大,有资金瓶颈的制造业的发展。通过信息技术与工业生产的融合促进第二产业发展,通过提升交通运输及仓储业、批发与零售业的发展水平,进一步促进第二产业产品的流通和生产销售体系的完善和效率提升。

(三) 提升现代服务业对第一产业和第二产业的带动作用

从投资需求看,信息传输、软件和信息技术服务和科学研究和技术服务两个部门是创新驱动的关键部门。但 2012 年,江苏信息传输、软件和信息技术服务的感应度系数仅为 0.765,比 2007 年还下降了 0.026 个单位,反映出该部门在产业链条上的作用尚未被激发。因此,应加大现代服务业发展力度,将信息和通信等现代科学技术作为基本手段,在空间和时间上拓展制造业产品和服务性贸易活动,利用科学技术不断开拓现代服务业发展的新领域,形成现代服务业助推现代农业、制造业的良性互动格局。提高信息化服务农业的水平,通过农业科技培训促进农业科技信息的传播推广,通过信息化增强对农业物流价值链的控制力;加大对农业科技研发、推广的支持力度,通过产学研的深度结合,促进节水技术、平衡施肥技术等的研发推广,促进农业生产的集约化和环保化。将信息技术更多地应用到专用设备、电气机械和器材、仪器仪表等第二产业重点行业的生产过程和流通过程中,促进信息化与网络化;加大研发投入及人才政策扶持力度,设置技改研发专项资金等方式,促进企业进行设备更新、智能化生产,提高生产效率、产品质量,降低生产能耗,提高行业产品的技术含量和附加值水平。

三、布局全球协同生产网络,推动国际产能合作

(一) 树立产能合作新理念

国际产能合作是一项涉及国际关系、地缘政治、多边利益的系统性工程。首先,要在国际产能合作中实现共赢。江苏部分产能过剩,而许多欠发达国家和地区的发展程度还不高。江苏应该利用自身优势加快“走出去”步伐,促进与各国经济合作互利共赢、共同繁荣发展,以增强双边合作的弹性和可持续性。其次,在推动国际产能合作过程中,要正确评估产能合作潜力、现实承载能力以及未来风险控制力,加快建立全覆盖且立体化的风险警示机制和风险统一保障机制。再次,在推进国际产能合作时,应以“一带一路”沿线国家为优先考量,通过竞争形成一批有国际竞争力的大型企业集团,积极参与“一带一路”海外建设,不仅要让产品和制造“走出去”,还要把中国的标准、技术、品牌打入国际市场,赢得更广阔的海外市场。

(二) 完善产能合作重点领域

在推进国际产能合作过程中,以重点项目、重点园区、重点产业、重点国家为抓手,统筹

推进国际产能合作的对接方案。首先,重点项目。建议按照"建设一批、储备一批、谋划一批"的滚动机制,建立起以"系统"纵向和"部门"横向的国际产能合作重点项目征集体系,着力完善国际产能合作的重点项目库,实现在线监测和动态跟踪,有序推动重大项目在合作国"落地"并"生根发芽"。其次,重点园区。对柬埔寨西哈努克港经济特区、埃塞俄比亚东方工业园和印度尼西亚加里曼丹岛农工贸经济合作区等境外经贸合作区的合作经验进行梳理总结,深入分析存在的问题及未来可改进的方向。再次,重点产业。充分放开装备制造、钢铁、有色、建材等领域的市场竞争,加速企业兼并整合,推动合作模式多元化发展。其中,装备制造业是江苏的优势产品部门,通信设备计算机和其他电子设备,通用设备 2 个部门对境外出口需求的依赖度都超过 50%,专用设备、电气机械和器材、仪器仪表对境外出口需求的依赖度也在 40%左右,应予以重点关注。最后,重点国家。应进一步加强对重点国别指引研究,分析与俄罗斯、巴基斯坦、印尼、马来西亚等重点合作国别的合作机遇、主要项目和存在风险等,并引导相关企业在合作意愿较高、合作基础较好且产业结构互补性较强的重点国家和地区开展产能合作。

(三) 优化国际产能合作联动机制

完善省市县(区)联动的协同工作机制和部际协调机制,使其成为省内不同部门以及联系省外尤其是国外不同部门之间的重要议事平台,加强战略对接、政策对话与项目沟通,实现产能合作工作的规范化和精细化。完备国际产能合作网络的在线服务,包括:项目数据库、专家数据库、资源数据库、音像数据库及在线自动配对系统。通过构建完备的网络系统,为科学研究、国内外企业和政府部门搭建平台,促进创新合作的双向技术引进与输出,促进跨国合作项目的快速实施,实现商业价值的转化。

四、坚持低碳经济发展模式,转变产业发展方式

实现经济社会发展与生态环境保护相协调的低碳发展模式,既是国内外产业的潮流,也是江苏产业发展的重要目标模式,将在构筑新的产业竞争优势的同时,为经济发展塑造良好的生态环境。因此,要通过产业结构调整促进经济转型升级,就要转变发展方式,由"资源消耗——制造产品——污染加重"的粗放生产方式,转变为"资源——产品——再生资源"的循环经济和清洁生产方式。

(一) 发挥政府在可持续发展中的积极引导作用

首先,尊重产业发展规律,将节能减排、低碳发展作为长期不变的可持续发展理念,按照低碳经济发展的要求设计战略性新兴产业,构建鼓励低碳经济发展的政策体系和政策措施。其次,鼓励地方政府和企业通过新技术研发、改造升级来提升发展层次,破除原有的发展方式,从根本上解决高能耗的发展方式;合理引导企业进行产业升级和产业转型,为其提供必要的帮助;建立专项资金对企业的技术创新、管理创新和产品创新进行补贴,提高行政效率,为企业更好更快的发展,地方经济的稳定营造良好的环境。再次,营造良好的市场环境、完善相关法律法规,充分发挥市场机制在资源配置上的决定性作用,用市场这只看不见的手来推动碳排放控制的目标。

(二) 发挥企业节能减排的主体作用

企业作为节能减排微观层面的执行者,是可持续发展中最为重要的一环。节能减排目

标的实现，需要政策环境做保障，地方政府做引导，但是归根结底还是需要企业去执行。首先，加强企业自主创新的步伐，提高企业本身的竞争力。企业应该在国家和政府的帮助之下，加大创新研发投入，用新能源、新技术取代现有生产模式，在低碳经济发展过程中占得先机。其次，提高能源利用效率。我国碳排放强度大的主要原因就是因为能源利用效率低下，使用技术能力水平不足。要想扭转这种局面就需要在能源的使用上下功夫，对在建项目进行能源效率改进。再次，企业应该努力提升自己在产业链中的位置。在国际化分工浪潮中，我国绝大多数企业处于产业价值链的低端，产品多为能耗大、污染多，并且利润少，企业应该努力进行科技研发，向产业价值链的中高端进发，优化自身资源结构、技术结构和需求结构，走一条科技含量高、经济效益好、环境污染少的路子，最大限度为经济社会的可持续发展做出应有的贡献。

参考文献

[1] 尹翀，杨志媛. 产业关联强度与结构的区域异质性分析——以“粤苏鲁”为例的一项比较研究[J]. 产经评论，2015，03：5－24.
[2] 金瑞庭. 从江苏看我国推进国际产能合作面临的问题及对策[J]. 发展研究，2016，09：52－55.
[3] 赵明亮. 新常态下中国产业协调发展路径——基于产业关联视角的研究[J]. 东岳论丛，2015，02：123－129.
[4] 王晓红，陈范红. 新常态下江苏产业结构调整的显著特征与路径选择[J]. 南京社会科学，2015，(11)：151－156.
[5] 王海侠. 低碳视角下江苏产业结构调整探讨[J]. 中国经贸导刊，2011，(19)：45－46.
[6] 宣亚南，周曙东，张伟新. 循环经济与江苏产业结构调整[J]. 长江流域资源与环境，2007，(02)：129－135.
[7] 陶涛，马俊峰，王腾. 新常态下产业结构调整与科技创新资源配置协调发展研究——基于江苏地区的调查[J]. 经济研究导刊，2016，(08)：49－52.

第二章　苏商先进制造业发展研究

作为中国版"工业 4.0"第一个十年行动纲领的《中国制造 2025》,为中国制造业在未来十年内转型升级提供了行动指南。制造业是立国之本、兴国之器、强国之基,江苏作为传统制造业大省,重实业一直是苏商的典型特征。洋务运动之后,以金陵制造局为代表的近代工厂推动中国民族工业蹒跚起步,以张謇、盛宣怀、薛福成、荣氏兄弟为代表的实业家掀起了近代工业发展的第一轮高潮,江苏成为近代工商业的发源地。改革开放以来,江苏以政府牵头带动地方经济发展,在招商引资政策的吸引下,外资、央企纷纷在江苏投资制造业,苏商群体崇尚实业、运营稳健,徐工集团、双良集团、天合光能等知名苏企,进一步巩固了江苏制造业第一大省的地位。

当今世界,新一轮科技革命和产业变革蓄势待发,数字化、网络化、智能化日益成为未来制造业发展的主要趋势,传统制造业面临着"颠覆性重构"的现实挑战,先进制造成为国际竞争主战场。《中国制造 2025》的制定实施,开启了制造强国的大时代。作为国内制造业大省的江苏,主动担起探路制造业转型升级的先锋角色。江苏坚持以制造强引领工业强,以工业强带动经济强,大力发展新经济,努力实现"由大到强"的转变,打造具有国际竞争力的先进制造业基地和具有全球影响力的产业科技创新中心。苏商迎来一个新的时代,在新的历史起点上抢抓互联网时代到来的"时间窗口",超越自我、实现跨越,聚焦智能制造、制造业绿色升级、高端装备创新三大主攻方向,以先进制造挺起新江苏的脊梁。

第一节　苏商智能制造

在《中国制造 2025》中,智能制造被定位为中国制造的主攻方向。为此,江苏闻"智"而动,高起点谋划,在全国率先推出了《中国制造 2025 江苏行动纲要》,明确提出以推进智能制造和突破核心关键技术为主攻方向,大力发展先进制造业,加快形成江苏制造新优势。

一、智能制造是江苏制造业转型跨越的必然抉择

(一) 智能制造已成为世界竞合的焦点

从全球视野看,智能制造已持续成为世界主要制造业大国竞合的焦点,各国都在力图抢占先进智能制造业发展的制高点。日本于 20 世纪九十年代就启动了由日美澳等国参与的"智能制造系统"国际合作计划;美国借助实施"先进制造业伙伴计划"加强信息物理系统(CPS)软件开发和工业互联网平台建设;德国于 2013 年提出的"工业 4.0"战略,其内涵是从生产过程智能化和生产组织智能化两个维度推进并引领以智能化为标志的第四次工业革命;法国于 2013 年宣布"新工业法国"计划,该计划聚焦新能源、智能制造、绿色技术三个方面,引领法国制造业未来 10 年的发展。

与此同时，世界跨国巨头也纷纷把人工智能作为最核心的突破领域，特斯拉、谷歌、Facebook 和亚马逊等各大公司都在加大布局。谷歌开发了 Tensor Flow 的机器学习平台，把复杂数据结构传输至人工智能神经网中进行分析和处理。Facebook 人工智能研究院推出基于 Torch 机器学习框架提升人工神经网络运行性能的开源工具。

发达国家纷纷吸引高端制造向本土回流，而新兴经济体逆势赶超、加速崛起，江苏制造业发展面临“双向挤压”的紧张局面。不抢占国际先进制造业制高点，江苏就有深陷产业低谷的风险，从而无法在未来竞争中赢得主动和先机。

（二）智能制造是中国两化深度融合的主攻方向

为应对新科技革命和产业变革的挑战，我国先后制定并实施了《中国制造 2025》、《关于积极推进互联网＋行动指导意见》、《关于深化制造业与互联网融合发展指导意见》等一系列促进智能制造发展的战略和措施。2015 年 5 月 8 日我国公布《中国制造 2025》，这是我国实施制造强国战略的第一个十年行动纲领，提出了“力争用十年时间，迈入制造强国行列”的第一步目标。《中国制造 2025》明确，加快推动新一代信息技术与制造技术融合发展，把智能制造作为两化深度融合的主攻方向，重塑我国制造业的竞争优势。随着一系列国家层面的战略、规划和政策的颁布和实施，我国智能制造发展的重点和方向逐渐清晰，支持智能制造发展的政策框架也基本完成。

江苏、浙江、广东、上海等一些发达地区利用技术、资金、人才和市场上的优势率先启动智能制造发展，如浙江省 2012 年开始部署“全面推进机器换人”，广东东莞自 2014 年起每年支出 2 亿元财政资金扶持企业“机器换人”，江苏、上海、广东和洛阳等省市先后成立工业机器人产业技术创新联盟。部分国内领先企业也已经开始向智能制造转型，如海尔已经在青岛、沈阳、郑州和佛山建设了四个示范型的互联网工厂，富士通、奇瑞和首钢等都成立了专门的机器人公司，华为的麒麟 960 手机 soc 芯片，中兴在西安建设的 25 条智能化生产线，阿里的智能云、百度的智能大脑等，我国的龙头企业在同步推进智能制造。由中投顾问最新发布的《2016—2020 年中国智能制造行业深度调研及投资前景预测报告》显示，2015 年我国智能制造产值在 1 万亿元左右，2020 年有望超过 3 万亿元人民币，年复合增长率约 20%。

我国制造业发展面临不少制约，其中最明显的就是劳动力成本上升。而智能制造有利于延长我国制造业的竞争优势，发展智能制造可以提高生产效率，有利于企业应对未来劳动力成本上升等问题，同时也可以加快标准化生产，保持竞争优势。智能制造会给制造业带来“两提升、三降低”：“两提升”指生产效率的大幅度提升，资源综合利用率的大幅度提升；“三降低”指研制周期大幅缩短，运营成本大幅下降，产品不良品率大幅下降。《中国制造 2025》提出，到 2020 年，试点示范项目运营成本降低 30%，产品生产周期缩短 30%，不良品率降低 30%。

（三）智能制造是江苏建设制造强省、弯道超车的最佳路径

江苏要在国际先进制造坐标体系上谋划高点定位，全面对接《中国制造 2025》和制造强国战略，肩负着探索智能制造“江苏路径”的历史使命。作为制造业第一大省，江苏有必要在制造升级大局上率先探路，先行一步、先发一招，成为这一领域的先行者创新领跑中国智能制造，瞄准建设全国乃至全球智能制造新高地的目标，构建出具有时代特征、中国特色、江苏特点的全新布局。

江苏以实体经济见长，制造业底子好、基础牢，工业规模质效全国领先，增加值约占全国八分之一，全球的1.5%。“十二五”期间，全省有56%的实际到账外资进入了制造业领域。目前世界500强企业中有超过300家企业集聚江苏，江苏成为集聚世界500强制造企业最多的省份，显现出其拥有吸引世界先进制造业的巨大魅力。制造业是推动江苏转型发展的重要战略支撑，江苏有能力在先进制造领域率先突破。

现在，江苏制造业依然“大而不强”，产业层次不高、创新能力不足，竞争力不强，产业迈向中高端任务依然艰巨，到了爬坡过坎的紧要关头。在全球工业技术体系、发展模式和竞争格局迎来重大变革的今天，必须以技术突破带动产业提升，将工业化与信息化深度融合，而“智能制造”正是“两化融合”的具体体现，是升华制造业的重要路径，是完成“从大到强”历史一跃的关键。与此同时，智能制造强调以人为本，以客户需求为中心的新的产销格局，除了提升制造能力，还需要向产业链高端发展，这使得江苏制造业向价值链“微笑曲线”两端延伸，既让江苏制造业迈上新台阶，又为江苏发展注入新活力。聚全省之力创新，推进智能制造发展，是实施创新驱动发展战略，也是新常态下江苏培育经济新增长点、打造工业经济升级版的有效途径。

二、苏商加快布局智能制造

(一) 江苏智能制造的规划与行动

江苏作为传统制造业大省和物联网发展高地，闻“智”而动，始终把智能制造作为产业转型升级、提升国际竞争力的重要抓手，政府高起点谋划、强力推动，从智能制造规划、制造装备升级、互联网化提升、智能制造服务体系建设等方面，制定、实施了一系列促进智能制造和相关产业发展的战略、政策和具体措施，引导企业进一步加大智能化改造力度，逐步建立面向生产全流程、管理全方位、产品全生命周期的智能制造模式，打造智能制造的“江苏样本”。

江苏在全国率先推出了《中国制造2025江苏行动纲要》，明确提出以推进智能制造和突破核心关键技术为主攻方向的宏大布局：“十三五”实施“百千万战略”，争取100家企业进入国家培育的隐形冠军领域，1 000家企业成为江苏培育的隐形冠军企业，10 000家企业成为专精特新企业，形成既能顶天立地又能铺天盖地的江苏制造业格局。与此同时，江苏还将力争建成1 000个智能车间和工厂。

(二) 智能车间“破题”智能制造

智能制造是信息通信技术、电工电子及微系统技术、生产技术及机械工程自动化、管理及物流技术多技术交叉融合形成的技术体系。江苏制造企业积极实践，强化自主研发突破，从建设智能车间层面“破题”，围绕设计、生产、管理、服务等环节，普遍应用自动化、智能化装备对原有生产制造流程进行改造，推进了信息化和工业化的深度融合，提高了企业智能制造整体水平和市场竞争力。2016年江苏省经信委评选出139家智能制造基础好、行业示范带动作用强的车间作为示范智能车间。139家示范智能车间合计智能化改造投入133.97亿元，平均每个车间投入9 538万元。通过实施智能化改造，加大以工业机器人为主的自动化、智能化设备的推广应用，企业装备水平不断提升。139家示范智能车间工业机器人数量合计达到4 371台。车间内自动化、智能化生产、试验、检测等设备台套(产线)数占全部设备的比重达到82.86%，车间内智能化、自动化设备联网数占智能化、自动化设备总数的

88.56%。各类管理、生产等管控软件广泛应用、集成互联，数字化装备更加普及，柔性生产成为现实，企业管理水平和精益生产水平极大提高。

示范智能车间经过智能化改造，企业技术装备水平、产品质量、生产效率大幅提高，资源能源消耗、人力资源成本持续下降，取得了较好的经济和社会效益。据统计，全省已创建的3批289个省级示范智能车间，一线生产人员平均减少20%，库存周转率提高20%，资源能源消耗降低8%，人均产值提高15%。通过智能化改造，人为因素干扰明显减少，产品品质和质量稳定性稳步提高，实现了大规模定制生产和多品种小批量个性化生产，增强了企业盈利能力和市场竞争能力。因为智能车间的示范引领，江苏全省以智能制造为重点的工业技术改造投入比重不断提高，2015年全省工业技改投资完成12 345.6亿元，增长25.6%，占工业投资的比重达54.2%。

三、样本企业引领苏商智能制造

江苏智能制造的突出优势是成体系、层次深、示范效应强。江苏注重“样板化”，涌现出无锡一棉、康缘药业、中天科技等一批国家融合创新标杆企业。

（一）无锡一棉：“两化融合”纺织管理体系

无锡一棉纺织集团是全球最大的紧密纺纱生产基地。企业采用信息化技术控制生产，辅助管理，创建了行业内领先的工业化和信息化“两化融合”纺织管理体系。新一代的智能车间里，9万多个传感器使车间形成智能化生产线网络，实时监控生产状态、产品质量和机组用电信息。在自动化包装线环节，通过智能设备的改造，包装产能和效率得到了有效提升，不仅大幅减少了人工因素导致的产品质量问题，用工成本也相应减少了75%。企业万锭用工为国内棉纺业平均水平的五分之一，达到国际先进水平，企业竞争力明显增强，同类产品售价高于市场价格10%以上。

（二）康缘药业：智能制药生产车间

江苏康缘药业股份有限公司专业从事现代中药的研发、生产与销售。中药制药一直存在着工艺参数波动性大、物料损失严重、生产周期长、质量稳定性差等问题。作为国家技术创新示范企业，康缘药业制订了企业智能化发展规划，针对中药注射剂品种生产过程工艺特点，从厂房建设、装备设计、自动化控制、在线质量检测、制造执行与信息化管理等方面进行了全方位设计，率先建成国际先进的中药注射液智能制药生产车间，实现了中药产品生产过程的集成化、精密化、绿色化、高端化，增强中药产品的国际国内市场竞争力。在智能车间技术支撑下，该公司重点产品热毒宁注射液销售增长迅猛，成为公司第一大产品。

（三）中天科技集团：全产业链智能工厂

中天科技集团是国家创新型试点企业，跻身中国电子信息100强、中国企业500强。2014年底，中天科技集团制定《中天科技集团智能制造五年计划》，成立由中天软件（集成方案）、中天华宇（物流系统）和中天智能装备（生产装备）3家企业组成的“中天智能制造联盟”。在通信、电力传输、新能源行业各选取1家工厂作为试点，推动智能工厂建设。在新能源领域，中天集团打造“锂电池智能生产车间”，建立从配料到电池组装的全自动智能化生产线，在业内首家引入智能立体仓储系统，实现了智能生产与智能物流的无缝衔接，生产效率提升了30%。在电力传输领域，集团着重推进智能工厂建设3年行动计划。建立一个集实时数据采集与可视化、全方位的监控和派工、大数据分析和应用为一体的智能化生产控制中心，是中天集团打造现代化智慧工厂的第一步。未来的2—3年内，中天科技将构建智能工厂集群，实现全产业链生产智能化、物料配送智能化和环境监测智能化，进一步落实“智慧工厂”建设理念。

四、加快推动制造业价值链全流程“两化融合”

尽管少数江苏制造业企业已经顺应智能制造的潮流，走在了前面，但还只是“星星之火，未成燎原之势”，由于制造业自主创新能力薄弱，基础配套能力不足，部分领域的产品质量有待提升，产业结构方面不合理等原因，绝大部分制造业企业不可能短时间直接跨越到智能化生产。

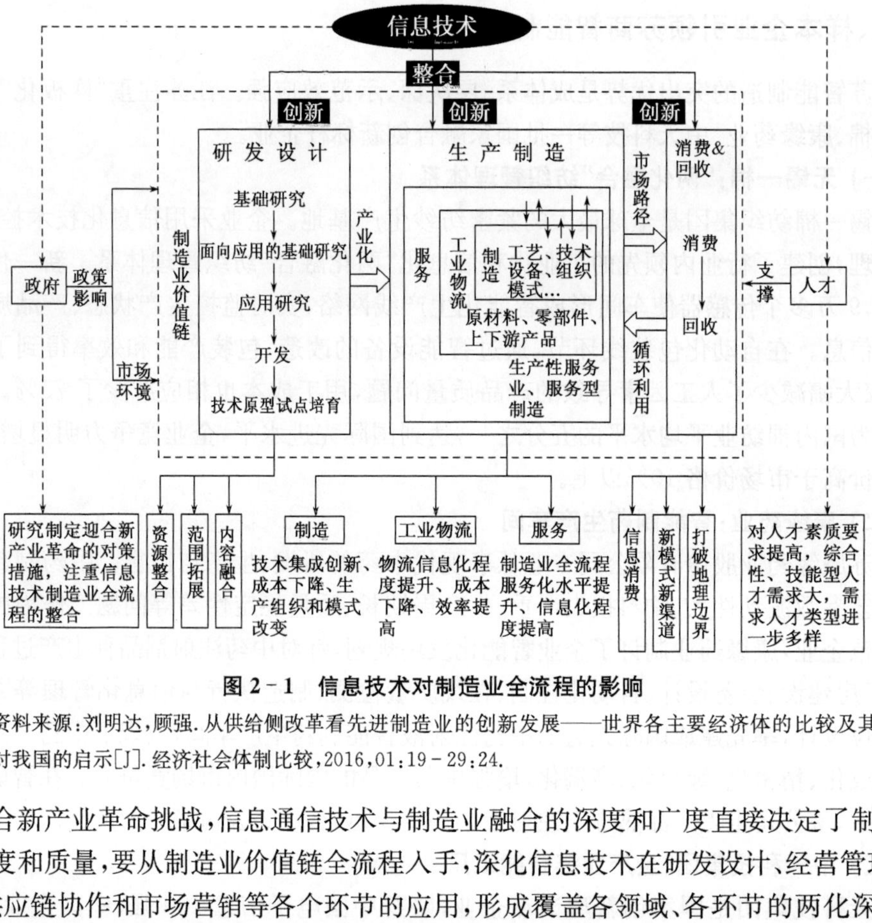

图2-1 信息技术对制造业全流程的影响

资料来源：刘明达，顾强.从供给侧改革看先进制造业的创新发展——世界各主要经济体的比较及其对我国的启示[J].经济社会体制比较，2016，01：19-29：24.

迎合新产业革命挑战，信息通信技术与制造业融合的深度和广度直接决定了制造业升级的速度和质量，要从制造业价值链全流程入手，深化信息技术在研发设计、经营管理、生产制造、供应链协作和市场营销等各个环节的应用，形成覆盖各领域、各环节的两化深度融合发展体系(见图2-1)，将迅速发展的信息通信技术渗透到工厂，在制造业领域构建信息物理系统，为制造业价值链各环节创新创造条件。

(一) 信息技术的快速迭代成为促进制造业创新的催化剂

信息技术的发展极为迅猛，计算机从主机系统发展到PC，从单机应用到局域网、广域网、互联网应用，信息化软件系统的架构从C/S到B/S，再到今天的云计算模式，交易模式从传统交易发展为电子商务，物流运输由自主完成到委托第三方物流公司。在这样一个复杂的、动态多变的环境下，制造业企业要想真正实现智能制造，信息化要渗透于从产品的研发、工艺到制造，从原材料的采购，到组织生产、控制质量到产品交付与售后服务，从设备管理、生产自动化控制到能源、安全管理等全流程，企业信息化应用的复杂性，为制造业创新提供了广阔的空间和丰富的手段，二者的深入融合产生了“1＋1＞2”的实际效能。

（二）“两化融合”促进生产组织方式的变革

推动信息化和工业化的融合，加快信息技术在企业主要业务环节的深度融合应用，实现线上平台和线下生产环节的信息交互与网络协同，使制造业从以产品为中心向以市场为中心转变；生产模式向柔性化、网络化和个性定制化转变；生产组织进一步全球化、服务化。人工智能替代部分脑力劳动，引发了就业、教育领域的深度变革。同时，在客观上催生了新市场、新领域、新模式、新业态的诞生，同时也推动了新兴产业发展，培育了全新的消费模式，为经济发展注入了强大生机和活力。

（三）提高信息技术在非生产领域的应用水平

在物流、服务、消费和回收等领域应用信息技术，提高各环节的运转效率。完善物流信息服务产业链，搭建物流信息化公共服务平台，提高行业物流信息化和供应链协同水平，创新业务协作流程和价值创造模式，提高产业链整体效率。使物流配送和回收体系更加便捷合理，服务种类和消费手段丰富多样。

（四）培养综合化和多样化的智能制造人才

一方面是深化企业家对智能制造发展趋势的认识，对信息化技术的理解，从实现企业发展战略、支撑企业运营的全局出发，提出全面的需求。再由信息化咨询服务机构与企业的信息化部门共同协作，在此基础上梳理和优化企业的业务流程，明确企业的信息系统架构，建立企业的信息化总体规划和实施方案。另一方面是培养实施企业智能制造的复合型人才，鼓励具备条件的企业实施首席信息官（CIO）制度，建立一支既懂业务，又懂 IT 的信息化队伍。

第二节　苏商绿色制造

一、绿色制造是建设制造强国的战略任务与重要标志

（一）绿色制造的源流及发展

资源和环境问题是人类社会面临的共同挑战，在积极应对气候变化的背景下，实现绿色、低碳的可持续发展正在成为当今时代世界各国的发展潮流。哥本哈根气候会议之后，低碳经济成为全球关注的焦点，各国对创建节能环保的良好社会形态的要求与日俱增，绿色制造因其对资源需求的降低、对制造效益的提升而逐步成为一种先进的生产制造工艺，不但已经成为全球各国家和地区的共识，而且已经在许多地区被践行，被列为许多国家（地区）的经济发展战略。比如美国将绿色制造为《先进制造伙伴计划 2.0》中 11 项振兴制造业的关键技术之一，德国将“资源效率（含环境影响）”列为“工业 4.0”的八大关键领域之一。英国《未来制造》中提出实施绿色制造提高现有产品的生态性能，重建完整的可持续工业体系，实现节材 75％，温室气体排放减少 80％的目标。发达国家大幅增加投入，支持节能环保、新能源

和低碳技术等领域创新发展，积极抢占未来发展原制高点。对于整个社会而言，绿色制造可缓解全球能源日益枯竭的现状，能更好地利用有效的资源，减少资源的消耗和浪费，降低环境污染，为创建和谐社会，推动可持续发展提供保障。

绿色制造体现了一种有序、健康的发展理念，成为企业竞争力、社会责任感的重要体现。随着环保意识的提升，消费者愿意花费更多的钱购买低碳、环保的绿色产品。1996 年国际环境管理体系标准 IS04001 和 IS04004 相继颁布，它把环境管理的强制性和改善生态环境及人类生活居住环境的自愿性有机地结合在一起，有利于国际社会找到经济和环境协调发展的依据和正确途径，保证新世纪经济的健康可持续发展。国际环境管理标准的提出，是企业发展绿色制造行业的准则，对企业而言，绿色制造的基本理念也是降成本增效益的重要手段和方法。

(二) 绿色制造战略规划的布局:《工业绿色发展规划(2016—2020 年)》

我国经济发展走过高耗能、高污染、高排放的路子，目前依然没有摆脱这一粗放发展模式，工业仍是消耗能源资源和产生排放的主要领域。工业能效与发达国家仍有差距。中国单位能耗是世界平均水平的 1.8 倍，钢铁行业国内平均能效水平与国际先进水平相比落后 6%—7%，建材落后 10%左右，石化化工落后10%—20%。以铸锻焊等热加工行业为例：我国铸件尺寸精度低于国际标准 1—2 个等级，废品率高出 5%—10%，加工余量高出 1—3 个等级；每吨铸铁件能耗为 0.55—0.7 吨标准煤，国外为 0.3—0.4 吨标准煤；每吨锻件平均能耗约 1.4 吨标煤，日本仅 0.515 吨标煤；每吨工件热处理平均能耗约 660 千瓦时，发达国家平均在 450 千瓦时以下。多年的发展经验已经证明，高耗能、高污染的发展是不可持续的。解决发展与资源环境的制约问题，唯一的出路就是绿色发展，需要建立一个高效、清洁、低碳、循环的绿色制造体系。

党的十八届五中全会提出了创新、协调、绿色、开放、共享的发展新理念，这是“十三五”乃至更长时期我国经济社会发展的思路、方向和着力点。在《中国制造 2025》中，“绿色”散布其间，成为贯穿全文的主色调，绿色升级成为中国制造的一大亮点，《中国制造 2025》明确，加快制造业绿色改造升级；积极推行低碳化、循环化和集约化，提高制造业资源利用效率；强化产品全生命周期绿色管理，努力构建高效、清洁、低碳、循环的绿色制造体系。到 2020 年，重点行业主要污染物排放强度下降 20%。到 2025 年，制造业绿色发展和主要产品单耗达到世界先进水平，绿色制造体系基本建立。

《工业绿色发展规划(2016—2020 年)》提出到 2020 年，绿色发展理念成为工业全领域全过程的普遍要求，工业绿色发展推进机制基本形成，绿色制造产业成为经济增长新引擎和国际竞争新优势，工业绿色发展整体水平显著提升，并初步建立起绿色制造体系。《规划》提出，“十三五”期间，一要严控高耗能行业扩张，坚持节约优先，大力推进能源消费革命，提高工业能源利用效率，促进企业降本增效，加快形成绿色集约化生产方式，增强制造业核心竞争力。二要开展清洁生产提升行动，扎实推进清洁生产，大幅减少污染排放。围绕重点污染物开展清洁生产技术改造，推广绿色基础制造工艺，降低污染物排放强度，促进大气、水、土壤污染防治行动计划落实。三要积极发展再制造，要按照减量化、再利用、资源化原则，加快建立循环型工业体系，促进企业、园区、行业、区域间链接共生和协同利用，大幅度提高资源利用效率。四要做强绿色制造业，发展壮大绿色制造业，强化产品全生命周期绿色管理，包括支持企业推行绿色设计、开发绿色产品、建设绿色工厂等，全面推进绿色制造体系建设。

二、江苏构建绿色制造体系，加快制造业绿色升级

绿色发展是建立在生态环境容量和资源承载力的约束条件下，将节约资源、保护环境作为实现可持续发展重要支柱的新型发展模式，是以效率、和谐、可持续为目标的经济增长和社会发展方式，是建设生态文明的基本途径。工业企业作为各类产品最主要的生产者，在绿色发展中处于关键和核心地位。“十二五”以来，江苏大力发展循环经济，不断增强绿色制造能力，取得明显成效。《中国制造2025江苏行动纲要》、《江苏省“十三五”工业绿色发展规划》进一步明确了江苏绿色制造的总体部署和行动计划。

（一）技术研发促进绿色制造

技术进步和创新是全面推行绿色制造的决定性因素之一。“十二五”以来，江苏省围绕开发固体废弃物智能化分拣、智能化除尘、大气污染防治、污水处理等节能环保装备，通过重点推动企业技术中心、工程技术（研究）中心等研发机构建设，推动有条件的企业海外研发机构建设，积极搭建绿色智能制造平台，发展绿色制造技术。江苏绿色制造技术研发和应用取得新进展，先进节能减排技术研发取得重要突破，新攻克了全集成智能控制节能电机、燃煤锅炉多煤种低氮燃烧、透水型分子筛膜及渗透汽化成套装备、燃煤烟气SCR脱硝催化剂再生及资源回收、超细粉尘高效捕集技术及成套除尘装置、高浓度、高含盐废水处理零排放等关键技术，加快实现了成果的产业化。

（二）技术改造助力节能减排

通过技术改造鼓励地方企业进行绿色制造是实施绿色制造工程的有效措施。江苏突出钢铁、有色、化工、建材、纺织、电力等主要耗能行业，以节能、节水、废弃物资源化、再制造为重点，持续推动重点企业绿色化改造，“十二五”期间，共支持1 700多项节能改造，新增节能能力1 200多万吨标煤。水泥行业纯低温余热发电、钢铁行业高炉压差发电、低热值煤气发电、加热炉蓄热式燃烧技术、电机变频调速技术等一大批先进适用节能技术得到广泛应用。在各地的做法中，无锡市通过合同能源管理助力企业节能减排的模式值得借鉴。2015年无锡市针对全市329家重点用能企业开展中央空调、工业窑炉、余热余压、绿色照明、电机五大节能改造潜力进行深入调研，从而梳理出重点合同能源管理项目，通过减少能源费用，来支付节能项目全部成本的节能业务方式，推动企业实施绿色生产。

（三）再制造示范工程提升资源综合利用率

江苏全面贯彻落实国家发改委《关于推进再制造产业发展意见》，实施再制造示范工程，以项目为载体，推动再制造产业规模化发展，再制造企业规模持续扩张。在汽车发动机、变速箱、发电机等零部件再制造、高速数码复印机等办公信息设备再制造、工程机械、工业电机设备、机床、矿采机械、铁路机车装备、船舶等领域形成了一批具有一定产业规模的专业化再制造企业。资源综合利用产业快速发展。2015年，资源综合利用产业实现产值达241亿元，比2010年增长41%，工业固体废弃物综合利用率连续多年稳定在96%左右，远高于全国平均水平。

（四）发展绿色园区

江苏推动园区或集聚区低碳发展，探索形成产业高度聚集、地区行业特色鲜明、碳生产

力高的园区低碳发展新模式，力争到 2022 年所有省级以上开发区创建成为生态园区。在推动集群绿色发展方面，比较成功的有盐城市纺织染整服装工业区等。盐城市纺织染整服装工业区积极践行“绿色决定生死”理念，走出一条以发展理念转变引领发展方式转变，以发展方式转变推动发展质量和效益提升的绿色发展之路。园区转型发展高端印染服装产业，为发展加装“绿色引擎”；建立产、学、研联合体，用科技创新奏响“绿色强音”；不断完善硬件设施配套，实现硬件升级“绿色配套”。2015 年，园区成功升格为“中国绿色染整研发生产基地”。

“十二五”以来，经过各方面的共同努力，江苏省在推进工业绿色发展方面取得了明显成效，工业资源利用水平不断提高，单位工业增加值能耗累计下降 31.2%，万元工业增加值用水量下降 32%，工业固体废弃物综合利用率稳定在 96%左右，主要指标均位居全国先进水平。工业污染防治取得积极进展，2015 年全省工业化学需氧量、氨氮、二氧化硫、氮氧化物排放总量比 2010 年分别削减 24.1%、11%、20.7%、34.2%，占全省污染物排放总量的比例分别下降 13.4、14.1、0.3、7.26 个百分点。

三、绿色制造领域的苏商践行者

(一) 双良集团：绿色理念撬动节能市场

江阴双良集团一直扮演着江苏节能环保产业“探索者”的角色。自生产出国内第一台具有自主知识产权的溴冷机起，双良集团始终以“钉钉子的精神”，专注“节能、节水、环保”主业，致力打造国际化的能源服务运营商、环境治理运营商，成效卓著，领跑行业。从缓解用电高峰压力的溴化锂中央空调，到余热回收节能系统，双良助推工业节能减排；从耗水量不足传统水冷 20%的空冷器，到污水零排放和海水淡化系统，双良开辟了节水新渠道，为社会节约了宝贵的水资源，解决沿海地区淡水缺乏难题；从大型热泵“助力北方城市供暖”，到“合同能源管理卖服务”，双良在保障北方城市供暖的同时减少大气污染。全面的工业余热利用解决方案，优化的集中供热解决方案，国际领先的冷、热、电联供技术及燃气轮机进气冷却技术，高效换热技术，大型空冷节水技术和高盐废水零排放技术，双良走出了一条从单一设备集成化到提供系统集成解决方案“一揽子”服务的绿色转型之路，为建设天蓝、地绿、水清的美丽中国做出了新贡献。

(二) 天合光能：全球领先的太阳能整体解决方案提供商

太阳能发电已成为全球最便宜的电力资源之一，作为清洁能源，太阳能在应对气候变化上具有成本优势。为避免全球气温升幅超过 2 摄氏度，加速太阳能发电的布局势在必行。2015 年，全球太阳能产业重拾强劲增势，总体增长率达 25%，年度出货量达 50 GW。常州天合光能有限公司是全球领先的太阳能整体解决方案提供商，以“用太阳能造福全人类”为使命，致力于以创新性研发来保护环境，带动行业变革。进入光伏行业近 20 年来，天合光能凭借丰富的经验、优质的产品和创新的技术发展，成为全球领先的光伏组件制造商。天合光能是第一家拿到 UL 客户测试数据程序证书的公司，在企业内部即可进行尖端研究。天合光能致力于创新性研发，不断推动行业标准的建立以及产品性能和可持续性的相关标准。自 2011 年起，天合光能晶硅电池效率及组件功率输出已 15 次打破世界纪录，实现了全球性的突破。

（三）富瑞特装：再制造探路循环经济新模式

张家港富瑞特种装备股份有限公司是一家专业从事液化天然气的液化、储存、运输及终端应用全产业链一站式整体解决方案的高新技术企业。为了响应国家发展循环经济的号召，公司于 2010 年开始开展汽车发动机再制造油改气关键技术研发及产业化建设工作。公司被国家发改委列为第二批汽车零部件再制造试点单位，汽车发动机再制造油改气项目被国家工信部《内燃机再制造推进计划》列为重点示范工程。为了达到统一的再制造标准，公司引进了先进的设备、精密的检测仪器；同时制定了严格的零件再利用标准和程序，并取得了 ISO9001 和 TS16949 质量管理体系认证。目前，富瑞特装已经成为国内领先的汽车发动机再制造油改气企业，年再制造高效清洁发动机 1 万台。

四、推进绿色制造，不断提升可持续发展水平

“十二五”以来，江苏省低碳绿色发展水平明显提高，但与欧美发达国家相比，绿色制造发展起步晚，绿色制造技术创新及生产应用仍存在较大差距。一是绿色发展科技支撑能力不足，绿色制造基础技术研究较为欠缺，绿色化发展的核心技术和关键装备受制于人。二是资源利用率偏低，制造方式粗放，工业发展对资源能源的依赖度较高，以煤为主的能源消费结构，使工业生产造成的二氧化硫排放仍然较多，发达国家设置绿色化水平指标已成为新贸易壁垒。三是产业结构不尽合理。高耗能行业比重较高，化工园区比重过高，且主要分布在江苏省沿江、沿海地区，再制造产业还处于起步阶段，不合理的产业结构带来较大的生态压力。

（一）以突破绿色制造共性关键技术为重点，提升绿色制造核心竞争力

构建绿色制造科技创新体系和产业创新体系，创新开发出一大批绿色制造共性关键技术及装备，扎实推进重点领域绿色制造的集成创新与示范应用，提高江苏制造业绿色化制造能力和核心竞争力。推进绿色制造技术产业化，创新研究开发节材、节能、环保、资源综合利用等降低资源消耗、减少污染排放的生产制造新工艺、新技术和新装备。增设绿色制造交叉学科，重视从事绿色制造技术人才培养培训，协同创新研究开发出传统制造业绿色化提升技术及装备。

（二）加快完善绿色制造标准体系，发展绿色评价方法

目前国际上已形成了相对完善的绿色制造相关标准体系，提出了明确的能源效率计划目标。针对量大面广的制造业，江苏需要制定并实施一批绿色制造相关标准，如从设计、制造、使用、回收到再制造的产品生命周期绿色标准、能源管理体系标准、机床能效与生态设计标准、绿色工厂、园区、供应链等标准。同时，应开展绿色发展评估方法研究，建立绿色发展评估技术方法，引导考核重心转移到促进环境资源保护、提高经济增长效益、推动可持续发展等方面；建立环保责任体系，建立生态环境损害责任终身追究制。

（三）全面推进循环生产方式，实现绿色产业生态链接

绿色制造是一个庞大的系统工程，涉及产品生命周期的各阶段，应全面推进循环生产方式，发展绿色产业生态链接。在产品设计阶段要融入对环境污染“预防为主、设计为辅”的绿色设计理念；在产品制造阶段，采用绿色制造工艺，利用信息化技术对传统制造工艺等实施智能制造，促进企业、园区、行业之间链接共生、原料互供、资源共享；在回收阶段，大力发展

回收循环处理技术，推进资源再生利用产业规范化、规模化发展，提高大宗工业固废资源综合利用水平，并做到废弃物再生资源化和无害化、资源能力消耗减量化，使其对生态环境和资源的破坏降到最低限度。

(四) 强化绿色发展理念，完善绿色制造政策支撑体系

牢固树立并切实贯彻绿色发展理念，提升绿色发展自觉意识与行动。加强和完善绿色制造相关法律法规及制度建设，通过建立奖惩机制，提高企业绿色发展责任意识。充分发挥绿色制造有关行业学会、协会及联盟等中介机构作用，搭建绿色制造技术创新服务平台。深入调研行业绿色转型的资金需求、技术条件和体制障碍，全面评估行业绿色转型的成本与收益，利用政府补贴等财政手段，支持企业加大技术创新、节能减排、资源综合利用和环境保护等方面的自主投入，促进企业绿色经营管理创新；加强企业与环境监管部门合作，共同督促企业加强环保自律，引导企业主动实践绿色发展的社会责任。

第三节　苏商高端装备制造

一、装备制造业是支撑产业转型升级的关键核心

装备制造业是一国经济的骨架和支撑，乃国之重器、产业脊梁。其关联产业多，吸纳就业能力强，全球主要经济体均将其视为战略性产业，目前市场规模已超过 7 万亿美元。纵观全球，世界上领先的国际工程承包企业，美国柏克德集团、德国霍克蒂夫公司等之所以能够在市场上保持霸主地位，它们身后的国家无一不是装备制造的强国。大企业间的竞争其实不仅仅是企业间的竞争，更是国家整体工业制造实力的比拼。目前来看，高端装备制造业的竞争，实际上已经成为大国博弈的核心之一。

我国 2010 年超过美国成为全球制造业第一大国，但大而不强的特征依然突出，尤其是高端装备制造业的竞争力还有待加强。以集成电路行业为例，近八成的集成电路芯片依赖于进口，其中高端芯片进口率更是超过九成。改变我国制造业大而不强的关键就是高端装备制造业要有突破。《中国制造 2025》提出组织大型飞机、航空发动机及燃气轮机、节能与新能源汽车等一批创新和产业化专项、重大工程。到 2020 年，上述领域实现自主研制及应用。到 2025 年，自主知识产权高端装备市场占有率大幅提升，核心技术对外依存度明显下降，基础配套能力显著增强，重要领域装备达到国际领先水平。

装备制造业是江苏省的主导产业之一，规模和效益居全国同行业首位。尽管如此，我省装备制造业的长期性、结构性、系统性矛盾依然突出，尤其是当前装备制造业由规模扩张走向创新升级阶段，存在的一系列问题成为制约产业升级发展的重要瓶颈：一是大型智能成套重大装备偏少，与国际先进水平相比还有一定差距；二是行业旗舰型领军企业欠缺，大部分企业仍处于价值链的中低端，品牌知名度和市场影响力有待进一步提升；三是技术创新观念薄弱，自主创新能力不足，尤其是大量关键核心技术、核心基础零部件依赖国外进口；四是协同“走出去”发展不够，企业“小、散、低”，难以适应国际竞争，全球化整合资源能力有待进一步提高。

当前，新一轮科技革命和产业变革方兴未艾，装备制造业发展出现许多新动态，也代表着未来新兴产业发展的方向。江苏在装备制造业领域有一定的基础和优势，坚持问题导向，

紧抓重大矛盾,转型升级刻不容缓。

二、脱颖而出的苏商装备领军企业

江苏装备制造企业数量占全省工业的47%,产值、销售、利税在全省工业所占比重分别为56%、55%和56%,出口交货值占比为81%,江苏装备制造业规模和效益指标一直位居全国同行业首位。江苏仪器仪表及文化办公用机械制造业、电气机械及器材制造业全国竞争力排名第一,通信设备计算机及电子设备制造业在全国竞争力排名第二。

到"十二五"末,江苏全省拥有销售收入超百亿元企业20余家,超10亿元企业400余家,全省拥有全国机械工业百强企业数量连续多年稳居全国前三位。一大批主业突出、研发能力较强的装备领军企业(集团)脱颖而出,企业综合竞争实力日益增强。涌现出徐工集团、恒立液压、南高齿集团、沃得集团、天奇自动化等一大批行业龙头企业和四方冷链、明志科技、润源经编等一大批行业"小巨人"、"单打冠军"。

(一) 徐工集团:工程机械行业的创新与改革

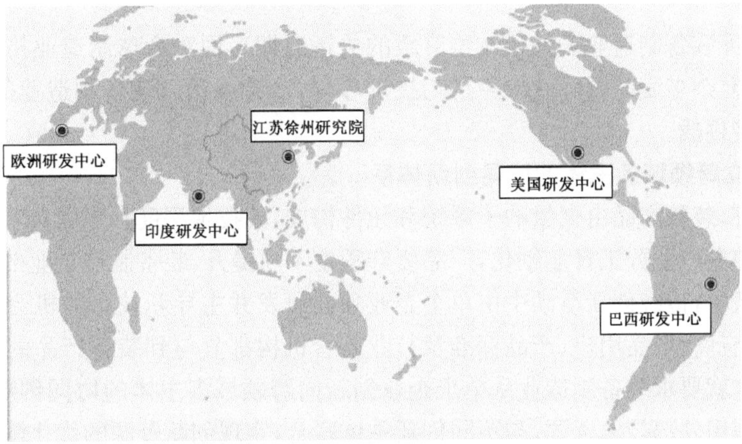

图2-2 徐工集团全球研发布局

资料来源:徐工集团主页,http://www.xcmg.com/strength/innovate.htm.

徐工集团建立20多年来,创新引领,始终保持中国工程机械行业排头兵的地位,目前位居世界工程机械行业第9位,中国机械工业百强第2位,是中国工程机械行业规模最大、产品品种与系列最齐全、独具竞争力和影响力的大型企业集团。作为装备制造领军企业,徐工集团向创新要动力,向改革要活力,走出了一条自主摸索、技术引进、自主创新的产业技术发展之路。徐工聚力实现施工应用技术、液压传动技术、动力传动技术、智能控制技术、结构优化技术5大专业方向关键核心技术的突破创新,通过自主创新,攻克多项产业化关键技术,多项技术指标达到并超过国际先进水平,通过整合创新性技术,研制出100多项国产首台套重大装备,产品涵盖14大门类70大品系,在世界工程机械舞台上绽放异彩。徐工以各产业技术中心为研发主体,以江苏徐州工程机械研究院为技术研究平台,形成国家级技术中心三级研发体系。在全球多个地区设立研究中心,形成了辐射全球的研发布局,全面开展新产品开发、产品适应性、共性技术及实验技术研究。

(二)恒立液压:突破中国液压业的“锁喉”之痛

江苏恒立液压股份有限公司是中国液压行业制造规模最大、产品品种与系列最齐全、最具竞争力和影响力的大型企业集团。高压油缸、液压泵、阀、马达这四大液压核心零部件,长期被国外企业垄断。近年来,恒立在做强油缸业务的同时,投入数十亿元,研发生产高压液压泵、高压液压阀、液压马达等,突破国际壁垒,企业无论是技术还是产能,已全线掌握液压核心零部件产业链。恒立致力开发多型号盾构机油缸,累计出厂500多套,与法国NFM、美国罗宾斯、日立造船、中铁隧道、中国铁建等盾构机企业开展合作。自主研发的6T/8T挖掘机专用高压柱塞泵、多路控制阀两项产品,已批量供应三一重工、徐工集团、柳工集团等,性能达到并部分超过国际主流产品。投资5.9亿元扩建的挖掘机专用液压马达项目正在紧张施工,整体项目预计2016年底竣工,可形成年产液压马达5万只的生产能力。为更好研制和批量生产高端液压元件,恒立牵头成立江苏省高端液压件及液压系统制造业创新中心,收购了德国液压企业哈威英莱,共同开发面向盾构机市场的高压柱塞泵产品。

三、打造国之重器,推进江苏装备制造业高端化发展

当前,江苏装备制造业正处于转型升级的关键时期。面对全球制造业格局和技术的不断变化,以及复杂多变的国际政治经济与投资环境,江苏必须以装备制造业的体系优势、系统效率来迎接挑战。

(一)建立跨领域多主体的协同创新体系

一般而言,装备产品由大量的子系统和元件构成,其技术深度和宽度具有显著的关联性和集成性。随着产业分工日益细化,产品复杂程度不断提升,装备制造企业的产品被嵌入复杂的技术网络中,传统创新活动中由单个企业独立研发并主导新技术的机会和可能性大大降低,需要供应商、产品用户、产品标准及行业监管机构都参与到装备产品的创新和系统集成过程中。这就要求装备制造业从单个企业创新向跨领域多主体的协同创新转变,要求企业能够善于利用外部技术资源,与不同创新主体联合,实现创新资源的优化配置。使网络化的众包、众创、众筹、线上到线下等新型创新方式成为装备制造业领域创新的主流模式。

(二)加快构建功能完整的装备制造产业新体系

构建装备制造业产业体系应重点把握以下几个方面:一是继续巩固提升电气机械、汽车、数控机床等传统优势装备制造业;二是进一步壮大智能制造设备、新能源汽车、轨道交通设备等新兴装备制造业;三是推动高端装备和重大整机成套装备与零部件产业的自主创新;四是深入互联网等现代信息技术与传统装备制造产业的融合发展。

(三)打造具有核心竞争力的高端装备制造龙头企业

装备制造业向高端装备制造业发展离不开大规模龙头企业的培育。在发展高端装备制造业时,应鼓励和引导龙头企业的发展,鼓励龙头企业的规模化经营,积极参与国家重点工程项目的建设和管理,并支持骨干企业适时进军高端装备制造业领域。积极鼓励龙头企业向外发展,参与海外市场的竞争。完善产业链的发展,加大高端装备制造业企业之间、相关企业之间、企业与科研院所间的合作,进行横向和纵向的结合,实行产业集约化发。

参考文献

[1] 刘明达,顾强.从供给侧改革看先进制造业的创新发展——世界各主要经济体的比较及其对我国的启示[J].经济社会体制比较,2016,01:19-29:24.
[2] 周济.智能制造——"中国制造 2025"的主攻方向[J].中国机械工程,2015,17:2273-2284.
[3] 易开刚,孙漪.民营制造企业"低端锁定"突破机理与路径——基于智能制造视角[J].科技进步与对策,2014,06:73-78.
[4] 李佐军,唐波.美国重振制造业缘由探究与中国的选择[J].改革,2012,11:121-127.
[5] 构建绿色制造体系 走生态文明发展道路[N].光明日报,2016-03-23010.
[6] 张丹宁,陈阳.中国装备制造业发展水平及模式研究[J].数量经济技术经济研究,2014,07:99-114.
[7] 林桂军,何武.中国装备制造业在全球价值链的地位及升级趋势[J].国际贸易问题,2015,04:3-15.
[8] 吕国庆,曾刚,郭金龙.长三角装备制造业产学研创新网络体系的演化分析[J].地理科学,2014,09:1051-1059.

第三章　苏商现代服务业发展研究

2015年是"十二五"收官之年，也是江苏省政府加快发展现代服务业"十百千"行动计划的收官之年。"十二五"期间，江苏第三产业快速发展，跨入服务型经济时代的门槛。2015年，全省实现服务业增加值34 085.8亿元，比上年增长9.3%，快于地区生产总值增速0.8个百分点；服务业增加值占GDP比重达到48.6%，比去年同期提高1.9个百分点。服务业增加值占GDP比重高于第二产业2.9个百分点，首次超过第二产业占比，产业结构历史性地转变为"三二一"格局。从第三产业的高端组成部分——现代服务业来看，无论是产值规模还是产值比重均有显著提升，现代服务业占第三产业的比重超过60%。现代服务业正成为江苏经济发展的新引擎，对经济增长的拉动率明显提高；成为经济转型的生力军，对产业结构调整的作用日益明显；成为承载劳动力转移的重要手段，改善民生、提升居民收入的有效途径。

在全国众多商帮中，地缘相近、人文相亲，又先后发轫苏南模式和温州模式的苏商和浙商一直是人们关注的焦点。苏商发展偏重制造业，浙商重视现代服务业。"IT浙商现象"充分证实了浙商在互联网领域的成功，阿里巴巴马云、网易丁磊、盛大陈天桥、金山求伯君等，成为浙商在现代服务业领域的杰出代表。而苏商中新兴服务业领军企业数量偏少，品牌知名度和国际影响力欠缺。相对而言，苏商在现代服务业的发展上与浙商存在一定差距，向第三产业转移的任务非常艰巨。

随着全省经济由高速增长期进入以结构调整为主的中高速增长新阶段，江苏省将现代服务业发展作为推动产业结构调整的重中之重，走出了一条追赶式、跨越式的现代服务业发展新路。如今，发展现代服务业成为苏商共识，生产性服务业、智慧服务业、新型服务业等的兴起为江苏经济注入了新的基因。

第一节　苏商发展现代服务业现状分析

2015年，江苏全省服务业发展坚持以"高轻优强"为主要导向转变发展理念，以"十百千"重点项目、集聚区和创新企业为主要抓手突出工作重心，以体制机制改革为重要路径创新发展举措，在重点领域和关键环节上不断取得进展和突破，推动全省服务业发展速度明显加快，内部结构持续优化，质量效益不断提升，贡献份额大幅提高，为经济转型升级和持续健康发展提供了有力支撑。

一、现代服务业总量持续扩大，规模效应不断增强

（一）江苏现代服务业总量分析

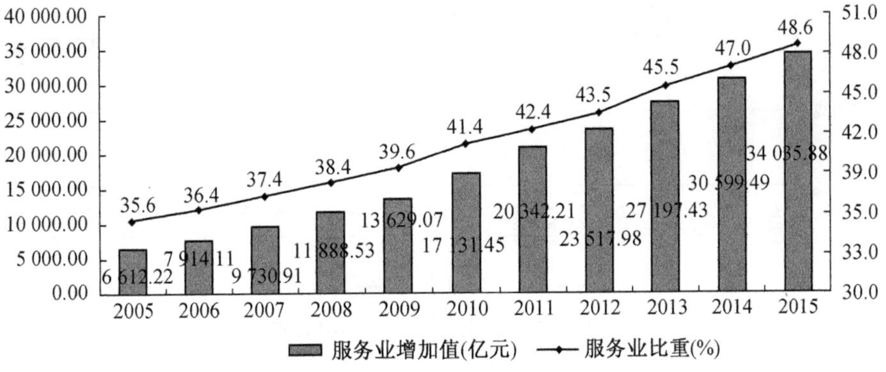

图 3－1 江苏服务业增加值及比重

注：本表按当年价格计算。

数据来源：《江苏统计年鉴 2016》。

江苏省服务业总量持续扩大，比重迅速提高。2015 年，江苏省实现服务业增加值 34 085.88亿元，首次超过第二产业。服务业增加值占地区生产总值比重达 48.6%，比 2014 年提高 1.6 个百分点，比“十二五”初期的 2011 年提高 6.2 个百分点，是东部沿海服务业占比提速最快的省份之一。江苏结构调整取得积极成效，三次产业增加值比例调整为 5.7∶45.7∶48.6，第三产业首次超过第二产业占比，产业结构调整实现了由“二三一”向“三二一”的标志性转变。

（二）江苏现代服务业规模效应分析

江苏现代服务业规模效应增强，全省规模以上服务业企业营收增长居全国前列。调查统计显示，2015 年，全省规上服务企业完成营业收入 9 867.1 亿元，同比增长 12.4%，增速高于全国平均增速 5.0 个百分点，增速比上年同期回升 0.4 个百分点，同比提高 1.4 个百分点。营业收入增长较快的行业是互联网和相关服务业、商务服务业、软件和信息技术服务业，增速分别达 61.9%、24.4%、20.7%。江苏现代服务业盈利能力实现较快提升，全省规上服务企业实现营业利润 995.5 亿元，同比增长 16.3%，快于同期营业收入增速 3.9 个百分点。营业利润增长较快的行业是水上运输业、商务服务业、管道运输业，增速分别为 51.8%、45.2%、41.0%。

（三）江苏现代服务业增速分析

20 世纪 90 年代以来，江苏现代服务业发展速度明显加快。2015 年，全省服务业增加值比上年增长 9.3%，增速与 2014 年持平，快于地区生产总值增速 0.8 个百分点。从 1991 年到 2011 年，江苏服务业增速均在 10%以上。比较服务业和 GDP 的增速，两者整体变化趋势一致，表现出同步的周期性波动。2005 年到 2011 年，江苏服务业的发展速度明显高于同期地区生产总值增长率(见图 3－2)。“十一五”期间，服务业高于同期地区生产总值增速 0.9 个百分点。进入“十二五”，随着经济下行压力加大，服务业增速有所放缓。但 2013 年后，江苏服务业实现提速发展，扭转了 2012 年服务业增速低于 GDP 增速的局面，2013—

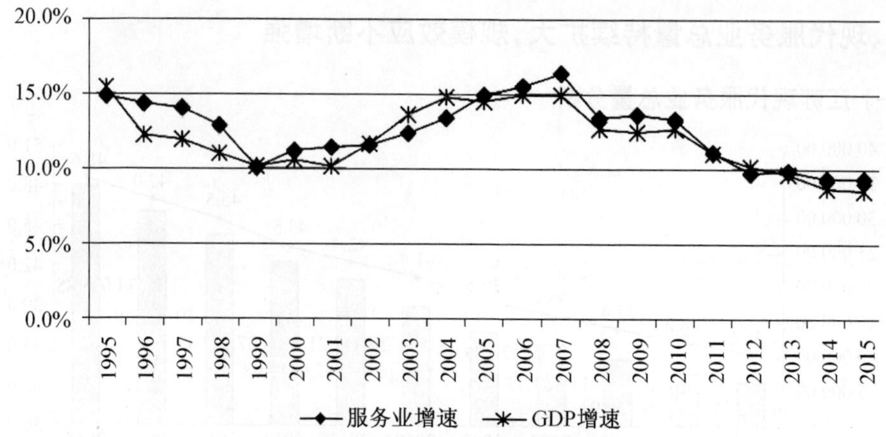

图 3-2　江苏服务业和 GDP 增速

数据来源：根据中经网统计数据库相关数据计算整理而得。

2015 年，服务业增幅高于江苏 GDP 增速分别为 0.2、0.6、0.8 个百分点，呈加速扩大趋势。

(四) 服务业固定资产投资分析

服务业项目投资较快增长。2015 年，江苏全省服务业项目投资完成 14 628.3 亿元，同比增长 14.2%，高于全部投资增速 3.7 个百分点，服务业项目投资占全部投资比重达 31.9%，占全部服务业投资比重达 64.2%，比上年分别提高了 1.1 个和 3.3 个百分点，民生相关行业投资中卫生和社会工作投资增长 63%，批发和零售业投资增长 46.9%。

二、现代服务业产业贡献加大，成为税收就业重要源泉

江苏现代服务业已成为经济发展的重要引擎。在“三期叠加”的宏观环境下，全省经济能够保持平稳发展，服务业的持续较快增长为此做出了积极贡献。

(一) 江苏现代服务业税收贡献分析

从财税收入看，服务业税收贡献加大，已成为税收增长的重要源泉。2015 年，全省实现服务业税收 5 468.3 亿元，增长 13.2%，比上年加快 4.7 个百分点，高于全部税收增速 3.6 个百分点。分行业看，租赁和商务服务业、金融业税收增长较快，分别增长 34.9% 和 18.9%。随着服务业税收的较快增长，服务业税收收入占国税地税总收入的比重明显提升，达到 47.0%，比上年同期提高 1.5 个百分点，其中地税服务业税收收入占地税收入比重达到 68.1%，比上年同期提高 1.3 个百分点。

(二) 江苏现代服务业吸纳就业分析

在发展经济、增强综合实力的同时，江苏积极协调经济增长与就业的关系，基本实现了经济结构调整和劳动力结构调整的协调推进。江苏农村劳动力从第一产业中剥离出来，向第二、三产业转移。第一产业从业人员比重不断下降，第二产业和第三产业从业人员比重持续上升，使从业人员在三次产业间的分布逐步趋向合理(见图 3-3)。2015 年末，江苏全省城乡从业人员为 4 758.5 万人，其中第一产业为 875.56 万人，第二产业为 2 046.16 万人，第三产业为 1 836.78 万人。三次产业就业比重分别为 18.4%、43.0%、38.6%，服务业已成为吸纳就业的重要渠道。

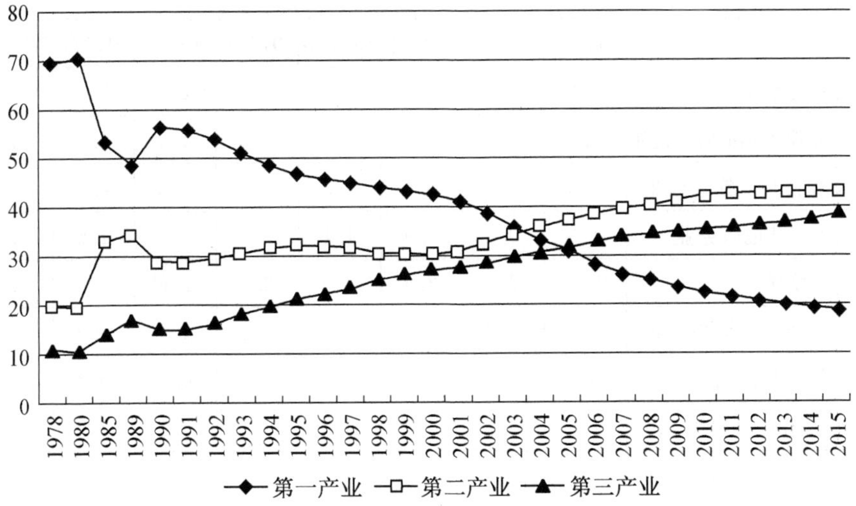

图 3-3　江苏三次产业从业人员分布情况(%)

数据来源:江苏省人力资源和社会保障事业发展统计公报。

(三) 江苏现代服务业节能减排分析

从节能减排看,服务业已成为重要保障。江苏服务业能耗只占全省能耗总量的10%左右。据测算,全省服务业占比每提高1个百分点,万元GDP能耗可以下降1个百分点左右,服务业的快速发展为江苏顺利实现"十二五"节能目标发挥了至关重要的作用。

三、现代服务业行业结构优化,成为经济发展新引擎

近年来,江苏省把加快发展现代服务业与全面提升传统服务业紧密结合起来,重点发展生产性服务业,大力培育新兴服务业,产业发展水平显著提升,内部结构不断优化,金融业成为支柱产业,现代物流业增效明显,科技服务业快速发展,软件和信息服务业跃居全国首位,文化产业提质转型,旅游业发展保持全国前列,电子商务蓬勃发展。此外,商务服务业持续稳定发展,家庭服务业和健康、养老等新兴服务业态发展迅速,有望成为服务业重要的新增长点。

表 3-1　江苏省第三产业分行业地区生产总值构成

行　　业	2005年	2008年	2009年	2010年	2011年	2012年	2013年	2014年	2015年
第三产业	35.6	38.4	39.6	41.4	42.4	43.5	45.5	47.0	48.6
交通运输、仓储和邮政业	4.3	4.3	4.1	4.3	4.3	4.4	4.1	4.0	3.9
信息传输、计算机服务和软件业	1.6	1.6	1.5	1.7	1.9	1.9	1.7	1.7	1.7
批发和零售业	10.1	10.1	10.4	10.7	10.9	10.6	10.3	10.1	10.0
住宿和餐饮业	1.6	1.9	2.0	1.7	1.9	1.9	1.7	1.7	1.7
金融业	2.6	4.2	4.6	5.1	5.3	5.8	6.6	7.3	7.6
房地产业	4.3	5.2	5.9	6.3	5.6	5.5	5.5	5.5	5.3

(续表)

行　业	2005 年	2008 年	2009 年	2010 年	2011 年	2012 年	2013 年	2014 年	2015 年
租赁和商务服务业	1.2	1.6	1.6	2.1	2.4	2.6	3.4	3.8	4.1
科学研究、技术服务和地质勘查业	0.7	0.9	0.9	0.9	1.0	1.1	1.3	1.3	1.4
水利、环境和公共设施管理业	0.5	0.4	0.4	0.5	0.6	0.6	0.6	0.6	0.7
居民服务和其他服务业	1.3	0.9	0.9	1.1	1.2	1.3	1.5	1.6	1.8
教育	2.9	2.4	2.5	2.5	2.5	2.6	2.8	2.9	3.1
卫生、社会保障和社会福利业	1.1	1.2	1.2	1.2	1.3	1.4	1.5	1.6	1.7
文化、体育和娱乐业	0.5	0.4	0.4	0.5	0.5	0.6	0.7	0.8	0.9
公共管理和社会组织	2.9	3.2	3.0	3.0	3.1	3.1	2.9	3.1	3.4

数据来源:历年《江苏统计年鉴》。

如表 3－1 所示,江苏服务业包含的行业中,增加值所占比重最高的是批发和零售业,2015 年增加值总计为 6 992.68 亿元,占地区生产总值的比重为 10.0%,占服务业增加值的比重达到 20.51%。其次为金融业和房地产业,2015 年金融业增加值为 5 302.93 亿元,占服务业增加值比重 15.56%;房地产业增加值为 3 755.45 亿元,占服务业增加值比重 11.02%。从总量来看,与传统服务业相比,江苏现代服务业所占比重不高。从增速来看,生产性服务业发展速度领先。2015 年,全省金融业、营利性服务业、非营利性服务业增加值分别增长 15.7%、13.6%、9.8%,增速分别快于服务业增速 6.4、4.3、0.5 个百分点。从服务业行业收入来看,包含快递业在内的邮政业、保险业增速领先,同比分别增长 36.0%和 23.9%,商务服务业、软件业、科技服务业等生产性服务业也实现了两位数以上的较快增长。从服务业用电量来看,全省服务业用电量增长 7.2%,比上年加快 3.1 个百分点,高于全社会用电量增速 5.1 个百分点,其中信息传输、软件和信息技术服务业,科学研究、技术服务和地质勘探业用电量增长较快,分别增长 14.9%和 12.1%。

(一) 着力培植生产性服务业新优势

先进制造业基地的打造离不开服务业的发展,它需要先进的生产性服务业来支撑。生产性服务业是指从企业内部生产服务部门分离和独立发展起来的,主要为生产经营主体而非直接向消费者提供的服务,其本质上是一种中间投入。目前我国生产性服务业占 GDP 的比重只有 15%左右,相比之下,作为先进制造业强国的德国的生产性服务业占 GDP 的比重为 45%—50%。2014 年,国务院印发《关于加快发展生产性服务业促进产业结构调整升级的指导意见》,首次对生产性服务业发展做出了全面部署。服务业的发展对先进制造业有巨大推动作用,江苏发挥制造业大省的产业优势,围绕制造业需要,把发展生产性服务业摆到更加突出的位置,促进产业结构逐步由生产制造型向生产服务型转变。2015 年,江苏生产服务业发展加快,全省生产服务类行业实现营业收入 7 690.9 亿元,增长 13.1%,高于规上服务业 0.7 个百分点,拉动规上服务业营业收入增长 10.4 个百分点;实现营业利润 799.8 亿元,增长 19.1%,高于规上服务业 2.8 个百分点。其中租赁和商务服务业、信息传输软件和信息技术服务业营业收入同比分别增长 22.1%和 14.4%。2016 年,《江苏省生产性服务业双百工程实施方案》正式出台,“双百”工程包括百企升级引领工程和百区提升示范工程,意味着“十三五”期间江苏省生产性服务业集聚区和企业将有创新模式。

1. 金融服务业

金融作为现代经济的核心,在资源配置中处于枢纽地位。金融业已经成为现代服务业的核心板块和全省经济的支柱产业。2015 年,江苏金融业增加值增长 15.7%,金融支撑力度明显增强。2015 年末,全省金融机构存款余额达 107 873 亿元,同比增长 11.7%;贷款余额达 78 866.3 亿元,同比增长 13.4%。货币信贷投放创历史新高,直接债务融资实现“四连冠”,企业融资成本压力有所缓解。深化金融改革创新取得积极进展,金融基础设施不断完善。

2. 现代物流业

现代物流是资源和人力之外的“第三利润源”。2015 年,公路客货运周转量增长 3.6%,铁路客货运周转量增长 0.4%,民航旅客吞吐量、货邮吞吐量分别增长 15.5%、4.4%,规模以上港口货物吞吐量增长 3.6%,江苏物流业总体呈现平稳增长的态势。如表 3-2 所示,2015 年,江苏全省综合物流指数为 0.512 7,比上年增长了 5.73%,反映出江苏物流基础设施进一步完善,物流质量持续提高,经济对物流业的拉动作用更加明显,物流业对经济社会的支撑作用进一步加强。从分市情况来看,南京和苏州的物流发展情况较好,综合物流指数均为全省平均水平的 1.53 倍。具体从物流增长指数来看,2015 年,省内三大区域物流协同发展态势进一步深化,苏南地区物流业增速提升明显,打破了以往苏南物流指数增长较慢、苏中和苏北增长较快的格局。从物流行业基础条件及效益指数来看,全省为 0.527 1,增长 4.86%,各地物流行业基础设施指数均有所增长,物流基础条件进一步完善,物流规模不断扩大,物流行业的整体效率有所提高。从物流发展与经济总量关系指数来看,全省为 0.482 3,增长 8.83%,物流业发展与经济发展水平继续保持着正向相关的关系,地区经济越发达,物流与经济增长关系指数越高,物流业对经济社会的支撑作用更加明显。

表 3-2 2015 年江苏省物流指数

	综合指数	增长指数	基础条件及效益指数	物流发展与经济总量关系指数
全省	0.512 7	0.057 3	0.527 1	0.482 3
南京	0.784 6	0.095 9	0.805 9	0.818 5
无锡	0.620 4	0.025 4	0.585 6	0.721 3
徐州	0.531 7	0.038 1	0.588 4	0.441 1
常州	0.519 5	0.041 1	0.503 9	0.539 8
苏州	0.784 9	0.041 4	0.736 6	0.979 4
南通	0.537 8	0.024 3	0.551 6	0.520 5
连云港	0.404 1	0.034	0.436 1	0.244 6
淮安	0.381 9	0.023 6	0.421 6	0.273 1
盐城	0.454 1	0.062 1	0.490 3	0.349 8

(续表)

	综合指数	增长指数	基础条件及效益指数	物流发展与经济总量关系指数
扬州	0.452 1	0.025 8	0.464 6	0.407 1
镇江	0.444 1	0.026 1	0.423 2	0.436 2
泰州	0.437 8	0.024 1	0.467 6	0.354 2

数据来源:江苏省经信委,2015 年江苏物流指数,苏经信交通〔2016〕645 号。

3. 高技术服务业

高技术服务业(High Technology Services,HTS)是以网络、信息及生物技术等高新技术为支撑,服务于社会各方并为其提供高科技含量与高附加值服务的现代服务业,包括研发设计服务、知识产权服务、检验检测服务、科技成果转化服务、信息技术服务、数字内容服务、电子商务服务和生物技术服务八个领域。江苏紧紧围绕建设创新型省份目标,以加快转变经济发展方式为主线,大力推进自主创新,加快构建区域科技创新体系,大力发展高新技术及其产业,加速科技成果向规模产业化转化,科技进步对经济增长和社会发展的支撑引领作用进一步增强。2015 年,江苏全省科技服务业营业收入同比增长 14.1%,研发经费投入强度(研发经费与 GDP 之比)达到 2.55%,科技进步对经济增长的贡献率达 60%,区域创新能力连续 7 年居全国首位。

(二) 加快发展生活服务业新业态

在新常态下保持经济平稳健康发展,要着力培育新的消费增长点,创新消费政策,改善消费环境,推动消费升级,更多依靠扩大消费需求拉动经济增长。积极发展与人民生活密切相关的生活服务业,既可以提升群众生活质量,又可以扩大消费。江苏在促进传统生活服务业加快发展的同时,重点发展健康、养老、旅游等民生热点领域,在扩大内需、改善群众生活方面发挥了重要作用。2015 年,全省居民生活消费类服务业完成营业收入 774.5 亿元,增长 15.6%,高于规模以上服务业收入增速 3.2 个百分点;实现营业利润 47.5 亿元,增长 45.7%,高于规模以上服务业营业利润增速 29.4 个百分点。

1. 健康服务业

健康服务业以维护和促进人民群众身心健康为目标,主要包括医疗服务、健康管理与促进、健康保险以及相关服务,涉及药品、医疗器械、保健用品、保健食品、健身产品等支撑产业。美国健康产业占 GDP 比重达到 18%,而中国还不足 2%,健康服务行业发展前景广阔。江苏省推进“健康江苏”建设,提高健康、养老消费供给能力和水平。大力推进社会办医,全省医疗机构已呈现出投资主体多元化、办医形式多样化的发展态势,正在逐步形成以公立医院为主导,私立医疗机构、股份制医疗机构、中外合资合作医疗机构等多种所有制形式并存,公立医院与非公立医院共同发展的格局。非公立医疗机构快速发展,为增加我省医疗服务资源总量,满足不同层次医疗服务需求,保障人民群众身体健康,做出了积极贡献。积极发展中医医疗保健、健康养老以及健康体检、咨询管理、体质测定、体育健身、医疗保健旅游等多样化健康服务,培育壮大健康服务支撑产业,加快构建健康产业发展载体。

2. 养老服务业

江苏1986年就进入老龄化社会，比全国早13年，是全国最早进入老龄化的省份。截至2015年底，全省60周岁以上老年人口1 648.29万，占户籍人口的21.36%。随着人口老龄化的加速发展和“四二一”家庭的增多，传统的以家庭提供养老的方式受到前所未有的挑战，社会养老服务供需矛盾日益突出，发展养老服务业的空间巨大。近几年来，江苏出台了《江苏省老年人权益保障条例》、《江苏省养老服务条例》、《关于加快发展养老服务业完善养老服务体系的实施意见》、《江苏省“十三五”养老服务业发展规划》等一系列法律法规、政策措施，以提升养老服务能力为重点，全面发展居家养老服务网络、着力办好公办保障性养老机构、全面推进医疗卫生与养老服务融合发展、切实提高养老服务信息化水平等，多措并举夯实养老服务业的发展基础。全省各类养老床位总数、养老护理员持证人数、护理院数量等指标居全国第一。在全国率先出台医养融合、产业发展、金融支持、外资参与、独居空巢老人关爱制度等政策文件。养老服务专业化水平不断增强，广大老年人幸福感、满意度不断提升，养老服务业发展呈现快速、健康发展的良好态势。

3. 文化产业

文化产业具有低碳、绿色、可持续的明显特征，是调结构、转方式的重要着力点，面临广阔的发展前景。江苏把握文化创意跨界融合发展的新趋势，推进文化科技融合发展，文化产业发展水平不断提升。截至2015年底，江苏省文化企业达到10万家左右，从业人员突破110万人，企业资产总规模、主营业务总收入分别达到1万亿元。2015年，江苏省文化产业增加值首次突破3 000亿元，达到3 167亿元，位列全国第二，占GDP比重超过5%。

4. 旅游业

江苏省拥有丰富的旅游资源、完善的旅游设施和优质的旅游服务，加快推进旅游强省建设步伐，旅游业发展水平在全国处于前列。“十二五”期间，江苏旅游企业、旅游管理部门努力突破传统思维，新手段、新项目、新业态、新机制不断涌现，发挥特色资源优势，加强旅游与文化、科技融合，展现民族特色风情，持续推进“畅游江苏”品牌建设取得卓越成效。五年来，全省接待境内外游客年均增长11.5%；旅游总收入年均增长14.1%；旅游业增加值按现价计算年均增长14.1%，高于全省经济发展平均水平。2015年，全省旅游总收入突破9 000亿元，越来越多的游客被吸引来到江苏。

(三)“互联网+”相关产业发展迅猛

1. “互联网+”基础设施建设成果显著

江苏光缆线路总长度、互联网省际出口宽带、移动电话基站数、宽带用户数等多项指标均居全国前列。截至2015年底，全省光纤到户覆盖家庭3 217万户，4G基站建成站点超13万个，全省所有地市、县城主要城区实现全覆盖。江苏网民规模持续扩大，截至2015年底达4 416万人。全省13个省辖市中，有9个市互联网普及率高于全国平均水平。“提速降费”取得新进展，全省整体固定宽带接入速率10.61 Mbps，全国第二；视频下载速率达6.31 Mbps，全国第三。无锡、苏州、宿迁、南京等市先后建成高标准的“全光网城市”，满足任何人、任何地点、任何时间的光接入需求。2015年全省固定宽带、移动宽带资费平均降幅超50%。

2. 互联网和相关服务业

互联网产业是渗透性强、辐射带动面广、创新活跃度高、发展潜力巨大的战略性、基础性、先导性产业，随着互联网基础设施的不断完善，下一代互联网和移动通信技术的广泛应用，特别是互联网产业和传统产业的深度融合，互联网产业商业模式的日臻成熟，互联网产业迎来了加速发展的重大机遇。2015年，江苏互联网和相关服务业营业收入快速增长，增幅达到61.9%，互联网和相关服务业、软件和信息技术服务业两个行业规上服务业企业户均营业收入较2014年提升30.2%；带动快递业营业收入增长48.2%，快递业务量增长56%。

江苏省委、省政府十分重视互联网金融发展，早在2011年初，江苏省金融办即与国家开发银行联合开展了开鑫贷互联网金融平台试点工作，率先推动互联网金融规范发展，探索社会资金服务实体经济的新思路。开鑫贷作为行业标杆，在业内唯一获得人民银行"合法合规"认可，在全国首创通过银行网银系统的在线资金结算技术，全国首家与保险机构合作推出"保鑫汇"产品；与江苏银行直销银行战略合作，"P2P＋直销银行"融合模式。在2015年6月"第二届江苏互联网金融年会"上，江苏苏宁易购电子商务有限公司、焦点科技股份有限公司、江苏钱串串商务顾问有限公司、江苏银承网络科技股份有限公司和江苏智恒信息科技服务有限公司等5家企业成为"2015江苏互联网金融创新企业"。

3. 软件和信息服务业

软件和信息服务是知识密集、人才密集、国际化程度高的产业，是江苏重点发展的战略性新兴产业，对社会经济发展带动作用明显。江苏积极打造软件强省，软件和信息技术服务业营业收入快速增长，2015年与上年相比增长20.7%，收入再上新台阶。江苏软件产业规模居全国前列，2015年实现软件业务预计占全国软件业务收入的比重为17%。全省软件产业结构基本形成了软件产品、信息技术服务、嵌入式系统软件(分别占比31%、39%、30%)三足鼎立的局面。其中，信息技术服务收入占全省软件业务收入的比重近40%，开始成领跑的态势。江苏省软件和信息服务业在电力自动化、通信管理、智能交通、电子政务、电子商务服务、互联网服务等方面涌现出一批如南瑞集团、金智科技、联创集团、三宝科技、华为科技、南京亚信、中兴软件、擎天科技、焦点科技、苏宁易购、苏州蜗牛、同程网、途牛网等知名企业，在国内同行业占有明显的技术优势和市场优势。

四、现代服务业集聚发展，高起点推动转型升级

当前，现代服务业在空间上的集聚趋势日益明显，已成为全球生产网络中国际产业竞争的焦点和全球产业布局调整的热点。现代服务业集聚区不单单是地理空间的集聚，更重要的是在产业链中具有相互联系的企业围绕特定产业而形成的一种空间组织形式，是生产服务分工专业化发展的结果。江苏省政府出台的《江苏省现代服务业"十百千"行动计划》提出，服务业发展的着力点之一就是"百个集聚区提升"。2007年，江苏省第一批47家省级现代服务业集聚区诞生。截至2015年底，全省已拥有125家省级现代服务业集聚区。"十二五"期间，现代服务业集聚区在产业升级、项目提质增效方面取得了可圈可点的成绩。特别是2015年，面对经济下行压力和各种挑战，江苏省现代服务业集聚区主动适应新常态，积极推进供给侧结构改革，集聚区在经济社会发展稳中有进，呈现出新的变化。据不完全统计，截至2015年底，125家省级现代服务业集聚区完成营业收入1.48万亿元，比去年同期增长18.4%，税收695亿元，从业人员125万人，平均每个集聚区1万人。江苏现代服务业集聚

区在建设发展过程中呈现出功能区内部管理水平不断提升、现代物流配送等公共服务不断完善、现代生活性服务业不断健全、商务环境日益优化、行业信息发布引领作用持续增强、专业市场影响力持续扩大、区域创新能力显著提升、对当地区域经济社会贡献持续增大的良好发展态势。

(一) 多业态明确发展定位

2015 年 12 月,常州健康养老产业集聚区、苏州吴中检测检验产业集聚区等获批江苏省级现代服务业集聚区。健康养老、检测检验成为新出现的省级集聚区形态。至此,江苏现代服务业集聚区由原来的七种形态发展为产品交易市场、商务服务业、创意产业、现代物流、科技服务、软件与信息服务业、综合性产业服务、养老服务业、检测检验服务等 9 种形态,各集聚区形成错位发展的竞争格局。截止到 2015 年底,江苏 125 家省级现代服务业集聚区中现代物流园数量最多,为 36 个,占比 29%,其后各形态园区数量占比依次为科技服务 18%,产品交易市场 15%,软件和信息服务 12%,创意产业 10%,商务服务 9%,综合集聚区以及健康养老、检测检验各 1%。

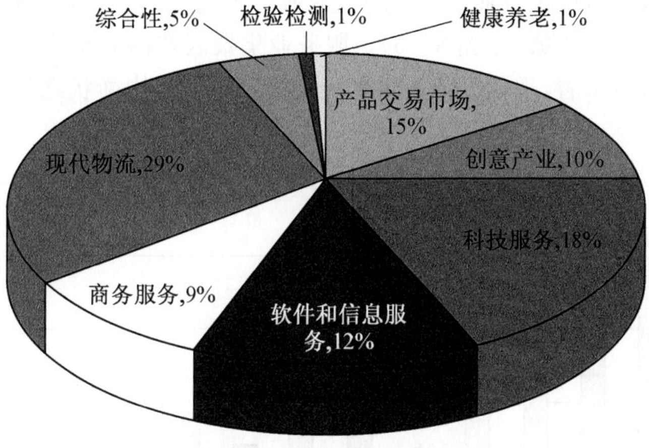

图 3－4 江苏省级现代服务业集聚区集聚形态分布图

资料来源:依据各省级现代服务业集聚区资料计算。

(二) 高起点推动转型升级

现代服务业集聚区作为江苏全省产业创新引领、转型升级和集聚示范的窗口,近几年来在引领产业升级上取得了显著成效。"十二五"期间,江苏各类产业的活力通过集聚得到不断释放。面对新常态下的压力与机遇,江苏现代服务业集聚区的产业发展进一步加快升级步伐。

一是产业层次由低变高。江苏服务业集聚区以结构调整为重点,实施"腾笼换鸟"战略,实现产业结构持续优化。如花桥国际商务城在"十二五"期间加快产业链高端环节和关键环节项目集聚,推进总部经济、服务外包、商贸物流等主导产业从"量"的扩张向"质"的提升转变,现代金融、文化创意、电子商务、会展等新兴服务业逐渐兴起;总部经济快速壮大;金融服务外包特色彰显;商贸物流功能日渐完善,会展经济取得突破。2015 年完成服务业增加值 176 亿元,较 2010 年增长 252%,服务业增加值占地区生产总值的比重从 2010 年的 57.6% 提高到 2015 年的 82.4%。

二是产业布局由散变聚。江苏省现代服务业集聚区在建设过程中突出主导产业的发展,在主导产业的规划、引进、培育和扶持等环节重点推进,使各地主导产业得到较快集聚和发展,成为推动经济转型升级的重要平台。目前,江苏现代服务业集聚区主导产业营业收入占集聚区全部营业收入的约80%。围绕主导产业,各集聚区现代服务业呈现出快速增长的态势,特别是高新技术产业发展迅速。2015年,江苏科技、软件和信息类服务业集聚区创造的营业收入已占到全省科技服务和软件业总收入的40%左右。例如,苏州国际科技园围绕软件开发、集成电路设计、数码娱乐和高新科技等四大特色产业加快产业链相关企业集聚发展,吸引高科技人才2万多名,集聚了苏州地区60%的软件开发企业、80%的集成电路设计企业和全省70%的中国软件欧美出口工程试点企业,先后引进新电、益进等6家"全球服务外包百强"企业以及思科、方正、微创等一批软件外包旗舰型企业和艾默生、格兰富等多家世界500强企业研发中心。

(三)鲜明的集聚区域性

在江苏125家省级现代服务业集聚区中,其中苏南74家,苏中25家,苏北26家。在江苏13个城市中,拥有省级服务业集聚区最多的城市为南京和苏州,各有20家;最少的为连云港、宿迁和徐州,各有4家(见图3-5)。服务业集聚区省内分布不均匀,苏南和苏中、苏北间差距巨大。客观来看,现代服务业集聚区空间分布的非均衡状态是由江苏区域经济梯级特点所决定的。

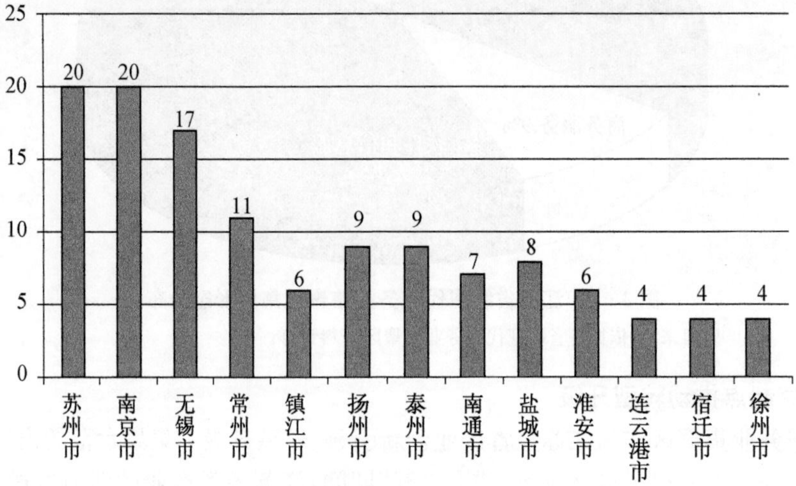

图3-5 江苏省级现代服务业集聚区区域分布图

资料来源:依据江苏各市发展和改革委员会资料整理。

从集聚区的形态来看,由于各地现代服务业集聚区的形成和发展主要是根据当地原有的、具备较大规模的优势产业,或是结合当地独具特色的资源、政策、区位优势形成的特色产业。因此,集聚区各形态的分布也表现出鲜明的区域性(见图3-6)。苏南地区的南京以科技服务、软件信息服务为主,这两类集聚区的数量占到南京全部20家省级集聚区的近一半。苏中地区的泰州现代物流集聚区占比较大,数量占到泰州全部9家升级集聚区的一半以上。而苏北地区在产品交易市场上相对拥有较高比例。

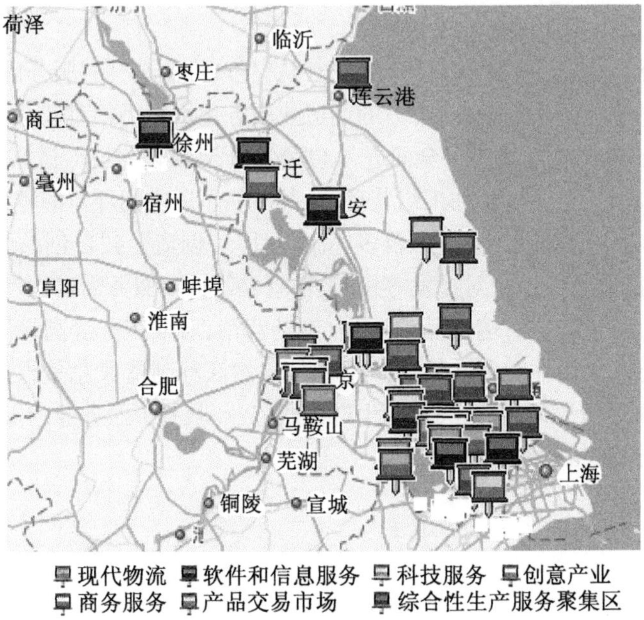

图 3-6　江苏省级现代服务业集聚区产业地图

资料来源：依据江苏各市发展和改革委员会资料整理。

(四) 高标准建设公共服务平台

为提高公共服务能力，江苏高标准建设集聚区公共服务平台，引导和支持各级各类服务业集聚区通过自建或公开招标建设的方式，围绕研发设计和科技创新服务体系，总部经济、展示交易和中介服务体系，专业化信息和软件服务体系以及物流综合服务体系打造优质公共服务平台，努力提升集聚区的综合服务能力和服务水平，为入区企业提供高效、便捷、全面的配套服务。

为更好地在省内收集数据，2015 年 9 月，省发改委推广“省服务业云平台集聚区管理系统”。该平台以建立集聚区数据档案、形成以数据为基础的集聚区管理体系为核心建设目标，通过对档案数据的加工利用，为集聚区管理主体提供及时、全面、准确的统计分析，辅助管理主体科学决策。通过结合 GIS(地理信息系统)应用，直观展现包括集聚区内产业结构、基础设施分布、空间布局规划等方面的集聚区规划、建设和发展情况。

第二节　苏商发展现代服务业面临的瓶颈

江苏现代服务业呈现良好发展态势。然而，现代服务业的整体实力仍有待提升，在产业协同发展、产城融合发展、产业制度保障等方面仍存在亟待突破的难点。

一、江苏生产性服务业与制造业协同发展存在一定距离

2016 年出台的《江苏省生产性服务业双百工程实施方案》指出，江苏省生产性服务业应促进产业结构调整升级，制造业与服务业应协同发展。然而，目前江苏的制造业与服务业离协同发展的局面还有一段距离。具体表现为：

(一) 制造业难以拉动服务业发展

随着信息技术的广泛应用,全球制造业正在从"生产性制造"向"服务性制造"转变,制造业服务化趋势越来越明显。然而,目前江苏的制造业服务化水平仍相对较低,主要是因为江苏制造业目前仍停留在OEM阶段,尚未全面进入ODM、OBM阶段,处于"微笑曲线"底端的"制造"层面。相当多的制造业企业处于加工组装环节,其产品多以中间环节的零部件和材料为主,高端产品和技术较少、中低端产品和技术较多,离"设计"、"创造"与"自创品牌"层面还有一定距离。故此,企业生产服务需求中对批发零售、运输仓储等低端服务需求比重较大,而对"微笑曲线"左端的研究开发、设计与右端的品牌运作、市场营销、后期服务等高端服务需求比重较小,制造业与服务业之间的内在关联性较弱。结果是虽然江苏制造业总量很大,但是对高端生产性服务的有效需求却非常有限,无法带动生产性服务业,限制了服务业的发展空间。

(二) 服务业难以推动制造业发展

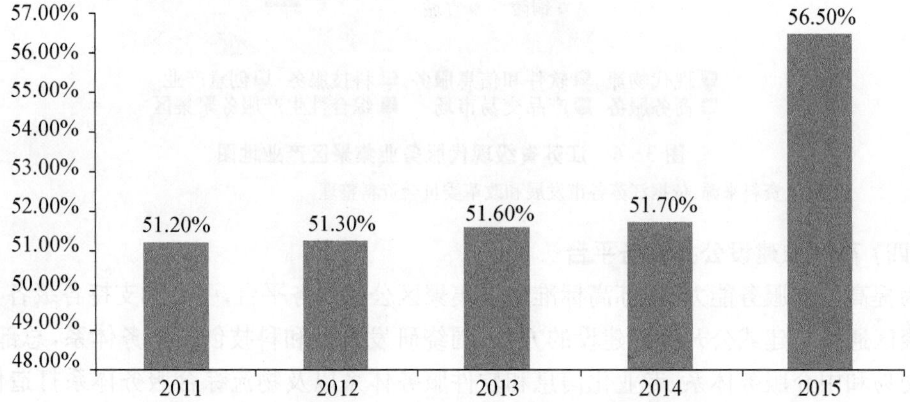

图3-7 江苏省生产性服务业增加值占服务业增加值比重(%)

资料来源:梅春.一文读懂江苏产业结构升级的关键点[EB\OL].http://news.hexun.com/2016-08-13/185495357.html.

近年来,江苏省生产性服务业规模不断扩大,但较为强势的制造业形成的"挤压效应"在一定程度上影响了服务业比重的提高和产业结构的优化,导致生产性服务业增加值比重偏低,实力相对薄弱,在促进制造业发展上带动力不足。当前,欧美发达国家生产性服务业占服务业比重普遍在70%左右,占GDP比重大多在40%左右。2011—2015年,江苏省生产性服务业增加值占服务业增加值和GDP的比重,分别由2011年的51.2%和21.8%,提高到2015年的56.5%和27.5%,但与欧美发达国家相比,差距明显。生产性服务业发展滞后使得服务业难以满足制造业企业的专业化需求,在一定程度上制约了江苏省制造业的转型升级。同时,目前江苏的研发、设计、营销、供应链管理等生产性服务业的创新水平总体上处于较低阶段,难以为制造业企业提供高端的、专业化的服务,限制了制造业企业的发展空间。

二、服务业发展与城市化进程间良性互动尚未充分显现

世界发达国家的经验数据表明:随着经济发展水平的提高,一国城市化进程与服务业的发展水平呈现出高度的正相关。一方面,城市是服务业发展的基础,城市化刺激了服务业的需求,是服务业发展的原因,城市化的发展促进了服务业的扩张(Singlemann,1978;Daniels

等，1991，江小涓等 2004)。另一方面，第三产业的发展对城市化进程也有一定的推动作用(俞国琴，2004)。

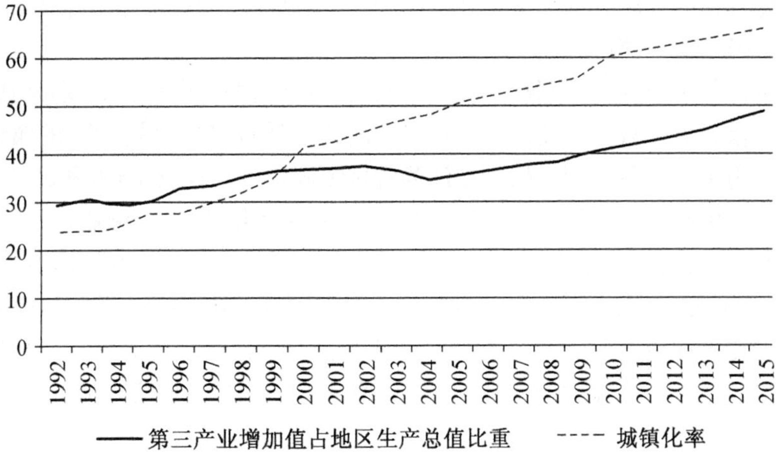

图 3 - 8　江苏省城市化与服务业发展情况

资料来源:《江苏统计年鉴》。

江苏作为长三角地区的重要省份，其城市化和服务业的发展一直处于全国前列。图 3 - 8 体现了 1992—2015 年 24 年间江苏城市化率和服务业增加值 GDP 占比的关系，分析可以发现:2000 年前，两者高度正相关;2000 年后，江苏城市化速度不断加快，城市化率超过第三产业比值，2015 年江苏城市化率达 66.5%，而服务业增加值 GDP 占比的增速并未保持同步，两者间的差距呈扩大趋势。

城市化水平对现代服务业的支撑作用较弱，与人口城市化滞后直接相关。江苏城市化过程中，空间城市化速度远远快于人口城市化速度。2000 年以来，在城市化快速发展过程中，行政推动作用仍占有重要地位。突出表现在通过行政区划的调整、变动，即撤县设区、建设开发区来推动城市建成区和建设用地规模的快速扩张，由此带来城市空间的增长速度快于城市人口的增长速度。2000—2010 年，江苏 13 个省辖市市区土地面积从 21 754 平方公里增长到 27 066 平方公里，增幅为 24.42%，年均增长 7.68%，而市区总人口则从 2 383.5 万人增长到 2 785.2 万人，增幅为 16.85%，年均增长仅有 5.31%，致使人口密度不升反降，由每平方公里 935 人下降到 805 人，下降 13.86%。

推动城镇化，从根本上来说，是人的城镇化，是农民能够在城市安居乐业。尽管江苏自 2003 年就实施了取消农业户口、非农业户口的户籍制度改革，但由于依附于城乡户籍上的相关政策和社会福利没有完全剥离，长期形成的与户籍捆绑的行政管理模式没有根本改变，致使进城农民难以平等地享受城市居民所能享受到的各种公共服务和权利。据公安部门户籍人口统计，2005—2010 年，江苏全省城区户籍人口年均增长 2.79%，主城区户籍人口反而年均下降 0.12%，城乡结合区户籍人口年均增长速度达到 21.35%。由此，也可以看出城市人口增长与土地扩张不匹配的程度较为严重。人口城市化滞后使现代服务业发展缺乏基础。

三、现代服务业发展滞后的制度性因素

相对于制造业，服务业的生产、交易与消费过程涉及更为密集和复杂的契约安排

(Clague 等,1999),服务业具有典型的制度密集型(Institution-intensive)特征(胡超和张捷,2011;邵骏和张捷,2013)。前述江苏现代服务业发展目前存在的既滞后于制造业的发展,又滞后于城镇化进程的双滞后的现象,与服务业所处的制度环境特征之间存在着内在联系。

(一) 垄断型市场结构

当前经济体制下,政府对服务业的进入管制实行严格的行政审批制度,构成新企业难以逾越的进入门槛。大多数服务业由于其自然垄断的性质或其“命脉行业”的属性,往往形成了以国有经济为主导的所有制结构。在江苏省城镇固定资产投资中,水利、环境和公共设施管理业,教育,卫生和社会工作,公共管理、社会保障和社会组织,金融业,交通运输、仓储和邮政业中,国有控股所占比重均超过 60%;在科学研究和技术服务业中,国有控股所占比重超过 50%;信息传输、软件和信息技术服务业,文化、体育和娱乐业,租赁和商务服务业中,国有控股所占比重均接近 50%。江苏国有企业和事业单位是现代服务行业投资主体,市场主体结构相对单一。江苏服务业的国有垄断特征,形成强大的垄断势力,竞争长期遭到压制。

(二) 管理体制机制需要优化

现代服务业分工复杂、专业性强,仅靠政府监管很难应对数量多、差异性大的监管需求,难免造成监管效率低、机制僵硬、灵活性差、监管方式落后等弊端。江苏发展现代服务业,需要探索体制机制创新。

(三) 政治锦标赛与服务业发展滞后

在我国现有的地方政府官员晋升锦标赛制度下,为了能够得到晋升,地方各级政府更青睐对 GDP 拉动作用大的制造业。为此,地方政府不仅采取扭曲政策,包括金融结构扭曲、资源价格扭曲、行政性垄断等降低了资本密集型重工业发展的外部资本和资源约束,还采取各种地方保护和市场分割的政策进一步导致资本和自然资源向赶超产业倾斜。大量扶持性产业政策集中于制造业。促进服务业发展往往口惠而实不至,缺乏实质性的政策措施和公共资源支持。

第三节　苏商发展现代服务业的对策与建议

一、优化结构,推进现代服务业与制造业深度融合

江苏省要加快经济转型升级、保持经济健康快速发展,制造业和服务业必须同时发力,走协同发展之路。应正确处理好新型工业化与现代服务业、经济增长与现代服务业、产业提升与现代服务业的关系,促进服务与制造的深度融合,将切实加快现代服务业发展放到江苏经济发展重要的战略位置。

(一) 积极推动制造业服务化

制造业服务化是制造业提升附加值和核心竞争力的重要手段。江苏应充分发挥制造业优势,鼓励制造业企业细化和深化专业分工,改造业务流程,积极推动制造业服务化进程。处理好产前、产后环节,将研发、设计、信息咨询等环节产生的附加值留在江苏,促进加工制造业由单纯加工制造向设计、研发、品牌、服务等价值链中高端延伸。加快提升制造业的附

加值与竞争力，引导企业“服务化”，占领技术开发、技术咨询、技术服务、金融服务、设备成套、系统集成、工程承包等高端市场，让制造业走出“微笑曲线”的底部。这样一方面能够促进江苏省制造业的转型升级，同时也增加了对高端生产性服务的有效需求，拓展了服务业的发展空间。

（二）大力发展服务业制造化

江苏应大力发展服务业制造化，加强服务业向制造业的渗透和服务企业产业链向制造领域延伸，重点发展高技术服务业和科技服务业，优先发展生产性服务业。采取“一极”带动全面的策略，选取省内生产性服务业基础良好、具有发展前景的中心城市，倾注全省优势资源，打造江苏生产性服务业发展的“一极”，以“一极”最终带动江苏全省全面发展。提升国际化竞争力，发展高端生产性服务业，江苏应在知名品牌、战略性营销渠道与网络、核心技术与研发团队等方面，创建自主品牌、掌握核心技术、提升国际化营销能力。提升生产性服务业创新水平，使得服务业能够较好地满足制造业企业对高端的、专业化的服务需求，着力发展工业设计、现代物流、科技服务、信息技术服务、金融服务、商务服务、电子商务、节能环保服务、检验检测认证、人力资源服务和品牌建设等生产性服务业。引导江苏外资利用向现代服务业倾斜，继续引导外商投资更多流向现代服务业，鼓励本土现代服务企业积极利用在苏外资服务企业的知识溢出和示范效应，力避外资服务企业对本土服务企业的冲击。夯实生产性服务业发展的人才基础。加大对专业人才的培育力度，尤其是能够充分掌握国际市场状况的专业性国际人才。破除国内外服务业人才跨境执业的障碍，加强高级生产性服务人才的培养引进、交流学习。

二、重视产城融合，增强现代服务业发展的城镇载体建设

（一）促进城乡一体化发展

着眼于江苏实情、因地制宜、多管齐下，把相对集中和适度分散相结合，走大中小城市和农村协调发展的城乡一体化、可持续的城市化发展模式。要求江苏在进行城市规划、建设过程中，推进产城融合，尽可能为现代服务业发展创造良好的基础条件，不断完善城市功能，促进城市资源集聚效应不断提升。按照注重经济效益、讲求协调发展的原则要求，引导大城市的传统产业向小城市和小城镇转移，促进大城市产业结构的调整和升级，形成一批大、中、小城市协调发展的城市群体。发挥小城镇的特殊地位，完善城镇的基本功能，将小城镇作为农村剩余劳动力转移的中转站和城市劳动力的蓄水池，促进资源集聚。

（二）坚持以人口为核心推动人的城镇化

始终以人口作为推进城市化的核心，在实质上提高人口城市化水平，努力走出一条具有江苏特色的新型人口城市化道路，为现代服务业发展提供人力、人才支撑。积极推动进城务工人员的城镇化，全力解决符合条件的农民工在城镇落户问题，把符合条件、来自农村的人员逐步转变为真正的城市居民，让他们在劳动就业、工资待遇、子女教育、社会保障等方面享受与城市居民一样的待遇，保障消费型服务业发展所需的人力。同时，加大教育投入和职业培训建设，提升市民的文化素养和专业技能，使各个阶层的人都有就业、受教育、发展的机会。

（三）智能技术全面提升生活性服务业

重点发展贴近服务人民群众生活、需求潜力大、带动作用强的生活性服务领域，推动新

一代信息技术广泛应用,利用智能技术为普通百姓服务,推动生活消费方式由生存型、传统型、物质型向发展型、现代型、服务型转变,促进和带动其他生活性服务业领域发展,使江苏人民进一步体会到智能带来的便捷。在国家第一批智慧城市试点单位中,江苏 9 个城市入围,成为首批智慧城市试点最多的省份。以科技进步为基点,以创新为动力,把智能技术融入城市基本信息基础设中,智慧交通、智慧娱乐、智慧旅游、智慧医疗以及智慧社区等多个领域,加快发展生产性服务业,促进消费结构升级。

三、创新服务业体制机制,完善现代服务业制度支撑

(一) 深化现代服务业市场体制改革

在坚持发展与改革并重,以改革促发展的工作思路指引下,以继续推进服务业综合改革试点为主线和抓手,积极探索服务业体制突破和机制完善,创新服务业发展模式,力求在服务业重点领域和关键环节取得重大改革突破。通过改革进一步释放创新需求,创新现代服务业发展所需的体制机制,需打破垄断,放宽市场准入,培养多元化的市场主体。全方位创新市场导向机制,充分发挥市场对需求引导、要素价格、技术研发、创新要素配置、科技成果转化、人才激励的导向作用,让市场真正成为配置创新资源的决定力量。同时,发挥好政府的“推手”作用,更多地把精力放在完善创新激励政策、营造良好竞争环境上来,制定和完善以创新为内核的产业、科技、知识产权、贸易、财税、金融等政策。对于适宜市场化经营的服务业领域,要坚持推进市场化、社会化改革发展方向,降低市场进入壁垒。对于具有准公共产品性质的服务业,政府在适当投入的同时,要充分调动民间资本活力,引导发展多种服务提供方式,在可能的领域适当引入竞争性运作机制。

(二) 完善现代服务业行业监管体制

必须将放宽市场准入与创新监管方式有效结合起来,创新放管结合机制。要凸显开放、包容、平等、协同、创新的理念,探索政府跨部门协同监管机制,研究成立统一高效的跨行业服务业管理机构,引导现代服务业实现跨行业、跨地区的发展。加强动态管理,探索对服务业发展的全程监管机制,尽快建立健全互联网金融监管体系;加快研究建立适应跨境电子商务的监管模式;重点加强服务质量和安全监测,建立开放的服务质量社会监管平台。

(三) 完善现代服务业制度支撑

一是要加快服务业标准体系建设,支持行业协会、服务业龙头企业参与标准制定工作,提高物流、电信、邮政、快递、运输、旅游、体育、商贸、餐饮、社区服务等领域的标准化水平,通过标准化促进服务业规范、有序发展。二是要加快推进信用体系建设,完善信用体系法律法规,增强信用信息共享机制,规范信用服务机构发展,实施有效的信用奖惩机制,切实提高信用体系发展水平,降低服务业企业交易成本,提高发展质量。三是要将提高知识产权保护水平放在突出位置,积极推进服务企业自主创新能力的提升,构建知识产权专业服务平台以及加大专利权保护力度,拓宽园区企业知识产权质押融资渠道。

(四) 出台更多促进现代服务业发展的支持性政策

创新土地管理政策,对现代服务业优先给予土地保障,积极拓展用地空间,保障服务业重大项目的用地需求。加大现代服务业发展的金融支持力度,打造多层次服务业融资渠道;创新专享资金分配方式,探索因素分配法;建立健全服务业贷款利率差别化定价机制,引导

资金流向服务业领域。研究并完善支持服务业发展的区域策略和激励约束机制，改革对现代服务业发展不利的税费制度，对“营改增”后实际税负增加的服务企业，应研究制定解决方案。引导相关利益主体加强分工协作，积极探索资源共用、设施共建和市场共享机制，凝聚调动社会各方智慧和力量，优化整合各类要素资源，为推动现代服务业发展，搭建全方位的合作平台。

参考文献

[1] 李程骅，郑琼洁. 城市化进程与服务业发展的动态关系探讨——基于江苏省域的样本检验[J]. 南京社会科学，2012，02：20－25＋33.
[2] 张娜，殷广卫，任可. 江苏城市化进程与服务业发展的互动关系研究[J]. 管理现代化，2016，05：39－41.
[3] 宣烨. 新环境下江苏现代服务业的发展与规划建议[J]. 规划师，2015，05：25－29.
[4] 黄繁华，洪银兴. 加快江苏现代服务业发展路径研究[J]. 南京社会科学，2007，07：120－125.
[5] 周建波. 江苏现代服务业发展对策探索[J]. 唯实，2009，Z1：89－93.
[6] 梁曙霞，祖强. 江苏制造业与现代服务业的产业融合[J]. 唯实，2008，12：63－67.
[7] 李程骅，郑琼洁. 现代服务业推动城市转型的“江苏路径”[J]. 南京邮电大学学报（社会科学版），2011，04：1－8.
[8] 孙治宇，刘星，樊士德. 江苏现代服务业发展综合竞争力评价研究[J]. 现代管理科学，2013，12：56－58.

开放篇

第一章　苏商国际化路径研究

江苏作为贸易大省，经济总量和增速均在全国排名前列。在经济全球化的背景下，江苏省的经济发展紧跟全球发展的步伐。在“一带一路”、“走出去、引进来”等国家政策的引导下，江苏国际化发展的道路更加明确和坚定。从国内市场向国际市场的跨越对产品、企业和政府提出了更高的要求和更大的挑战，同时也给予了更多的机遇。研究苏商国际化的发展道路有利于提升江苏省的经济发展水平，拓宽发展渠道。

第一节　产品市场国际化

随着“智能＋互联网”、“产品＋服务”新模式带来的新机遇，产品市场的国际化道路更加多样化。在产品市场国际化的背景下，产品的市场地位、战略选择尤为重要。在世界经济一体化的格局下，几乎所有行业的苏商企业都面临着激烈的竞争。注重品牌的建立和产品的创新已成为企业利润的主要来源和生存基础。消费者对于企业品牌的印象，源于其对品牌价值的认识和感受，企业通过产品推广与销售，使品牌形象在顾客心目中根深蒂固，从而达到引导需求，促进消费的目的。

一、产品市场国际化的现状分析

（一）产品国际化以劳动密集型产品为主

典型的劳动密集型行业有：食品、纺织、造纸、化学药品、塑料加工、文教艺术品、粮油、生活用机械制造、生产用金属品、木材加工、日用金属品、缝纫、工业设备制造、皮革、生产用其他机械制造、电子等十多种工业。据南京海关最新统计数据，2015 年江苏省劳动密集型产品出口总额为 401.2 亿元人民币，比上年同期增长 13.8%，2015 年 4 月份以来，江苏口岸劳动密集型产品单月出口值总体呈现震荡走高态势，2015 年 12 月当月出口 40.3 亿元，同比增长 33.4%，环比增长 16.5%。江苏的国际化产品比较集中于电力机械、器具及其电气零件、办公用机械及自动数据处理设备等行业，在商品的出口中以劳动密集型产品居多。

在国际贸易中，有形商品被划分为初级产品和工业制成品两大类，而劳动密集型产品则属于工业制成品。我国的对外贸易长期保持顺差，与全国的情况相一致，江苏省的对外贸易额也是长期保持顺差。从进出口总额看，工业制成品的进出口额远远高于初级产品的进出口总额。初级产品对进出口产品的总额贡献不大。在全省出口总额的比重中，初级产品占比总体上呈下降趋势。2000 年的比重为 3.26%，而到 2015 年，其比重已下降到 1.53%。工业制成品占进出口总额总体上呈上升趋势，2004 年工业制成品出口总额为 861.11 亿美元，2015 年工业制成品出口总额高达 3 285.58 亿美元，相当于 2004 年的近 4 倍，2015 年工业制成品占当年出口总额的 98.47%。在初级产品的进出口中，食品及活动物占进出口额的比重较大,在工业制成品中,机械及运输设备占进出口额的比重较大。

(二) 外商投资企业在进出口额中占比较大

外商投资企业包括中外合作企业、中外合资企业和外商独资企业。2015 年,江苏省的进口、出口总额分别为 20 694 533 万美元和 33 866 822 万美元,其中外商投资企业对进出口额的贡献最大,均超过半数;而集体企业、国有企业对进出口额贡献较小,如图 1-1 和 1-2。

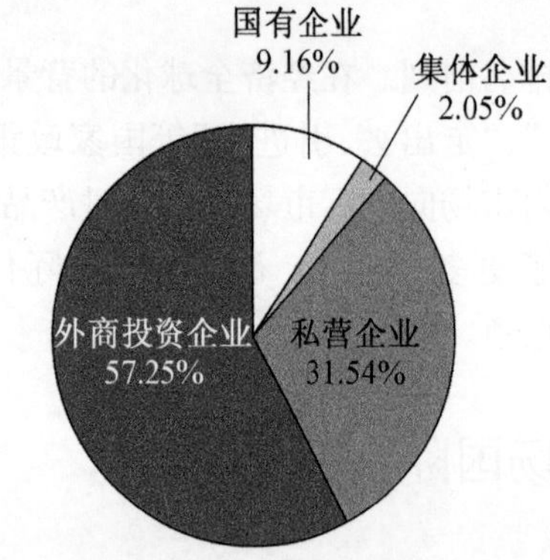

图 1-1　2015 年各类型企业占江苏出口额的比重

数据来源:江苏省统计局。

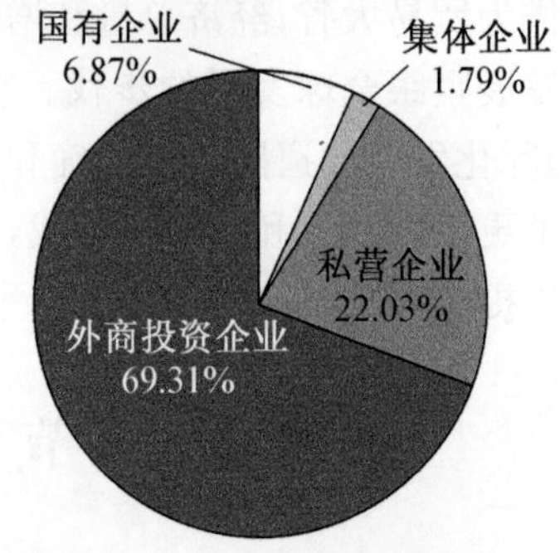

图 1-2　2015 年各类型企业占江苏进口额的比重

数据来源:江苏省统计局。

二、产品市场国际化存在的问题

(一) 产品以低附加值参与国际化

产品国际化过程中,以劳动密集型产品出口为主,技术和资本密集型的产品出口较少,劳动密集型产品往往意味着低附加值,低技术含量。我国是制造业大国,江苏的第二产业也是经济的支柱性产业,随着人口老龄化,人口红利的消失,劳动力成本的相对提高,劳动密集型产品出口将不再具有竞争优势。

(二) 产品国际化地区差异化明显

由于历史和经济的因素,苏南较好的地理位置,信息、人才优势较大,与国际经济、技术、信息的交流速度和质量远远快于和高于苏中、苏北地区,拉大了与苏中、苏北的差距。苏中、苏北地区由于自身经济基础薄弱,很难留住优秀人才,加之基础设施不完善,扩展国际市场的能力和经验有限,因而对外贸易规模小,质量低。苏北的劳动力向苏南以及沿海较为发达的地区流动,这也导致苏北在自身积极发展的同时,得不到技术和人员的支持。

(三) 贸易伙伴国较为集中

江苏省对外贸易的对象虽然遍及全球的各个国家和地区,但贸易伙伴国相对较为集中。在亚洲国家和地区中,2015 年,进出口额排名前五的分别是日本、韩国、中国台湾、中国香港和新加坡。欧洲国家中主要集中于德国、荷兰和英国。产品国际市场的较为集中:一是由于国际化产品较为单一;二是我们的产品在很多国家并不具备竞争力;三是国际保护主义抬头。贸易伙伴国的较为集中,使得产品市场受国际政治因素、经济因素、文化因素的波动较大。近年来中国经济的崛起,使得中国的国际地位得以提高,一系列发展的大布局给中国经济的发展带来了更多的活力。“一带一路”中心线的起点是江苏连云港,经郑州、西安、兰州、新疆、中亚,终点是欧洲,将来会有更多的中亚和欧洲等贸易伙伴国,会有进一步的经济合作。

三、提升产品国际化的策略分析

(一) 提高民族品牌竞争力

江苏的产品在“走出去”,参与国际市场竞争的同时,意味着我们国内市场的大门也在向全世界敞开,意味着我们的产品在面临更大机遇的同时,也将面临更多、更强劲的国际竞争和考验。有统计,外资日化三强中,宝洁在中国的年销售额超过 200 亿元,联合利华在中国的年销售额在 100 亿元左右。而国内 4000 多家日化企业,大部分销售规模在几千万元以下。

江苏隆力奇集团有限公司一直是一个被社会各界、尤其是日化行业强烈关注的企业。发展二十一年来,隆力奇平均每年以 40%以上的增长速度高速、健康地向前发展,二十一年,累计上交税收 10 亿多元,为地方的经济繁荣做出了瞩目的贡献;在连带的产业链内累计为全国各地,特别是地方,创造了近 10 万人的就业机会。像江苏隆力奇集团有限公司这样发展较好的民族企业,面临国际同类产品的压力也是很大的。需求的多样化,信息的不对称使得竞争变得尤为激烈。在保持民族品牌特有优势的前提下,更要洞察和了解国际市场的变化,提升自身的竞争优势,把民族品牌打造成国际品牌。民族品牌也要自身寻求多样化的发展道路,创新是企业在国际市场中具有的源源不断的动力源泉。红豆集团的产品从最初的针织内衣,发展到服装、橡胶轮胎、生物制药、地产四大领域。2001 年 1 月,“红豆股份”在上交所交易,企业开始迈入资本经营。集团有 13 家子公司,在柬埔寨建立了 11.13 平方公里的工业园,拥有美国纽约、洛杉矶两个境外分公司。

(二) 综合利用比较优势

从大卫·李嘉图的比较优势理论来分析,集中力量生产并出口本国具有相对优势的产品。某些企业和行业的出口虽然可以获得一定的利益,但是和省内其他行业相比却是有出口劣势的,可以整合、重组、淘汰一些经济效益不太好,或者是完全依靠政府支持的对外贸易企业,这些企业本身已不具有强有力竞争优势。当一个企业在单独出口某产品时,不具有比较优势,可以和其他相近企业相互合作,借助其他相近企业在出口方面具有的优势,共同发展。江苏的自然资源也很有限,有限的资源就更加要合理和高效的利用,以相对优势去弥补绝对劣势,从而提高产品竞争力,获得更大的效益。

(三) 加大产品创新、制度创新

从要素禀赋理论(H-O)理论来看,以劳动力作为生产要素从而获得产品收益的优势,已经不明显了。以创新、以核心技术的开发作为全新的要素参与世界分工,将会是参与全球经济竞争的又一个崭新的机遇。单一依靠劳动密集型的制造业要向多方位的创新型制造业转变。根据产品的生命周期理论可知,具备创新产品能力的国家处于国际产品市场的领先地位。

我国真正参与国际市场的时间相较于国外还比较短,我们参与的国际经济秩序是发达国家已经制定的,这对于我们来说,有很多抑制我国产品走向国际化的因素。此外,当产品只面向国内时,制度、政策等是针对国内市场的,当产品国际化之后,原有的制度不一定适合国际市场，因此制度创新也应该得以重视和加强。

(四) 放宽产品和服务的境外需求

江苏省的旅游资源和金融环境越来越多地吸引了境外的需求。2014 年，旅游外汇收入达 352 729 万美元。旅游资源的有效开发和开放，进一步带动有形产品的出口和创汇。但是，出于保护我国幼稚产业，以及文化和制度的考虑，很多产品行业对外开放是有严格的限制的，比如拍卖行业。减少产品和服务的进出口限制，简化审批流程，刺激境外需求。

(五) 深入融合当地因素

准确的产品国际定位是产品国际化前提。既要保持产品和服务的中国特色，当然也要考虑目标市场的文化和制度。外国公司和产品进入中国市场时，强调因地制宜，比如美国的麦当劳进驻中国市场时，做了很多改进，以适应中国的消费者。同样，江苏在产品走向国际市场时，要考虑消费国的消费习惯和民族文化。例如，在生产服装销往欧美等国家时，必须考虑到不同国家人的文化和体格。另外，产品和服务要向着标准化和差异化努力。对于可以或者已经适销对路的产品和服务可以向着标准化迈进，对于已经有类似产品大量出现于国际市场时，应该考虑产品和服务的差异化，以获得差异化竞争优势。传统的依靠价格优势打入国际市场，是不能可持续发展的，一是反倾销越来越被重视，二是价格优势不会长期存在。

第二节　资源配置国际化

在社会经济发展的一定阶段，资源的相对稀缺性要求资源在各种不同的用途上加以比较，从而做出更优的资源配置。资源包括社会经济活动中所有人力、物力和财力，是社会经济发展的基本物质条件。对资源的合理高效的利用，以生产出更优的产品和服务满足人类日益增长的物质文化需求。经济全球化的实质是资源配置全球化。大力推进资源配置国际化战略，努力防范和化解外部风险，依据自身利益和发展中国家的要求，推动经济全球化朝着更加合理、公正的方向发展，更好地利用全球资源和市场，保障经济的可持续发展。

一、资源配置国际化的现状分析

江苏省地处长江三角洲地带，总面积 10.72 万平方公里，占中国的 1.12%，和安徽、山东、上海、浙江接壤。与上海、浙江、安徽共同构成的长江三角洲城市群已成为国际六大世界级城市群之一。

(一) 能源的相对稀缺

由于历史和地域的因素，江苏煤炭、石油等矿产资源相对于其他省份较为稀缺，受资源禀赋条件所限。而江苏的制造业较为发达，对能源的消耗也较大。2015 年规模以上工业企业主要能源消费量中，原煤消耗 24 601.86 万吨，焦炭消耗 3 588.63 万吨，原油消耗 3 810.32 万吨，汽油消耗 38.31 万吨，煤油消耗 1.20 万吨，柴油消耗 79.61 万吨，燃料油消耗 38.74 万吨，液化石油气消耗 33.85 万吨。除了焦炭和原油的使用量外，其他使用量均少于 2014 年。2015 年，煤、焦炭及煤砖的进口额为 39 230 万美元，出口额为 7 757 万美元；石油、石油产品及有关原料进口额为 195 542 万美元，出口额为 47 221 万美元；天然气及人造气进口额为181 002万美元，出口额为436万美元。可以看出，能源的使用上大量依赖于进口，存在着很大的缺口。此外，在大量进口石油资源和矿产资源的同时，由于国际政治、经济因素，进口原料价格不受我方控制，价格的波动以及汇率的变化都会影响能源的进口。大部分进口能源都要经过长途的海洋运输，所以海运风险不可避免。

（二）劳动力资源禀赋优势在消失

2015年江苏省常住人口总数为7 976.30万人，从1978年以来一直是增长的模式，进入2000年后，江苏省的人口自然增长率一直在3%以下，总数仍然是增加的，但是增长速度却是在下降的。同全国情况相类似，江苏省的人口老龄化程度加重。即使中央和地方已经出台并实施了一些针对人口老龄化的政策，例如，延长退休年龄等。但是人口老龄化是一个长期的问题，很难在短期内看到政策调控的结果。2010年到2015年，全省城镇单位从业人员平均工资分别为39 772元、45 487元、50 639元、57 177元、60 867元和66 196元。城镇从业人员平均工资的上涨意味着劳动力成本的增加。其中，苏南的城镇从业人员平均工资从2010年的45 240元上涨到2015年的73 792元。从2010年到2015年，江苏十三市中，城镇从业人员平均工资涨幅最大的是无锡市，增长了24 180元。城镇从业人员的平均工资上升，一方面意味着城镇居民收入的增长，另一方面也意味着，在苏企业，包括本土企业和外来企业的成本增加，特别是劳动密集型产业的生产成本的增加。

二、资源配置国际化过程中存在的问题

（一）企业技术资源开发的动力不足

当省内劳动力资源禀赋优势在消失时，技术、资本的开发和利用显得十分必要，但是省内很多企业，由于资金量少，投资渠道单一，即使利润空间在压缩，技术资源的开发也很难进行。

（二）有技术引进依赖的倾向

拥有一定规模和盈利水平的企业，不满足于当前的技术水平，同时对于技术的自主创新能力不足，或者自主创新的投入较大，大部分企业会选择技术引进，从而提高生产能力，获得更高的盈利水平，但是仅仅是引进，并没有很好地吸收再创新。由于技术的更新较快，前期的先进技术引进很快就会变为技术落后，此时又面临着再引进，这样就形成了引进—落后—再引进的循环模式。

（三）有效获得与传递信息源的难度较大

相对于技术落后的现状，努力学习国外的先进技术和经验显得尤为重要，但是由于国外的技术、知识产权保护，造成获得最新的技术比较困难。对于已经拥有跨国公司的企业来说，难度较小，但是对于规模较小，出口能力较弱的企业来说难度较大。从目前来看，大部分企业对国外广泛的信息资源利用不足，交流与沟通效果较差。

三、资源配置国际化的对策与建议

（一）对不可再生资源的保护

在江苏自然资源有限的情况下，对于稀缺的不可再生资源要加大保护。自然资源是社会和经济发展必不可少的物质基础，是人类生存和生活的重要物质源泉。同时，自然

资源为社会生产力发展提供了劳动资料,是人类自身再生产的营养库和能量来源。无论是作为活动场所、环境、劳动对象,都要开发利用自然资源。经济发展必须坚持可持续发展的理念。以石油、煤炭和天然气为主体的不可再生能源的高效利用是确保经济社会可持续发展的关键力量。尽可能地节约和高附加值地利用不可再生资源,以其他要素优势弥补资源不足的劣势。学习和借鉴日本,日本是一个资源有限的国家,由于国内资源紧缺的约束,日本不断完善和强化矿产资源国际化策略,鼓励煤炭企业进行海外资源开发;政府层面,日本开始通过经济援助和技术援助等方式加强与资源富集国家和地区的外交关系,并通过财政补贴和税收减免等措施鼓励企业"出海"。在实现路径上建立了多渠道的融资支持,形成了多样化的勘探开发方式,产生了多层面的推动力量并设定了全方位的矿藏品种和来源地目标,逐渐形成了一个清晰全面的控制图,这些地方可以充分供应国内所需的海外矿产资源。

(二)加大对国外资源的开发

在本身资源匮乏的情况之下,在国际市场上积极寻求国外的资源是必然之路。利用技术、资金、人才等其他方面的优势,以跨国投资的方式,支持和参与其他国家资源的早期开发,提供资金支持,提供技术指导,这样在后期的进口过程中,能在价格方面获得优势,或者是获得资源的优先购买权。由于资源的开发需要一定的时间,在合作的过程中,应坚持长期性和政策的稳定性。尽量避免因国际政治、外交、货币等因素,影响资源的持续开发和利用。

(三)对资源出口进行价值增值

资源能够形成竞争优势在于其能够创造价值,不同的资源组合可以创造不同的价值。在对外贸易中,应减少对于自然资源,低附加值资源的出口。资源经过优化重组、价值增值,一方面提高了在国际市场的竞争力;另一方面,也是对资源进行了高效利用。

在对资源进行价值增值的过程中,可形成产业链。产业价值链的一个重要作用是通过价值链上价值增值的路径将各种资源进行重新整合,从而形成一个有机的、完整的体系。在产业价值链中,不同产业的资源可能从外部获得,也可能从产业价值链的其他价值活动中获得,而获得重新的配置后,一个产业价值活动的资源将产生比原来价值活动更大的价值,通过各种资源的有效重新整合,产生新的竞争优势,从而形成原有的资源所没有形成的国际竞争力。

(四)吸收、引进、消化、再创新

企业在吸收和引进国外先进技术资源之后,不能只是单纯地依赖他国的技术,要在引进的基础上,结合自身发展的特点,有所改进和创新,不能落后于技术更新的周期。

(五)政府的积极引导

优化资源配置以及资源的配置国际化道路应得到政府的积极引导,跨国资源的开发和利用,受国家政治、经济、文化等多方面的影响。因此政策的决策者在制定和实施政策的过程中:一是坚持长期的规划,国际贸易本身就比国内贸易花费更长的时间,资源配置国际化也需要长期的实践;二是定好政策,政府的政策导向指引着市场中最活跃的企业加快资源优化配置的速度和方向;三是维持秩序,市场发挥资源配置的决定性作用,政府的良好秩序,可形成良性、有序的竞争,规范市场主体的行为,防止恶性循环,破坏市场规则。

第三节 资本利用国际化

资本国际化是指资本在全球市场上自由流动,资本向可以获得利益最大化的国家和地区流动,无限增殖的本性是资本国际化的根本动因。信息产业的发展以及各个国家和地区的进一步开放,为资本国际化提供了便利,也加快了资本的全球性流动。资本国际化具体表现为货币资本、生产资本和商品资本三大职能资本的国际化。

一、资本利用国际化的现状分析

(一) 江苏省利用外资的规模

江苏省的信息技术发展以及产业政策的引导促进了资本国际化的流动,依靠长三角地区的地位优势以及产业集群优势,江苏省利用外资的规模是可观的。如表 1－1,2011 年首次突破三百亿美元大关,达 3 213 173 万美元。但在 2012 年达到高点后,2013 年、2014 年以及 2015 年均有所下降。2013 年、2014 年的外商直接投资金额在全国占比仍然是 28.29%和 23.56%,占有较大份额。但相比于经济更为发达的上海市,在引进外资质量方面,还是有一定的差距。

表 1－1 江苏省以及全国外商实际直接投资金额(单位:万美元)

	2005 年	2010 年	2011 年	2012 年	2013 年	2014 年	2015 年
江苏省	1 318 339	2 849 777	3 213 173	3 575 956	3 325 922	2 817 416	2 427 469
全国	6 032 500	10 573 500	11 601 100	11 171 600	11 758 600	11 956 156	—

注:"—"表示在国家统计局网站上未公布 2015 年数据。

资料来源:江苏省统计年鉴。

外商投资以独资经营企业在直接投资中所占的比重较大,而合作经营企业所占比重较小。跨国投资成为外商直接投资的最主要形式,但考虑到对核心技术和科技创新以及专利的保护,外商大多采用独资的形式。

(二) 外资在地区间的分布

江苏省对外资利用程度较高,而且 FDI 快速增长的同时,其空间差异愈来愈明显,外商直接投资的分布由苏南向苏北呈梯度式递减规律,三大地带差异较大,与江苏地域空间经济差异类似。表 1－2 显示,FDI 高度集中于苏南地区,尤其是苏州、无锡,县(市)际间差异悬殊。近年来出现了向苏中地区尤其是南通、扬州市区及所辖县(市)转移的趋势,南通是苏中地区领先发展的典范,苏通大桥的建成,其受上海的辐射程度将会继续增强。苏北仍然是吸引外资的薄弱地区,但在引进外资上积极探索,盐城市利用与韩国距离最近的地理优势,积极发展韩资企业,引进东风悦达・起亚等韩资企业。江苏省 FDI 随时间的不稳定增长部分是由于国家的宏观调控、投资政策引起的,但外商对江苏省投资的空间模式的决定因素还包括区位因素、经济因素、劳动力因素、集聚因素和对外开放程度等。

表 1-2　2014—2015 年分地区境外投资情况

	2014 年		2015 年	
	新批项目数(个)	中方协议投资(万美元)	新批项目数(个)	中方协议投资(万美元)
全省	736	721 571	880	1 030 460
苏南	525	527 432	648	683 111
苏中	131	125 784	141	168 086
苏北	80	68 355	91	179 263
南京	110	146 605	170	206 155
无锡	107	145 298	115	174 764
徐州	22	24 819	31	73 526
常州	64	46 699	67	75 530
苏州	209	170 029	252	204 754
南通	78	92 004	78	113 910
连云港	22	24 095	23	50 962
淮安	5	3 070	6	6 660
盐城	25	14 818	25	46 295
扬州	24	21 559	25	38 859
镇江	35	18 801	44	21 908
泰州	29	12 221	38	15 317
宿迁	6	1 553	6	1 821

资料来源:江苏省统计年鉴。

(三) 外资在行业间的分布

从行业结构来看,表 1-3 显示江苏外商对第一产业投资偏少,以第二产业为主,主要在制造业领域,对第三产业投资偏重于房地产业,较少投资在金融保险,交通运输和科研部门。同时,化学、纺织、机械等劳动密集型传统产业仍然是外商投资的重点项目。教育、卫生、社会保障和社会福利业、文化、体育和娱乐业等产业的外商投资比重很小:一是交通运输,社会保障等行业投资时间长,成本高,在短期内不容易获得利益;二是像金融保险等服务业开放时间较短,没有形成较好的吸引外资的环境,各方面制度也不完善;三是存在信息的不对称,使得像苏北地区这样经济不发达,而有较大投资空间的地域得不到外商直接的投资。

表 1-3　2015 年末登记外商投资企业行业分布情况

行　业	企业数(个)	投资总额(万美元)	注册资本(万美元)	外方投入资本(万美元)
总　计	53 551	78 215 363	42 290 126	35 726 614

（续表）

行 业	企业数(个)	投资总额（万美元）	注册资本（万美元）	外方投入资本（万美元）
农、林、牧、渔业	824	808 206	571 908	538 324
采矿业	18	144 504	70 145	63 598
制造业	28 463	49 836 360	24 816 200	21 119 283
电力、燃气及水的生产和供应业	525	1 854 180	714 862	482 319
建筑业	643	1 360 333	862 164	737 617
交通运输、仓储和邮政业	7 915	3 421 762	2 018 125	1 906 461
信息传输、计算机服务和软件业	929	2 138 817	1 011 727	802 254
批发和零售业	2 737	416 409	263 240	228 529
住宿和餐饮业	1 919	589 682	356 718	300 706
金融业	958	667 519	506 280	317 081
房地产业	1 796	7 796 088	5 171 809	4 547 980
租赁和商务服务业	2 823	3 046 993	2 527 365	2 125 016
科学研究、技术服务和地质勘查业	3 167	5 111 704	2 789 220	2 081 146
水利、环境和公共设施管理业	129	427 235	261 859	176 258
居民服务和其他服务业	398	288 740	166 769	145 720
教育	36	12 665	7 921	6 049
卫生、社会保障和社会福利业	26	120 055	61 237	53 983
文化、体育和娱乐业	234	166 800	108 698	90 433
其他	11	7 309	3 879	3 859

资料来源：江苏省统计年鉴。

二、资本利用国际化过程中存在的问题

（一）外资分布存在地区差异

造成外商直接投资在江苏三个地区分布不均的原因主要是劳动力成本，基础设施以及区位优势，其他因素还包括政策优惠以及市场潜力。这些变量的共同作用，使得外资在江苏省内的分布产生了差异。苏北地区受经济发展不足的影响，大量劳动力以及优秀人才外流，使得原本地理位置劣势，基础设施差的情况下，经济更加得不到较好发展。

（二）外资在各产业间分布不均

外商直接投资方式趋向于多元化、投资风险低、边际报酬率更高的产业。江苏省在调整外商投资分布方面的努力需进一步加强，其制造业和房地产业实际利用外资在利用外资总额中占的比例仍然偏高。服务业利用外资过多集中于房地产业，房地产业利用的外资数量仅次于制造业。长期以来我国对外商进入服务业的限制较多，金融、电信、交通等领域的行

政垄断突出,造成服务业吸收的外资主要集中在房地产行业。外资的不均衡分布对江苏省产业结构的协调发展产生不利影响。制造业集中过多外资,必然会挤占其他产业引入外资,不利于产业结构优化升级。此外,大量外资涌入江苏的房地产业,会使本来已过热的房地产市场进一步升温,加大了政府调控房价的难度。

(三) 引进外资面临更强的竞争

外商投资以收益最大化为导向,当一个地区不再具有最大收益时,外资企业有可能向其他地区转移。全球还有很多国家和地区也在积极引进外资,利用外资,这些国家在劳动力成本、要素成本方面更加有优势,对江苏吸引外资产生不利影响。此外,国际竞争加剧一定程度上抑制了江苏省利用外资的增长速度。不少发达国家为应对金融危机带来的经济疲软,出台了减免税收等优惠政策吸引外资回流,这些措施令我国各地区吸收外资面临更多来自发达国家的竞争。与此同时,发达国家的跨国公司为了度过危机,大幅重组其全球投资,致使国际资本更多在发达国家间流动,从而减少了对发展中国家及地区的投资。

三、资本利用国际化的对策和建议

(一) 减少资本流动的阻力

资本的流动性使得资本能够价值增值,在外商投资领域减少政策性阻力,创新外资管理体制机制,由全面的外资审批制度走向战略性的管理体制:逐渐取消全面的合同章程审批,基于产业发展程度以及江苏省的经济战略安排,制定外资准入行业政策,从而科学引导外资进入。同时也应该防止外资的恶意进入,加强外资的安全监管。

(二) 提高吸引和利用外资的质量和效益

目前我们国家处于经济发展的“新常态”,呈现中高速的经济增长现状,经济增长不以速度作为唯一参考,更加注重发展的质量和效益。经济发展速度降下来,更加集中思考如何高效发展经济,转变发展方式。苏北地区通过招商引资确实提高了居民收入,但是吸收和引进外资的过程中尤其注意引进外资的质量和效益。不能成为外商投资企业转移重污染产业的牺牲地,要积极引进生态良好的,可持续发展的外商投资建设,摒弃为了短期政绩的“面子”工程和环境代价高的外商投资。纵观全球各国的发展道路,先污染后治理的经济发展道路是不可持续的,需要付出巨大的代价。

(三) 加强基础设施的建设

完善的基础设施不仅创造了良好的投资环境,同时也确实给予了企业方便。除了公路建设,还应该注重工业园区水电建设,安全建设,同时兼顾“软环境”的建设,创造良好的投资环境。并且要长期维持并持续提供良好的基础设施建设,留住外商投资企业。此外,基础设施的健全和完善,不仅起到吸引外资的作用,对于本地创新创业,留住本地人才也有很好的作用。

(四) 引导外资更多的投向现代服务业

现代服务业是从传统制造业的部分环节中分化形成的,为现代生产过程服务的生产者服务业。目前江苏省服务领域,尤其是现代服务行业对外商开放的程度还不高,但这些行业拥有巨大的市场容量以及不可估量的发展前景,因此随着政策的开放,江苏省现代服务行业吸纳外商投资的潜力将进一步释放。江苏省国民经济和社会发展第十二个五年规划纲要提出,要将江苏省建设成现代服务业高地,重点发展金融、现代物流、科技服务、商务服务等生产性服务业。江苏省政府已经在引导外资投向现代服务业上迈出了步伐，为吸引国外优质金融机构到江苏发展，政府重点推进南京河西金融中心、苏州沙湖创投基地等平台建设。这些平台的搭建无疑能将更多外资引向金融行业，如政府能适时放宽现代服务业中多个行业的准入限制，将有利于外资在这些行业间的平衡与协调发展。

第四节 科技创新国际化

和平与发展是当今世界的主题，合作与共赢成为时代的潮流，应对全球性问题和挑战已成为国际科技合作的热点，科技创新与合作发展国际化趋势日益明显，全球范围内知识、技术创新速度加快，科技发展呈现出多点突破交叉汇聚的态势，协同创新成为推动科技创新发展、提升核心竞争力的重要途径。科技创新国际化，可在全球范围内有效利用创新资源，联合全球优势科技力量共同实施一个国家难以单独完成的科研计划，有利于一个国家更好地参与全球科技合作与竞争，提高本国科技创新及应对区域性和全球性问题与挑战的能力；有利于一个机构更加有效地吸纳利用国际优势科技资源、交流输出科技成果，争取更大的国际发展空间。

一、江苏省科技创新的现状分析

(一) 江苏省科技创新的投入

科技创新的投入主要包括基础条件投入、科技人力资源投入和科技财力资源投入。科技人力资源是现代科学技术发展的基本驱动力，科技成果的产生最基本的条件就是要建立在获取资金支持的条件上，要提高科技生产力水平就必须有强大的经费投入作为支撑。研发基础条件的建设也是科技创新投入的一个重要方面，它反映了某个区域的科研硬件设施和科技活动的平台，是保障科技活动持续开展的不可缺少的物质条件。

从表 1-4 可知，2010—2015 年，江苏科技机构数和科技人员均逐年增长，2015 年江苏省的科技机构数达 23 101 个，科技活动人员达 111.99 万人。2010 年研究与发展经费支出占地区生产总值比重为 2.1%，2015 年研究与发展经费支出占地区生产总值比重为2.57%。2015 年，研究与发展经费内部支出 1 801.23 亿元，县级以上政府部门所属研究与开发机构经费支出总额为 1 035 453 万元，其中科技经费支出 626 326 万元。科学研究和技术服务业支出 230 478 万元，占科技经费支出比重最大。

表 1-4 2010—2015 年江苏省科技活动基本情况

指 标	2010 年	2011 年	2012 年	2013 年	2014 年	2015 年
科技机构数(个)	6 798	9 061	17 776	19 393	21 844	23 101
科研单位	135	148	148	143	144	142
规模以上工业企业	—	6 518	16 417	17 996	20 411	21 542
大中型工业企业	2 734	3 166	7 395	7 231	7 538	7 432
高等院校	579	647	761	801	854	971

(续表)

指　标	2010 年	2011 年	2012 年	2013 年	2014 年	2015 年
其他	3 350	1 748	450	453	435	446
科技活动人员数(万人)	73.69	81.62	98.23	109.46	115.00	111.99
#大学本科及以上学历	25.54	32.72	44.96	49.09	53.61	54.84
研究与发展经费内部支出(亿元)	857.95	1 071.96	1 288.02	1 450.00	1 630.00	1 801.23
研究与发展经费支出占地区生产总值比重(%)	2.10	2.20	2.33	2.45	2.50	2.57

注:"—"表示江苏统计局网站上并未给出。

资料来源:江苏省统计年鉴。

(二) 江苏省科技创新的产出

科技创新投入的产出绩效应体现出知识经济和社会发展的规律,能够反映一定时期内的科技研发机构、人员和经费的投入产出成果及其对特定区域产生的经济效益和社会效益。

与不断增加的投入成正比的是科技创新的产出,科技创新的产出也是逐年增长的。表 1-5 显示,2015 年江苏三种专利授权量合计为 250 290 件,其中实用新型的专利申请量占据总授权专利的近半数。而外观设计专利在 2013 年、2014 年则是下降的,2015 年有所回升。

表 1-5　2005—2015 年江苏三种专利授权量(单位:件)

	2005 年	2010 年	2011 年	2012 年	2013 年	2014 年	2015 年
授权量合计	13 580	138 382	199 814	269 944	239 645	200 032	250 290
发　明	1 241	7 210	11 043	16 242	16 790	19 671	36 015
实用新型	6 483	41 161	53 414	77 944	98 246	100 810	119 513
外观设计	5 856	90 011	135 357	175 758	124 609	79 551	94 762

资料来源:江苏省统计年鉴。

表 1-6　2010—2015 年江苏省高新技术产业产值(单位:亿元)

项　目	2010 年	2011 年	2012 年	2013 年	2014 年	2015 年
总计	30 354.84	38 377.76	45 041.48	51 899.10	57 277.28	61 373.61
航空航天制造业	64.84	76.42	218.30	263.65	294.68	316.28
电子计算机及办公设备制造业	2 634.34	2 940.80	2 260.06	2 548.86	2 349.71	2 375.86
电子及通信设备制造业	7 411.99	9 114.40	11 367.89	12 288.74	13 621.74	13 955.09
生物医药制造业	1 656.94	2 123.22	2 651.73	3 184.23	3 586.55	4 170.23
仪器仪表制造业	1 697.01	2 233.28	1 084.99	1 190.99	1 291.54	1 393.42
高端装备制造业	5 724.60	7 332.90	12 123.94	15 561.06	17 376.23	18 182.56
新材料制造业	7 486.61	9 791.83	12 214.01	13 602.31	15 378.60	17 289.21
新能源制造业	3 678.51	4 764.90	3 120.55	3 259.25	3 378.23	3 690.95

资料来源:江苏统计年鉴。

从表1-6江苏的高新技术产业产值来看，2015年江苏省高新技术产值为61 373.61亿元，主要的贡献来自于电子及通信设备制造业、高端装备制造业和新材料制造业。从地区来看，如表1-7，苏州的高新技术产业产值最大，宿迁的产值最小，两者差距达13 188.77亿元。

表1-7　2010—2015年江苏省各地区高新技术产业产值(单位:亿元)

	2010年	2011年	2012年	2013年	2014年	2015年
南京市	3 383.41	4 260.40	4 739.55	5 402.73	5 740.94	5 918.94
无锡市	4 429.91	5 337.22	5 665.21	6 346.30	6 110.66	6 211.38
徐州市	1 061.13	2 000.01	3 016.11	4 013.63	4 047.74	4 505.26
常州市	2 370.12	3 100.55	3 555.22	4 471.83	4 805.99	4 975.62
苏州市	9 022.65	10 530.84	11 888.80	14 178.77	13 644.87	13 962.32
南通市	2 599.99	3 250.83	3 822.80	5 115.92	5 404.03	6 048.45
连云港市	646.28	868.70	1 144.58	1 426.58	1 669.25	1 936.9
淮安市	479.17	580.70	956.49	1 244.63	1 473.86	1 687.22
盐城市	687.54	908.46	1 302.54	1 830.27	2 044.97	2 455.42
扬州市	2 341.29	3 093.06	3 106.72	3 650.80	3 880.85	4 032.3
镇江市	1 654.37	2 251.51	2 814.42	3 560.56	3 900.80	4 337.49
泰州市	1 591.51	2 063.19	2 639.27	3 772.74	3 888.13	4 528.76
宿迁市	87.46	132.30	389.76	572.70	665.19	773.55

资料来源：江苏统计年鉴。

二、江苏省科技创新国际化的问题

(一) 企业技术创新的主体作用未充分发挥

国际上一般用R&D投入强度来衡量企业生产发展与竞争能力。一般而言，企业R&D投入强度在5%以上才有竞争力，2010年到2015年，江苏省企业R&D投入强度平均为2.57%。此外，龙头企业较少，科技引擎企业数量偏少，民营企业发展动力不足，企业的总体创新实力偏弱。

(二) 未充分利用人才优势

江苏人才总量很大，高校众多，但是高校的知识创新、技术创新以及人才创新的成果没有较好地应用到企业的生产创新上。

(三) 生产要素国际流通及其配套服务水平不高

由于科技研发用品和离岸服务外包等环节成本较高，移民签证，跨国投资、外汇、技术并购等限制多、手续繁杂，国外专利代理机构、跨国公司、国际产业组织和联盟等进驻的审批周期长、渠道不畅通，相关资金、技术、人员及企业产权等要素的国际流通等渠道不畅通。

三、江苏省科技创新国际化的建议

从江苏省科技创新的现状来看，江苏率先在全国发展高科技新产业，深刻领会国家创新政策,也取得了丰硕成果。在经济全球化的背景下,江苏省科技创新国际化也在加紧实施。在9月24日进行的2016浦江创新论坛上,科技部副部长阴和俊在主旨演讲中表示,“十三五”时期,中国的科技创新将进一步加大对外开放,深化国际合作,将坚持以全球视野谋划和推进创新,实施科技创新国际化战略,积极融入和主动布局全球创新网络,探索科技开放合作的新模式、新途径、新体制。

(一) 加大人才队伍的培养和建设

科技进步和创新离不开高水平的科技人员和科研队伍。当今国际市场的竞争,归根到底就是全球范围内高层次人才的竞争。江苏“十三五”规划提出,全省科技系统要紧紧围绕建设具有全球影响力的产业科技创新中心这条主线,发挥江苏科教资源雄厚、实体经济基础扎实的竞争优势,支撑江苏产业转型升级,代表国家队进入全球产业竞争。到2035年,江苏将全面建成具有全球影响力的产业科技创新中心。据2015年度江苏省人力资源和社会保障事业发展统计公报,全省新增专业技术人才50.43万人、高技能人才29.53万人;新入选国家“外专千人计划”6人,累计24人,新入选江苏“外专百人计划”30人,累计57人,新入选国家“千人计划”213人;2名外国专家获得年度中国政府“友谊奖”,20名外国专家获省政府颁发的“江苏友谊奖”。

(二) 推动企业科技创新国际化

企业是社会的细胞,企业的科技创新产品直接应用到生产,创造价值。企业的科技创新是受市场引导的科技创新,可以在短期内取得相应的成果。一个企业只有以全球视野谋划和推进科技创新,牢固树立科技创新国际化发展理念,才能聚集全球创新资源,不断提升科技创新能力并在国际市场竞争中发展壮大。加快推进科技创新国际化步伐,围绕新材料、高端装备制造、节能环保等战略性新兴产业,积极探索与产业技术创新能力强的国家和地区开展国际合作的模式,激发企业创新活力,解决关键技术瓶颈,在若干重点领域实现重点跨越。此外,应当充分利用各机构行业协会与企业间的沟通协调机制,一方面促进中国企业的出国学习和考察,学习他国组建财团进行海外开发的经验,另一方面,通过协调矛盾,处理纠纷,维护中国企业海外科技创新的权益。

(三) 加速推进国际合作

利用国内外两种资源,国内外两个市场,通过与大学、国内外科研机构和企业合作取得,突破生产技术障碍。对于有自主研发能力的企业来说,可以利用自己的跨国投资或者跨国公司达到其提升科技创新的能力。而对于不具备独立研发机制的企业,尤其是中小民营企业,没有跨国公司得天独厚的国际关系网络,国际生产经营程度普遍不高,可根据当地市场和资源更好地促进国际间的合作。

(四) 推进产学研结合的深度和广度

产学研合作可使企业充分利用高校的技术、知识资源优势,迅速将技术转化为产品,缩短产品推向市场的研发周期,避免重复投入,降低产品开发的成本,减少企业的投资在核心技术研究方面失败的风险,从而促进企业科技创新,提高企业核心竞争力,为企业创造经济效益。科技创新国际化过程中,企业也应重视科技创新的投入。

第五节　人才开发国际化

人才已不再是个体意义上的人才概念，而具有广泛意义，富有明显的经济元素，人才本身就是资本、是资金、是资源，人才是软环境、硬实力。人才在国际国内的自由流动更加常态化，人才流动已经成为人才配置、使用和自身发展的必要途径。即确定以人才为中心的理念，坚持人才引进与人才培养两手抓两手都要硬的人才资源建设方针，创新人才灵活使用方式，科学评价人才经济价值，着力推进人才国际化，营造适宜于人才持续发挥作用并促进人才发展的制度和生活环境。

一、江苏省人才开发的现状

（一）人才总量大

2015 年，江苏省普通高等教育毕业生人数为 520 392 人，其中研究生数为 41 679 人。据江苏省人力资源和社会保障事业发展统计公报，2015 年，江苏省引进海外留学回国人员 7 888 名；发放海外人才居住证 97 个。“六大人才高峰”高层次人才培养选拔计划资助 682 个项目、5 821 人；“百名现代服务业人才出国培训计划”选派 118 名服务业人才出国培训；实施国家、省级引智项目 433 项。新建国家级博士后工作站 102 个、省级博士后创新实践基地 78 个、省级留学人员创业园 3 家，新设 3 家博士后科研成果转化基地；新增 4 个国家级高技能人才培训基地、6 个省级专项公共实训基地、15 个国家和省技能大师工作室；新建引进国外智力成果示范推广基地和示范单位 25 家。

（二）从省内人才流动看，由苏北流向苏南，小城市流向大城市

目前江苏省人才分布极不均匀，各类人才大多集中在南京、苏州、无锡等大中城市，特别集中在这些城市的大专院校、科研院所、大型企业和外资企业。而苏北的中小城市、特别是县级及县级以下的地区科技人才匮乏。他们在引进人才时无法在薪酬待遇、社会环境、生活环境及精神需要等方面与苏南、苏中城市竞争。

二、江苏省人才开发的问题

（一）区域间人才开发不平衡

教育资源集中于苏南和苏中地区，以南京为例，南京有 44 所普通高等院校，本科院校 36 所，在校大学生 70 万人，在校研究生 10 万人，常住人口每 10 人中就有一个是大学生。而连云港、泰州和宿迁仅有 3 家普通高等学校。苏北的经济发展，急需专业性、创新性、复合型人才，但苏北地区没有资源和环境培养高水平的人才，因此科技人才存量不足，核心科技人才流失严重。甚至苏北地区的人才，在外地接受过良好的教育和技能培养，也不愿意回到家乡支持本地区的发展。

（二）企业人才重引进，轻培养

企业已经意识到人才的重要性，花时间和金钱引进国内外优秀的人才，企业和政府提供工作条件、签证、落户、医疗、保险、税收等各方面优厚的待遇，但是会忽略人才的继续培养和长期发展，从高层次的人才发展特点来看，重视培养能从长期持续保证关键人才供给，同时，

高水平的人才也能在工作中得到归属感和自我价值的实现。

三、江苏省人才开发国际化的建议

人才开发国际化促进了跨国公司的发展,国际化人才必须具有广阔的国际视野,国际理念,拥有创新意识,较高的综合素质。2012 年 12 月份,江苏省出台了《关于加快推进人才国际化的意见》深入实施“双创计划”和海外留学人员回归计划,建立健全海外留学人员信息库。到 2020 年,引进海外人才 30 万人,常驻外国专家 10 万人,具有半年以上海外留学和工作背景的国际化人才占人才资源总量的 10%。

(一) 提高省内人才待遇,减少人才流失

不仅要提升高学历人才的待遇,同时也要提高技术性、创新型人才的待遇。不仅包括给予引进费用和相应的补贴,更应给予科研和创新所要求的条件。而对于海外人才、省外人才来说,在居留落户方面还比较困难,手续也较为繁琐。尤其是海外人才,由于国籍、户籍等原因,要根据情况保障人才无生活和工作上的烦忧。

(二) 吸收和引进优秀人才

进一步充分发挥中央企业在资金、经验、人才、管理等方面的优势,发展壮大一批世界水平的本土跨国公司,促进人才集聚,提高生产要素的组织化程度,在世界资源争夺中占有一席之地。借鉴发达国家经验扶持跨国公司发展:可以采用由国家出面,缔结有利于跨国公司发展的协议;也可以由国家运用税收优惠、信贷支持、投资保险等经济杠杆,促进跨国公司的对外扩张,使得它们有能力参与资源领域的国际竞争。以本土跨国公司为平台,建立健全适应市场化、国际化要求的人才吸引机制,通过在海外建立研发机构、海外直接招聘、与国外大学科研机构合作联盟等方式,延揽国外高端人才,获取和利用国外人才资源,分享世界先进科技成果。

(三) 现有技术人员的培养和提高

通过建立海外交流项目,给予技术人员以学习和交流的机会,扩展国际视野,打开创新思路和思维。多给机会,特别是年轻人机会,人才培养国际化也要求在位者和企业拥有国际视野,把推进教育国际化作为长久之计,加强与国外学校合作,多形式地进行培养和引导。在人才培养过程中,结合具体,给予相应的评价和激励,实现最高的需求,即人的自我实现。

(四) 进一步优化人才开发国际化的环境

以开放包容的理念来接纳国际化人才,提高江苏省的公共服务体系,推出一系列开放性的工作举措,营造良好的生活、工作和学习的环境,努力营造对外来文化和外籍人士具有较大包容性和融合性的氛围。设置海外人才交流服务中心,大力发展与国际接轨的人才服务机构和适应人才国际化的人事代理服务机构。将国际化人才管理各项工作都纳入制度化、法制化的轨道,上升为法律规范、政策引导、市场诱导的战略行为,以进一步推进江苏人才国际化战略。实现各种不同文化背景的国际化人才相互融合、人才充分享受生活自由和人格尊重。

参考文献

[1] 张培铭. 我国利用外资现状及对策[J]. 合作经济与科技,2016,03:60-61.

[2] 郝洁. 新时期我国利用外资面临的机遇挑战及对策[J]. 国际贸易,2014. 11:60 - 63.
[3] 吴代红,王小华. FDI、对外开放对地区经济发展的影响研究[J]. 南京财经大学学报,2012,(04):1 - 9.
[4] 祖健鹏. 新常态下长三角现代商贸流通业发展战略研究[J]. 商业经济研究. 2015,(36):17 - 19.
[5] 吴颖雯. 江苏省加工贸易转型升级研究[D]. 苏州:苏州大学,2011:1 - 35.
[6] 蒯婷婷. 江苏省农产品出口竞争力研究[D]. 江西农业大学,2012:25.
[7] 汪素芹,盛兰. 改变贸易方式,推进江苏贸易国际化水平提升[J]. 南京财经大学学报,2008(3):36 - 38.
[8] 张金昌. 国际竞争力评价的理论和方法[M]. 经济科学出版社,2002.
[9] 张祯贞. FDI 对中国产业国际竞争力的影响研究——以电子及通讯设备制造业为例[D]. 上海师范大学. 2009.
[10] 科技导报. 双创人才计划[N]. 科技导报,2011 - 05 - 29.
[11] 魏龙,潘安. 日本稀土政策演变及其对我国的启示[J]. 现代日本经济,2014,(2):40 - 47.
[12] 许进杰. 资源紧约条件下的消费. 增长与可持续发展[J]. 商业研究,2010.(12):48 - 51.
[13] 胡锡琴,等. 外部性对我国矿产资源开发的影响及对策分析[J]. 经济体制改革,2013,(6):166 - 169.
[14] 胡德文,马茁卉. 日本金属矿产资源海外自主开发[J]. 金属矿山,2011,(10):20 - 26.

第二章 苏商“引进来、走出去”相结合的开放战略

我国目前正处在经济增长换挡期、结构调整阵痛期和前期刺激政策消化期“三期叠加”的特殊历史时期。“引进来”和“走出去”相结合的对外开放战略是历史的必然选择。江苏省作为我国经济发展大省,如何合理运用新的开放战略,打破经济发展困境,保持经济发展优势,在“十三五”规划中再创辉煌,对我国经济整体发展和对外开放水平的提升至关重要。本章通过介绍“引进来”、“走出去”战略的转变及其辩证关系,以及江苏省在“引进来”和“走出去”两方面对外开放水平的的现状和存在问题,针对江苏省政府和企业如何合理运用“引进来”和“走出去”相结合的开放战略提高对外开放水平提出了若干建议。

第一节 从“引进来”到“引进来、走出去”并重的战略转变

一、“引进来、走出去”相结合战略的形成和发展

自 1978 年十一届三中全会我国正式实行“对内改革、对外开放”的政策以来,“引进来”便一直作为我国对外开放的核心战略目标。“引进来”战略使我国经济发展迅速、对外开放程度不断提高,并有效地缓解了我国资金短缺、生产落后、就业率低等一系列的现实问题。如今,我国不仅是世界上最大的发展中国家,也成为了世界第一的贸易大国,国际地位显著提升,我国经济的发展对世界经济至关重要。与此同时,改革开放历经三十多年,我国经济发展中的一些深层次的问题也逐渐显露出来:过去的粗放型增长方式消耗了过多的资源,也付出了巨大的环境代价,并且我国各地区、各产业发展都不均衡;随着经济的高速发展,原材料成本和劳动成本不断提高,国内企业竞争激烈,国内市场已不能满足企业的生存。十八届五中全会指出:“我国发展仍处于可以大有作为的重要战略机遇期,也面临着诸多矛盾的叠加,风险隐患增多的严峻挑战。”经过三十多年的改革开放,我国对外开放的基础和条件已经发生了根本性的变化。

1997 年 12 月我国首次提出“走出去”战略,党的“十六大”、“十七大”也先后强调要把“引进来”、“走出去”战略更好地相结合,但是在我国对外开放的进程中,“引进来”和“走出去”往往是分离甚至是对立的。这不仅降低了我国对外开放的水平和效率,还削弱了我国参与全球化的竞争力。“引进来”与“走出去”战略相结合是我国目前经济发展形式的迫切需要;是进一步提高对外开放水平,建立内外联动、互利共赢、安全高效的开放型经济体系的战略要求;也是我国经济稳定可持续发展的必然选择。2013 年 9 月 7 日习近平主席提出“一带一路”发展理念,标志着我国参与经济全球化的方式已经由传统“引进来”或“走出去”的单一发展战略转变为“引进来、走出去”相结合的开放战略。

改革开放以来,江苏省凭借着得天独厚的地理条件和历史传承的苏商文化,使其经济发

展稳定且快速，成为我国经济发展大省之一。“十一五”期间，江苏省在对外贸易等方面发展迅速，取得十分显著的成效，各项对外经贸的指标也保持全国前列，目前已行成多形式、多层次、多功能的对外开放格局。“十二五”时期，江苏省继续保持经济增长势头，地区生产总值超过七万亿元，年均增长 9.6%，人均 GDP 突破 1.4 万美元，已达到中上等国家和地区水平。江苏省在我国经济发展中扮演着重要的角色，其国际化的进程必然受到国内和国际形式变化的影响。如何充分利用江苏省现有的经济结构和产业基础，合理运用“引进来、走出去”相结合的开放战略，利用“两个市场、两种资源”推进国际化进程，不仅对江苏省打破经济发展困境，推进产业结构调整，保持经济可持续发展具有重要的意义，也影响着我国经济整体的发展和全面对外开放的进程。

二、“引进来”和“走出去”的辩证关系

“引进来”和“走出去”战略作为我国对外开放的手段和工具，具有各自的优越性，但就目前我国经济发展形式而言，把两者相结合能在很大程度上起到相辅相成，相互促进的作用。“引进来”是“走出去”的物质和产业基础，并为“走出去”起到示范性作用；“走出去”是对外开放的更高阶段，弥补了“引进来”战略的不足。“引进来”和“走出去”战略如同“车之双轮、鸟之两翼”，在新条件下促进我国对外开放的进程，使我国在更广领域和更高层次上参与经济的全球化。

（一）“引进来”是“走出去”的物质和产业基础

改革开放以来，我国利用“引进来”战略引进外国的产品、技术、资本等，大力推动我国的经济建设，使我国经济快速发展，成为了对外贸易大国并积累了大量的外汇储备。同时，还吸引了国外企业进入我国市场，这些企业在我国进行经济活动，增加了我国税收收入。我国利用“引进来”的战略实现了第二产业的高级化发展，增加了第三产业占比，推动了产业结构升级，这使得我国具有了良好的物质和产业基础。“走出去”战略能够利用现有的物质和产业基础，为低端产业创造新的比较优势，延长行业产品的生命周期，并将成熟企业的优势扩大到海外市场。

（二）“引进来”的示范性作用

国外很多发达国家经济起步早，经济全球化水平高，对国际形式和跨国企业发展都具有更深刻的理解和认识。我国通过“引进来”战略不仅将我国纳入了全球生产体系，同时还借助了国外的力量，了解了全球经济运行规则和竞争机制。国外跨国企业在我国的经济行为，向我国企业展示了其全球化战略中资源共享性、技术内部化、生产本土化等一系列的跨国经营经验。我国企业可以通过学习国际经济的运行规则，借鉴国外企业的发展经验，利用“引进来”的示范性作用，更好地为我国企业“走出去”服务。

（三）“走出去”是对外开放的更高阶段

扩大我国对外开放格局，提高经济全球化水平，可以分为两个方面：一是外国经济向本国的渗透；二是本国经济向海外的发展。一般来说，发展中国家先要利用外国经济向本国渗透来与国际接轨，并利用“引进来”发展本国经济促进产业升级，只有内向型国际化达到一定程度，才有能力向海外发展。所以，“走出去”在“引进来”发展到一定程度之后才能更好地发挥作用，“走出去”是对外开放的更高阶段。我国是最大的发展中国家，如果长期依赖“引进

来"战略会使我国经济产生依赖性,带来负面影响。"走出去"可以从更大范围、更广领域和更高层次上扩大我国对外开放水平,掌握主动权,实现本国战略利益。

(四)"走出去"弥补了"引进来"战略的不足

长期的"引进来"战略导致我国国际收支双顺差,外汇储备过高,而且加剧了国际贸易摩擦。"走出去"能够减少国际收支顺差,为外汇储备提供利用渠道,还能通过对外投资打破国际贸易壁垒。此外"引进来"战略运用有一定的局限,存在引不进来的现象,"走出去"可以利用并购、合资等方式间接的"引进来"。同时,"走出去"可以直接在国外利用国际资源生产,打破了生产要素的国家界限,缓解国内资源稀缺,减少"引进来"的成本,保持本国经济的可持续发展。

第二节　苏商"引进来"的现状和问题

一、"引进来"的现状

"引进来"战略不仅包括引进商品和服务,引进国外的资金,还包括引进先进技术、管理经验和制度等多方面的内容。"引进来"不是简单的招商引资,而是在不破坏国内经济环境的前提下更好地为国内企业和产业服务。江苏省作为经济大省,在积极推行"引进来"战略方面,不仅要大力发展江苏省的进口贸易,引进先进产品和技术促进产业结构发展,更要积极的引进外资,合理利用外资发展本地产业,提高产业竞争优势。

(一)江苏省进口贸易的发展现状

1. 进口贸易总量的变化

2005—2015 年江苏省进口总额整体趋势增加,但进口额占总进出口额的比例下降,同比增速有所下滑,进口外贸依存度下降。据表 2-1 所示,近十年来江苏省进口额总量不断攀升,2009 年受全球经济危机影响略有下滑。"十一五"期间江苏省进口额总量年均 1 517.16 亿美元,年均同比增长率 14.38%。"十二五"期间江苏省进口额总量年均 2195.03 亿美元,年均同比增长率 1.47%。2015 年江苏省进口额总量为 2 069.45 亿美元,同比增长率为−6.74%,外贸依存度由 2005 年的 46.23%下降到 18.38%。

表 2-1　2005—2015 年江苏省进口额总量、同比增长率及进口外贸依存度的变化

年份	进口额总量 (亿美元)	同比增长率 (%)	进口外贸依存度 (%)
2005	1 049.59	25.91%	46.23%
2006	1 235.77	17.74%	45.31%
2007	1 459.38	18.09%	42.63%
2008	1 542.32	5.68%	34.58%
2009	1 395.89	−9.49%	27.66%
2010	1 952.42	39.87%	31.91%
2011	2 271.36	16.34%	29.85%

(续表)

年份	进口额总量(亿美元)	同比增长率(%)	进口外贸依存度(%)
2012	2 195.55	−3.34%	25.62%
2013	2 219.88	1.11%	23.01%
2014	2 218.93	−0.04%	20.93%
2015	2 069.45	−6.74%	18.38%

数据来源:江苏省统计年鉴。

2. 主要进口国别和地区的变化

江苏省主要贸易地区分布在亚洲,2010—2015年的六年间江苏省在亚洲地区的进口额占全部进口额总量的年均比例为70.83%,但呈现逐渐下降的趋势,2015年亚洲地区进口额占比为70.34%。表2-2列举了江苏省进口额在六大洲和主要贸易组织(东南亚国家联盟、欧洲联盟和亚太经合组织)的进口额比例分布。江苏省进出口的主要国别和地区为:美国、日本、韩国、中国台湾、中国香港和德国等。进口总额排前三的主要国别和地区为:韩国、中国台湾以及日本。进口的国别和地区近几年没有太大的变化。

表2-2 2010—2015年江苏省主要进口国家及地区占比

区域 \ 年份	2010	2011	2012	2013	2014	2015
亚洲	73.62%	70.85%	71.33%	69.20%	69.64%	70.34%
非洲	0.70%	0.79%	0.81%	1.17%	0.80%	0.75%
欧洲	10.86%	12.48%	11.82%	12.06%	12.97%	12.78%
拉丁美洲	3.78%	3.90%	3.89%	4.01%	3.62%	4.38%
北美洲	7.77%	7.90%	7.83%	8.78%	8.34%	7.96%
大洋洲	3.26%	4.08%	4.32%	4.78%	4.63%	3.78%
东南亚国家联盟	13.47%	13.61%	12.38%	10.36%	11.31%	11.86%
欧洲联盟	9.46%	10.69%	10.56%	10.88%	11.65%	11.57%
亚太经济合作组织	83.05%	80.42%	80.67%	79.29%	78.92%	79.19%

数据来源:江苏省统计年鉴。

3. 进口产品结构的变化

对外贸易商品构成,按照《国际贸易标准分类》(SITC)分类可分为三大类型:资源密集型产品、资本和技术密集型产品以及劳动密集型产品。资源密集型产品包括食品及主要供食用的活动物(0类)、饮料及烟草(1类)、燃料以外的非食用原料(2类)、矿物燃料以及润滑油和有关原料(3类)、动植物油及油脂和蜡(4类);劳动密集型产品包括主要按原料分类的制成品(6类)、杂项制品(8类);资本和技术密集型产品包括化学品及其有关产品(5类)、机械及运输设备(7类)。根据SITC分类计算的江苏省进口产品结构类型如图2-1所示:江苏省主要进口资本和技术密集型产品,这类产品的进口比例达到60%以上,整体波动幅度不大。其次劳动密集型产品进口不断下降,2015年进口量为421.23亿美元,占江苏省进口总额的21.04%。资源密集型产品在进口产品中比例最低,近几年进口比例稳中有升,与劳动密集型产品的比例差距有所缩小。

此外,进口产品类型中,主要以机电产品为主,2015年机电产品的进口总额占全年进口总额的55.37%。2015年江苏省进口产品中进口总额排名前五的产品为:集成电路、液晶显示板、铁矿砂及其精矿、初级形状的塑料、大豆。

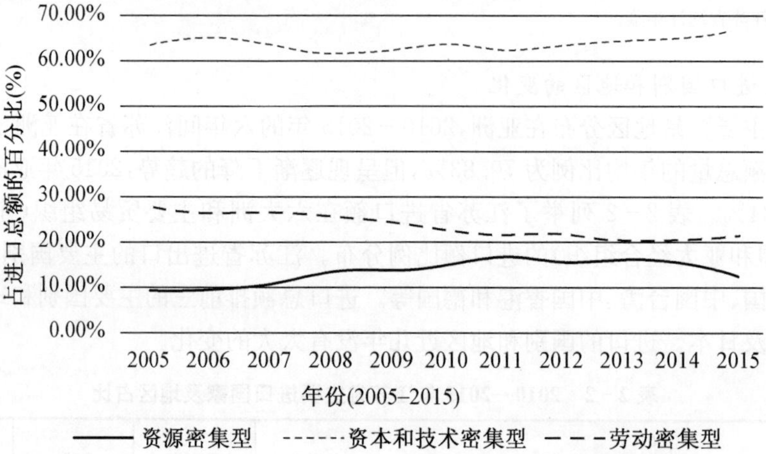

图2-1 2005—2015年江苏省三大贸易商品类型进口变化趋势

数据来源:江苏省统计年鉴。

4. 三大地区进口贸易的变化

江苏有13个省辖市,总体可以划分为苏南、苏中、苏北三大区域。苏南包括南京、镇江、常州、无锡、苏州;苏中包括扬州、泰州、南通;苏北包括淮安、盐城、宿迁、连云港、徐州。江苏省经济以苏南地区发展为主力,苏中苏北协调并进,各有其发展特色。苏南地区也是江苏省对外贸易发展主要地区,仅苏州一个地方的对外贸易总额就与苏中苏北地区总和相接近。但近几年,在对外贸易发展方面苏南地区增长乏力,苏中、苏北增长较快。

如表2-3所示,2015年,江苏省三大地区的进出口总量分别为4 651.6亿美元、521.46亿美元、283.05亿美元,占江苏省总进出口额比重分别为85.25%、9.56%、5.19%。苏南地区的进出口总额能达到全省进出口总额的85%以上。苏南地区对外贸易的主要动力依然来自苏州,2015年苏州的进出口总值达到3 053.50亿美元,占全省55.96%。

苏南地区进口贸易总额为1 818.39亿美元,进口总值占全省87.87%,进口同比增长率为-0.07%,苏中和苏北地区分别为152.33亿美元、98.74亿美元,增幅不大。2015年苏南五个市的进口外贸均出现负增长,但苏中地区的扬州同比增长13%,苏北地区的连云港、淮安增幅分别高达8%、19%。

表 2-3　2015 年江苏省各地区进出口数据

地区	城市名称	进出口总额（万美元）	出口额（万美元）	进口额（万美元）
苏南	南京	5 324 014	3 150 252	2 173 762
	无锡	6 846 733	4 223 195	2 623 538
	常州	2 804 122	2 125 624	678 498
	苏州	30 534 957	18 145 930	12 389 027
	镇江	1 006 386	687 346	319 040
苏中	南通	3 157 881	2 282 576	875 305
	扬州	1 033 825	771 076	262 749
	泰州	1 022 895	637 682	385 212
苏北	徐州	541 263	438 935	102 328
	连云港	804 485	405 968	398 518
	淮安	412 975	300 876	112 099
	盐城	811 930	512 395	299 535
	宿迁	259 889	184 968	74 921

数据来源：江苏省统计年鉴。

（二）江苏省引进外资的现状

1. 引进外资总量的变化

江苏省在引进外资方面表现优异，“十五”期间，江苏省利用东部沿海的地区优势，积极的引进和利用外资，早在 2003 年江苏省的实际利用外资就已达 158.02 亿美元，居全国各省市第一。此后一直保持迅速发展的优势，在全国引进和利用外资的省份中名列前茅。受 2008 年经济危机影响，江苏省在引进外资方面呈现一定程度的下降趋势。如表 2-4 所示，2010—2015 年江苏省的合同外商直接投资项目不断减少，导致合同外商直接投资金额和实际外商投资金额下降，但是江苏省引进外资的基数很大，与各省市相比依然保持领先趋势。其中，外商投资的形式也多种多样，以独资经营为主，还包括合资经营、合作经营和外商投资股份制。

表 2-4　2010—2015 年江苏省外商直接投资

年份	合同外商直接投资项目（个）	合同外商直接投资金额（万美元）	实际外商投资金额（万美元）
2010	4 661	5 683 321	2 849 777
2011	4 496	5 955 372	3 213 173
2012	4 156	5 714 109	3 575 956
2013	3 453	4 726 816	3 325 922

(续表)

年份	合同外商直接投资项目(个)	合同外商直接投资金额(万美元)	实际外商投资金额(万美元)
2014	3 031	4 318 685	2 817 416
2015	2 580	3 936 089	2 427 469

数据来源:江苏省统计年鉴。

2. 外资来源的变化

江苏省引进的外商直接投资具有明显的地缘趋势,江苏省70%以上的外商投资来自亚洲地区。如表2-5所示,2010—2015年亚洲地区实际外商直接投资不断攀升,占比达年均76.86%。亚洲地区国家与我国具有相似的文化经济发展的背景,而且在地理位置上具有明显优势。在亚洲地区和国家中占比较多的为:中国香港、新加坡、日本、中国台湾和韩国等。全球而言,占比较多的国家和地区仍是这几个亚洲地区国家,此外还包括:美国、英国、德国等。2015年,亚洲地区实际外商投资达242.75亿美元,占比77.52%。

表2-5　2010—2015年江苏省按地区分实际外商投资占比

地区	2010年	2011年	2012年	2013年	2014年	2015年
亚洲	72.35%	76.88%	77.89%	80.14%	76.40%	77.52%
非洲	1.76%	1.46%	1.45%	1.17%	1.02%	0.70%
欧洲	6.41%	5.15%	6.16%	5.66%	5.65%	8.36%
北美洲	5.30%	3.77%	4.49%	3.59%	3.14%	2.95%
大洋洲	2.88%	2.94%	2.75%	2.43%	2.15%	3.21%
南美洲	11.31%	9.81%	7.27%	7.01%	5.96%	7.27%

数据来源:江苏省统计年鉴。

3. 外资投向的变化

江苏省目前发展以第二产业为主,第三产业发展迅速,占比不断提高,第一产业比例很少。所以外商投资在三大产业中的占比也出现不均衡的现象。江苏省外商投资主要集中在制造业、房地产业、科学研究技术服务和地质勘查业、批发和零售业等第二、第三产业上面。据2015年末登记的外商投资企业行业分布情况来看,外商投资企业数53 551个,投资总额达到7 821.54亿美元,其中制造业占比最多,达到了63.72%。外商投资与江苏省发展关注的重点方向一致,近年来江苏省大力发展第三产业,外商投资的份额也逐渐向第三产业转移。2015年,外商直接投资的实际总额虽有所减少,但是第三产业外商直接投资的实际总额的占比仍有所提高。2014年第三产业引进外资总额为122.65亿美元,占比达43.53%;2015年第三产业引进外资总额为113.16亿美元,占比为46.62%,第三产业引用外资的占比有所提升。

4. 三大地区引进外资的变化

江苏省引进外商投资在三大地区带有显著的差异性。苏南地区自改革开放以来就保持着较大的优势，开放程度远远高于苏中和苏北地区。因此，苏南地区一直是外商投资的主力地区，在吸引外资上面具有绝对优势。苏南地区面积仅为江苏省版图的三分之一左右，却吸引了全省70%以上的外商直接投资。苏中苏北地区由于发展相对落后，发展的基础设施还不完善，开放水平较低。"十一五"期间江苏省大力推行沿江和沿海开放战略，苏中的盐城、泰州等地和苏北的连云港等地都获得比较好的发展机会，加大了对外商直接投资的吸引力，但是总体上仍然无法与苏南地区相比。2015年苏南、苏中、苏北三个地区实际外商投资总额分别为155.63亿美元、42.30亿美元、45.36亿美元，苏南地区占比达63.97%。

二、"引进来"存在的问题

江苏省对外贸易进口量近期虽稍有下降，但是进口总额仍然很大。与很多国家具有贸易往来，主要进口国家和地区分布在亚洲，进口国家以发达国家为主。进口的商品主要是资本技术密集型产品且比重很大。苏南地区依然保持发展优势但是增长乏力，苏中苏北发展迅速。十一五期间江苏省抓住发展机遇，大力发展对外贸易，十二五期间，在保持经济平稳发展的同时积极的调整产业结构。如今江苏省已是我国第二大的进口大省，发展状况良好，江苏省的进口额变化对于我国对外贸易来说举足轻重。

江苏省引进外资受国际形势影响，外商投资虽有所下降，但总额仍位居全国首位。主要外商投资来源于亚洲地区，与我国具有相近地理位置的高度发达地区和国家，且外商投资主要集中在第二、第三产业，第一产业占比很低。同时，苏南地区在引进外商投资方面仍保持领先优势，苏中苏北虽有所发展，但仍远远低于苏南地区。进口贸易和引进外资对于江苏省积极推行"引进来"的发展战略具有重要的作用。

总之，在对外贸易和引进外资这两方面，江苏省虽然在全国范围来看表现可观，但仍然存在比较明显、尚需改进的问题：

（一）江苏省进口贸易方面存在的问题

1. 进口贸易结构不合理

江苏省进口的产品以资本技术密集型产品为主，然而该类进口的产品并不全是短缺的中心技术产品。江苏省的私营企业比例很大，同一产业存在很多竞争企业，这些私营企业之间的竞争会导致重复进口一些产品，且这些企业规模不大、资金有限，在产品进口方面没有足够的能力引进中心技术产品。其次，江苏省很多企业过分关注新兴产品的发展，不重视传统产品，在引进产品的时候不考虑江苏的实际发展状况，导致产业发展失衡。合理的进口可以解决产业发展障碍，加快产业发展速度，推动产业优化升级并在一定的程度上促进技术进步和联动企业的发展。然而不合理的进口会导致资源浪费，进口产品溢出作用不明显，正面作用受限。

2. 进口企业消化能力低

贸易保护导致中心技术进口困难且企业对于进口产品消化吸收效率不高。目前全球仍处在经济危机的阴影之中，很多国家直接或间接的实施贸易保护措施，这些保护措施不仅在于限制国家的进口，而且一定程度上限制国家的出口，尤其是对于高附加值的中心技术产品。产品创新国在新产品上具有垄断的优势，能够给创新国带来巨大的经济价值，同时创新国为维持这种优势会对产品的出口设置一定的限制。他国设置出口限制，则我国在进口方面就会受限，无法引进中心技术产品很难实现进口产品的价值。此外，江苏省企业存在盲目引进的现象，没有贴合企业发展的需求和江苏省发展的现实情况，而且江苏省中小企业众多，创新和研发能力弱，与国外企业发展差距较大，对于引进的产品不一定能够充分利用，导致了企业对于进口产品的消化吸收能力不强、技术引进后转化率不高。

3. 三大区域发展失衡

江苏三大地区在经济发展上不协调，对外贸易方面严重失衡。自改革开放以来，苏南地区就一直保持着领先的地位，不仅进出口总量远高于苏中苏北，就进口而言也是远远超过苏中苏北地区。苏南地区虽然占据地理和资源的优势，但是对苏中苏北地区的拉动作用并不显著，江苏省三大地区的联动作用太弱。长期保持这样的发展差距，更不利于地区发展的均衡。苏南地区吸收了更多更好的资源，在进口贸易上面有优势，较大程度利用了进口对于促进产业升级和技术进步的作用，更有利于地区的经济发展。苏中苏北不仅进口贸易规模小，而且存在众多的进口质量的问题，长此以往，江苏三大地区的发展差距会进一步拉大，不利于江苏省经济的可持续发展。

(二) 江苏省引进外资方面存在的问题

1. 外资来源过于集中

对外开放不仅要求对外开放程度的扩大，同样要求对外开放范围的扩大。江苏省外资来源虽然遍布全球，但是70%以上来自亚洲地区，而且一直以来外商投资的国家和地区并没有太大变化，外资来源过于集中，对亚洲地区依赖性大。其次，引进的外商投资以发达国家和地区为主，但是目前全球经济萧条，未来发展并不乐观，许多发达国家和地区都实行了形式多样的保护政策，导致对外投资的份额减少，江苏省企业在吸引外资上面没有充分的竞争优势。而且近几年亚洲政治方面变化大，日本和韩国等周边国家和地区与我国的政治摩擦越发严重，如果过于依赖亚洲地区的外商投资，增加了江苏省未来经济发展的不确定性。

2. 外资投向不均衡

江苏省引进的外商直接投资中很大一部分投向了第二和第三产业，第二、三产业外资占比已经达到80%以上。第二产业是江苏省的支柱产业，江苏省制造业位居全国第一，但是江苏省在产业发展上面还是以低端的产品加工为主，这类产品附加值低在国际市场上没有竞争力，如果把外资过多的投向这类产业生产上面，会造成资源浪费，对江苏省企业发展并没有好处。近几年江苏省第三产业发展迅速，外商投资逐渐扩大了比重，但第三产业对于江苏而言仍是新兴产业，外资在产业内的分配存在不协调、不合理的现象，江苏省产业的发展不应该顾此失彼。

3. 三大地区差距较大

江苏地区发展具有明显的区域特点，苏南、苏中、苏北三大地区在引进和利用外资方面也存在很大差别。苏南地区占据了七成以上的外商直接投资额，而苏中苏北地区加起来的占比也仅在三成左右。三大区域引进外资的能力失衡，外商投资分布十分不均。苏南地区占据历史和地理优势，经济发展迅速，增强了外资吸引力，而外商投资又被用于经济建设，进一步加快了经济发展。可见经济发展与外商投资具有累计循环的因果效应。苏中、苏北不加大外商投资发展经济则会导致三大地区的差距越来越大，导致江苏省对外开放后劲不足。

第三节　苏商“走出去”的现状和问题

一、“走出去”的现状

“走出去”战略与“引进来”战略相对应。“走出去”战略的范围很广，包括：货物与服务的出口、劳务输出、国际融资、国际旅游以及对外投资等。江苏省在推进实施“走出去”战略时不仅要大力发展省内出口贸易，还需要重点发展对外投资，加强与“引进来”战略的结合，全方位的扩大对外开放格局，进一步提高对外开放水平，将企业更好地带出国门。

（一）江苏省出口贸易的发展现状

1. 出口贸易总量的变化

江苏省出口贸易总额十几年来一直保持着增长的趋势，且出口额占进出口总额的比例越来越高。据表 2－6 所示，2005—2015 年江苏省出口贸易，在总额上有了很大的变化，2015 年出口总额相较于 2005 年来说，已经翻了一番，出口贸易占对外贸易的比重也稳重有升，但外贸依存度有很大的下降，由“十一五”期间的年均 50%以上下降到 2015 年的 30.08%。2008 年经济危机之前，江苏省出口贸易一直保持着年均 32.64%的同比增长速度，2009 年出口增速锐减，2010 年之后又逐渐好转，但是年均增长率已经减缓。2015 年江苏省出口总额为 3 386.68 亿美元，同比增长率－0.94%。

表 2－6　2005—2015 年江苏省出口额总量、同比增长率及出口外贸依存度的变化

年份	出口额总量（亿美元）	出口额占比（%）	同比增长率（%）	出口外贸依存度（%）
2005	1 229.82	53.95%	40.56%	54.16%
2006	1 604.19	56.49%	30.44%	58.81%
2007	2 037.33	58.26%	27.00%	59.51%
2008	2 380.36	60.68%	16.84%	53.36%
2009	1 992.43	58.80%	－16.30%	39.49%
2010	2 705.50	58.08%	35.79%	44.21%
2011	3 126.23	57.92%	15.55%	41.11%
2012	3 285.38	59.94%	5.09%	38.36%
2013	3 288.57	59.70%	0.10%	34.08%
2014	3 418.69	60.64%	3.96%	32.26%
2015	3 386.68	62.07%	－0.94%	30.08%

数据来源：江苏省统计年鉴。

2. 主要出口国别和地区的变化

表 2-7　2010—2015 年江苏省主要出口国家及地区占比

区域＼年份	2010	2011	2012	2013	2014	2015
亚洲	39.18%	42.01%	45.29%	47.72%	46.75%	46.65%
非洲	2.33%	2.58%	3.01%	2.83%	2.72%	2.57%
欧洲	27.75%	25.33%	21.59%	19.59%	20.63%	19.53%
拉丁美洲	5.38%	6.19%	6.68%	6.03%	5.61%	5.59%
北美洲	23.14%	21.34%	20.92%	21.38%	22.08%	23.14%
大洋洲	2.23%	2.55%	2.51%	2.46%	2.21%	2.51%
东南亚国家联盟	7.79%	8.35%	9.34%	10.17%	10.01%	10.37%
欧洲联盟	25.80%	22.98%	19.19%	17.37%	18.58%	17.95%
亚太经济合作组织	59.48%	60.61%	63.94%	66.43%	65.66%	66.25%

数据来源：江苏省统计年鉴。

与进口分布国别和地区不同，江苏省出口分布的国家和地区范围更广、更均匀。据表 2-7 所示，2010—2015 年江苏省主要出口的地区主要是亚洲、欧洲和北美洲，出口总量中亚洲地区占比最大，2015 年占比达 46.65%。同年亚太经济合作组织成员国间总计出口占比达 66.25%，而且近几年的出口比重在不断增加，但向欧盟地区的出口有所减缓。占江苏省出口贸易总额前三的国家和地区为：美国、中国香港和日本。

3. 出口产品结构的变化

自 2001 年江苏省资本和技术密集型产品出口总量超过劳动密集型产品出口总量之后，就一直保持着相对稳定的出口比重，成为江苏省出口贸易中占比最大的产品类型。图 2-2 列出了 2005—2015 年江苏省三大类产品的出口趋势。近十年来江苏省出口以资本和技术密集型产品为主，占比达六成以上；资源密集型产品虽稍有增加但出口占比很少，2015 年仅

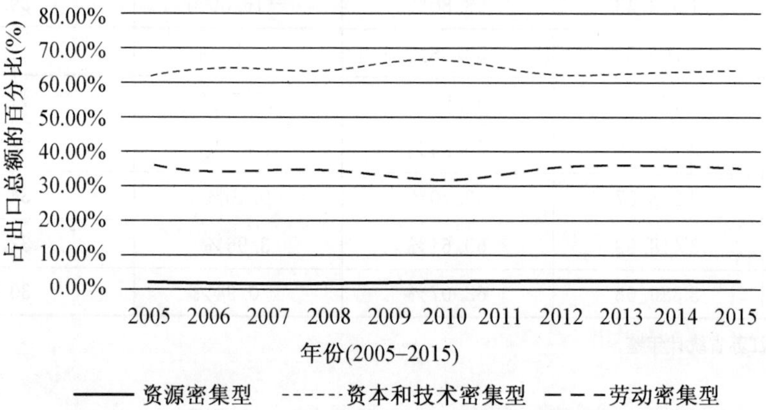

图 2-2　2005—2015 年江苏省三大贸易商品类型出口变化趋势

数据来源：江苏省统计年鉴。

占比 1.53%。主要出口的产品包括：自动数据处理设备及其部件，集成电路，服装及衣着附件，纺织纱线、织物及制品，钢材，液晶显示板等。机电产品是江苏省出口的主力产品，2015 年机电产品出口额 2247.52 亿美元，占出口总额的 62.57%。

4. 三大地区出口贸易的变化

与进口贸易相同，苏南地区依旧是江苏省出口贸易主力。2015 年三大地区的主要出口总额为：苏南 2 833.23 亿美元、苏中 369.13 亿美元、苏北 184.31 亿美元，苏南地区出口占比达 83.66%。苏南地区中苏州仍是出口主要城市，2015 年出口总额 1 814.59 亿美元，占苏南地区出口额的 64.05%，占江苏省出口额的 56.34%。此外，苏中地区的出口贸易优于苏北地区。

(二) 江苏省对外投资的现状

1. 对外投资总量的变化

近几年江苏省对外投资新增的项目个数在不断增长，而且按照中方协议金额计算的总投资额也在不断上升。如表 2－8 所示，2015 年，江苏省新批的境外投资项目个数为 880 个，同比增长 19.57%，中方协议金额为 1 030 460 万美元，同比增长 42.81%。其中民营企业是对外投资的主体，2015 年新增的民营企业投资项目个数为 693 个，占新增项目数的 78.75%，同比增长 25.09%，中方协议金额为 795 137 万美元，占总协议金额的 77.16%，同比增长 45.18%。江苏省对外投资的项目类型形式多样，包括：参股并购、风险投资、贸易型、非贸易型、境外加工贸易和境外资源开发等项目。对外投资类型中以非贸易型项目为主。

表 2－8　2010—2015 年江苏省境外投资情况

年份	2010	2011	2012	2013	2014	2015
中方协议金额(万美元)	217 613	360 154	504 547	614 272	721 571	1 030 460
按主体类型						
国有及国有控股企业	16 082	27 271	84 488	46 418	65 224	59 895
集体企业	1 884	1 495	2 185	974	9 998	38 164
民营企业	149 509	251 638	320 725	434 218	547 679	795 137
外资企业	50 138	79 750	97 149	132 663	98 669	137 264

数据来源：江苏省统计年鉴。

2. 对外投资区域的变化

江苏省对外投资分布世界各地，但主要集中在亚洲、欧洲和北美洲。2015 年，江苏省新批的境外投资项目中，亚洲地区就有 469 个。如图 2－9 所示，2010—2015 年江苏省对亚洲地区的对外投资逐年增加，2015 年亚洲地区的对外投资占比已达 57.73%。同时，欧洲地区和北美洲地区占比逐渐减少，其他地区波动幅度不大。江苏省在亚洲对外投资占比较多的国家和地区为：中国香港、印度尼西亚、新加坡、巴基斯坦、日本和菲律宾等。全球而言，占比较高的地区和国家为：中国香港、美国、印度尼西亚、澳大利亚、英属维尔京群岛等。

表 2-9 2010—2015 年江苏省对外投资主要地区占比

地区	2010 年	2011 年	2012 年	2013 年	2014 年	2015 年
亚洲	48.58%	51.85%	53.20%	50.14%	57.48%	57.73%
非洲	5.16%	10.28%	7.27%	8.51%	9.09%	6.93%
欧洲	18.21%	11.34%	10.29%	19.15%	8.87%	4.66%
北美洲	16.62%	10.25%	11.94%	9.37%	11.53%	12.36%
大洋洲	6.16%	5.79%	8.74%	5.20%	6.06%	6.94%
南美洲	5.27%	10.50%	8.55%	7.63%	6.96%	11.38%

数据来源：江苏省统计年鉴。

3. 对外投资产业的变化

江苏省对外投资主要集中在第三产业，其次是第二产业。2015 年江苏省对外投资总额中，第三产业为 629 432 万美元，占比达 61.08%，同比增长 36.59%；第二产业为 388 572 万美元，占比 37.71%，同比增长 51.87%。第一产业占对外投资总额的比重很小，2015 年只有 1.20%。对外投资行业已由第二产业向第三产业转移。江苏省对外投资主要集中的行业为：制造业、租赁和商务服务业、批发和零售业、房地产业、采矿业等。

4. 三大地区对外投资的变化

与江苏引进外资情况相似，苏南地区也是对外投资的主要区域。据图 2-10 所示，2015 年江苏省三大地区对外投资新批项目中苏南 648 个、苏中 141 个、苏北 91 个；中方协议投资总额占比为苏南 66.29%、苏中 16.31%、苏北 17.40%。苏南地区中苏州、南京和无锡都有较多新批项目，苏北地区对外投资增长显著，2015 年新增 11 个项目，对外投资总额同比增长 162.25%。

表 2-10 2015 年江苏三大地区对外投资情况

地区	城市名称	新批项目数（个）	中方协议投资（万美元）	总额占全省比重（%）
苏南	南京	170	206 155	20.01%
	无锡	115	174 764	16.96%
	镇江	44	21 908	2.13%
	常州	67	75 530	7.33%
	苏州	252	204 754	19.87%
苏中	扬州	25	38 859	3.77%
	泰州	38	15 317	1.49%
	南通	78	113 910	11.05%
苏北	连云港	23	50 967	4.95%
	淮安	6	6 660	0.65%
	盐城	25	46 295	4.49%
	徐州	31	73 526	7.14%
	宿迁	6	1 821	0.18%

数据来源：江苏省统计年鉴。

二、"走出去"存在的问题

江苏省出口贸易总额保持增长趋势，是我国第二出口大省。主要贸易国别和地区集中在亚洲、欧洲和北美洲。出口的商品以资本和技术密集型产品为主。苏南地区是出口的主要区域，远超过苏中苏北。江苏省对外投资总额逐年增加，民营企业占主体地位，对外投资类型以非贸易型为主。对外投资的主要地区集中在亚洲，发达国家和发展国家都有。与引进外资不同，江苏省对外投资虽主要集中在第三产业，但投资最多的行业仍是制造业。苏南地区仍是对外投资的主力。"走出去"战略是江苏省进一步提高对外开放的必由之路，有利于开拓市场空间、优化产业结构、提高对外开放质量。但江苏省在推进实施"走出去"发展战略存在着一些不足之处。

(一) 江苏省出口贸易方面存在的问题

1. 出口产品竞争力不强

随着我国经济的发展，人均收入提高，廉价劳动力的优势已不在。江苏省人力成本增加，产品成本上升，减弱了出口产品原本的竞争优势。目前，我国企业普遍存在缺乏自主知识产权品牌的问题，江苏省每年专利申请量虽然很多，但是都集中在实用新型、外观设计方面，拥有中心技术高附加值的产品很少。总体而言，江苏省出口的产品竞争力不强。表2-11列举了江苏省三大类产品的贸易竞争优势指数。竞争优势指数是进出口贸易的差额占其进出口贸易总额的比重。竞争优势指数取值在－1—1之间，越接近1国际竞争力越强。然而，江苏省主要出口的机电产品的竞争优势指数也只是在0.25左右徘徊，机电产品和高新技术产品的指数都在0—0.3之间，只具有微弱的竞争优势。

表2-11 2010—2015年江苏三大类产品竞争优势指数

年份 产品	2010	2011	2012	2013	2014	2015
农产品	－0.57	0.45	－0.56	－0.54	－0.48	－0.55
机电产品	0.22	0.22	0.26	0.25	0.26	0.28
高新技术产品	0.19	0.17	0.18	0.16	0.18	0.18

数据来源：江苏省统计年鉴。

2. 出口贸易摩擦加剧

2008年经济危机之后，全球经济低迷，复苏乏力。主要发达国家经济依然反复波动，失业率高居不下。在市场萎缩、产能过剩、失业率过高的情况下，贸易保护主义将会成为主流。江苏省出口贸易依存度近几年虽有所下降，但是仍旧保持一定的高度，江苏省也是遭受贸易壁垒的大省。早在2009年和2010年江苏省遭遇的贸易摩擦案就已达到前二十年总和的2.2倍。预计未来贸易摩擦将具有更多的形式，往更多区域延伸，对江苏省出口的影响仍不容小视。

3. 出口产品和地区不合理

据江苏省统计局统计的数据可知江苏省出口产品以资本和技术密集型产品为主。但是，结合进口来看，江苏省进口产品其中很大一部分是含有中心技术和高附加值的电子原件，而江苏省企业只不过是利用大量附加值较低的劳动密集型产品来换取附加值较高的资本和技术密集型产品,所以,江苏省技术和资本密集型产品的出口比重其实没有那么高。江苏省以前的劳动是简单的加工,而现在是含有较低技能的复杂劳动加工,大多数企业都只是通过加工装配来赚取低额的劳务费用。江苏省在出口产品的性质上不具有竞争优势,急需转型。此外,江苏省三大地区在出口方面依旧有所偏向,苏南地区占据江苏省出口总额的80%以上,比重很高,苏中、苏北地区没有受到苏南地区的辐射效应,联动能力低。

(二) 江苏省对外投资方面存在的问题

1. 对外投资程度不高

与引进外资的发展情况不同,江苏省对外投资起步较晚,目前发展程度不高。2014年江苏省实际引进外商投资总额是对外投资总额的3.9倍。江苏省引进外商投资自2003年始便是我国各省市首位,然而对外投资方面近几年虽然发展迅速,但是发展规模仍旧不大,2014年江苏省对外投资总额位列各省市第三,但规模仅是首位广东省的二分之一左右。自改革开放伊始,江苏省外向型经济的显著特点就是依靠省内优秀的制造能力吸引外资扩大出口,近几年受到国际市场萎缩、成本优势不再等影响,江苏省很多企业已把眼光投向海外。但是长久以来的发展模式一时无法更改,所以江苏省整体对外投资的积极性都不大。

2. 对外投资体系不完善

受江苏省对外投资起步晚的影响,省内对外投资体系还不完善。2014年《江苏省境外投资项目核准和备案管理实施办法》正式开始实施,这在一定程度上简化了对外投资的申报流程,但少数地区政府因为担心本地资金、人才、税收的流失,所以对推进境外投资发展的动力不足。对外投资体系不完善、审批繁琐,大大降低了对外投资效率。此外,江苏省境外投资主体以民营企业为主。江苏省民营企业众多,但存在企业规模不大、高水平人才稀缺、企业资金不足、缺乏国际化管理经验等问题。江苏省也未能提供对于企业在对外投资各方面的支持。所以,江苏省整体对外投资企业发展得不到良好的支持,抵御海外风险的能力也较弱。

3. 投资区域和产业不合理

江苏省三大地区在对外投资方面仍在存在不均衡的现象,苏南地区远高于苏中苏北,甚至以苏州一个市的对外投资额就已经接近苏中、苏北的总和,长期不均衡发展不利于江苏省的可持续发展。江苏省对外投资主要集中在亚洲,亚太地区是吸引外资的主要地区,然而其市场需求正趋于饱和,投资的边际效益递减。根据小岛清的边际产业扩张理论,一个国家和地区在选择对外投资的产业时,应该从那些已经或者接近衰退的产业开始,这些产业在东道国仍然存在比较优势,可以推动东道国进一步发展。然而,江苏省主要对外投资的产业是第三产业,第三产业对于江苏省而言仍属于正在发展,但发展还不算成熟的产业。所以,江苏省主要对外投资的产业对江苏省而言并不存在优势。

第四节　苏商全面提高对外开放水平的对策建议

我国已经进入中高速发展的新常态,改革开放三十多年以来10%左右的高速增长已成为过去。在新时期,我国经济发展在保证增长速度的同时更应注重发展质量,不断优化经济结构,告别过去传统的不平衡、不协调、不可持续的粗放型增长模式。2016年是"十三五"的开局之年,经济发展不仅需要提倡发展的平衡性、包容性以及可持续性,更要树立并实施贯彻

"创新、协调、绿色、开放、共享"的发展理念。改革开放以来,江苏省发展迅速,在我国经济发展上面举足轻重,是我国整体经济发展的一个缩影。在经济发展新时期,江苏省如何合理运用"引进来"和"走出去"相结合战略对全面提高对外开放至关重要。如何全面提高对外开放是江苏省政府和企业应该共同面临的问题,针对政府和企业在此问题上面的侧重各有不同:

一、政府方面

(一) 转换发展观念,建立完善的对外贸易和投资体系

结合江苏省往年发展的数据可知,江苏省侧重于利用出口和引进外资发展本省经济。但是,国内企业普遍存在产能过剩的问题,国内市场竞争激烈,发展空间有限。在对外贸易方面,很多国家采用贸易保护措施,出口环境恶化,出口对于经济的拉动作用也已减缓。江苏省是经济发展大省,问题更加显著。2014 年,我国对外投资总额首次超过了引进外资总额,成为了资本净输出国;2015 年我国对外投资额首居世界第二。所以,江苏省应该调整传统的发展观念,提高进口贸易,将进口与出口并重,并增强对外投资的重视,提高对外投资的规模。此外,江苏省政府还未提供一个完善的对外贸易和对外投资的咨询体系。这种咨询体系应该提供详细的关于对外贸易和对外投资政策的解读,帮助企业更好的利用政府的优惠政策;对贸易和投资国家的经济环境、贸易投资风险、国际法律等做详细的说明,让企业有针对性的发展;对省内企业贸易和投资方式、方向、发展状况等做一个数据性的公示,让企业有清楚的认知。

(二) 加大支持力度,为企业提供物质性和技术性支持

江苏省以民营企业为主体,民营企业也是对外贸易和投资的主体。然而这类企业数量多,但是规模不大,所以企业面对国际市场存在很多问题,如:企业资金不足、抵御风险能力弱、消化吸收能力差等实质性的问题。政府应为这些企业提供支持:政府应加大力度争取国家外汇储备中心和对外合作基金的支持并鼓励省内各金融机构为企业提供金融支持和保证、针对贸易企业提供出口补贴等优惠政策降低企业成本、放宽对外投资企业的审批限制等,为企业提供物质支撑,让企业更好地"走出去"。此外,民营企业缺乏国际化的人才和管理经验,导致进口产品和技术无法充分消化吸收,引进外资利用效率不高。政府应培育一系列专业型人才,利用咨询机构的方式为企业提供技术性支持。提高企业引进的消化程度和利用率,让企业更好地"引进来"。

(三) 加强区域合作,建立良好的国内和国际发展环境

江苏省位于长江三角地区,毗邻上海,具有优越的地理位置。江苏省政府应加强长江经济带之间的合作,学习其他省市的发展经验并结合江苏省的实际情况,制定合理的对外开放发展政策,建立良好的国内发展环境,利用辐射效果带动本省经济发展。此外,江苏省可以利用"一带一路"等合作平台加强国际区域合作,与各国际组织建立经济联系。国际区域合作可以使江苏省更快地获取精确的国际信息,在贸易壁垒,投资政策变动等方面为企业提供及时的信息,争取一些对企业有利的优惠条件,对企业进行正确的指导,同时,加大省内企业宣传,提高江苏省企业的国际知名度,在合作的区域国家间具有更好的发展环境。

(四) 调整集中区域,引导正确的对外贸易和投资方向

江苏省应利用政府的资源和信息优势,正确引导企业的对外贸易和投资方向。在对外投资区域选择上要针对不同的对外投资需求来选择:具有比较优势且处于边际产业地位的

传统企业可以选择东南亚、中亚和拉美等与江苏省经济发展相近或偏低的国家和地区;如果是为了学习先进技术和经验的投资则应集中在欧、美、日等发达国家和地区。此外,江苏省引进外资和对外贸方面都集中在有地缘优势的周边国家和地区。然而,近几年周边国家地区政治动荡,与我国关系微妙,不仅加剧了贸易摩擦还增加了贸易风险。如果对周边国家依赖程度过高,未来发展的不确定性会影响江苏省对外开放的稳定性。江苏省政府应将发展目光投向全球,引导企业向更多的国家和地区需求发展机会,分散国际化风险。

(五) 转换贸易方式,引导加工贸易转型促进产业升级

加工贸易是江苏省加快经济发展、优化产业结构一条有效的途径。江苏省一直以加工贸易为主,但2014年一般贸易总额首次超过了加工贸易。此外,江苏省出口的资本和技术密集型产品已超过劳动密集型产品,但这类产品的加工贸易都集中在生产环节的劳动密集型部分,处于国际价值链的低端。江苏省应鼓励企业转向具有高附加值的生产环节中去,扶持加工贸易中相关产业。一般而言,吸引外商投资的加工贸易企业的技术水平普遍比省内本土企业要强。政府一方面应该引导本土企业向这类企业进行学习,并在他们的基础上进行创新;另一方面政府应该鼓励外资企业和本土企业合作,发挥加工贸易的技术转移和溢出效应,促进本省产业转型升级。

(六) 平衡地区发展,激发和利用三大地区的发展优势

江苏省三大地区,在对外贸易和投资方面都存在发展极不平衡的现象,不利于江苏省经济的可持续发展和对外开放程度的扩大。所以,政府在协调三大区域发展上起到主要作用。苏南地区充分的利用了地理优势和地区资源,发展状况远远好于苏中、苏北地区。江苏省应鼓励三大地区发挥比较优势,进行良性的竞争,利用苏南地区的发展优势带动苏中、苏北共同发展。同时,苏南地区发展应该走向一个更高的层次,保持发展优势产业,提高第三产业的发展质量,带动先进制造业、高质量的高新技术产业和服务业走出去;苏中、苏北侧重经济规模的扩张,利用沿海区域的资源和区位优势,发展具有高附加值和技术含量的加工贸易,加大程度利用外资发展优势产业,出口核心产品,扩大对外贸易规模。苏中、苏北可以结合自身区域特点学习苏南的发展方式,承接苏南地区的产业转移。政府出面协调三大地区的经济发展有利于打破江苏省的发展困境,激发潜在发展能力,提高江苏全省的开放程度。

二、企业方面

(一) 增强开放意识,转变传统企业发展理念以及模式

苏商文化带有强烈的社会责任感和实事求是的精神,这有利于江苏企业稳定的发展,但是这也使得他们形成了单打独斗的作风,希望以一己之力将企业发展壮大,然而这种传统的经营观念并不适应时代的发展要求。江苏省企业缺乏合作共赢的精神,不利于企业长远发展和对外开放。江苏省企业应该转变传统的发展理念和模式,向国内外企业和市场寻求发展契机。规模大的龙头企业应该加强国际合作,进一步扩大国际市场,形成跨国公司,并带动省内企业一同走出国门。省内中小企业也应将眼光投向国际市场,扩大对外贸易水平转移过剩产能,合理利用外资发展产业规模,利用对外投资促进产业转型升级。

（二）拓宽联系渠道，收集最新的对外贸易和投资信息

当今国内外市场都存在激烈的竞争，信息成为一种重要的战略资源。企业应拓宽联系渠道，加强与政府、行业协会、国际性组织、国外企业的联系。企业可以从政府方面咨询到相关的法律信息和最新的国家及政府提供的优惠政策，以便及时申请；从行业协会处了解行业的最新发展状况和方向，方便调整企业的生产重点；从国际组织处获取经济支持和最新的国际政策特别是国家间贸易壁垒对外贸易规则方面的最新变动，帮助企业及时的避免贸易摩擦，减轻国际化风险，防患于未然；从国外企业处获取国外市场的最新需求并寻求进一步合作。收集和利用信息也是企业加大竞争力的一种方式，企业可以专门设立拓展联系渠道收集信息的部门，专注于企业及时合理的利用好信息资源。

（三）组建产业集群，提高应对风险能力保证发展稳定

江苏省对外贸易和投资的企业中中小型企业众多，这类企业一方面无法单独抵御国际化发展的风险，另一方面也无法实现规模经济效益。所以，江苏省企业可以采用企业间合作的方式，形成产业集群。企业间加强合作有利于解决对外贸易重复进口等问题，提高进口质量。具有产业关联和需求的企业联合，形成产业链上的产业集群，一同进行海外投资，可以实现整个产业的海外扩张。此外，省内的企业可以通过与海外跨国公司及东道国本地企业合作，采用联合开发、联合并购等形式来规避投资风险。加强国内企业间合作和国外企业联合能够在增强企业抵御风险能力的同时保证企业发展的稳定性，有利于企业国际化进程。

（四）培养专业人才，提倡高校合作解决人才稀缺问题

江苏省是教育发展的大省，省内高校众多，具有科教优势。合理利用人才资源有利于江苏省企业发展。江苏省企业普遍存在对外贸易和投资方面国际化复合型人才缺失的现象，而且江苏省民营企业中有很大一部分的企业管理方式传统，国际化程度不高，缺乏现代化的管理方式和经验。江苏省在引进国外专业型人才的同时，可以充分利用省内的高校资源。企业采取与省内高校采取合作双赢的方式：一方面高校可以利用教学资源对企业管理层人员进行针对性的培训，提高他们国际化视野、熟悉国际化相关业务政策、培养他们国际化的经营理念和风险意识；另一方面，企业可以为高校提供资金帮助其引进先进的教学资源，与企业合作制定人才培养计划，有针对性的开设相关的课程培养企业需要的复合型人才。现代化的管理方式有助于企业提高效率，专业型人才帮助企业进一步国际化，同时企业与高校的合作也能带动高校资源更新。

（五）提高创新能力，培育企业比较优势和核心竞争力

江苏省在产品出口方面普遍存在竞争优势弱，没有核心技术的问题，加上近几年，我国劳动力成本上升，使得原来的低成本优势也消失殆尽。出口企业急需寻找新的产品优势来应对国际竞争和贸易摩擦。创新是引领发展的第一动力，也是企业得以长期发展的根本因素。江苏省企业应提高自身创新能力，自主研发核心技术，提高产品质量，培育自有品牌，将"中国制造"变为"中国智造"，利用高质量的品牌优势提高产品竞争力。这不仅能够为企业省去进口高端技术的成本还可以提高企业知名度，企业产品竞争力增大可以扩大出口，避免因低成本竞争带来的贸易摩擦，而且企业知名度提升之后，更有利于吸引国外投资，企业可以利用国外投资进一步扩大企业规模，从而有更多利润去支持企业创新。

参考文献

[1] 李凯杰. 供给侧改革与新常态下我国出口贸易转型升级[J]. 经济学家，2016，(4)：96－102.
[2] 金中坤. 江苏企业对外直接投资现状及发展建议[J]. 江苏商论，2015(11)：56－60.
[3] 李洁. 欧债危机背景下江苏企业“走出去”的机遇与战略[J]. 开放报导，2012(3)：74－77.
[4] 熊俊，李玥. 江苏三大区域对外贸易发展现状及对策分析[J]. 国际贸易，2012(11)：93－94.
[5] 江苏省民营经济研究会课题组. 推进供给侧改革促进江苏民营经济新发展[J]. 中央社会主义学院学报，2016(3)：72－77.
[6] 金碚. 中国经济发展新常态研究[J]. 中国工业经济，2015(1)：5－18.
[7] 郑晓荣. 江苏优势产业走出去研究[J]. 市场周刊：理论研究，2015(10)：3－5.
[8] 邱玉玲. OFDI对产业结构的影响研究——以江苏省为例[J]. 投资与合作，2016(9)：43－48.
[9] 张雨，戴翔. 江苏开放型经济转型问题探析[J]. 江苏社会科学，2012(1)：252－256.
[10] 戴龙进. 苏商品牌战略探究[J]. 当代经济，2011(8)：54－55.
[11] 蔡仕魁. 论改革开放“引进来”与“走出去”的辩证统一关系——学习“十二五”规划体会[J]. 中国市场，2011(9)：92－95.

第三章　长江经济带战略下苏商的双向开放

长江经济带的提出最早可以追溯到20世纪80年代，之后在90年代改革开放浪潮的推动下，沿江沿海地区的开发开放进入了空前的繁荣时期，这段时期里，以上海为龙头的长三角及沿江地区经济得到了快速的发展。近年来，随着国家经济下行压力加大，经济进入新常态时期，区域发展不平衡、资源环境问题等矛盾的加剧日益成为制约国家和地区经济健康发展的障碍，在这样的现实背景下，长江经济地建设再度受到重视，2014年9月，国务院印发《依托长江建设中国经济新支撑带指导意见》，长江经济带正式成为国家战略，此次长江经济带战略涉及沿江九省两市，联通我国东中西三大区域，旨在进一步深化对内开放，促进区域一体化建设与协调发展，同时探索对外开放合作新空间，将长江经济带打造成我国经济新支撑带。

长江经济带战略为苏商发展提供了新的契机，一方面，通过对内开放，加强与长江经济带其他地区的经济联系，利用地区比较优势差异，形成互促共赢的区域分工合作机制；另一方面，通过深化国际合作，提高对外开放质量与效益，探索对外开放的新途径和新方式。

第一节　长江经济带战略下苏商的对内开放

从本质上说，加强对内开放可以看成是与其他地区寻求优势互补的过程，长江经济带地区间自然资源、要素禀赋条件的差异使得不同地区具有不同的比较优势，这为跨地区经济合作提供了可能性。企业作为经济中的微观主体，其寻求自身利益的最大化的动机会导致地区间合作和贸易的产生与发展，因此，苏商在推动江苏对内开放和长江经济带区域合作中发挥着重要的作用。

一、苏商对内开放的动因

（一）要素禀赋差异

1. 自然资源条件差异

长江经济带横跨东西，从东到西依次包括上海、江苏、浙江、安徽、江西、湖南、湖北、重庆、四川、云南和贵州九省二市，总面积达205.5万平方公里，若将长江干支流流经地区包含在内，流域国土资源面积将达到536万平方公里，占全国的55.86%。广阔的流域范围使得不同区域的自然地理条件、资源禀赋条件天差地别。

长江流域水资源丰富，纵横交错的干支流网络赋予了流域巨大的水运潜力；流域内湖泊河流众多，四大湖区（洞庭湖、鄱阳湖、巢湖、太湖）是我国最重要的粮油和农副食品生产基地；流域内丰富的水资源不仅有利于运输和农业生产，而且长江西高东低的地势特点也给流域带来了巨大的水能资源，特别是中上游地区巨大的地势落差为修建水电设施提供了天然条件,如三峡水电站、溪洛渡水电站、白鹤滩水电站等,丰富的水能资源为流域的经济社会发展提供了必要的能源保障。

长江流域矿藏资源丰富,有色金属、黑色金属、非金属矿产资源丰富,云南、贵州、四川、湖北、湖南、安徽等省均为我国矿产资源大省,矿产资源及其相关产业成为这些地区的重要支柱产业。长江中上游是我国主要的黑色金属(铁、锰、铬、钛、磁铁矿等)矿产基地,是该地区钢铁工业和冶金工业的主要矿产来源。长江流域有色金属矿产储量巨大,分布较广,长江下游地区主要分布有铜、铅、锌、锶等有色金属,锑、钨等有色金属矿种集中分布在湖南、广西、江西、贵州、云南等地。长江下游地区非金属矿产储量丰富,以江苏为例,主要有硫、磷、水晶、高岭土、金刚石、石英砂、石灰石、大理石等。

2. *人口及劳动力差异*

长江经济带城市密集、人口众多,这也造成了各省份在人口规模、人口结构方面差异巨大。2015年末,长江经济带总人口达5.88亿人,约占全国总人口的40%左右。从人口总规模来看(图3-1),长江中游(安徽、江西、湖北、湖南)常住人口总量最大,2015年末达23 343.76万人,长江上游(重庆、四川、贵州、云南)次之,2015年末人口数为19 491.85万人,长江下游(上海、江苏、浙江)人口总量最小,2015年末共15 930.57万人;在常住人口增长方面,长江下游10年中常住人口增加了2 314.82万人,增长率达17%,除去人口的自然增长,说明长江下游是主要的人口流入地,长江中上游常住人口规模基本稳定。

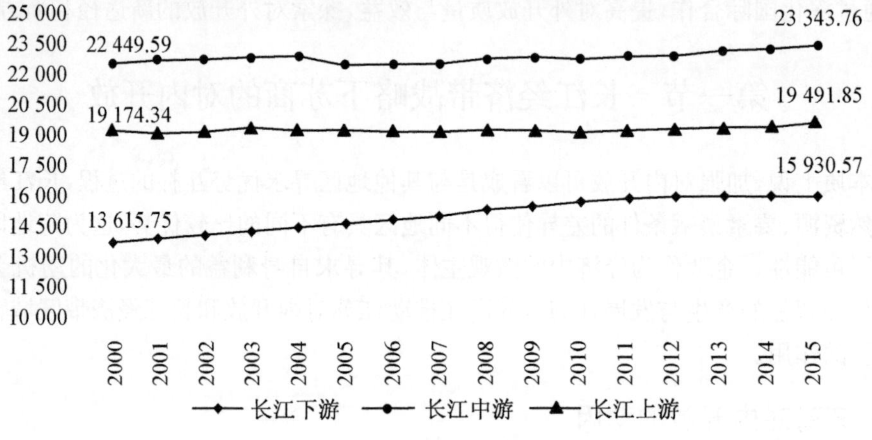

图3-1 长江经济带常住人口数

资料来源:国家统计局网站。

从城乡人口结构来看(表3-1),上海的人口城镇化水平最高,城镇人口与农村人口的比值达到了8左右,其次江苏、浙江、湖北、重庆的人口城镇化也达到了较高的水平,城镇人口数量长期以来超过农村人口,安徽、江西、湖南近两年城镇化水平不断提高,城镇人口与农村人口的比值超过了1,四川、贵州、云南的人口城镇化水平仍然偏低,农村人口规模依然大于城镇人口规模。

表 3-1 长江经济带省市城镇人口/农村人口

	上海市	江苏省	浙江省	安徽省	江西省	湖北省	湖南省	重庆市	四川省	贵州省	云南省
2011 年	8.346	1.624	1.653	0.812	0.842	1.076	0.821	1.223	0.719	0.538	0.582
2012 年	8.346	1.703	1.717	0.869	0.905	1.151	0.874	1.324	0.771	0.573	0.648
2013 年	8.615	1.786	1.778	0.918	0.956	1.198	0.922	1.400	0.815	0.608	0.680
2014 年	8.615	1.874	1.847	0.967	1.009	1.256	0.972	1.475	0.862	0.667	0.716
2015 年	7.065	1.987	1.924	1.020	1.067	1.317	1.036	1.560	0.912	0.724	0.765

资料来源：国家统计局网站。

(二) 优势产业互补

表 3-2 所示为长江经济带九省一市地区经济发展基本情况，无论从地区生产总值、社会零售品销售总额、进出口总额、全社会固定资产投资总额、居民消费水平来看，长三角(上海、江苏、浙江)地区占绝对优势，遥遥领先于中上游省份，地区经济实力雄厚，竞争优势明显；中游省份中湖南、湖北、安徽总体经济实力较强，上游地区由重庆、四川领跑。

表 3-2 2014 年长江经济带省份主要经济指标

	地区生产总值(亿元)	第一产业增加值(亿元)	第二产业增加值(亿元)	第三产业增加值(亿元)	社会消费品零售总额(亿元)	进出口总额(千美元)	全社会固定资产投资(亿元)	居民消费水平(元)
上海	23 567.7	124.26	8 167.71	15 275.72	9 303.5	466 399 838	6 016.43	43 007
江苏	65 088.32	3 634.33	30 854.5	30 599.49	23 458.1	563 553 079	41 938.62	28 316
浙江	40 173.03	1 777.18	19 175.06	19 220.79	17 835.3	355 039 765	24 262.77	26 885
安徽	20 848.75	2 392.39	11 077.67	7 378.68	7957	49 177 300	21 875.58	12 944
江西	15 714.63	1 683.72	8 247.93	5 782.98	5 292.6	42 730 822	15 079.26	12 000
湖北	27 379.22	3 176.89	12 852.4	11 349.93	12 449.3	43 039 619	22 915.3	15 762
湖南	27 037.32	3 148.75	12 482.06	11 406.51	10 723.5	30 831 603	21 242.92	14 384
重庆	14 262.6	1 061.03	6 529.06	6 672.51	5 710.7	95 431 578	12 285.42	17 262
四川	28 536.66	3 531.05	13 962.41	11 043.2	12 393	70 202 970	23 318.57	13 755
贵州	9 266.39	1 280.45	3 857.44	4 128.5	2 936.9	10 771 326	9 025.75	11 362
云南	12 814.59	1 990.07	5 281.82	5 542.7	4 632.9	29 607 422	11 498.53	12 235

资料来源：《2014 中国统计年鉴》。

表 3-3 长江经济带工业行业地方化势力前 4 位地区(2013 年)

行业	地方化势力前 4 位地区
煤炭开采和洗选业	贵州、四川、安徽、云南
石油和天然气开采	四川、湖北、贵州、云南
黑色金属矿采选业	四川、安徽、湖北、云南
非金属矿采选业	湖北、湖南、四川、贵州

（续表）

行业	地方化势力前4位地区
食品制造加工业	湖北、湖南、四川、安徽
酒、饮料和精制茶制造业	四川、湖北、贵州、云南
烟草制品业	云南、上海、湖南、贵州
纺织业	浙江、江苏、湖北、江西
纺织服装、服饰业	浙江、江苏、江西、安徽
皮革、毛皮、羽毛及其制品和制鞋业	浙江、江苏、湖南、安徽
木材加工和木、竹、藤、棕、草制品业	江苏、湖南、安徽、江西
家具制造业	浙江、四川、上海、湖南
造纸和纸质品业	浙江、湖南、四川、湖北
印刷和记录媒介复制业	安徽、湖南、江西、四川
文教、工美、体育和娱乐用品制造业	浙江、江西、上海、江苏
石油加工、炼焦和核燃料加工业	上海、浙江、湖南、云南
化学原料和化学制品制造业	江苏、浙江、贵州、云南
医药制造业	江西、四川、贵州、云南
化学纤维制造业	浙江、江苏、贵州、云南
橡胶和塑料制品制造业	浙江、安徽、上海、湖北
非金属矿物制品业	江西、湖南、四川、湖北
黑色金属冶炼和压延加工业	江苏、湖北、云南、贵州
金属制品业	江苏、浙江、安徽、湖北
机械设备制造业	湖南、江苏、上海、浙江
交通运输设备制造业	上海、四川、湖北、贵州
电气机械和器材制造业	江苏、安徽、浙江、江西
计算机、通信和其他电子设备制造业	江苏、上海、四川、贵州
仪器仪表制造业	江苏、浙江、上海、贵州
电力、热力的生产和供应业	浙江、贵州、安徽、云南
燃气生产和供应业	四川、浙江、上海、贵州
水的生产和供应业	浙江、四川、湖南、上海
其他工业	江西、湖南、云南、安徽

资料来源：靖学青，长江经济带产业协同与发展研究[M]，上海交通大学出版社，2016。

从地区产业结构看，下游地区中上海的第三产业增加值远超过第一产业和第二产业，在地区经济中占主导地位，这是近年来上海作为国际金融航运中心地位的提升，产业结构软化的结果，江苏、浙江两省二产和三产的比重基本持平，但江苏经济结构仍然偏重，制造业仍是主导产业，浙江正在初步向服务经济过渡，这与浙江打造智慧城市着力发展互联网行业有关；第二产业在中游省份的产业结构中占有主导地位，上游省份中仅四川以第二产业为主导，重庆、云南、贵州第三产业占主导可能与旅游资源丰富有关，主要由休闲旅游产业带动。三次产业结构显示，长江经济带整体产业结构以第二产业为主导，但各地区不同的要素禀赋条件导致了地区间在工业优势产业存在差异，优势产业存在互补性。

表 3－3 列示了 2013 年长江经济带工业行业地方化势力前 4 位地区。从表 3－3 可以看出，中上游省份的优势产业主要分布在：煤炭开采和洗选业；石油和天然气开采；黑色金属矿采选业；非金属矿采选业；黑色金属冶炼和压延加工业；非金属矿物制品业；电力、热力的生产和供应业等原材料和能源制造业以及食品制造加工业；酒、饮料和精制茶制造业；烟草制品业等食品工业和医药制造业。下游省份的优势产业主要有：纺织和服装业；皮革、毛皮、羽毛及其制品和制鞋业；文教、工美、体育和娱乐用品制造业等轻工业，石油加工、炼焦和核燃料加工业；化学原料和化学制品制造业；化学纤维制造业；橡胶和塑料制品制造业；黑色金属冶炼和压延加工业等化学工业以及电气机械和器材制造业；计算机、通信和其他电子设备制造业；仪器仪表制造业。同时注意到，在机械设备制造业；交通运输设备制造业等制造领域上中、下、游地区均具有专业化优势。

（三）运输成本下降

交通条件的优劣是区域经济建立联系和进一步合作发展的重要前提和保障。通达便捷的交通网络有利于区域间资本、技术、人才的快速流动，加强地区间优势的互补，进而对区域产业布局也产生重要影响。因此，长江经济带各地区间四通八达、快捷畅通的交通运输网络是苏商开拓内陆市场、加强与长江中上游地区经济合作的必要条件。经过国家对长江沿岸交通基础设施前期的大力投入，目前长江经济带已经初步形成铁路、公路、水运、航空等多种运输方式组成的点线结合、连接城乡、沟通内外的多层次综合交通运输体系（见表 3－4）。

表 3－4　2002—2014 年长江经济带公路、铁路、水路运营里程

单位：公里		东部			中部				西部			
		上海市	江苏省	浙江省	安徽省	江西省	湖北省	湖南省	重庆市	四川省	贵州省	云南省
公路里程	2002 年	6 286	60 141	45 646	67 547	60 696	86 098	84 808	31 060	111 898	44 220	164 852
	2008 年	11 497	140 930	103 652	148 827	133 815	188 366	184 568	108 632	224 482	125 365	203 753
	2014 年	12 945	157 521	116 367	174 373	155 515	236 933	236 250	127 392	309 742	179 079	230 398
铁路里程	2002 年	256.5	1 340.4	1 300.1	2 219.7	2 368.6	2 388.9	2 758	718.2	2 944	2 371.4	1 892.8
	2008 年	316.1	1 656.98	1 319.33	2 871.02	2 650.49	2 710.97	2 894.78	1 290.52	3 006.1	2 308.76	1 962.25
	2014 年	465.01	2 677.95	2 347.16	3 548.44	3 702.27	4 059.31	4 550.47	1 781.24	3 976.01	2 915.91	2 373.1
内河航运里程	2002 年	2 037	23 899	10 408	5 611	5 537	7 271	10 041	2 324	7 357	2 132	1 824
	2008 年	2 226.08	23 595.61	9 695.13	5 576.27	5 637.85	8 180.51	11 495.35	4 217.8	10 720.39	3 425.42	2 539.24
	2014 年	2 190.92	24 359.67	9 764.98	5 641.79	5 637.85	8 433.26	11 496.35	4 331.49	10 720.39	3 660.64	3 551.05

资料来源：国家统计局网站。

长江经济带公路建设时间较早，发展十分迅速，经济带内九省一市的公路里程由 2002 年 763 252 公里增至 2014 年 1 936 515 公里，增加了 2.5 倍左右，占全国的比例达到43.4%。除了在公里里程上有较大的突破，公路标准也有了较大幅度的提升，等级公路里程从 2002 年 53.39 万公里增至 2014 年 166.26 万公里，高速公路里程在 12 年间从 0.96 万公里增至 4.33 万公里。

长江经济带已建成四通八达的铁路运输网，铁路运输里程由 2002 年 20 558.6 公里增至 2014 年 32 396.87 公里，已建成的铁路干线中，贯穿南北的有：京九线、京广线、京沪—沪深线、皖赣—鹰夏线、焦枝—枝柳线、川黔—黔枝线、宝成—成昆—南昆线，联通东西的有：沪昆线、沪汉蓉线，九条铁路干线主要承担着带内货物运输和部分旅客运输功能，与此同时，我国高速铁路客运专线也再加紧规划和建设中，陆续建成的沪汉蓉线、沪昆线、京沪线、京广深港线将形成“四横四纵”贯穿长江经济带的客运专线；中心城市轨道交通建设和大城市之间的城际铁路建设步伐也在加快，重庆、成都、武汉、南京在内的特大城市轨道交通建设已经陆续起步，到 2030 年基本建成覆盖城市主要商业中心、居民集中居住区的城市轨道交通网络。届时，长江经济带东中西的地区联系将进一步加强，货物运输和人员流动将变得更加方便快捷。

经过多年建设与发展，长江经济带已经形成以长江干线航道和纵横交错的内河水道为一体的内河水运体系，内河航运在能源、原材料等大宗物资以及集装箱、重大装备的运输上具有独特优势，推动了沿航道地区能源、钢铁、汽车等产业的发展，长江干线已经成为世界上运量最大、运输最繁忙的通航河流，对促进流域经济协调发展发挥了重要作用。截至 2014 年，长江经济带内河航运里程达到 89 788.39 公里，长江干线航道货运量超过了 20 亿吨；2015 年底，长江干线主要港口货物吞吐量达 56 672.03 万吨，外贸吞吐量达 12 585.94 万吨，集装箱吞吐量达 9 284.45 千 TEU。

除水陆交通体系外，长江经济带也拥有较成熟航空运输体系，预计至 2020 年经济带将新建民用机场 49 个。依据《长江经济带综合立体交通走廊规划》(2014—2020)的设想，长江经济带综合立体交通走廊的建成将引导资本、技术、人力资本等要素合理流动和优化配置，为缩小地区发展差距，形成优势互补、分工合作、协同发展的区域发展格局提供保障。

二、苏商对内开放现状

(一) 长三角区域一体化发展

在江苏对内开放的过程中，无论从地缘还是文化的角度说，与江苏企业联系最紧密、互动最频繁的地区就是同样位于长三角的上海、浙江以及与长江中游省份安徽所组成的泛长三角地区。2014 年 9 月《国务院关于依托黄金水道推动长江经济带发展的指导意见》明确指出，“长三角”是指以上海为中心，南京、杭州、合肥为副中心的城市群。《国务院关于长江三角洲城市群发展规划的批复》中提出，以上海建设全球城市为引领，联手打造具有全球影响力的世界级城市群。在长江经济带战略以及长三角城市群规划的推动下，长三角省份间的合作将比过去更加密切，区域一体化发展进程进一步加快，长三角城市群作为长江经济带发展战略的支撑点，其协同发展程度的高低对长江经济带建设的意义重大。

沪苏浙皖四省市禀赋条件具有较强的互补性，这奠定了长三角区域合作的基础，上海科技教育事业发达，科技创新实力强；浙江市场活力高，商业模式创新走在全国前列；江苏实体制造业基础好，实体经济发达；安徽工业化进入高速成长阶段，与沪苏浙形成梯度发展格局。

上海一直走在我国改革开放、制度创新的前沿，是长三角的科技创新中心，如何将江苏先进的制造业优势与上海的创新资源相结合，推动江苏传统优势制造业转型升级，提高产品的价值含量，是江苏传统制造行业正在努力的方向。2016 年 10 月，在 2016 吴江高新区（盛泽镇）纺织产业转型升级上海说明会上，上海纺织集团与盛泽镇政府签署战略合作协议，签约项目 8 个，总投资额 60.6 亿元。吴江高新区（盛泽镇）利用自身具有竞争力的成本优势和比较优势，积极对接上海，借助上海的创新资源平台，加强对外招商合作，以引进先进装备制造业、战略新兴产业为重点，规划了面积达 3 平方公里的新型工业园区和纺织循环经济产业园，推动传统产业的转型升级、新兴产业的集聚壮大，实现了传统纺织业的转型升级。

浙江近年来一直着力发展以互联网、大数据、云计算为主的信息经济，2014 年的乌镇世界互联网大会、2016 年杭州云栖大会的召开，更是显示了浙江互联网产业上的优势地位和市场创新的活力。借助“互联网＋”模式对传统行业进行商业模式和业态的创新，实现其价值链向高端价值环节延伸是苏浙两省企业合作的切入点。2016 年 9 月，江苏徐工集团与阿里巴巴合作的“徐工工业云”平台正式上线，共同进军工业互联网领域，此次徐工集团借助新一代信息技术，将徐工数字化工业能力输出，打造了一个开放、共享的全球云平台，在“云”上实现技术的众包众筹，让全球的智慧都能在这个平台上融通融合。徐工和阿里的合作预示着未来“互联网技术＋平台型企业”的制造业发展方向。运用先进的信息技术对传统制造业进行从产品、流程到服务的再造，将使江苏继续在制造业领域的优势地位，助力江苏制造业实现价值链攀升。

安徽自然资源相对丰富，且当前正处于工业化发展的高速时期，而江苏已处在工业化成熟阶段，但面临资约束的瓶颈，要素禀赋的差异使得两省具有良好分工合作基础，产业梯度的存在也为安徽承接江苏产业转移提供了条件。2010 年 1 月，国务院正式批复《皖江城市带承接产业转移示范区规划》，安徽沿江城市带承接产业转移示范区建设纳入国家发展战略，推进安徽参与泛长三角区域分工。近来，江苏省高科技投资集团投资安徽皖江经济带建设，通过投资新一代信息技术产业、新能源、新材料、节能环保、高端装备、生物产业、新能源汽车等战略支柱产业重点项目，助力安徽产业转型升级。

（二）与长江经济带其他省份分工合作加强

随着长江经济带战略的不断推进，除了长三角地区，江苏与长江经济带其他省份间的分工合作也在不断加强。随着《长江中游城市群发展规划》和《成渝城市群发展规划》的相继发布，预示着长江经济带将形成长江三角洲城市群、长江中游城市群、成渝城市群的“三极”发展格局。长江上中下游城市群在长江经济带战略中均承担着各自不同的功能，在长江经济带协同一体化建设的过程中，上中下游地区在基础设施连接、要素互补、产业转移与布局调整等方面有广阔的合作空间。江苏作为长三角地区的发达省份，在经济发展上具有先发优势，长江中上游作为后发地区，其中小城市可以作为承接江苏产业转移的广阔腹地，这不仅可以分流江苏的部分过剩产能，加快中上游地区的工业化和城市化进程，为中部崛起打下基础，促进区域经济协调发展。近日，江西省承接长三角地区加工贸易企业转移恳谈会在江苏昆山举行，共签约项目 6 个，签约总额 39 亿元，作为长江中游省份，江西省正加强同长三角、珠三角的合作承接加工贸易转移，形成承接国内外产业转移的独特优势和良好条件。

第二节　长江经济带战略下苏商的对外开放

江苏是我国最早实行对外开放的一批省份之一，继20世纪80年代的"苏南模式"后，90年代"新苏南模式"的创造拉开了江苏发展外向型经济的序幕，江苏沿江一带吸引了大量国际产业转移集聚，外资涌入促进了江苏投资结构的优化和技术的升级。在外向型经济的带动下，江苏工业化、城市化步伐加快，使得江苏在这一时期实现了产业结构的调整升级和经济腾飞，据统计，90年代初江苏国民生产总值年增长率高达34.03%，甚至在20世纪的前十年间，江苏经济仍保持年均15%左右的高增长。

近年来，我国外向型经济的增长受国际经济环境及制造成本上升等因素的影响已出现疲软的迹象，实质上这种以吸收外商直接投资和承接国际产业转移参与国际分工的模式难以为继，大量企业被发达国家跨国公司主导的全球价值链锁定在低端，江苏作为对外开放大省也面临着这样的困境。为改变这一现状，国家实施"走出去"战略，十八届三中全会更明确提出"扩大企业及个人对外投资，确立企业及个人对外投资主体地位，允许发挥自身优势到境外开展投资合作"，江苏也在积极推动苏商企业"走出去"战略，当前的对外开放方式更趋多样化，虽然吸收外商直接投资(FDI)仍是江苏对外开放的主要内容，但对外直接投资(OFDI)的已经逐渐成为苏商企业开展国际合作的重要方式，特别是在长江经济带战略下，苏商对外开放的空间更加广阔。

一、长江经济带对外开放演进

(一) 向东开放格局变迁

外资区位变迁与区域产业分工格局的变化是一个相互促进和增强的过程。最初，区域内部依照各地区的生产要素禀赋发展各自具有优势的产业，形成地区专业化集群，但随着地区要素禀赋条件的不断变化，当一个地区生产某一产品或发展某一产业的优势逐渐消失，区域内产业会进行重新分工和转移，这带来了地区区位条件的相应变化，当区位条件的变化达到一定的程度，外资便会在区域内重新布局，而外资的迁移会带动更多企业的迁移和重新集聚，这一过程也会反过来强化区域产业的分工和转移。

随着长江经济带战略的持续推进，中上游地区的经济发展水平在近年来不断提高，与下游地区的经济水平差距正在逐渐缩小，地区经济水平的提高、基础设施的完善、地方产业集聚的形成、人力资本水平的提升、开放的政策环境等因素驱动着外资在长江中上游地区投资或建立生产基地，外资在长江经济带内的迁移不仅扩大了外资在空间上的分布范围，提高了中上游地区的对外开放程度，还深刻地影响和改变着地区分工和专业化，进一步影响着长江经济带区域产业分工格局。接下来，将以长三角地区分工专业化的历史演变为逻辑起点，分析外资在长江经济带的区位变迁与长江经济带区域产业分工格局的变化。

对外开放初期，正值长三角地区工业化起步阶段，服装纺织、零配件制造等劳动密集型产业迅速发展，江苏、浙江等地出现了众多以民营乡镇企业为主的地方专业化集群，长三角地区优良的区位条件吸引了大量外资企业在此集聚，长三角地区以承接国际产业转移中的加工装配环节或国际代工方式切入了全球价值链，但该阶段产品生产的原材料多来源于本地或者依赖国外进口，最终产品也主要以供应国外市场为主，这导致了东部沿海地区与长江经济带其他区域在产业上前后向联系不强，长三角地区与长江中上游地区经济联系偏弱。随着长三角地区经济水平的不断提高和工业化进程的持续推进，长三角地区在电子设备制造、通信设备制造、电气机械和器材设备制造、化工等资本和技术密集型产业获得生产优势，进而成为外商直接投资的重点领域，这些产品制造过程复杂度高，产业前后向联系强，长江中上游地区的优势产业，如能源与原材料等相关上游产业及配套迅速发展，地区专业化水平进一步提高，为承接长三角制造业转移与国际制造业转移奠定了市场基础。

近年来长三角对外开放战略调整，开放的重点转向吸引生产性服务业等高端要素的进入和集聚，同时部分制造业逐渐向中上游梯度转移，特别是长江中上游地区已经初步形成在医药制造、金属冶炼、机械设备制造、交通设备制造、通信设备制造、计算机及其他电子设备制造上的生产优势，成本优势和地区生产的专业化等因素吸引了原先布局长三角的外资企业迁往中上游地区，长江中上游对外开放水平进一步提高。同时，长三角地区继续在体制机制上不断创新突破，谋求地区产业结构的转型升级，尤其是上海自贸区的设立，开放的政策环境进一步吸引全球高端服务业、高端制造业向自贸区集聚以及向周边地区扩散，更有利于高质量的外资、知识、人才等高端要素流入江苏等周边省份，推动江苏生产性服务业发展和价值链升级。长江经济带的对外分工格局正演变成：长三角地区形成总部经济集聚，外资将研发、设计、营销等处于高价值环节的部门留在长三角，带动长三角地区金融、保险、咨询、法律等高端生产性服务业发展，生产性服务业向价值链高端攀升；制造部门往长江中上游转移，进一步带动中上游地区制造业专业化发展和地区经济水平提高，同时也带动与生产制造密切相关的辅助生产性服务业发展。

依照此演进过程，长江经济带区域对外分工格局演进历程可以表示成图 3－2。随着长江经济带对外开放由下游沿海向中上游内陆地区的不断扩大，长三角与长江中上游在产业分工上的合作与互动愈发密切，已经形成了从长江经济带内部延伸至对外开放领域的全面分工合作机制。

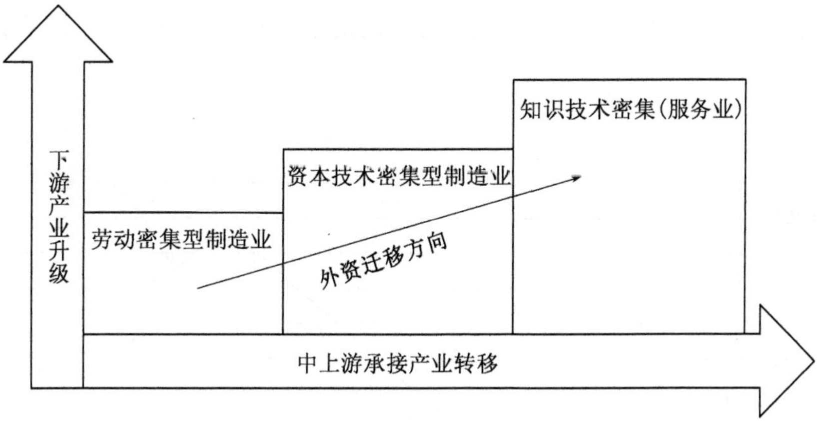

图 3－2　长江经济带区域对外分工格局演进

(二) 向西开放战略地位提升

“一带一路”战略的提出改变了我国对外开放的地理格局。在提出“一带一路”战略构想之前,我国的对外开放是以广东、福建、浙江、上海、江苏等东部沿海省份为重心的。在实行改革开放的三十年间,东部地区通过对外向型经济先行探索与发展,地区经济得到了快速发展,成为了对外开放的最先受益者,而广大中西部省份由于各项区位条件的比较劣势,外向型经济发展不足,这也在一定程度上造成了东中西发展的不平衡。

“一带一路”战略包含陆上丝绸之路经济带和海上丝绸之路经济带,分别从陆上和海上两个方面打开了我国向西开放的通道。通过交通基础设施建设和融资平台搭建,“一带一路”战略全面连接了东亚、中亚、南亚乃至欧洲,实现了亚洲基础设施、人员、资金、文化的互联互通。与向东开放的外向型经济发展模式相比,向西开放更强调企业“走出去”开拓更加广阔的市场,激发潜在需求,对于我国对外开放中核心竞争力有显著提高作用,苏商企业可以利用自身在制造业方面的优势,通过向西开放出口核心技术提升其在全球价值链中的地位,将向东开放与向西开放结合提升苏商企业的国际竞争力。

二、长江经济带对外开放现状

(一) 中上游对外开放规模扩大

自 20 世纪 90 年代以来,长江经济带省份进出口额连年增长,据统计,1994—2014 年间,长江经济带九省二市进出口规模持续扩大,进出口额在 20 年间翻了两番,且进出口规模增长迅速,年均增长率达到 17.53%。但高速的增长和规模扩张背后存在着地域间不平衡,图 3-3 所示为 1994—2014 年间长三角地区与长江中上游地区进出口增长趋势,可以看到,长三角地区进出口规模庞大,是长江经济带对外开放的主力,在绝对值上遥遥领先于中上游地区,这是由长三角地区的区位优势所决定的。从图中我们还可以看到,长三角地区进出口迅速增长的时期是 20 世纪 90 年代初至 2008 年,金融危机后经过短暂复苏,进出口规模在近年来保持稳定,无进一步扩大的迹象;而中上游地区进出口规模近来增长势头明显,说明长江中上游地区对外开放的程度在不断扩大,这是近年来长江经济带对外开放的一个新特征。

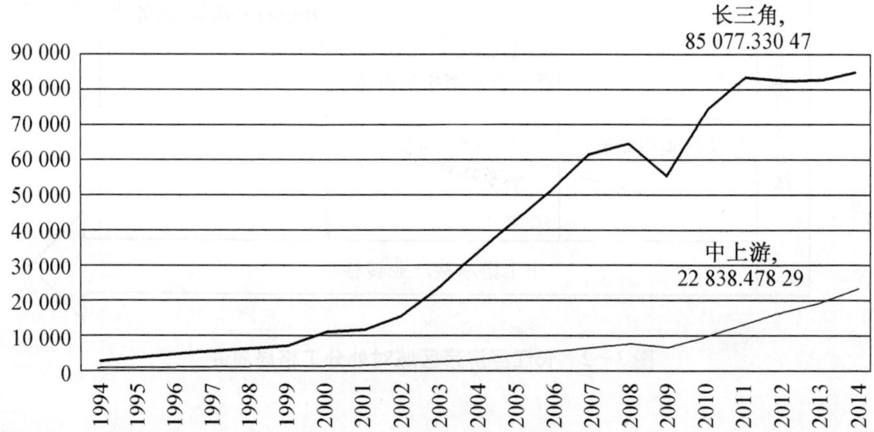

图 3-3 长江经济带进出口规模

数据来源:中经网统计数据库。

进一步来说，图 3－4 所示为长江经济带中上游地区 1994—2014 年出口规模变化趋势，从 2003 年开始至金融危机前，出口规模缓慢增长，2010 年之后出口规模进入高速增长时期，与进出口规模的变化呈同步发展趋势。造成该阶段中上游地区对外出口扩张的原因可能与中上游地区近年来地区产业结构的变化有关，大量沿海加工贸易出口企业迫于下游制造成本上涨的压力往中上游地区转移。

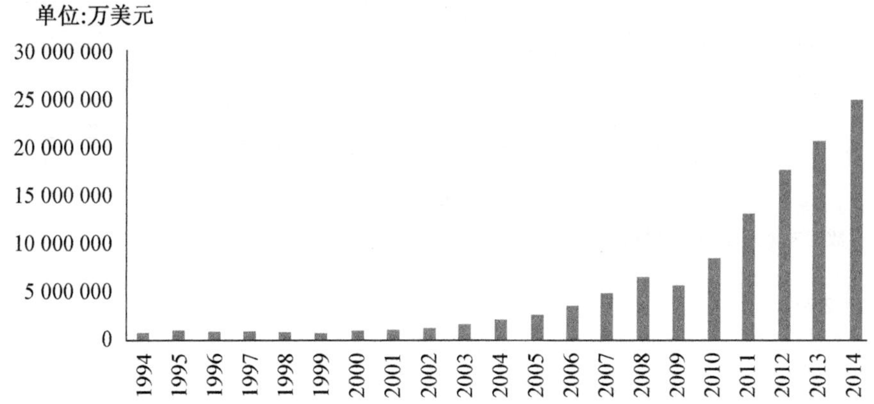

图 3－4　长江经济带中上游出口规模

数据来源：中经网统计数据库。

（二）外资在长江经济带转移

上一小节提到，中上游地区对外开放的扩大主要可能受地区产业结构调整的影响，部分成本依赖型的制造环节向中上游集聚，导致了长江经济带地区对外贸易局面的扭转。那么，我们不妨比较长三角与中上游吸收外资的变化以探究该现象背后的深层次原因，由于外商直接投资企业是从事出口制造的主力军，跨国公司在生产成本低廉的地区设立制造部门，再将制成品出口，所以，一般来说吸收外资增加会导致进出口额的上涨。

为了更准确直观地反映地区对外资的吸引力，我们在此借助 *PI* 指数（张玉倩，2007）来衡量 *FDI* 在一地区的集聚程度，*PI* 指数是指在一定时期内，某一地区外资的流入量占上级区域外资流入量的比例除以该地区 *GDP* 占上级区域 *GDP* 总量的比例。

$$PI = \frac{FDI_i / \sum_i FDI}{GDP_i / \sum_i GDP}$$

图 3－5 为长江中上游地区的 *PI* 指数变化情况，可以看到 2007 年之前，*PI* 指数虽然经历了几次较大的上升波动，但是总体在 0.5 左右的低值徘徊，说明这一阶段中上游地区在吸引 *FDI* 上属于比较劣势，2007 年后 *PI* 指数急速上升，在近年稳定于 0.7 左右，虽然仍然不具有吸引 *FDI* 的绝对优势，但是可以看出中上游地区对 *FDI* 的吸引力正在增加，外资也正在逐步向中上游转移。与此同时，对比长三角地区的 *PI* 指数变化情况，以长三角地区吸收外资的主力江苏省为例，如图 3－6 所示，在 2003 年前江苏吸引 *FDI* 具有较强的比较优势，最高达到 2.6，但在 2003 年后急剧下降，至近年已跌至 1 上下，说明其吸引外资的竞争优势已不明显。两地区外资集聚程度的变化情况再次印证了长江经济带正在经历一次产业转移的浪潮。

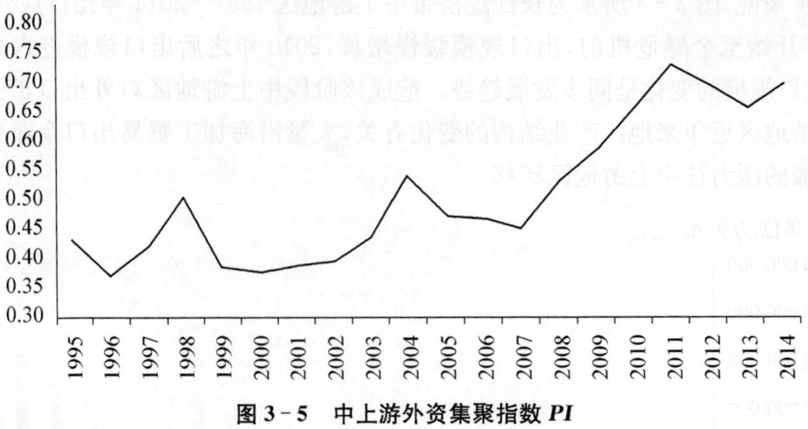

图 3－5　中上游外资集聚指数 *PI*

数据来源：中经网统计数据。

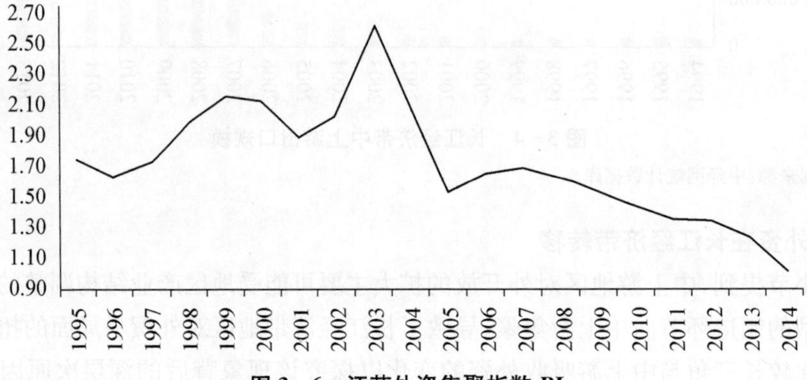

图 3－6　江苏外资集聚指数 *PI*

数据来源：中经网统计数据库。

（三）下游服务业对外开放崛起

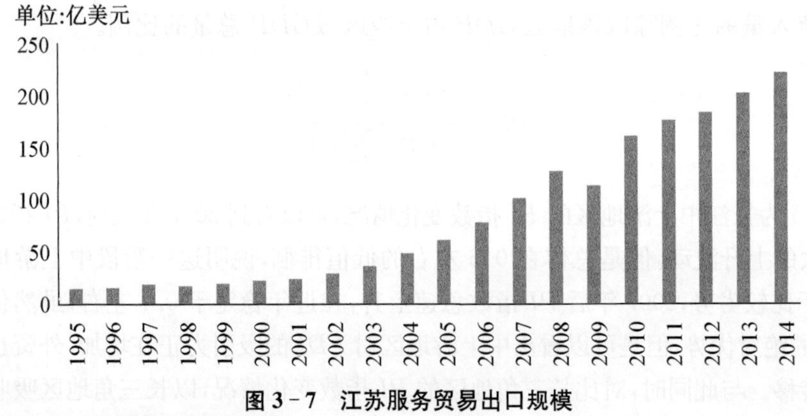

图 3－7　江苏服务贸易出口规模

数据来源：《中国商务统计年鉴》。

虽然近年来下游长三角地区在货物贸易上的优势下降，但长三角地区服务业的对外开放水平正在不断提高。这里我们以服务贸易出口额作为衡量指标，服务业贸易出口额依据《中国商务年鉴》“中国服务业进出口分类表”分类计算整理得到，在此基础上以江苏服务业增加值占全国的比重估算江苏服务贸易出口额，此估算方法可能与实际发生额相比有一定偏差，但鉴于没有直接可得的统计数据，该方法所得数据也基本能反映其变化趋势。以江苏为例，图 3－7 显示了江苏服务贸易出口额的变化情况，可以看到从 2004 年开始江苏服务贸易出口额逐年稳步提升，发展至 2014 年底，服务贸易出口规模已经达到约 230 亿美元，这反映出近年来江苏等长三角地区的产业结构也在逐步调整之中，服务业已经成为该地区经济发展中的重点。

第三节　双向开放推动苏商发展的对策建议

一、江苏在长江经济带中的战略定位

江苏地处长三角地区，是我国经济最具活力的区域之一，是“长江经济带”与“一带一路”两大国家战略的交汇地带。自改革开放以来，江苏积累了雄厚的经济实力和良好的产业基础，对内在区域经济发展中居于龙头地位，对外在外向型经济发展中起先行先导作用。在长江经济带双向开放的战略背景下，江苏需明确在对内对外两个领域的战略定位，充分发挥自身优势及带头作用，促进区域产业合理分布，推动区域经济均衡协调发展。

随着长江经济带沿线其他省市对内对外开放程度的不断扩大，对江苏在产业承接、航运分流等方面造成一定程度的替代，因此，在长江经济带双向开放战略中，江苏产业发展定位应与其他沿江省市和城市群形成错位发展、错位竞争、优势互补的态势。这要求江苏在今后的发展中要找到自身的优势条件，培育新的比较优势，尽快确立在长江经济带中的产业定位，着力发展优势产业，通过积极参与长江经济带的区域一体化开发，充分利用巨大的国内外潜在市场，提升江苏产业的专业化水平，增强江苏产业国际竞争力。从自身条件看，江苏高等院校与科研院所林立，有丰富的高端人才储备和雄厚的科技实力，同时江苏一直以来以制造业为优势产业，工业基础坚实，具有发展以智慧服务为主的生产性服务业和专业化配套与高端化制造业集群的有利条件；从外在条件看，江苏是上海自贸区辐射和溢出效应的最先受益者，上海自贸区是我国探索对外开放新路径和新模式，促进经济转型升级的试点区域，江苏本地企业、园区通过与上海自贸区建立深度合作对接，进一步推动江苏制度改革与创新，吸引高端服务业和高端制造业集聚。

二、苏商对内开放的对策建议

(一) 加强交通基础设施建设，降低对内开放交通成本

交通联系的不畅通仍然是制约长江经济带一体化建设、东部地区对内开放的重要因素。继续推进长江经济带交通基础设施的对接，对进一步整合带内地区间的要素和资源有重要的作用，在交通基础设施建设中应特别考虑着重提高长江航运建设水平，长江天然水道是长江经济带综合交通体系的重要组成，特别是在下游地区与上游地区的交通联系中具有不可

替代的作用,这是由于:一方面,长江上游金属、矿产等自然资源藏量丰富,是下游地区制造业的重要原料产地;另一方面,上游地区地理地形情况复杂,公路、铁路交通运输困难,水运交通具有运量大、耗能小、占地少、污染少、成本低的特点,是下游与上游地区建立交通联系的理想方式。目前,长江的航运潜力仍未全面释放,可以在疏通航道,加强港口建设的同时,推动航运资源的整合,提高长江整体航运效率。

(二) 打破区际壁垒,降低对内开放交易成本

依据产业转移理论,处于产业高梯度的长江下游地区在产业发展到成熟阶段后,比较优势丧失,倾向于对中上地区进行跨区域投资与合作,以追求利益的最大化,这一过程符合经济运行的基本规律。但现实情况是,在企业跨区域投资与合作中,区际壁垒的存在提高了交易成本,使得许多下游企业不得不放弃对内投资。地方保护主义是长江经济带区际壁垒的一个重要体现,特别是在市场发育程度偏低的上游地区,政府管理思维落后,对市场主体的行政干预过多,在与当地企业竞争过程中,地方保护主义的存在使外地企业处于劣势,增加了其经营风险。因此,需要尽快解放政府管理的传统封闭思想,打破区域间的行政隶属限制,消除地方保护主义,坚持市场在经济中主导地位,发挥价格机制在市场运行中的作用,实现长江经济带要素、产品的跨区域自由流动。

三、苏商对外开放的对策建议

(一) 提高利用外资水平

2013年以来江苏利用外资呈下降态势,并在2015年被广东赶超,显然江苏在利用外资总量上面临较大的上升压力,但是仍可以在调整利用外资的结构上下功夫。首先,引导和吸引外资更多地投向战略性新兴产业和高端制造业,提升智能化制造水平,推动传统产业改造升级;重点在技术基础薄弱、产业前后向关联强的环节吸引外商投资项目,实现向价值链高端发展,培育一批具有国际竞争力的高端产业集群。其次,扩大服务业领域对外开放范围,清除不合理的体制机制障碍,引进高成长型生产服务业和高水平生活服务业,重点加大在教育培训、医疗、养老、旅游、电子商务、科技服务等领域利用外资的力度;引导和鼓励外资投向金融保险、会计审计、现代物流、软件开发、工程设计、信息科技等生产服务业,促进先进制造业与现代服务业的深度融合。最后,实施区域差别化的招商引资政策,努力挖掘和打造苏北苏中地区吸引外资的优势,适当给予政策支持,既增强江苏引进外资的后劲,也进一步提高承接苏南地区外资转移的能力。

(二) 积极探索对外贸易新方式

加快对传统贸易进行“互联网+”改造的步伐,创新对外贸易模式。鼓励平台构建和规模扩大,积极鼓励有实力的第三方交易平台做大做强,鼓励构建一批外贸综合服务平台。努力清除跨境电子商务发展中的体制性障碍,在这一点上江苏要利用好中国(苏州)跨境电子商务综合试验区,破解跨境电子商务发展中的深层次矛盾和体制性难题,深化简政放权,通过制度创新,促进外贸新业态的成长,并形成可复制、可推广的经验。

(三) 鼓励企业建立海外集群

集群化经营能够提高江苏企业对外投资和国际化经营过程中与东道国政府和企业的议价能力,以获得更多的政策支持和优惠,降低企业运营成本,因此,应积极推进苏商境外产业

集聚区的建设。2011 年江苏省商务厅、江苏财政厅联合制定了《江苏省境外产业合作集聚区确认办法》，对于经认定的省级境外产业合作集聚区，按不超过当年中方基础设施实际投资额的 20%予以补助，单个园区当年补助总额不超过 1 000 万元。目前，江苏已经认定三个境外产业集聚区：柬埔寨西港特区、印度尼西亚加里曼丹岛农工贸经济合作区、坦桑尼亚建立江苏—新阳嘎农工贸现代产业园，带动了国内相关上下游产业发展以及加快了劳密集型产业向外转移的步伐。江苏应抢抓国家实施“一带一路”战略的重大机遇，扩大境外投资规模，提升境外投资水平，完善境外投资服务，加快江苏省企业国际化步伐，增创开放型经济新优势。

（四）制度创新释放政策红利

在引进外资方面，依照 2015 年修订的《外商投资产业指导目录》对外商投资领域准入的指导，积极引进指导目录中鼓励外商投资的项目，进一步推行“负面清单”管理制度，深度开放服务业和高端制造业领域。在促进外贸方面，依照 2015 年国务院发布《关于改进口岸工作支持外贸发展的若干意见》加大简政放权力度，在现有基础上再取消下放一批涉及口岸通关及进出口环节的行政审批事项，全部取消非行政许可审批，优化口岸服务，降低通关成本、提升贸易便利化，促进江苏外贸稳定增长。在推动江苏企业“走出去”方面，依照江苏省 2015 年出台的《关于抢抓“一带一路”建设机遇，进一步做好境外投资工作的意见》，通过给予企业富有竞争性的财政资金的支持保障、建立海外投资保险支持服务平台以及针对重点国别、境外经贸合作区和境外产业集聚区的投资风险统一保障机制等的方式，帮助提升企业防范境外风险能力，加快江苏企业在“一带一路”沿线国家布局、投资、经营。

参考文献

[1] 万晓文. 长江水运是流域东、中、西部地区大开发的纽带[J]. 人民长江，2001，31(5)：21 - 24.
[2] 王伟，何明，构建长江经济带综合交通运输体系[J]. 综合运输，2015(3)：20 - 23.
[3] 国务院关于加快长江等内河水运发展的意见
[4] 中港协长江港口分会，十二月份长江干线主要港口企业货物吞吐量统计[J]，中国港口，2016(1)：42.
[5] 靖学青，长江经济带产业协同与发展研究[M]，上海：上海交通大学出版社，2016.
[6] 商务部. 2011 年度中国对外直接投资统计公报[M]. 北京：中国统计出版社，2012：10 - 17.
[7] 中国国际贸易促进委员会. 中国企业海外投资及经营状况调查报告[R]. 2012：28 - 29.
[8] 魏后凯. 对产业集群与企业竞争力关系的考察[J]. 经济管理，2003(6)：4 - 10.
[9] 和燕杰. 长江流域经济一体化的组织形式及特征探讨[J]. 区域科学，2014(1).
[10] 丁平，楚明钦. 中国企业“走出去”：影响因素与政策建议——基于江苏企业问卷调查的分析[J]. 上海商学院学报，2013(6)：46 - 52.
[11] 戴翔，韩剑，张二震. 集聚优势与中国企业“走出去”[J]. 中国工业经济，2013(2)：117 - 129.
[12] 雷权勇. 江苏民营企业对外投资发展研究[J]. 对外经贸，2015(12)：50 - 52.
[13] 黄梦圆. 长江经济带对外开放视域下江苏生产性服务业价值链升级研究[D]. 南京财经大学，2016.

案例篇

第一章　苏商双创案例研究

继2014年夏季达沃斯论坛上李克强总理提出了“万众创新”，鼓励“人人创新”，激发市场活力，增加就业机会的号召以来，2015年便成为了中国创新创业的重要一年，特别是以6月11日国务院发布《关于大力推进大众创业万众创新若干政策措施的意见》为标志性的事件，从国家层面为中国的创新创业发展规划了一个全面的生态机制。江苏省贯彻落实中央关于推动大众创业、万众创新的决策部署，并将此项工作列为2015年度重点工作之一。江苏自2013年开始连续举办了三届全省中小企业创新创业大赛，搭建平台，营造氛围，遴选出一批批优秀创新创业人才，挖掘出一批批前景好的创业创新项目，并制定下发了《关于做好推进大众创新创业工作的通知》，明确目标任务，推动全省扎实开展“双创”工作。

第一节　苏商双创发展基本概况

一、2015年江苏省“双创”工作基本成效

2015年，从全国创业创新发展来看，全国新登记市场主体1 479.8万户，比2014年增长14.5%；注册资本(金)30.6万亿元，增长48.2%。截至2015年底，全国实有各类市场主体7 746.9万户。其中，2015年全国新登记企业443.9万户，比2014年增长21.6%，注册资本(金)29万亿元，增长52.2%，均创历年新登记数量和注册资本(金)总额新高(见表1-1)。平均每天新登记企业1.2万，比2014年日均新登记企业1万户有了明显提升。特别是自10月1日起“三证合一、一照一码”登记制度改革在全国范围内全面实施以来，11月、12月新登记企业数量分别达到46万户和51.2万户，达到历史最高值。2015年，天使投资募集资金达到203.57亿元，是2014年的3倍多；投资额101.88亿元，同比增长218%，是2010年的20倍。创业投资募资1 996亿元，比2014年增长70.7%，投资额1 293.34亿元，增长24.6%，投资案例数3 445个，增长79.7%。全国有超过2 000家众创空间，专门为处于初创期的创业者提供低成本的工作空间、网络空间、社交空间和资源共享空间，为创业企业发展提供全方位的创业服务。

表1-1　2014—2015全国新注册市场主体基本情况

	全国新注册市场主体(万户)	市场主体注册资本金(万亿)	全国新登记企业(万户)	新登记企业注册资本金(万亿)
2014年	1 292.40	20.65	365.05	19.05
2015年	1 479.80	30.60	443.90	29.00
增长比率	14.50%	48.20%	21.60%	52.20%

数据来源：经2016年国家统计年鉴整理所得。

新登记企业9成是小微企业，第四季度小微企业周年生存率达7成。2015年，我国新登记的企业中，96%属于小微企业。2015年第四季度新设小微企业周年开业率达到70.1%，也就是说，2014年第四季度新设立的小微企业一年后的存活率达到7成。同时，第四季度新设小微企业已开展经营的企业中78.7%有收入，所占比重比第二季度和第三季度分别高0.5个和4.1个百分点。

2015年江苏登记注册的企业法人数有141.44万个，同比增长14.66%，略高于全国平均值，从业人员人数达到3 636.63万人，同比增长11.53%，因为双创企业以私营企业为典型，可以通过对私营企业数据的考查，反映创新创业的基本面。其中私营企业法人单位数为117.72万个，同比增长14.89%，私营企业从业人员数为2 077.06万人，同比增长12.84%；个体工商户为387.22万户，从业人员数为697.77万人(见表1-2)。从新登记注册的市场主体数量来看，江苏省和全国保持着同等发展速度，体现了大众创业、万众创新的发展势头。

表1-2　2014—2015年江苏省企业法人和从业人员数量表

	企业法人单位数(个)	从业人员(万人)	#私营企业法人单位数(个)	#私营企业从业人员(万人)	个体工商业户数(万户)	个体工商业从业人数(万人)
2014年	1 233 493	3 260.58	1 024 670	1 840.73	371.07	642.51
2015年	1 414 381	3 636.63	1 177 231	2 077.06	387.22	697.77
增长比率	14.66%	11.53%	14.89%	12.84%	4.3%	8.60%

数据来源：由2015、2016年江苏省统计年鉴整理所得。

从表1-3固定资产投资情况来看，江苏省2015年私营企业投资额为21 161.96亿元，同比增长16.70%，其中工业投资额为14 632.30亿元，同比增长18.88%，可见，固定资产投资在工业投资领域增速更大些。

表1-3　2013—2015年江苏省私营企业固定资产投资表

	2013年		2014年		2015年	
	投资额	#工业投资	投资额	#工业投资	投资额	#工业投资
私营企业投资额(亿元)	14 906.86	10 102.01	18 133.48	12 308.50	21 161.96	14 632.30
个体经营投资额(亿元)	48.70	11.33	51.88	13.72	90.15	20.66

数据来源：由2015、2016年江苏省统计年鉴整理所得。

从图1-1来看，2013年至2015年苏商企业的年度投资额逐年稳步攀升，苏商民营企业已成为江苏省企业固定资产投资的重要力量。

据江苏省经信委统计，至2015底江苏省已建立省级小企业创业基地465家，其中省级小企业创业示范基地227家。提供创业场所5 560多万平方米，吸纳2.6万家中小微企业入驻，解决就业90多万人，实现营业收入近4 000亿元。十二五期间，70%以上省级小企业创业示范基地共获得国家和省级专项资金扶持超过1亿多元，4家被评为国家小型微型企业创业创新示范基地。“十二五”以来，江苏省累计建设标准厂房超过2.8亿平方米，节约土

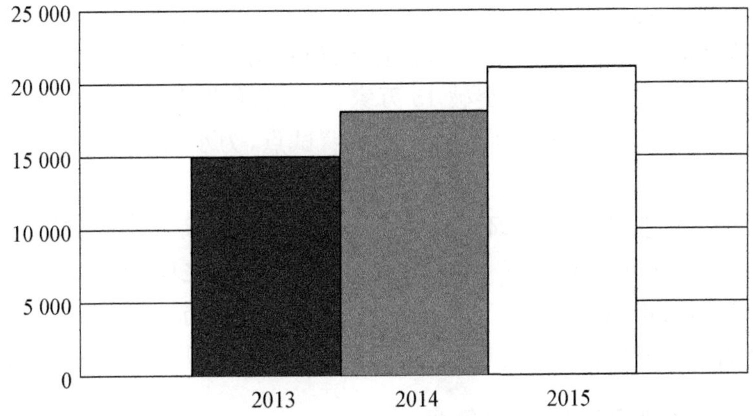

图 1-1　2013—2015 年江苏省私营企业固定资产投资额(亿元)

数据来源:由 2015、2016 年江苏省统计年鉴整理所得。

地 5 万多亩,有效缓解了中小企业发展用地难题,为超过 8.5 万家中小企业提供发展载体。开展农村青年电商培育工程,创建了 5 个农村青年电商创业培育示范基地、13 个农民用网推广活动培训基地,为农民创业提供电商孵化平台,扶持了一批小微企业成长,“农民网商”规模和层次位居全国前列。

重点组织大学生、科技人员和农民三支队伍创新创业。通过 8 个方面 30 条措施支持大学生创业。在校大学生创业人数 4 019 人,是 2014 年的 4.2 倍;毕业生创业人数 3 659 人,是 2014 年的 5.2 倍。推动农民创业工作,培训新型职业农民 13 760 人、现代青年农场主 368 人、农技人员 5 550 人①。

为了推进江苏省双创工作蓬勃发展,江苏省政府积极建设中小企业公共服务网络平台,在重点地区、重点产业集群建设并开通 43 家窗口平台。江苏省推动中小企业“96186”服务体系向纵深发展,全方位开展创业辅导、法律咨询和技术支撑等服务,年服务企业超过 23 万家。按照“引领新兴产业集聚、服务中小企业创新”的思路,江苏整合高校院所、技术中介机构等科技资源,依托重点产业集群建设公共技术服务平台。目前,省市县已建设技术服务平台 500 余家,其中,省级中小企业公共技术服务示范平台 100 家,高校中小企业公共技术服务平台 25 家,国家级技术类示范平台 26 家,每年累计受益企业达 20 万多家(次),对中小企业创新转型提供有力支撑。

另外,江苏省在培育优秀双创企业工作中,实施了“小巨人”企业培育计划,2015 年认定省级科技“小巨人”企业 50 家、专精特新产品 50 个。截至目前,全省累计培育专精特新小巨人企业 2 000 多家,康尼机电、博众精工、远景能源、先导股份、强力新材等一批小而优、小而强的“隐形冠军”快速进入全球制造体系,专精特新小巨人企业对全省中小企业增长的贡献率超过 60%。

大数据时代,企业的创新创业离不开信息化建设。江苏省政府大力推进中小企业信息

---

① 江苏省政府. 2016 年江苏省政府工作报告全文[EB\OL]. http://www.gkstk.com/article/wk-66954701323115.html。

化工程，目前全省星级数字企业达 3 万家，其中五星级数字企业 229 家。推动中小企业信息化平台建设，培育了 e 企云、绸都网、中国制造网、佰腾网等一批信息化平台，降低中小企业信息化成本。e 企云平台注册企业突破 15 万家，聚合软件服务企业 200 多家，上线信息化产品近 1 000 款。探索小微企业“信息化服务券”试点，为小微企业信息化建设提供有力保障。

为营造良好的创业、创新生态环境，激发亿万群众的创造活力，国务院办公厅联合 14 家国家部委定于 2015 年 9 月 12—17 日在南京举办“发现双创之星”大型主题系列活动走进江苏专场活动。经过各市、省有关部门推荐、组织专家遴选，江苏省评选了 32 位“双创之星”，96.7%来自于省重点发展的战略性新兴产业；83%的“双创之星”带动就业人数超过 100 人。

二、2016 年双创工作的主要任务

2016 年乃至“十三五”时期，江苏省将深入贯彻落实国家和省推进“大众创业、万众创新”的决策部署，以“微转小、小转精”为主攻方向，以“四个一批”（建设一批创新创业载体、扶持一批创新创业项目、培育一批专业化小巨人企业、打造一批公共服务平台）为工作重点，着力营造“双创”生态环境，增强江苏经济新动能，为建设具有国际竞争力的先进制造业基地奠定基础。重点抓好以下工作任务：

（一）大力推进小企业创业基地建设

为贯彻落实国务院《关于进一步支持小型微型企业健康发展的意见》（国发〔2012〕14 号）和《关于扶持小型微型企业健康发展的意见》（国发〔2014〕52 号），推动大众创业、万众创新，要大力推进小企业创新基地建设，引导和支持小企业创业基地规范发展、创新发展，培育一批示范带动作用强的国家小型微型企业创业示范基地，为小微企业的创立和发展提供良好的环境和条件。江苏省将制订《江苏省小型微型企业创业示范基地建设管理办法》，开展示范基地创建，培育一批国家级和省级小微企业创业示范基地，争取一批省辖市纳入国家“小微企业创业创新基地城市示范”。

（二）推进“四众”创新平台建设

基于互联网之上发展起来的众创、众包、众扶、众筹（简称“四众”）的快速涌现，有效实现了劳动、知识、技术、资本等生产生活要素的最低成本集聚和最大化利用，逐渐成为“双创”的重要支撑平台，极大地增强了经济发展活力与动力。江苏省将贯彻落实党中央和国务院关于创新驱动发展战略部署、大力推进“大众创业、万众创新”和推动实施“互联网＋”行动的政策性文件，实施“创新之家”培育计划，培育 50 家以“四众”为主要模式的专业化创新公共平台。重点支持龙头企业依托自身技术、装备、市场、资本等优势，按照市场机制，在细分领域建设专业化的众创平台。推动与猪八戒网、江苏股权交易中心等的战略合作，建设众包、众筹服务平台，为创新创业提供精准服务。

（三）发力“互联网＋”，大众创业，万众创新

由于近年来双创潮流最大特点是以“互联网＋”为鲜明特征，主要表现为初创企业大都集中在“互联网＋”领域，例如各种网店、互联网金融、网络房屋租赁、移动医疗。同时，还表现在许多企业的创新活动都基于互联网展开。统计显示，2015 年信息传输、软件和信息技术服务业新登记企业增速达到 63.9%。“互联网＋”领域吸引了全国超过 50%的创业投资

资金、70%的天使投资资金①。另外,从创业群体看,也表现出明显的“互联网+”特征,许多创业者都是基于现有互联网公司企业进行创业的,如围绕百度、新浪、搜狐等企业出来创业的分别有100多家,形成了百度系、新浪系、腾讯系、阿里系等创业大军。为此,江苏省要探索设立互联网产业投资基金,深化省市共建互联网产业园、众创园,引进互联网创新创业服务机构落地江苏省,为互联网创业建设全程服务通道。完成省互联网融合创新服务平台建设,实现线上申请与评测、线下辅导和培训等功能,建成高效的互联网创业与投资服务体系。

(四)着力培育“专精特新”企业

“专精特新”企业是指具有“专业化、精细化、特色化、新颖化”特征的中小企业,要通过财税金融政策引导中小企业专注核心业务,提高专业化生产、服务和协作配套的能力,增强企业技术创新能力,为大企业、大项目和产业链提供零部件、元器件、配套产品和配套服务;提高中小企业信息化建设,引导中小企业精细化生产、精细化管理、精细化服务,打造以美誉度高、性价比好、品质精良的产品和服务品牌;引导中小企业利用特色资源,弘扬传统技艺和地域文化,采用独特工艺、技术、配方或原料,研制生产具有地方或企业特色的产品;引导中小企业开展技术创新、管理创新和商业模式创新,不断培育企业新的增长点。通过培育和扶持,不断提高“专精特新”中小企业的数量和比重,提高中小企业的整体素质。具体措施上,要围绕《中国制造2025江苏行动纲要》15个重点领域,建立“小升规”和专精特新小巨人企业培育库,支持企业数字化、智能化、网络化改造升级,加强专精特新产品研发和产业化,培育一批细分市场占有率高的“隐形冠军”企业和专精特新产品。

(五)建立和完善创新创业服务体系

创新工作思路,充分发挥市场配置资源的作用,促进服务资源与企业需求对接。鼓励中介机构、行业协会、大学和科研机构等各类社会服务资源,为中小企业发展提供信息咨询、研发设计、管理提升、检验检测、技术转移、节能减排、人才培训、开拓市场、投资融资、设备共享等服务,开展宣传和培训活动。推动服务于区域特色优势产业的技术创新服务平台和产业共性技术研发基地建设,促进中小企业技术和产品的产业化。建立和完善中小企业公共服务平台网络,发挥中小企业公共服务示范平台的作用,提高专业服务水平和服务质量,加强对“专精特新”中小企业的培育和支持。

(六)加强融资服务与人才培养

推动建立政府、银行和融资担保机构之间的风险共担机制和可持续合作模式,通过搭建政策服务体系、金融产品体系、中介服务体系、信息服务体系,为投融资双方提供债权融资、股权融资、众筹、信用贷款、私募债、股份质押、重组并购、股份变现、股份转让等融资服务,为投融资双方牵线搭桥,推动互联网平台金融资产交易,促进社会资金向创新创业企业流动,帮助企业借助资本市场实现创新转型。鼓励大中院校对在校生学业教育的同时,把学生的创新精神和实践能力作为培养应用型高级专门人才的重要目标来抓,把创新创业教育与人文教育相结合,开设《创业基础》、《就业指导》、《职业生涯规划》等必修与选修、线上与线下相结合的创新创业课程群,通过构建创新创业课程体系,紧扣时代脉搏,不断提升人才培养的

① 发力“互联网+”持续推进大众创业万众创新(2016-4-1)[EB\OL] http://news.xinhuanet.com/politics/2016-04/01/c_128854267.htm.

社会适应性，为社会培养创新创业能力较强的应用型高级专门人才。另外，开办“创客学院”和“科技创业大讲堂”和各层次的创客大赛，帮助各领域创业人员提高创业技能，打造一批有影响力的培训项目。

(七) 抓好重大活动

要加强组织领导，统筹整合创新创业资源，建设多元化双创投入体系，培育具有创新精神的企业家群体；要加大对众创空间的政策支持，及时出台关于众创空间建设的统筹规划方案；要构建产学研对接机制，为持续营造“双创”活动人人皆知、广泛参与的良好氛围。另外，要采用多种形式的双创活动，激发双创热情。为此，要办好“中国软件杯”大学生软件设计大赛、“i 创杯”互联网创新创业大赛和全省中小企业创新创业大赛，对大赛落地项目给予优先扶持。继续举办江苏“双创之星”评选活动，评出具有工匠精神的创新企业和成长之星，营造“双创”浓厚氛围。

(八) 优化政策扶持

国家实施财政支持和税收减免，引导多种金融模式支持创新创业。政策扶持最主要的体现就是资金的支持，国家已经开设各项创新创业引导基金、政策性基金及社会基金支持创新创业发展。对于小微企业提供多项税收减免政策，予以初期扶持，对于参与“四众”平台的创业者和小微企业予以鼓励和引导。放宽新三板上市准入条件限制，支持符合条件的中小企业在新三板上市，引导天使投资、担保机构等资金形式支持“四众”平台的建设与发展。放宽市场准入条件，引导“四众”平台发展。对于设计、包装、开发、推广等众包热点领域，放宽市场条件，降低行业门槛，允许小微创新者参与众包平台。对于科技、医疗、物流、教育等众筹热点领域，放宽众筹的限制条件。对于众创平台，放宽企业类型限制、规模限制。对于众扶平台放宽限制，加强帮扶，惠及众多创新创业者。充分发挥试点效应，深入推广以点带面。支持各地因时因地制宜，发挥地域优势，开创创新创业平台建设新模式，电视、广播、报纸等传统媒体及微博微信等新媒体，加强对“四众”平台建设经验的宣传推广，充分发挥“四众”平台建设的示范作用。

(九) 完善市场环境

政府简政放权，开放市场机制，完善市场环境。要强化市场主体的主导作用，充分发挥市场自由竞争淘汰机制，尊重市场选择。要坚持公平、公正的行业进出标准、监管标准，打造线上线下相结合、相统一的良好环境。鼓励“四众”平台抓住互联网机遇，积极探索新思路、新模式。加强国际合作，充分开放“四众”平台，搭建国际合作渠道，借鉴全球先进经验，吸收全球创新资源。

加快“四众”平台信用体系建设，强化激励和惩戒相结合。引导“四众”平台建立互联网条件下的信用评价机制、认证机制，健全信用记录，公开评价结果。互联网平台上第三方评价机制的建立和完善是信用机制的基础。互联网信用的建立就是基于评价的信用，对于某项产品和服务，用户可以公平公正客观地发表评价并将评价结果公示，供其他用户选择参考。实名认证是“四众”平台信用的基本条件，只有通过实名认证的企业和用户才能参与到“四众”平台的活动和运维中，通过实名认证的用户发表的评价才相对可信。通过实名认证和评价机制能较好地规范“四众”平台的信用体系。同时，加强信用咨询、评估、担保等信用信息服务业务，共同建设信用体系，加强对守信行为的激励与表彰，对违法失信者加大打击力度。

第二节 苏商双创名星企业案例

一、途牛网

凭着一股“牛劲”,毕业于东南大学的于敦德于2006年创办了途牛网。从2006年创业到2014年5月登陆美国纳斯达克,途牛网在短短8年内成功上市,并且目前已成为旅游业界的一匹黑马,而1981年出生的于敦德也在33岁时成为旅游业最年轻的美股上市公司CEO,并荣获“江苏最美人物”、“中国旅游十大影响力人物”、“江苏省双创之星”等称号。在国家开展大众创业万众创新的号召下,途牛无疑成为了国家双创之路上的一个成功典范。

(一)公司简介

途牛旅游网创立于2006年10月,以“让旅游更简单”为使命而创立。目前公司能够为消费者提供由北京、上海、广州、深圳等180个城市出发的100万余种,涵盖跟团、自助、自驾、邮轮、酒店、签证、景区门票以及公司旅游等旅游产品全年365天24小时400电话预订服务,全国共有170家区域服务中心,提供丰富的后续服务和保障。另外,基于途牛旅游网全球中文景点目录以及中文旅游社区,可以更好地帮助游客了解目的地信息,妥善制定好出游计划,并方便地预订旅程中的服务项目。公司成立以来,已成功服务累计超过1 500万人次出游。

2015年全年财报显示,途牛2015年净收入为76亿元人民币,较2014年同比增长116.3%。收入增长主要来自于跟团游、自助游及其他收入的增长,其中跟团游和自助游的交易额(不含门票等单项旅游产品)106亿元,同比增长114.6%。2015年总共接待出游人次为4 449 053,较2014年的2 181 834人次增长103.9%。2015年净亏损为14.624亿元人民币。

易观智库发布的《中国在线度假旅游市场季度监测报告2015年第四季度》显示,2015年第四季度,中国在线度假旅游市场交易规模达到129.97亿元人民币,同比增长54.3%。其中,途牛2015年第四季度市场份额由2014年第四季度的17.4%增长到2015年第四季度的26.2%,市场份额高出携程2.6个百分点,从增速来看,途牛再度蝉联行业第一。数据显示,途牛四季度跟团游收入为18.044亿元,是途牛最主要的收入来源。对此,途牛财报指出,跟团游的增长主要是因为欧洲、东南亚、日本、北美等出境目的地以及国内旅游收入的快速增长。而在自助游方面,途牛2015年四季度的收入达5 220万元(以净额确认),同比增长82.4%,从全年来看,途牛在自助游领域的收入为1.942亿元(以净额确认),同比增长108.5%。对于自助游的增长,财报指出这一增长主要源于国内、一些境外海岛和日本等目的地旅游收入的增长。

值得注意的是,途牛易观报告显示2015年第三季度,途牛交易规模达到46.5亿元人民币,同比增长141.1%。这已是途牛连续三个季度同比增速超过三位数:2015年第二季度时,途牛交易规模同比增长135.3%;第一季度,这一数据为122.8%。2015年第四季度其他收入方面的数据十分抢眼,较2014年同期增长434.3%,达4 730万元,2015年的其他收入同比增长344.2%,达1.277亿元,与自助游收入几乎持平。

(二) 途牛网的创业故事

2001年的南京，在东南大学颇具民国风情的校园里，数学系的于敦德和金融系的严海锋都参与到东南大学的校园门户网站——“先声网”的运营当中。在先声网的合作，成为这两个喜欢互联网的年轻人，在大学时代最难忘的社团活动经历。毕业之后，两人开始了在互联网企业的创业“试水”。于敦德先后参与创办了五家互联网创业公司。一方面，“不安分”的天性使他对创业充满了激情；另一方面，互联网发展带来的机遇，也让他跃跃欲试：“这是一个不讲资历的领域，一切都是全新的”。于敦德在前两家创业公司各参与了不到一年的时间，从事各种繁琐的工作。2004年，于敦德加盟博客中国，开始了他的第三段创业经历。博客中国用户、流量的快速增长，让于敦德看到了用户生成内容(UGC)平台的广阔发展前景，同时也理解了提升用户体验的重要性。

2006年初，于敦德回到了南京，加入到严海锋参与创业的育儿网，成为CTO，在垂直类网站的运营方面上也取得了成功。于敦德和严海锋至此的创业经历都是“半创业”，尽管持有股份，但并不能主导公司的发展。两人“会师”之后，认为独立创业的能力和时机已经成熟。出于对旅游领域的兴趣，同时也看好未来的市场潜力，2006年10月，两人创办了“途牛旅游网”。于敦德曾注册过域名 tuniu. com“图牛”，原本打算做图片分享，改“图牛”为“途牛”，域名没有变化，分享的内容则变成了旅游攻略。

关于商业模式，途牛网面临很多选择，包括机票、酒店预订、租车和旅游预订等。当时，做机票酒店预订的网站数量很多，市场日臻成熟。于敦德认为，加入价格厮杀和渠道争夺并非明智之选，必须独辟蹊径。这时他发现，旅游预订是市场的“冷门”。“旅游”和“旅行”，一字之差，却意味着完全不同的两个市场。当时在携程、艺龙、芒果这类旅行预订网站中，旅游预订所占的份额较小。而很多线下的旅行社，尚不具备搭建在线预订平台的条件。在旅行预订网站和传统旅行社的“边缘”业务当中，途牛网找到了发展空间。一个在线旅游预订平台，首先得有人气，要集聚有旅游需求的用户，而最吸引旅游者的莫过于景点介绍和旅游攻略。于敦德带领十几人的团队花费半年时间建立了一个国内最全面的景点库，涵盖4万多个景点。同时，开发了“路线图”和“拼盘”等在线互动产品，激发网友贡献游记、图片等内容。

有了明确的商业模式，就需要资金投入运营了。途牛网最初的投资来自于敦德之前的同事和朋友，经过前期投入，已经捉襟见肘。在最初的一年中，于敦德和严海锋不断见投资人，见了几十家。在2007年6月，反复会面几次后，于敦德终于得到了一个天使投资人的青睐。2007年，途牛开始为旅行社提供在线旅游产品预订平台，为合作旅行社带去了1 000万左右的预订额。

随着预订额的不断扩大，于敦德发现了单纯做平台的种种问题：在旺季时很多大型旅行社的客户很多，对途牛网带来的客户不感兴趣；游客在旅程中出了问题还是会找途牛网投诉，途牛的工作人员也没有办法解决；旅行社不能及时更新旅游线路的价格，等等。2007年，途牛网召开了第一次全员大会，十几名员工一起探讨未来的发展规划。这次会上于敦德和团队达成共识：单纯做互联网平台是不够的，必须落地，承接旅游产业的上下游，真正成为一家在线旅行社。

2008年，途牛网开始设立旅行社，尝试建立“网站+呼叫中心+落地”的模式，这就需要将系统和预订流程标准化。当年，网站主要的投入都在建设系统中。然而，系统建成之后，却并没有马上带来销售额的大幅增长。管理团队认识到，在拥有领先系统的同时，也需要有高效的销售团队。这一年，最让于敦德感到幸运的事，是得到了戈壁资本约 300 万美元的投资，帮助网站度过了全球金融危机的艰难时光。而这一次投资，投资人在旅行预订网站的丰富经验，也推动途牛网的商业模式更加完善成熟。2009 年开始，网站结合销售团队和预订系统的两方面优势，销售额快速增长。通过多年的积累和调整，途牛网已经形成了"十大保障"、专属客服、回访制度等行业领先的服务体系，大大提高了用户黏度和品牌口碑。迄今为止，途牛网已经有了超过 100 万人次的服务经验，与超过 4 000 家旅游服务商达成合作。

2011 年 4 月，途牛网完成 C 轮约 5 000 万美元融资。有了资金的支持，途牛的出发城市扩充到现在的 20 个。同时，增加了旅游产品品类，如景区门票、自驾游等，产品数量达到 2 万余种。目前途牛网的员工数已经达到了 1 500 人左右，之前在南京市中心散落租用的几个写字楼楼层，也变成了徐庄软件园里的"途牛大厦"。为控制成本，途牛网每个出发城市仅有一个营业点，客服中心也集中在南京，而不是分散在各个城市。

创立至今，途牛网亲历并推动了旅游业从"1.0"到"2.0"的演进。传统的旅游预订多在旅行社门市完成，"门市＋后台"的模式可以称之为旅游的"1.0"模式，而"2.0"模式，即是途牛网当前的模式——"网站＋呼叫中心＋落地"，需要有大量的人工服务来完成预订和进行售后服务。从去年开始，于敦德已经开始隐约感觉到了"3.0"时代的模式，即"去呼叫中心化"，即通过操作界面来取代人工服务。途牛网从去年开始扩张技术部门，加大对系统和应用程序的研发和力度。据艾瑞咨询统计，截至 2012 年 3 月，"途牛旅游"APP 下载量超过 12 万，日均下载量千余次，通过移动客户端预订产品的人数每月以 30%的速度递增。艾瑞咨询数据显示，2015 年第四季度，国内在线旅游预订营收规模达 129.97 亿元人民币，同比增长 54.3%。其中，途牛 2015 年第四季度市场份额已占 26.2%。

（三）途牛双创路上的艰辛

2015 年途牛虽然连续四个季度同比增速超过三位数，使其稳居在线休闲旅游市场第一名，但相比 2014 年却是亏损额更高。2015 年 11 月 24 日，途牛旅游网与海航旅游集团共同宣布战略结盟。海航旅游战略投资途牛 5 亿美元，双方将利用各自优质资源，在线上旅游、航空、酒店服务等领域开展深度合作。

包括京东在内，互联网公司普遍存在着亏损的现象。主要原因是互联网的竞争与传统市场的竞争有很大差异，最鲜明的一个特点就是互联网领域的生存法则是只有第一，第二和第三名很难存活。比如打车领域的滴滴出行、团购领域的美团点评、生活服务领域的 58 赶集、搜索领域的百度，很少有人记住这些市场中的第二名是谁，因此每个电商企业都要抓住每个机会，坚持到底直至构建起自己的护城河，因此在一定范围内以速度占领市场，战略性亏损已不失为一种策略。同样在线旅游领域也遵循同样的逻辑，这也是导致途牛亏损的主要原因。

另外一个原因就是，根据途牛财报显示，2015 年途牛提速海外服务中心布局、强化出发地和热门目的地覆盖、深入移动端布局和技术提升、上游直采力度加大（包括对旅行社的收购）、品牌推广和营销力度提升。这些战略布局需要投入大量资金，也是途牛 2015 年亏损的原因。

(四)途牛未来几年的发展方向

1. 提高旅游出发地与目的地覆盖面,加强服务中心区域扩展

旅游产业是比较典型的现金流充裕、低毛利、资源分散行业,随着中国民众旅游热情的提升,对旅游产品的需求逐渐向个性化、碎片化转移,目的地产品SKU多而分散,更加需要B2B平台的交易整合。2015年第四季度,途牛跟团游(不包括跟团周边游)出游人次超42.9万,较去年同期增长122.9%;跟团周边游出游人次超36.2万,同比增长44.8%;自助游出游人次超31.9万,同比增长174.7%。2015财政年,途牛服务的出游总人次超440万,其中,跟团游(不包括跟团周边游)出游人次同比增长129.4%,自助游出游人次同比增长181.6%。越来越多的用户选择途牛出游,与其提速服务中心布局和强化出发地、目的地覆盖以及深入移动布局等举措不无关系。目前,途牛可以提供240个出发城市的旅游产品预订,目的地产品覆盖全球150个国家和地区。在未来几年,除要不断拓展国内出发地和目的地外,还要逐步海外扩张,并设立海外目的地服务中心,为出境游用户提供更全面的目的地服务,以此提升途牛旅游业的竞争力。

2. 强化直采战略,大力丰富旅游产品

2015年下半年,途牛加快区域扩张的步伐,不断捕捉当地市场机遇。此外,直采产品受到越来越多用户的青睐,随着直采的深入和线路的丰富,二季度直采产品的贡献达到了25%。到了第四季度直采贡献度超过30%。强化直采布局是途牛丰富产品SKU数、满足用户差异化出游需求的有效手段之一。随着直采的不断深入以及当地采购战略的持续推进,将会进一步推动对客产品和服务的标准化进程,从而确保了对产品质量的管控。在产品SKU总数不断增加的同时,途牛要逐步打造出更丰富、个性化、高品质的旅游产品矩阵,满足细分人群的差异化需求。

3. 快速布局旅游金融业务

途牛2015年金融业务进展迅速,领先行业竞争对手,业内首家推出保理业务,金融领域的快速布局也有效促进了途牛旅游业务发展。通过将旅游与金融进一步场景化融合,途牛已陆续推出首付出发、出境保等产品。其中,途牛自营旅游分期产品首付出发,截至2015年12月底,授信额度超过82亿元,获得预授信用户超过136万,助力更多用户轻松出游。

加强在新业务上的投资,例如酒店、机票预订以及在线金融服务等,这些业务与途牛休闲旅游业务紧密相连,并能与核心业务发挥协同效应,丰富了客户在旅行中的选择,为他们提供了更多个性化服务的空间。

4. 打造"要旅游、找途牛"强势品牌,提升品牌知名度

2015年途牛先后冠名赞助多档电视娱乐节目,T2O营销升级,比如冠名赞助《非诚勿扰》《中国好声音第四季》等,此类电视节目收视率高,节目观看群体以80、90后为主,这些节目上的品牌冠名将在年轻人中树立休闲度假旅游良好形象,对于年轻人的旅游选择会起到引导作用。现在来看"要旅游、找途牛"品牌知名度提升显著。此外,在线旅游竞争加剧,获客成本上升,2009年之前的互联网流量很便宜,在电商开始血拼之后,流量的价格水涨船高,节节攀升。

5. 重视移动端体验,加强布局和技术升级

2015年移动互联网迅猛发展,其对在线旅游渗透不断加深,互联网移动化趋势明显,各

行各业的互联网应用都非常重视产品移动端的布局，加之即时预订、边走边订等旅游消费方式兴起，移动端成为新的重要流量入口，因此途牛在2012年以来不断加大无线端的投入，收效显著。2015年第一季度移动流量占总在线流量超过70%，移动订单数占总在线订单数超过55%。2015年第二季度移动订单数占总在线订单数超过60%。2015年第三季度移动订单数占总在线订单数超过70%。2015年第四季度移动订单数占总在线订单数超过75%。

二、江苏永鸿集团

（一）公司简介

江苏永鸿投资股份有限公司（以下简称永鸿集团）成立于2006年，位于江苏省南京市，是一家以信息化为特征，以现代农业为核心，集生态农业、生态旅游、农产品加工、物流配送和电子商务为一体的大型现代化企业集团，现拥有江苏永鸿巴布洛电子商务有限公司、江苏永鸿巴布洛生态农业有限公司等十余家骨干企业，员工1 000余人，是江苏省农业领域中的龙头企业，多次被评为"省级重点龙头企业"、"江苏省农业科技型企业"。

历经十年发展，永鸿集团已经发展成为以三产融合、产融结合为特色的全农业产业链企业，形成了"互联网＋现代农业＋旅游"的发展格局。巴布洛生态谷和云厨1站是永鸿集团当前倾力打造的两大支柱产业。巴布洛生态谷位于南京六合竹镇，占地12 000亩，总投资11.5亿元，经过多年经营，已经发展成为集旅游观光、农业养殖、文化体验、休闲娱乐、餐饮住宿、养老养生为一体的现代农业综合体，每年接待游客可达100万人次。最初的巴布洛生态谷，其实初衷就是公司创始人希望让家人孩子吃上放心的农产品，一不小心先后投入了10多个亿，有点任性，但正是这个任性才能转化到越开发越大，社会责任感越强，希望越来越多的人能够获益。云厨1站总部位于南京市江宁区，总投资10亿元，通过产品研发、生产、物流、社区店运营和互联网一体化系统的配套建设和运营，将其打造成为以家庭用户为目标的全生活一体化移动互联网服务平台；云厨1站社区店年内可突破100家，未来三年内计划在南京开设1 000家社区店，实现对南京主市场的全面覆盖。

在自身壮大的过程中，永鸿集团秉承"情系民生、丰泽天下"为核心的企业理念，累计为南京六合地区1 000余名农民解决就业问题，带动上百户家庭走向致富之路，成为新时期农业企业中的楷模。同时，永鸿集团努力践行"为民生定制产业、为人才构筑梦想"的企业价值观，扶持众多有志于三农产业的广大青年走上创业之路。

在创造社会财富的同时，永鸿集团积极参与慈善公益事业，投资数百万元拍摄大型公益宣传片《美丽乡愁》为贫困山区募集善款；屡次为云贵贫困山区捐建新房；捐助数千名贫寒学子走上求学之路。

以"创导生态科技、开创农业未来"为愿景，永鸿集团将紧抓"互联网＋"和供给侧改革的转型机遇，积极探索多种生产经营模式，拓展农业多种功能，构建农业新型业态，以"互联网＋"为导向，促进现代农业与旅游、体育等产业的有机融合，为实现多产并举、融合发展的目标而努力奋斗。

（二）永鸿的成功经验

1. 创新的市场定位：立足农业，定位绿色农产品＋生态旅游

巴布洛生态谷地处远郊，自然环境得天独厚，园区内丘陵起伏，水网密布，空气清新，野

生动植物资源十分丰富。园区面积虽大,但建筑却很少。这里有大片农业用地,土壤质量好、无污染,更适合植物生长。因此,园区建设过程中没有占用珍贵的土地资源,最大限度地呈现土地的原生态面貌。每逢节假日,这里便汇聚成热闹的人海,欢笑声不绝于耳。2015年,园区共接待游客30多万人次,实现旅游收入3 000多万元。

巴布洛以农业为基础,对整个园区进行了区域划分,分为田园体验区、葡萄花海观光区和生态牧场及采摘区。依托园区内东龙山、仙人山和红阳湖等山水资源,以"看、玩、吃、住、购"五大特色为切入点,园区设置了果蔬采摘、森林探险、珍禽乐园、小球训练场、亲子钓等20多个游玩项目。同时,园区还打造了都市牧场、千亩荷花园、薰衣草园等景观。

2. 精准的市场营销:智慧旅游+贴心服务

为满足游客餐饮、住宿的需求,巴布洛相继建起花卉餐厅、渔村酒家、烧烤广场、度假别墅、乡村公寓、房车营地等。为让游客一年四季都能欣赏美景,在此休闲娱乐,巴布洛设置了室内、室外多项设施活动,游玩不受季节限制。还有许多不易被气候影响的互动体验活动。室外的有水上小球训练场、水上自行车、真人CS实战、越野卡丁车等项目,室内的有少年国学堂、红酒酿造课等供孩子们选择。目前巴布洛还和一家VR设计公司接触,计划打造巴布洛专属VR产品体验园,让游客足不出户即可饱览园区全景。此外,巴布洛还加强智慧旅游建设,目前已完成了WiFi全域覆盖,在主要观光区域安装44个摄像头进行流量监控。

在管理和服务方面,巴布洛推行的是军事化管理模式。为进一步服务青少年群体,目前,巴布洛正筹划两件大事:一是打造一个青少年成长教育基地,让孩子们在自然环境中学习知识和技能;另一件则是计划引入一所国际学校,为孩子们营造一个舒适、安静的学习生活环境。

3. 贴心的产品:绿色产品+温暖到家

除了"农业+旅游",巴布洛的"农业+互联"模式也十分具有借鉴意义。据景区一名工作人员介绍,巴布洛目前已经推出了一款全新的产品"云厨1站",这一产品既充分利用了巴布洛绿色农业的优势,又为游客提供了更加贴心的产品和服务。据介绍,"云厨1站"即农产品直供体系。巴布洛建设了占地2.5万平方米的农产品加工产业物流园,并提供食品加工、物流配送、门店售卖一条龙服务。目前,"云厨1站"门店既售卖洗净切好的半成品果蔬,也提供加热即食的成品菜肴。虽然巴布洛为此付出高昂的加工成本、物流投入和门店租赁费用及员工开支,但还是希望坚持做一条龙服务,把最大的实惠让渡给消费者。

第二章 苏商商业模式创新案例研究

党的十八大报告明确提出了“加强技术集成和商业模式创新”,将商业模式创新作为国家创新驱动战略的重要组成部分。著名管理学大师彼得·德鲁克说:“当今企业之间的竞争,不是产品之间的竞争,而是商业模式之间的竞争”。而企业商业模式建立在对外部环境、自身资源、能力的假设之上,因此没有一个商业模式适用于任何企业,也没有一个商业模式永不过时。随着外部环境的变化,原来运作良好的商业模式也有风光不再的时候,表现为顾客不断流失,赢利能力急剧下降,这时候就需要对商业模式进行转型。当今中国创业型企业的失败中有将近50%是因为没有找到适合自己的持续赢利的商业模式。商业模式的选择对于企业来讲是一个战略层面的决策,决策失误就会使企业遭受非常严重的损失。

第一节 苏商商业模式转型基本概况

一、商业模式转型的内涵

商业模式这一概念,起源于20世纪50年代,而真正兴起则是在90年代互联网时代。多数专家认为,任何一个商业模式都是由客户价值、企业资源和能力、盈利方式构成的三维立体模型。商业模式实际上是为实现客户利益最大化,使企业运行的内外各要素整合起来,形成一个完整的、高效率的、具有独特核心竞争力的运行系统,并通过提供产品和服务持续达成盈利目标的整体解决方案。商业模式运营的核心资源和能力基础包括价值创新能力、资源整合能力、跨组织管理能力、获得竞争优势能力和学习能力。商业模式由五大要素组成,即市场、产品、收益、内部组织能力、合作网络。企业以市场作为目标定位,以产品作为价值载体,通过运用内部组织能力和合作网络,取得收益、创造价值。商业模式的各大要素之间有着紧密的联系,彼此之间形成支撑,每一要素都构成企业良性循环发展不可缺少的一个节点。对商业模式转型产生巨大影响的几大技术:

1. 云计算

云计算对商业流通行业产生的影响是战略性的。首先它可以极大提高技术实现的效率,极大缩短从“想法”到“落地”的时间周期。其次,它提供的服务超市,可以融合各类商业资源,为分享型经济奠定基础。

2. 大数据

大数据是无法在可承受的时间范围内用常规软件工具进行捕捉、管理和处理的数据集合。其难度主要在于数据分析、捕捉、研究、储存、传输、可视化、隐私保护等方面。由此可以看出,相比于传统数据,大数据的首要转变就是采集并分析所有的数据,而不是仅仅领先其中的一小部分。大数据背景下,信息来源将更多、更广泛,因而消费者在进行购买之前就已经对产品有了透彻的了解，这会使得消费者的自主权进一步扩大，选择更加充分。

3. 物联网

物联网对商品流通行业产生的影响是创新性。消费者正是通过物联网的很多设备认识到新的技术带给他们的便利。与认知计算结合后，物联网生成的数据可以帮助零售商了解颠覆的市场格局和不断变化的客户期望并及时做出响应。

4. 认知计算

所谓认知计算是指具备规模化学习、目标推理以及人类与自然互动能力的系统。这样的系统归结为具备理解、推理和学习的功能。认知计算对商品流通行业产生的影响将是革命性的。

5. 移动技术

移动技术对商品流通行业产生的影响是持续性的。社交的普及、消费者时间的碎片化等，是目前移动商务飞速发展的重要原因。而下一步，由于技术的持续发展，也将为移动商务的飞速发展增添动力。

二、江苏省商业模式创新的现状

近年来，江苏依托互联网产业的基础优势和工业制造的竞争优势，注重运用新理念、新思维、新方式进行商业模式创新，初步形成了江苏特色的发展模式，商业模式创新成为推动转型升级、拉动居民消费、促进转型升级的重要力量。随着信息技术的不断发展，江苏省商业环境也随之发生了很多变化，江苏省的一、二、三产业商业模式在规模和速度上都出现了前所未有的创新发展，目前已出现了多种商业创新模式：

（一）海澜之家供应链整合模式

海澜之家将服装企业最头疼的两大问题——存货和资金分解给了上下游，自己只需提供品牌管理、供应链管理和营销网络管理，依靠这种模式，海澜之家短短三年迅速在全国范围内将门店从 600 多家做到近 2 000 家(直营店仅 2 家)。

（二）苏酒的强强联合模式

苏酒集团提出“强强联合，优势互补，资源共享，有序竞争”的市场营销理念，打破了双沟、洋河两个团队的概念。强强联合产生了轰动效应，优势得到了充分体现，酒店、名烟名酒店的网点数量比以前增加了许多，整合后拥有更多的产品经销权，形成了合理的产品结构和价格梯度，让分销商及消费者有了更多的选择，公司赢利能力也增强了。

（三）盱眙龙虾的打造品牌模式

从 2000 年举办首届“中国盱眙龙虾节”，到胡润首次公布 2011 年中国食品与饮料类胡润百富榜，盱眙龙虾以 65 亿元的品牌价值荣登百富榜第 12 位。经过 10 年的努力，盱眙人终于把龙虾这个不起眼的水产单品打造成餐饮界的著名品牌。有资料显示，全县池塘规模养殖面积达 21 万亩，虾稻综合种养面积 3.5 万亩，年产龙虾 6 万吨，年交易量 10 万吨，盱眙龙虾加盟店超过 1 500 家，全县有超过 10 万人从事龙虾产业工作。2015 年，盱眙龙虾产业年直接收入过 70 亿元，带动相关产业收入 50 亿元，已形成超百亿的产业规模。

（四）中国制造网的平台经济模式

中国制造网创建于 1998 年，以提供外贸线上服务为主，专注于服务中国中小企业全球贸易领域，在国际营销、产品推广方面有着一定优势，属典型综合性外贸 B2B 平台，是国内最著名的 B2B 电子商务网站之一。中国制造网的收入来源主要包括会员费用、提供增值服务所带来的广告与搜索排名费用，以及认证供应商收取的认证费。中国制造网汇集中国企业产品，面向全球采购商，提供高效可靠的信息交流与贸易服务平台，为中国企业与全球采购商创造了无限商机，是国内中小企业通过互联网开展国际贸易的首选 B2B 网站之一，也是国际上有影响的电子商务平台。

（五）众瀛联合的智能服务模式

众瀛联合数据将电子商务、物联网、云计算、大数据挖掘等信息技术有效整合应用，自主研发具有精准营销智能服务的众瀛智慧商业平台。借助平台模式，将信息技术向生产、流通、消费领域广泛渗透，是云计算在各领域的综合应用，通过网络经济与实体经济结合，在众瀛平台上对消费者消费需求信息进行科学地采集、整理、分析和分类，并将具有价值的贸易、服务相关信息及时传递给相关合作的生产商、销售商和服务商，为各领域、各行业实现线上线下精准营销、精准服务等提供全方位营销解决方案，从而将生产商、销售商、服务商和消费者实现系统链接，构成一个庞大的商众联盟和利益共同体，实现跨领域、跨行业异业联盟经营。

（六）同程网的轻资产模式

目前，同程网主要有 B2B 和 B2C 两大电子商务平台，早期建立的 B2B 平台为旅游企业提供旅游资源的整合、交易，而新建的 B2C 平台则向消费者提供类似携程的各项旅游服务，从酒店、机票到各类门票、租车、旅游产品，最终都通过向商家抽取佣金的模式获利。在 B2C 平台的建立过程中，同程网侧重以互联网方式与消费者对接，避免像携程那样，65％的订单需依靠呼叫中心解决，以减小投入，保持公司的轻资产模式。

（七）宏图三胞的买断自营模式

作为一家大型跨地域的电脑、手机、数码及消费类电子产品连锁零售与服务商，宏图三胞的商业模式，与国内大型家电零售企业运营方式明显不同。宏图三胞采取了独立于厂家的“自营”零售模式：面向终端消费者，产品直接从厂家采购“买断经营”。这种大规模集中采购，无中间环节的扁平化渠道，使单位成本大大降低，最终让消费者受益。近年来，宏图三胞在店面竞争力方面，又进行了更加细致的多渠道细分，创造性地搭建“短链直供”智慧型供应链，推动自营、加盟、异业终端、电子商务、商用业务、红快服务等多渠道、多元化模式的建立；并依托先进的信息系统，将整个运营体系朝着科学化、标准化、系统化、集约化的现代化零售体系不断迈进，搭建起一个高效零售管理平台，为业内瞩目，为消费者创造了更多价值和更优体验。

（八）中华恐龙园的科普与娱乐融合模式

中华恐龙园是一座将博物、高科技声光电、影视特效与多媒体网络等完美结合，融展示、科普、娱乐、休闲及参与性表演于一体的以恐龙为主题的综合性主题游乐园，享有“东方侏罗纪”美誉。目前，世界主题公园较为成熟的产品模式是“4＋2”模式，即“主题游乐＋主题商业＋主题演出＋主题环艺＋与之相配套的游客服务设施和管理维护设施”。中华恐龙园对“4＋2”模式进行深入研究，并结合自身特色寻求符合发展需求的核心竞争力——将“以恐龙为主题的科普展示”作为重要部分融入到主题公园中，创造性提出并践行了“5＋2”主题公园产品模式，铸就了中华恐龙园的核心竞争力：以恐龙为主题，打造游乐体验性极强的科普教育基地和科普教育性极强的主题公园，已名副其实地成为常州乃至江苏文化旅游产业的龙头企业。

江苏企业商业模式创新的特点归纳起来，大致有以下几个显著特征：一是全覆盖。一、二、三产业都有，且呈相互融合之势，像盱眙龙虾、阳澄湖大闸蟹的营销模式给人印象深刻；二是“草根”多。创新能力欲望强烈的主要是民营中小企业，特别是科技型民营企业，在电子商务领域表现尤佳；三是文教优。文化创意产业创新活力强于制造业，创造出的“非诚勿扰”、“苏教版”等节目和教材在全国有较大影响，这方面潜力尤为巨大；四是消费拉动力较强。2015 年实现社会消费品零售总额 25 876.77 亿元，比上年增长 10.3%。城乡居民人均可支配收入分别达到 24 203 元、11 095 元，比“十一五”末增长 64%、84%。城镇居民人均可支配收入增长 7%，农村居民人均可支配收入增长 6.1%。2015 年底累计新增城镇就业 380.8 万人，城镇登记失业率始终控制在 4.5%以内。其中教育文化娱乐需求强劲，2015 年书报杂志、电子出版物及音像制品和通讯器材类人均消费额为 4 095 元。

三、苏商商业模式创新的必要性

创新江苏企业商业模式的必要性是显而易见的。首先，有利于推动经济发展由政府主导型向市场主导型转变。江苏经济的一个显著特征是政府主导性强于市场，投资增长速度一直保持在 25%以上，但投资效益不高，在科技研发领域投资比例不高，商业模式单一。工业领域的专利 70%集中在传统产业，高新技术产业专利的 80%集中在产业链的中低端。全省工业企业研发经费占销售收入的比重低于 1%，企业自主研发比例不高，全省 2 万家规模以上企业中只有 25%设立了研发机构。对此，积极推进以企业为主体的商业模式创新，非常有利于改变江苏依靠政府主导推动经济发展的体制性缺陷，更多地从全球视野，根据市场需求的变化和经济规律做企业，搞研发。

其次，有利于改变江苏新兴产业大多重蹈传统产业发展老路的现状。目前，江苏大部分新兴产业仍在沿袭传统产业的发展模式，主要集中在制造环节，终端产品很少，过分依赖国外市场。300 多家光伏企业，大多处于多晶硅、硅片、电池、组件的生产，单个太阳能电池板附加值只有德国企业的 26%。产品相似度高，过度竞争严重，低价格仍然是江苏企业参与国际竞争的手段。要改变这一现状，亟需确立以商业模式创新为先导的技术创新模式，突破江苏新兴产业在全球价值链(GVC)低端锁定的困境，构建新型高端的价值链体系，从而逐步形成有利新兴产业在国际国内市场保持竞争优势的盈利模式。

第三，是学习国际国内先进发展经验的需要。从世界范围上来看，目前在商业模式创新上保持领先的国家是美国，美国政府甚至对商业模式创新通过授予专利等给予积极的鼓励与保护。历史上，商业模式创新在各国是不能得到专利法保护的，而自 1998 年美国道富银行对签署金融集团公司一案判决后，商业模式被广泛认为在美国是可以申请专利的。在我国，2007 年 2 月，在国家发展改革委和中国科学院支持下，中国科学院创新发展研究中心成立，将商业模式创新研究纳入中心重点工作内容。杭州已经将商业模式创新的企业评为高科技企业，享受相应的政府政策，在这一政策上扶持下，杭州涌现了不少的大小电商，其他一些地方政府也在推出和酝酿相似的政策以帮助和推动电商行业的发展。

第四，是顺应互联网经济下商业模式创新潮流的需要。近年来，随着互联网技术的发展，互联网零售企业作为“战略创新者”不断挑战着传统零售企业的底线。这些挑战者以全新的商业模式深刻地改变着我们的经济生活环境以及消费习惯。例如，作为互联网零售业的先行者，天猫在 2014 年“双十一”当天的交易额达到 570 多亿元，震惊国内外零售市场。2015 年“双十一”更是斩获了 912 亿元的成交额，较 2014 年增长了 59.72%；作为手机行业的一颗新星，2010 年才成立的小米 2015 年的销售额达到 780 亿元，可见互联网企业的巨大发展潜力。这些企业利用全新的互联网商业模式使得自己在短时间内成长为行业的有力竞争者。它们的运营方式、经营理念、产品结构、营销模式等都与传统企业有所不同，而它们的迅猛发展又迫使传统企业不得不重新思考自身的商业模式变革。

四、苏商商业模式创新的基础条件

(一) 电子商务的兴起是企业商业模式创新的重要因素

电子商务与企业商业模式创新密不可分。截至 2015 年底，江苏省网民规模达到 4 416 万人，与 2014 年同期相比增长 142 万人，增长了 3.3 个百分点；江苏省互联网普及率为 55.5%。2015 年，江苏省手机网民规模持续增长，手机网民规模达到 4 067 万人，手机网民在网民中所占比例为 92.1%，比全国平均水平高出 2 个百分点；江苏省网上购物用户规模达到 2 813 万人，占总体网民数量的 63.7%。截至 2015 年底，江苏省市场主体开办的网站共计 145 992 家，平台页面显示所在地区为江苏的网店共计 248 508 家；全省网络交易平台交易规模持续增长，总交易额达到 4 939.45 亿元，其中 B2B 平台交易规模达 3 645.59 亿元，B2C 平台交易额达到 1 290.05 亿元，团购平台交易额达 2.86 亿元，C2C 平台及其他交易额仅 0.95 亿元。

(二) 现代物流业的快速发展是企业商业模式创新的有力保障

“十二五”期间，江苏省交通基础设施建设规划总投资约 5 000 亿元，物流业增加值同比增长超过 8%，其中 2015 年，江苏省物流社会总额达到 230 955 亿元，同比增长 8.1%，工业品物流总额占物流社会总额的比重为 81.8%，2015 年全省社会物流总费用 10 412 亿元，同比增长 5.4%。其中，运输费用、保管费用、管理费用分别占 51.9%、37.6%和 10.5%。社会物流总费用与 GDP 的比率为 14.8%，比去年底下降 0.3 个百分点。“十二五”期间，社会物流总费用年均增长 8.5%，社会物流总费用与 GDP 的比率累计下降 0.7 个百分点，物流业的效率有了明显改善，江苏省物流业的发展已走在了全国前列。总体上，经过“十二五”时期的发展，江苏省物流业呈现出产业规模持续扩大、基础设施逐步完善、物流园区建设渐成体系、重点项目建设成果不断涌现的良好局面，物流业对于经济的推动作用不断增强，物流业的发展进入了一个新的时期。

(三) 现代软件与信息服务业的发展是企业商业模式创新的坚强后盾

软件和信息服务业是具有知识、技术、人才密集和高成长性的创新型产业，已经全面渗透到国民经济和社会发展的核心领域，在推动各行各业实施创新和技术进步方面具有突出的驱动和引领作用。江苏省软件和信息服务业将迎来难得黄金发展期。早在“十一五”期间，江苏省党政主要领导就亲自关心和推动，把软件业作为全省第一优先发展的产业。截至 2014 年底，江苏软件园入园企业 420 家，60 家企业通过软件企业认定，软件收入大于 1 亿元的企业有 10 家,江苏软件园入园企业共有软件从业人员 25 000 人。2014 年江苏软件园入园企业科技活动经费筹集总额 12 亿元,其中企业自筹资金 11 亿元,金融机构贷款 1 500 万元,政府支持资金 2 000 万元,软件园入园企业新增软件著作权登记数 60 个,新增软件发明 35 个,新增软件产品登记数 29 个。截至 2014 年底,36 家企业通过 ISO9001 认证,11 家企业通过 CMM/CMMI 二-四级评估①。

(四) 日益增长的消费需求是企业商业模式创新的内在拉动力

截至 2015 年底,江苏省总人口 7 976.80 万人,常住城镇人口为 5 305.83 万人,占总人口比重 66.5%,达到较高水平。随着工业化、现代化的推进,城镇人口的大规模增长必将为第三产业的发展提供广阔的市场,特别是为企业降低商务成本,增强商业模式创新活力创造了先行条件。随着城市化进程的推进,江苏具有现代化素质的人口也呈规模化发展,大专及以上受教育程度人口大幅增加。据 2015 年江苏省统计年鉴显示,全省 6 岁及以上人口中,具有大学及以上教育程度(包括毕业生、肄业生和在校生)人口 1 164 万人,高中(含中专)受教育程度人口 1 283 万人,初中受教育程度人口 2595 万人。人口素质的提高直接推动了新技术的应用和发展。

五、苏商企业商业模式创新的趋势

在市场经济发展愈来愈成熟和现代信息技术日新月异的条件下,新的商业模式层出不穷,呈现这样几个趋势特征。

(一) 产业跨界融合

基于现代科学技术的发展和应用,未来社会产业跨界融合将会成为一种发展趋势,将会将催生更多的新兴产业,如农业和旅游业的融合,产生观光农业这样的新兴产业。金融和电子商务的融合,如阿里巴巴银行;线上线下的融合,如苏宁的云商模式。随着两化深度融合的不断推进,将加快苏商企业转型升级与新型工业化进程,设备、管理与信息化融合,促进信息化全面高度集成;云计算、云制造、物联网构建服务型制造;新型工业化、商业模式、管理模式全面创新;制造业全面调结构、促升级。

近年来,工业化与信息化融合已经取得了显著成效,企业信息化应用正从大中型企业逐渐扩展到中小企业,越来越多的中小企业对信息化的需求更加明确和迫切。然而苏商中小企业信息化依旧面临诸如信息化投入资金不足、信息化总体水平不高、一些企业对信息化的重视不够、信息化人才缺乏、信息技术应用的深度、广度和集成度较低等诸多问题,这将直接影响中小企业两化融合水平的提升。

(二) 颠覆式新技术应用

如 3D 技术的应用,将带来制造业的彻底革命,改变现有产业结构,冲击中国经济模式,对江苏经济产生巨大影响。一些传统行业将受到 3D 打印技术的冲击而逐渐萎缩。然而,挑战也是机遇。我们必须认识到,3D 打印同样会催生大量前所未有的行业和巨大机遇。显而易见的机遇就是,随着廉价家用 3D 打印机需求的增长,其相关产业也会进入高速发展

① 数据来源于国家火炬计划软件产业基地江苏软件园工作总结报告,http://www.innofund.gov.cn/cyjd/soft7/201603/9650cb7fbfb54c7688f53c2d180a67e8.shtml。

期。更重要的机会在互联网领域，围绕 3D 打印会出现越来越多的电子商务模式。例如在线打印服务、个人定制设计制造服务、共享 3D 打印模型社区以及面向云制造的 3D 打印网络。还有就是基于 3D 打印的实体商业模式将迅速成长，例如遍布大街小巷和旅游景点的 3D 打印店与 3D 打印照相馆。

（三）大数据技术带来精准营销

互联网的快速发展，大量的文本信息、音频、视频、图片等非结构化数据出现了。另外，物联网的数据量更大，加上移动互联网能更准确、更快地收集用户信息，比如位置、生活信息等数据。从数据量来说，我们已进入大数据时代。谁掌握了数据，谁就能掌握消费者需求，实现精准营销。虽然大数据在国内还处于初级阶段，但是商业价值已经显现出来。首先，手中握有数据的公司站在金矿上，基于数据交易即可产生很好的效益；其次，基于数据挖掘会有很多商业模式诞生。定位角度不同，或侧重数据分析，比如帮企业做内部数据挖掘，或侧重优化，帮企业更精准找到用户，降低营销成本，提高企业销售率，增加利润。未来大数据将会如基础设施一样，有数据提供方、管理者、监管者，数据的交叉复用将大数据变成一大产业。

六、苏商商业模式转型的对策

互联网、物联网、3D 技术、大数据技术、云计算等代表当代先进生产力水平的新技术的广泛应用，改变了世界，改变了中国，也改变了苏商。苏商企业进行商业模式创新，可以考虑从以下几个方面寻找突破口。

（一）深化改革，为商业模式创新松绑

商业模式创新需要开放的市场环境，只有最大限度地放开企业和其它创业主体的手脚，放活一切推动经济社会发展的积极因素，以行政审批的"减法"换取经济活力的"加法"，才能让一切创业主体的活力竟相迸发。要重点放开直销模式，鼓励网上金融创新，允许比特币等虚拟货币的实践，减少不必要的限制和监管。

（二）建立机制，支持创新商业模式

确立轻资产的理念，改变过度激励投资的政策；打破行政性垄断，消除一些企业宁愿通过"政策寻租"盈利，而不愿意承担创业风险状况；要借鉴世界发达国家的经验，把创新模式视为非技术创新而受到法律保护，享有与知识产权一样的专利权。通过完善知识产权制度，建立符合商业模式创新特点的法律保障体系，使商业模式创新与技术创新结合更加紧密。对重大、关键、示范性的商业模式创新要提供适当的财税政策支持，在已有的支持技术创新的专项资金当中，拿出一定比例用于鼓励商业模式创新，设立支持商业模式创新的专项资金（基金）；将商业模式创新作为高新技术企业或创新型企业试点的重要指标，并享受相应优惠政策等。

（三）加快转型，形成全产业链商业竞争模式

要在吸引欧美新兴产业发展模式优点的基础上，改变技术和市场二头在外的产业发展路径，构建外需和内需相结合的国内外产业分工体系和价值链体系，实现对全产业链和全价值链的控制。一方面，以开放合作的模式充分吸纳外部力量，创造与国内外多方合作伙伴的互促共赢局面，使全产业链全价值链上的各方通过产业的关联效应达到相互配合、相互推

动,从而建立一种远远大于单个企业的竞争优势,从点优势向链优势、群优势发展,实现整个新兴产业的全产业链的资源整合与优势互补。另一方面,要加大对国内终端消费市场的扶持和开发,逐步形成新兴产业在国内市场的盈利模式和价值链体系。

(四) 激活创意,创新文化商业模式

尽快制定实施《江苏省文化产业促进条例》、《江苏省文化创意产业认定办法》等。加大文化创意产品研发投入力度,积极利用丰富的科教资源优势,加强文化科技创新,建立国家级文化与科技融合示范基地,使江苏成为重要的文化创意产业创新中心和应用研发高地。加快建立省、市知识产权服务园区、企业成立知识产权保护协会,实现行业自律。建立健全文化资产评估体系、文化产权交易体系,完善版权交易制度。在资金上,加大文化产业引导基金对原创型文化的支持力度,确保江苏省级文化产业引导资金每年至少有50%用于原创型文化企业。

(五) 促进融合,支撑商业模式创新

人才、技术和资本决定了商业模式创新的成功率。要推动江苏企业商业模式创新,必须要打造与之适应的人才、技术和资本资源条件。在人才资源方面,江苏要大力改善创业环境、降低创业成本、增加创业服务方面,出台更多优惠政策,以培育、吸引、留住更多的人才。在技术能力方面,需要加大高技术的供给水平。要加大投入,大力促进高技术成果的市场化,鼓励各类技术引进、技术转让、技术服务和产学研合作,为商业模式创新提供技术支撑。在资本资源方面,需要加快资本市场建设。资本来源的多样性是提升企业创新能力的重要条件。新的商业模式既要靠企业自主创新,同时又要靠风险投资来发现、发掘和提升。因此,需要加快资本体系构建,尤其是吸引风投机构来江苏发展,形成"人才+资本"、"人脑+电脑"的企业商业模式创新的市场化导入与运行机制。

第二节　苏商商业模式创新企业案例

近年来,随着互联网技术的发展,互联网零售企业作为"战略创新者"不断挑战着传统零售企业的底线。这些挑战者以全新的商业模式深刻地改变着我们的经济生活环境以及消费习惯,利用全新的互联网商业模式使得自己在短时间内成长为行业的有力竞争者。它们的运营方式、经营理念、产品结构、营销模式等都与传统企业有所不同,而它们的迅猛发展又迫使传统企业不得不重新思考自身的商业模式变革。

一、苏宁云商双重商业模式创新

(一) 双重商业模式

为了应对互联网零售企业的围追堵截,传统零售企业不得不从线下走向线上,通过引入新的商业模式来应对挑战,从而获得潜在的增长机会。但是,传统零售企业在转变其商业模式时必然要面临新与旧两种商业模式冲突的问题,如何解决双重商业模式在实施过程中的冲突以及使双重商业模式协同促进企业进一步发展,这是传统零售企业所需解决的重要问题。

双重商业模式是指在同一业务平台上或同一企业内采用两种不同的商业模式。有研究表明,双重商业模式的产生主要是由于全球化扩张、信息技术推动以及创新者挑战,而对于采取双重商业模式的企业而言，失败的首要原因就是冲突，既包括商业模式之间的冲突也包括价值链方面的冲突。

双重商业模式可分为三种不同形式：

一是高端市场与低端市场模式。这种模式下企业可将服务或产品从高端市场拓展到低端市场上经营。但在这种高低端双重商业模式中，品牌冲突与文化冲突时有发生。高端市场中企业注重品质、设计、优质的服务等，而在低端市场中企业注重的是标准化、专业化、低成本。这两种不同的商业模式在企业文化上发生正面冲突，而冲突的发生导致适应了原有模式的员工难以有效实施新的商业模式。另一方面，由于同一品牌下同时经营档次品质不一的产品，因此延伸品牌可能会影响原高端品牌在消费者心目中的形象，出现品牌冲突。

二是实体经营和虚拟经营模式。在虚拟实体双重商业模式实施早期，价格冲突与渠道冲突在所难免。虚拟渠道经营因为没有店面和展示成本，所以企业提供产品或服务成本相对更低。而传统经营模式下的企业经营成本更高，因此常常发生线上线下同品不同价的现象。同时，实施虚拟实体双重商业模式的企业只是以两种不同渠道向消费者提供相同的服务或产品，其目标顾客是一致的，因而导致两种渠道争夺消费者的局面。两种模式之间的冲突引发了企业内的相互竞争。

三是个体和团体模式。在团体个体双重商业模式中，最常发生的是定位冲突与流程冲突。原有的商业模式是企业熟悉且擅长的，经过长年积累具有一定的优势，但新的商业模式通常承载了企业对未来发展的期望，因此两种商业模式之间的战略定位往往存在冲突。同时，在以团体和个体为中心的商业模式中，两种商业模式都是基于同一业务平台展开的。这两种模式在流程上，如设计、生产、销售的组织安排只是两种不同的组合方式，因而针对同一平台的共享性资源会发生流程上的冲突。

（二）苏宁云商双重商业模式创新的途径

苏宁作为中国3C（家电、电脑、通讯）家电连锁零售企业的领先者，是国内第一家IPO上市的家电连锁企业，是传统零售企业转型的领先者。截至2015年，苏宁在大陆地区已进入289个地级以上城市，拥有连锁店1 577家，品牌价值高达1 167.81亿元，位列《中国500最具价值品牌》排行榜第13位。尽管如此，苏宁在面对因互联网技术而发展起来的电子商务时，仍是倍感威胁，被迫进行商业模式的创新。

商业模式的创新可以通过改变商业模式组成要素之间的关系或商业模式构成要素来实现。苏宁在价值主张、供应链和目标顾客三个方面进行商业模式创新。在价值主张方面看，首先通过自建网络平台——苏宁易购的方式是将自己的商品与服务放到网上，延伸自身品牌的价值。在价值链方面，不断改进与供应商的关系，通过开放平台来进行运营整合，改变创造和送达产品价值的方式，从供应链创新的角度来实现商业模式创新。在目标客户方面，运用大数据分析方法进一步确定目标客户、明确目标客户的特定需求，然后有针对性地进行营销和销售，例如将线上线下会员信息整合，根据会员以往的购物清单推测出其购物倾向，定向发送其感兴趣的商品活动信息。通过这一系列措施，最终达到双重商业模式创新的目的。

商业模式要素创新不仅要注重某一个或几个构成要素的创新，而且需要考虑商业模式创新的系统性，实现商业模式整体的创新。所以苏宁在进行商业模式创新实践时，同时也从系统的视角出发，以自身平台为基础，开放物流，并利用云技术对供应链、大数据进行整合，与供应商、中小零售商、员工与消费者等建立起新型的共生关系，打造出一种不同以往的零售生态系统。在这个开放的共生系统内，苏宁和它的商业伙伴能够共同创造价值并分享价值。

还有一种对于企业来说更为实用的商业模式创新途径，就是从价值链的视角来实现创新。一方面可以通过延长或缩短企业价值链，扩大企业与各利益方的关系网络或者减少交易成本；另一方面可以针对价值链上的价值活动进行创新，从而形成其他企业难以模仿的核心竞争能力。苏宁将实体店的作用与物流派送、售前体验、售后保障相结合，不仅提升了线下门店的价值，而且增强了新的商业模式之间的协同效应，在提高企业运营效率的基础上，降低企业的运营成本，增强企业的核心竞争力。

通过对这三种不同的商业模式创新途径的综合使用，苏宁的双重商业模式转型正如火如荼地进行着。一边不放松线下，一边将自己的疆域拓展到线上，虚拟与实体双重商业模式相结合，寻求新的竞争优势来源点。

(三) 苏宁云商双重商业模式转型的实践

表 2-1　苏宁线上线下双重商业模式实施相关事件

时间	事件
2010 年 1 月	苏宁的网上商城——苏宁易购正式上线，提出打造国内第一电子商务网购平台的口号
2012 年 1 月	提出要做中国的“沃尔玛＋亚马逊”的发展目标
2012 年 9 月	收购母婴品牌“红孩子”公司，增强线上力量，加速苏宁易购“去电器化”
2012 年 12 月	苏宁打造的生活广场南京新街口 Expo 超级店正式开业
2013 年春季	苏宁提出要做线上线下的零售服务商，“店商＋电商＋零售服务商”
2013 年 2 月	苏宁电器更名为“苏宁云商”，并进行组织架构调整，打造线上电子商务、线下连锁平台和商品经营三大经营总部，探索线上线下多渠道融合、全品类经营和开放平台服务
2013 年 6 月	实现线上线下同品同价，标志着苏宁线上线下双重模式的全面运行
2013 年 9 月	发布开放平台战略，苏宁云台携首批 300 家商户入驻
2013 年 10 月	投资收购 PPTV 股权，成为 PPTV 第一大股东，线上力量进一步增强
2013 年 11 月	成立“苏宁美国研发中心硅谷研究院”，力求通过技术整合线上线下，提升客户体验感
2013 年 12 月	推出首批互联网门店，并启动大规模门店互联网改造计划
2014 年 1 月	收购满座网，整合为苏宁本地生活事业部，链接人与服务的关键闭环
2014 年 1 月	推出余额理财产品“零钱宝”，于 2014 年 1 月 15 日正式上线
2014 年 2 月	将线上电子商务和线下连锁平台经营部合并为整合线上线下的“运营总部”
2014 年 3 月	成立“苏宁互联”独立公司，标志着集团全面进军移动零售业务
2014 年 8 月	号召发起“百日会战”开启一场苏宁互联网转型的攻坚战，开启大数据下网络营销
2015 年 2 月	全面对标互联网公司，提出“新苏宁新节奏”
2015 年 3 月	鼓励电商下乡，打通农产品进城之路
2015 年 5 月	苏宁将推出超级智能 APP 以及个人信用消费产品“任性付”
2015 年 7 月	南京市政府与苏宁签署战略合作协议加速互联网经济的步伐

资料来源：苏宁官网，www. suning. com。

如表2-1所示，从2010年苏宁易购正式上线开始，苏宁就一直走在行业的前沿，探索线上线下双重商业模式的实施方法与步骤。表2-1中列举了苏宁在线上线下双重商业模式实施过程中的相关事件。苏宁为了谋求线上线下的双线发展，利用信息技术整合线上线下资源，从单渠道电器零售商逐步转变为多渠道多品类零售服务商。

（四）苏宁双重商业模式创新的冲突与协同

苏宁在实施线上线下双重商业模式创新时，在许多环节上都发生了冲突。首先是价格冲突。由于网络虚拟门店不同于线下实体门店需要支付大量租金、税费等成本，因而可以以更低的成本提供产品或服务，因此会形成同样产品线上线下却不同价的尴尬局面，造成“左右手互搏”。其次是渠道冲突。由于苏宁在线上线下两种渠道上向消费者提供的产品或服务大体上是相同的，因此两种模式下的目标顾客重叠，从而导致了两种渠道之间对顾客的争夺，线上销售量提升却导致线下门店销售量下降。这种现象必然不会给苏宁带来新的增长点，只会让苏宁在线上业务未发展成熟的同时逐步失去线下优势。

因此，要想彻底解决传统零售企业线上线下双重商业模式创新实施过程中出现的冲突，就必须对苏宁的整个系统进行改造，将线上线下的资源进行充分融合以达到双线协调发展的目标。通过对苏宁的案例分析发现，苏宁为了解决冲突、整合资源，将原来线上线下分立的资源配置机制逐步转变为线上线下一体。

在组织结构的变革方面。围绕着“云商”模式，苏宁从原有的矩阵式转变为事业群组织，组织结构变得更加专业、垂直、开放、融合、扁平、自主。在大区运营层面，苏宁将原来的“大区—子公司—营运部”管理模式中的子公司与营运部整合为“城市终端”，进一步扁平化管理，强化以大区为单位，针对全品类、全客户群、全平台实施统筹规划运营。在总部管理层面，苏宁推行负责计划管控、标准制定、战略规划、资源协调，包含了市场营销、连锁开发、服务物流、行政人事和财务信息的五大管理总部。同时，在运营层面，他们组建了连锁平台经营总部、电子商务经营总部、商品经营总部三大集群，并下设28个事业部，形成支撑线上线下融合发展和全品类拓展的“平台共享＋垂直协同”这一经营组合。2013年，苏宁再次对运营层面的组织结构做出调整：将连锁平台经营总部（负责线下实体店经营）和电子商务经营总部（负责苏宁易购经营）进行了整合，组成新的大“运营总部”，对实体店、PC电脑、手机和TV等线上、线下的销售实行统一管理，以及资源的彻底融合。

对线下门店进行改造，让实体店与互联网接轨。进行了双重商业模式创新后的苏宁实体店不仅仅是具有销售功能的门店，同时也是一个集展示、体验、物流、市场推广、售后服务、休闲社交为一体的新型门店——云店。店内开通免费WIFI，布设多媒体的电子货架，实行全产品的电子价签，在商品价格变化时实现实时同步更新，并利用物联网、互联网技术来收集以及分析消费者的行为，拉动实体零售企业走进大数据时代。组织架构的变化与线下门店的改造推动苏宁顺利实现“双线同价”的政策，解决了苏宁饱受诟病的线上线下不同价现象。

绩效考核方案的创新。线上销售如果是在门店的辐射半径内，则计入该门店销售业绩；对于将更多非门店出样产品推荐给消费者的门店销售员，产生销售给予奖励。苏宁的新考核方案不再区分线上线下，而是以实体门店的辐射区域为销售业绩计量单位，将苏宁易购与门店的业绩考核合二为一，各地区公司既负责门店运营，也承担易购在本地区的销售业绩，有效解决了线上线下左右手互搏的问题。

在物流方面,苏宁专门开发了商品寻源系统,消费者在苏宁易购下的订单,系统会自动先搜索消费者配送地址附近的苏宁实体店。如果实体店有货,快递人员就会迅速将商品派送到指定地址;如果顾客在门店看中暂时缺货的产品,系统就会将距离门店最近的物流仓库的货物匹配到店,然后顾客可根据需要选择自提或者配送。相对于之前的线上下单、线下提货而言,这种全面消除线上线下壁垒的一体化物流能够为消费者带来更好的体验感。

在仓储方面,转型前苏宁的一个仓库可以供线上线下两个平台使用,但是两个平台的存货却是分别存放的。在推行线上线下同价的双重商业模式之后,所有商品实现了统一管理。这样不仅节约了资源,而且提高了企业的运作效率。由上述可以看出,传统零售企业线上线下双重商业模式的成功实施必须建立在线下线上资源充分融合的基础上。对于零售企业而言,线上线下两种商业模式本就不应该是竞争关系,而应该是互补关系。线上商业模式能够满足消费者随时随地购物的需求,而线下商业模式能够给消费者带去更加真实的体验感,并为线上销售提供售前体验、售后服务等支持,因此线上线下两种商业模式的结合不仅可以帮助传统零售商抵御传统电商的竞争,也为自身发展带来新的价值创造点。

(五)苏宁双重商业模式转型成果

双重商业模式的创新不仅给苏宁带来了新的发展前景,也给苏宁的财务绩效带来阵痛。2012年,苏宁的净利润首次出现下降,比2011年下降了28.08%之多。但这仅仅是个开始,自2013年初更名以来,苏宁的股价经历了一场大震荡,从14.33元的至高点直降到5—6元的低点。股价的大起大落反映出的是投资者对于苏宁未来发展状态的不确定,而投资者的不确定正是由于苏宁在实施双重商业模式过程中不断发生的种种冲突所引发的。尽管苏宁的战略业绩南辕北辙,但董事长张近东却坚信,这些都是转型时期苏宁所必须承受的成长代价,线上线下双重商业模式创新的战略方向没有错。而这一坚持在2014年的财务数据中也得到了证实。在经历了一系列双线资源融合之后,苏宁的业绩有所改善。2014年,苏宁净利润比上一年增长了573.62%,预示着苏宁的转型从弯道进入直道,也表明苏宁为双线融合所做出的努力没有白费。在解决了线下线上冲突的前提下,苏宁借1 600家门店的互联网改造完成了自己独一无二的线上线下全渠道布局,2015年营业额达到了1 357亿元,同比增长了24.56%,预示苏宁慢慢迎来改革的春天(见表2-2)。

表2-2 2008—2015年苏宁营收和净利润情况

年份	营业收入(亿元)	同比变动率(%)	净利润(亿元)	同比变动率(%)
2008	499	24.13	22.6	48.68
2009	583	16.83	29.9	32.30
2010	755	29.50	41.1	37.46
2011	939	24.37	48.9	18.98
2012	984	4.76	25.1	−28.08
2013	1 053	7.05	3.66	−85.54
2014	1 089	3.45	8.67	133.19
2015	1 357	24.56	8.72	0.60

资料来源:苏宁官网,www.suning.com。

虽然已经取得了一些成绩，但苏宁想重回辉煌时刻要克服的困难还有许多。苏宁拥有1 600多家线下门店、18万员工，这些一方面造就了苏宁强大的线下优势，另一方面也给苏宁的O2O转型之路带来不少困难。一直以来，苏宁走的都是连锁经营之路，连锁经营的核心就是标准化经营方式的推广，而互联网企业开放、自由、活力的工作方式与苏宁延续了近20年的事业型经理人的工作方式有很大出入。除了组织结构方面的惯性，员工工作方式以及思维方面的惯性也会成为苏宁向互联网方向发展的障碍。同时由于苏宁自身团队的互联网经验缺乏，这势必会影响苏宁线上线下资源的全面整合。因此，苏宁的未来发展道路上还会面临许多冲突，在解决冲突的过程中，苏宁也会不断地成长。

二、海澜之家“品牌”“平台”的商业模式创新

海澜之家股份有限公司(简称海澜之家)从粗纺起家、精纺发家、服装当家，再到品牌连锁经营，专注于做品牌、做设计、做销售、做物流，而将生产外包，通过整合社会产能资源，打造产业链战略联盟，实现了从传统的生产制造向服务经济、总部经济的转型，走出一条良性发展之路。

(一)“国民男装品牌”精准定位

“海澜之家”，将企业名称、商标名称、产品品牌三位一体，并决定以服装作为品牌的突破口，品牌确立并推广后，再向其他领域多元化扩张。“海澜之家”品牌着眼于大众男装服饰消费领域，具有清晰的品牌定位，将重点目标客户定位于25—45岁的中青年男性。“海澜之家”近几年来通过外包生产制造环节将更多的资金和精力放到品牌管理、产品设计研发、物流和零售等高附加值环节，重点建立并拓展品牌和渠道资源，创造核心竞争力。“海澜之家”品牌荣获“2013年度中国最具影响力和创造力的企业品牌”。2015年胡润研究院发布《2015胡润品牌榜》，海澜之家以110亿元的品牌价值位列2015服装家纺品牌价值榜榜首。公司针对各品牌的形象定位展开品牌宣传，通过电视、电影、户外、杂志、网络形成全方位媒介接触网，诉说品牌故事，彰显品牌文化。公司通过与《奔跑吧兄弟》、《最强大脑》、《了不起的挑战》等系列热门综艺节目深度合作，强化海澜之家国民品牌的身份，吸引更多的年轻族群成为公司品牌的消费群体。

(二)“平台化”创新模式

1. “供应商联营模式”互利共赢

海澜之家通过销售后付款、滞销货品退货及二次采购相结合的模式，将供应商、品牌方的利益紧紧捆绑在一起。公司与供应商之间是“可退货的联营”关系，这就意味着，供应商不再是简单的贴牌加工生产商，为提高动销率和利润率，供应商必须了解市场流行趋势，与品牌方无缝对接，生产适销对路的产品。支撑其与供应商之间紧密合作的背后是利益分享机制。

为确保供应链管理过程的有效运行，公司制定了一系列供应链管理规章制度，主要有供应商选择与评估、供应商生产流程跟踪与管理、供应商设计样稿的选择与修改、产品采购与质检、供应商核算、供应商淘汰制度、物流运输等一系列规章制度。此外，公司与供应商联合开发产品，形成互利共赢的合作伙伴关系：

(1) 与供应商联合开发产品。公司与供应商联合开发产品有利于公司充分利用供应商

的设计资源。公司设计中心坚持以“海澜之家——男人的衣柜”理念为宗旨，以市场为导向，以国际、国内时尚潮流为参考的设计原则，围绕20—45岁中国男士消费者的衣着习惯和审美情趣，通过对第一手销售数据的分析和总结，进行产品规划和设计。设计中心完成产品开发提案之后，将提案与供应商的设计部门充分沟通，利用供应商的设计师进行打样，公司设计中心根据既定产品理念对供应商的样稿进行筛选和修改，并最终确定下一季的产品款式。

(2) 与供应商签订附滞销商品可退货条款的采购合同。公司与供应商签订附滞销商品可退货条款的采购合同，有利于充分利用公司的渠道资源。由于公司控制优质的销售渠道资源和品牌，在零售环节实现高性价比销售，公司产品销售情况良好，在两个适销季后仍滞销的商品数量较小。但为了更充分地利用公司的渠道资源，在公司的门店摆放更多的适销品，减少滞销商品对渠道资源的占用，同时为了让供应商更负责任，更好保障产品品质，公司与供应商签订附滞销商品可退货条款的采购合同，除不合格品和质量有问题的商品可退货外，还约定了一定期限后依然滞销的商品可以退货。

(3) 与供应商共同发展。公司与供应商有机结合为利益共同体，各司其职、各获其利、共同发展。在公司采购模式下，供应商提供高品质产品，保障品牌美誉度并做好商品的供应链管理和销售管理，产品畅销则公司和供应商均能获利，产品滞销则公司和供应商均有损失，公司将自身的利益与供应商的利益有机结合在一起，双方各司其职、各获其利、共同发展。

2.“所有权与经营权相分离的合作模式”加速扩张

在销售环节，海澜之家采取“所有权与经营权相分离”的合作模式。加盟商承担门店的租金、装修、水电物业、员工薪酬等费用，拥有门店所有权，但不参与门店的经营管理。海澜之家考察店面位置，评估未来收益，决定是否布点，并拥有门店经营权，实际控制销售渠道。3 000多家加盟店，所有门店统一形象策划、统一供货渠道、统一指导价格、统一业务模式、统一服务规范，既“连”住了形象，又“锁”住了管理。与加盟商之间的销售结算采用委托代销模式，加盟商不承担存货滞销风险，并根据协议约定结算营业收入。

(1) 加盟店的拓展。公司对门店的地理位置有非常高的要求，客流量是门店选择的最重要指标，公司要求门店必须是所在城市最主要商圈的门面店铺，必须是“黄金地段、钻石店铺”。公司的门店拓展和管理由市场部负责，拓展部采取“主动出击、自上而下”的门店筛选模式。拓展部每年根据公司的业务发展计划制定年度开店目标，通过“城市—商圈—店铺”的层层筛选，找到合格的店铺，同时积极发展当地有实力的私营业主成为加盟商。

(2) 加盟店运营管理。公司制定了门店日常管理制度、发货、结算及存货管理制度、顾客沟通与服务管理办法等门店标准化管理制度，公司所有门店均严格执行。加盟店管理人员、营业人员的薪资(包括奖金)标准由公司制定，所有薪资等费用均由加盟商承担。由于员工收入在公司控制中，加盟商只负责承担相应费用，公司可以有效控制所有加盟店的经营活动。

(3) 加盟店销售信息管理。公司的DRP系统与门店的POS系统相关联，能够对门店的入库、出库情况进行管理，门店所有销售信息均可于售后第二天在公司进行汇总分析。加盟商可以随时到门店查阅商品销售情况。除电子销售清单外，加盟店每个月定期向公司提供书面代销清单，公司核对无误后，根据收到的加盟店代销清单确认其销售收入。

(4)“千店一面”服务创新。“千店一面”的内涵是管理的标准化，从形象设计到货品陈列再到服务行为，公司制定了多项标准来规范各门店的管理，同时纳入员工的绩效考核当中。为确保实现“千店一面”的目标，公司专门设置门店督查部，对所有门店进行不定期巡查，检查门店服务规范等各项规章制度的执行情况。公司对门店督查部反馈的问题进行分析，下达至各营业部长进行处理和跟踪，实现顾客满意。

3. “轻资产运作模式”专注管理

为发展新兴服装业态，海澜之家开启“轻资产运作模式”，把研发和销售留下来，把生产和加工转出去。与此相适应，一方面精心打造利益共同体，另一方面着力提升运营效率，增强核心竞争力。在管理机制上，推行标准化管理，实行“四化方针”，即管理制度化、操作流程化、监督跟踪化、考核数据化。在工作流程上，除研发中心和物流中心外，还设立拓展、质控、调配、品牌管理等部门，围绕新型商业模式，分工协作、形成合力。在服务机制上，发挥“总部经济”优势，尽心尽职为产业链上、下游提供全流程服务；集合供应商需求，凭借规模优势，降低采购成本；建立店长制度和巡店员队伍，帮助提升门店经营管理水平等。

(1) 研发中心。海澜之家十分重视产品研发，通过不断推出新品，引导和满足市场需求。建立总部和供应商联合开发模式，总部研发中心上百名设计人员作为“中央军”，重在宏观设计，每年参加米兰、巴黎等国际服装发布会和国内外各种展销会，借助海量数据分析，提出产品设计理念。供应商上千人的设计队伍作为“地方军”，重在微观设计，按照总部研发中心要求，展示生动鲜活的创意。宏观对接微观，再从中海选、修改、招标，最后是市场说话。这一研发模式，既体现了总部对产品设计的主导权，又发挥了供应商的主观能动性。公司通过包括流行趋势研究中心、工程技术研究中心、质量检测中心等六大设计研发中心的建设，为设计师提供更好的操作实践场所，提高设计中心的开发提案能力。公司把产品创新作为重头，以科技引领时尚，积极开发、引进、运用新技术，研发出了一系列创新产品。

(2) 物流中心。与大多数服装企业采取区域性库房仓储和代理销售不同，海澜之家采取“供应商—总部—门店”的扁平化集中配送模式。公司与国内大型物流企业建立起战略合作关系，来自全国300多家供应商的成千上万种商品都汇聚到海澜之家总部物流园，再从这里配送到全国各家门店。从总部到门店，“门对门，点对点”，不仅能让公司指令快速准确下达至各门店，也有利于及时掌握货品资源分布情况，进行科学统筹调配，既保证了高效畅通，又有效控制了产品成本。扁平化模式既能有效降低仓储、人力成本，也能较好控制运费。集约配送的方式要求企业具备一定的存储能力，海澜之家投资5亿元建造智能高架立体仓储系统，采用业内先进的SAP信息管理系统，高位库中任何一件货品，从查询、定位、出库、进入物流程序，只需30秒，实现“零差错”，完成了从“人找货”到“货找人”的转变。借助SAP，可以准确掌握仓储、配送、销售等各个环节的情况，实现全流程跟踪，有利于总部对全国市场全盘掌控，及时反应。系统还定期对各个门店的销售情况进行分析总结，将结果反馈给设计部门，为科学研判服装流行趋势提供依据。

(三)“信息化”助推发展

在海澜之家的SAP项目中，系统实施涉及到零售管理、商品计划、物流仓储、财务管理、人事管理、数据分析等各个环节，支撑着海澜总部与零售店以及供应商之间的信息共享、协作配合。企业所有的资源,通过 SAP 系统紧密地结合起来,达到资源利用的协调。有效降低决策的不确定性和控制风险,支持组织和管理模式的变革,为企业在转型时期提供有力保障。

1. 支撑品牌快速扩张

(1) 固化标准。通过信息系统固化标准,就能复制不走样。通过将市场信息、门店管理、物流仓储、产品设计、成品生产等品牌连锁运作全业务流程进行标准化,并且固化进了信息化连锁 DRP、SAP 系统中,门店开到哪里,业务系统就部署到哪里,保证了任何一家销售门店都能以相同的规范进行运作。

(2) 锁住终端。通过信息系统锁住终端,进行连锁化运营。通过品牌服装分销系统将总部与品牌专卖店有机地联系在一起,借助互联网的延伸性及便利性,使商务过程不再受时间、地点和人员的限制,所有门店的销售、库存、资金等信息都能在第一时间汇总到总部,保证品牌运作全流程都在集团的掌握之中。

(3) 助力品牌。依托信息化平台固化的卖场管理和分销系统具有高度的通用性,只需针对各品牌的服务人群与分销特点进行个性化定制,就能应用于其他品牌的管理。集团快速打造了面向年轻时尚人群的连锁品牌"爱居兔",创造了品牌创建 4 个月开设 100 多家门店的纪录。信息化使各个品牌的扩张都享受到"海澜之家"品牌经营过程中形成的通用标准和宝贵经验。

2. 实现产业链掌控

通过信息化将合同订单、物料采购、生产协调、仓储物流等各个生产经营阶段有机整合,通过市场、物品、资金、人员等信息在全集团的及时共享,有效确保各单位在各阶段全面了解整体工作进展,并确定本单位本阶段的任务、权责、重点、要求,形成一体化的管理流程,始终保持主动,做出最优决策。

3. 信息化实现产业链主导权

通过涵盖供应商和加盟门店的大信息平台,充分发挥信息化桥梁和纽带的作用,将采购生产、物流配送、出入仓储、门店销售、财务结算、供应商、客户等各个在物理、功能上分散的业务单位有机整合起来,形成一套紧密联系的整体。特别是供应商与加盟商的结算达到了很高的标准,全国 3 000 余家加盟店每天进行资金结算,每个供货商只要达到结算额度就能立刻进行结算,充分保证了供货商和加盟门店的利益。

随着经济的迅猛发展和互联网的普及,国内传统零售企业仅仅在实体店通过销售产品与顾客接触的这种商业模式受到了极大的冲击,消费者消费行为的变化使传统零售企业的商业模式弊端日益显露,传统零售企业商业模式创新迫不及待。本书选取苏宁云商和海澜之家为案例,通过比较分析这两家公司的转型措施。希望苏宁和海澜之家的成功经验可以给苏商创新商业模式提供借鉴。

第三章　苏商转型升级案例研究

2015 年是我国全面深化改革的关键之年，也是企业加快转型升级适应新常态的关键之年。经济新常态阶段，中国经济发展的重要内容就是要调整产业结构、促进产业转型升级，构建现代产业体系，增强经济可持续发展的动力和产业支撑。为此，传统企业要结合互联网、大数据、智能化，积极推进企业转型升级，使企业竞争力更强、效率更高、质量更好。

第一节　苏商转型升级基本概况

一、转型升级的内涵

转型升级包括三个层面的内容：一是经济的转型升级，二是产业的转型升级，三是企业自身的转型升级，三者之间既相互促进又相互制约。经济转型升级包括不同产业结构的优化，区域、城乡经济的平衡发展、集约化发展方式等方面的内容，是产业转型升级和企业转型升级结果的集中体现；产业转型升级是在充分发挥企业主动性的基础上，通过整合业内资源，吸引新增资源，吸纳其他产业转移的资源，提高行业的整体竞争力，从而实现产业自身的发展，产业转型升级对经济转型升级起促进作用；企业是产业的组成单元，宏观上的产业升级和转型只有通过微观的、具体的企业升级和转型才得以实现，企业自然是转型升级的主体，即企业转型升级是产业转型升级落地开花的终极途径。

经济转型是发展模式转变问题，其实质在于转变经济发展方式，提高经济发展质量，即：通过科技进步和创新，在优化结构、提高效益和降低能耗、保护环境的基础上，实现速度质量效益相协调、投资消费出口相协调、人口资源环境相协调、经济发展和社会发展相协调的又好又快发展。产业转型升级的路径主要有两条，即产业间转型升级和产业内转型升级。产业间转型升级主要是指从第一产业为主向第二、三产业为主转变，或者是从劳动密集型为主的产业转向资本、技术密集型为主的产业。产业内转型升级主要指在同一产业内部实现工艺（技术）升级、产品升级、功能升级和价值链升级。企业的转型升级是转型升级的终极途径，在不同的时代背景下有不同的内在要求，在经济新常态下，企业的转型升级要超越线性思维，用网络化的思维，把更多的资源、智慧融合起来，为转型升级服务。企业的发展战略也要相应进行调整，包括从“低成本战略”向“差异化战略”转型，从“跳跃式战略”向“可持续发展战略”转型，从“多元化经营”向“归核化经营”转型，从 OEM 向 ODM 转型，OEM 向 OBM 转型，从“中国制造”向“中国智造”进行转型。

转型升级具体来讲，包括工业企业转型升级、农业企业转型升级和服务业企业转型升级。工业企业转型是指通过技术创新实现由传统工业企业向新型工业化企业转变，由无竞争优势或者竞争优势减弱产业向竞争优势明显或者竞争优势增强产业转变，实质上是包括主导产业更替在内的工业企业结构优化及其空间布局重组的动态过程。农业的转型升级应是传统农业向现代农业的转型,而现代农业是以现代科学技术为基础、以现代工业提供的要素装备和科学管理方法为保障进行的社会化农业生产,是集高效率、高效益以及高科技为一体的科技高密集型农业。服务业的转型升级既包括对传统服务业的改造升级,也包括重点发展软件服务、文化创意、现代物流、互联网金融等领域的现代服务业,打造服务业国际化、高端化、规模化水平,构建服务经济的体系结构。

二、苏商转型升级现状与特征

江苏省地处丝绸之路经济带、长江经济带和21世纪海上丝绸之路"两带一路"的结合部,是经济、科技发达,开放型经济水平高的省份。2015年江苏省常住人口7 976.30万人,占全国的5.80%;GDP为70 116.38亿元,同比增长8.5%,占全国的10.3%,其中第一产业生产总值为3 986.05亿元,同比增长3.2%,占全国6.55%;第二产业生产总值为32 044.45亿元,同比增长8.4%,占全国总量比重为11.42%;第三产业生产总值为34 085.88亿元,同比增长9.3%,占全国9.91%。2015年,江苏省科技机构数达23 101个,同比增长5.8%,科技活动人员数达111.99万人,研究与发展经费支出占地区生产产总值比重达2.57%;研究与发展课题数为122 629项,同比增长3.51%;大中型工业企业专利申请数达55 022件。2015年,江苏省制造业总量继续保持全国第一,服务业快马加鞭,占全省GDP比重48.61%,超过制造业,成为主力军。

(一)苏商工业转型升级现状与特征

2015年,江苏省工业转型升级明显。全年规模以上工业增加值比上年增长8.3%。其中,国有控股工业增加值3 796.6亿元,增长2.1%;股份制企业增加值19 674.4亿元,增长10%;外商港澳台投资企业增加值11 950.3亿元,增长6%;民营工业增加值18 199.8亿元,增长10.9%。预计高新技术产业实现产值6.13万亿元,增长7.6%,增速高于规模以上工业1.4个百分点,占规模以上工业总产值的比重达40.1%,同比提高0.6个百分点。列入统计的40个工业大类行业中有31个行业产值较上年有不同程度增长,其中新兴产业增长较快,医药制造业增长14.5%,仪器仪表制造业增长8.2%,汽车制造业增长9.6%,通用设备制造业增长6.2%,专用设备制造业增长6%。全年规模以上工业企业产销率达98.1%。列入统计的474种工业产品中,有261种产品产量比上年实现增长。企业运行质量效益提升。2015年,江苏省规模以上工业企业实现主营业务收入14.8万亿元、利润总额9 617.1亿元,比上年分别增长4.8%、9.1%;总资产贡献率为16.8%,主营业务收入利润率为6.5%。

江苏省工业正处于高级化不断提升的加速调整转型期,高级化、信息化、生态化正成为工业转型的主要趋势。从空间上看,苏北工业转型速度快但高级化、专业化、空间集聚程度低,而苏南地区则相反;苏北沿海地区以资源密集型工业为主要转型方向,苏南、苏中及苏北腹地以资本技术密集型工业为主要转型方向;工业空间集聚形成了苏州—无锡、南京、徐州三个工业集聚高地,显示出江苏省推进苏锡常、南京、徐州三大都市圈建设的正确性和合理性,也表明不同发展水平的地区工业转型起点、速度、方向及空间集聚程度各异,工业转型模式也各具特色,对全国各地因地制宜推进工业转型具有重要借鉴。江苏工业转型升级主要表现出以下几个方面的特征：

1. 新一代信息技术与工业融合发展迈上新台阶

江苏省两化融合发展总指数达 92.17，居全国首位，两化融合百强企业水平位列全国第一。22.3%的企业两化融合具有较高水平，进入了集成提升和创新突破发展阶段，比其他阶段企业经济效益高出 6.9%。信息技术全面渗透到工业企业的研发设计、生产制造、生产管理、市场营销、财务管理、经营决策等各个业务环节，企业数字化研发设计工具普及率达到 61.4%，关键工序数控化率为 30%。通过两化融合管理体系评定企业数量位于全国首位，企业业务流程优化和组织结构不断优化，推动了我国工业企业经营管理现代化进程，带动了我国企业劳动生产率和管理精益化水平的双提升。全省 126 家超百亿工业企业中，开展多元化经营的集团企业，普遍利用信息技术进行集中管控，开展产业链上下游资源整合。省市县联动，全省已创建星级数字企业 1.3 万家。

2. 智能化整体水平不断提升

启动实施大中型企业智慧化推进工程，实现大中型企业电子商务应用全覆盖和智能化装备技术改造大提升，信息技术逐步融入工业研发设计、产品装备、生产管理和市场服务，基础设施及产业支撑水平不断提升，形成一批面向机械、纺织、物流、化工等重点行业的仓储物流、设备远程监控、自动化生产线等系列成套装备和整体解决方案。产品信息技术含量不断提升，重点装备自主创新能力日渐增强，以新型传感器、智能控制系统、工业机器人、自动化成套生产线为代表的智能制造装备产业体系初步形成，全省规模以上企业成套设备信息化率、整机产品信息化率近三年年均提高 3 个百分点以上。智能装备在重点行业开始广泛普及，全省企业生产设备数字化率达到 32%，大型企业超过 50%。机械、纺织、电子等行业生产设备和重大技术装备的数字化、智能化、网络化改造步伐加快，石化、医药、建材等行业过程控制和制造执行系统全面普及，大幅提高了精准制造、敏捷制造能力。江苏少数龙头企业已经开展了以智能工厂为目标的技术改造和重大项目。

3. 信息化和网络化环境下新业态、新模式不断涌现

工程机械、设备制造等行业服务型制造转型加速，远程诊断、产品全生命周期服务、融资租赁等业务日益成为企业利润的重要来源。纺织、轻工等行业龙头企业正在深化信息技术和互联网创新应用，形成大规模个性化定制、网络化协同制造、开放创新空间等新型生产方式。全省互联网信息服务、数字内容服务、移动互联网应用、互联网金融服务等新业态新模式层出不穷。千米网、太湖云计算、四海商舟、香传电商等专注于提供垂直行业、传统行业两化融合服务解决方案，大大降低了企业信息化建设费用和进入门槛。2014 年全省电子商务交易额 1.3 万亿元，其中 B2B 电子商务交易额达 9 200 亿元，苏宁易购、中国制造网等企业已列入国家电子商务示范，重点行业电子商务平台已初具规模。

4. 信息网络基础设施和信息技术产业基础支撑能力显著增强

积极实施“宽带江苏”、“无线江苏”、“高清江苏”工程，全省光纤网、移动通信网和无线局域网进一步部署和优化，全省光纤到户覆盖家庭达 1 984 万户，居全国第 2 位，TD-LTE 基站建成站点超过 6 万个，在全国率先建成开通了南京互联网骨干直联点，省辖市城区主要公共区域免费 WiFi 全覆盖。全省信息通信技术产业正处于从跟随到并肩乃至局部跨越的关键时期，集成电路封装技术水平国际领先，下一代互联网、未来网络、北斗导航核心芯片和设

备的研发取得明显进展，2014 年，全省物联网实现业务收入 2 810 亿元，增长 38%；云计算产业实现业务收入 1 200 亿元，同比增长 69%；软件业务收入突破 6 173 亿元，嵌入式软件近 2 239 亿元，均居全国第一。

(二) 苏商服务业转型升级现状和特点

2015 年，江苏省全年服务业增加值增速达 9.3%，比 GDP 增速高 0.8 个百分点；占 GDP 比重达 48.6%，比上年提高 1.6 个百分点。江苏省规模以上服务业单位实现营业收入 9 867.1 亿元，比上年增长 12.4%，增速比上年同期提高 0.4 个百分点；营业利润 995.5 亿元，增长 16.3%。公路客货运周转量增长 3.6%，铁路客货运周转量增长 0.4%，民航旅客吞吐量、货物吞吐量分别增长 15.5%、4.4%，规模以上港口货物吞吐量增长 3.6%。现代服务业加快发展。全年金融业增加值增长 15.7%，互联网和相关服务业营业收入增长 61.9%，邮政业营业收入增长 27.9%，快递业务量、营业收入分别增长 56%和 48.2%，科技服务业营业收入同比增长 14.1%。

"十八届三中全会"提出打造战略性新兴产业，推动服务业特别是现代服务业发展壮大，着力解决制约经济持续健康发展的重大结构性问题。江苏推动转型升级和实现"两个率先"，加快现代服务业发展迎来了新的历史机遇。"十二五"期间，江苏在坚持发展现代服务业的同时，全面提升传统服务业。2013 年省政府出台文件《江苏省现代服务业"十百千"行动计划》，重点发展软件服务、文化创意、现代物流、互联网金融等领域。该行动计划明确提出打造服务业国际化、高端化、规模化水平，构建服务经济的体系结构。全省上下狠抓政策落实，2014 年生产性服务业在整个服务业的比重超过 60%。各地在实践过程中形成了地方特色，南京的软件服务业和无锡的文化创意产业已经形成品牌效应。同时，不断提高服务业的对外开放水平，离岸外包金额等相关指标稳居全国第一。

在江苏现代服务业发展取得一定成绩的同时，也应看到服务业增加值所占 GDP 比重仍然偏低，在江苏、浙江、上海、山东、广东沿海发达省市中居第四位。龙头企业和领军企业数量偏少、综合竞争力亟待提高，知识产权保护体系需要尽快健全。"十三五"及以后很长一段时间，江苏现代服务业的发展会面临很大的发展机遇。

(三) 苏商农业转型升级现状和特点

江苏省是我国东部沿海地区经济发达的省份之一，也是我国农业现代化转型的先行区。2015 年江苏省农业在 GDP 中占比为 5.7%。截至 2014 年，省内国家级农业产业化示范基地 13 家，位居全国首位；新型农业经营主体适度规模经营比重达 45%、农业信息化覆盖率达 55%，均位居全国前列。2015 年全年粮食总产量达 3 561.3 万吨，比上年增加 70.7 万吨，增长 2%，实现总产"十二连增"。其中，夏粮产量 1 271.7 万吨，增长 1.4%；秋粮产量 2 289.7 万吨，增长 2.4%；油料产量 143.1 万吨，下降 2.4%。畜牧业生产基本平稳，全年累计出栏生猪 2 978.3 万头，下降 3.1%；年末生猪存栏 1 780.3 万头，下降 1.1%；家禽累计出栏 7.4 亿只，下降 2.9%；年末家禽存栏 3.1 亿只，下降 3.7%；禽蛋产量 196.2 万吨，增长 0.8%。水产品总产量达 531.1 万吨，比上年增长 2.4%。

由于自然环境、区位条件、经济基础等因素的影响，江苏省农业经济发展具有显著的区域差异，呈现出由苏中、苏南向苏北地区移动的基本态势。具体来说，2000—2008 年，农业增长热点区主要分布江苏中部里下河地区南部和镇江和宁镇东部地区，自北向南包括兴化、泰州、泰兴、常州等地，自西向东包括句容、镇江、扬中、如皋等地。另外在苏北徐淮地区也有零星分布。而2008—2014年，热点区的范围有所缩小，且主要集中在苏北的淮(安)宿(迁)地区，包括泗阳、灌南、涟水、淮安、洪泽等地，以及苏北东北部的连云港地区。此外，次热点区的范围有所增大，邳州、东海、灌云、响水、盱眙、金湖等县(市)由原来的次冷点区演化为次热点区，苏北逐渐成为增长高值集聚区。苏北地区是江苏省的传统农区，耕地保有量占全省耕地面积一半，地势平坦，土地肥沃，水系健全，具有发展农业产业化和特色高效农业的比较优势。随着产业结构的升级优化和生产技术的逐步提高，苏北地区的高效设施农业的推广速度加快，农机化水平不断提升，农业产业化进程加快，使得农业综合生产能力和生产效益得到显著提高；加上农地流转体制创新，农业规模化经营不断推进，农业经济转型升级的步伐逐渐加快。对比来看，2008—2014年，整个苏南以及苏中的大部分地区的全要素生产率开始逐渐下降，普遍转换为全要素生产率增长的次冷点区。常州、丹阳、江阴、张家港、靖江等县(市)逐步由热点区、次热点区转变为次冷点区。这些地区大多为经济较为发达的县(市)，也是我国乡村城镇化和农村工业化的先行区，“以工补农、以工建农”为核心的“苏南模式”，农村工业化促进了乡村经济的快速发展，但随着时间推移，乡村工业化带来的耕地资源日趋减少、农业产业地位下降等，限制了苏南地区农业生产效率的进一步提高。

三、苏商转型升级的战略选择

“十三五”时期是工业化、信息化、城镇化、市场化、国际化深入发展的重要时期，是改革创新发展的重要窗口期，更是引领江苏经济发展方式成功转变的机遇期。经济新常态下，江苏省面临着来自国际和国内竞争的双重压力，需要着眼塑造企业竞争新优势，固本培元，化挑战为机遇，抢占新一轮竞争制高点，促进广大制造业企业向智能制造方向转型发展，完善现代服务业体系，转变农业发展方式，加快农业现代化步伐。

(一) 以创新驱动转型升级发展

为推动经济转型升级，江苏提出“聚力创新”，即把发展的基点更加牢固地锁定在创新上。省委书记李强在省党代会上说，江苏能否冲出转型的关口，在新一轮竞争中赢得优势，根本上取决于发展动力转换的速度，取决于创新能否成为驱动发展的主动力。因此，“新常态下，推动经济发展迈上新台阶，关键是突出创新驱动发展这个核心，扎扎实实地将转型升级落实在创新创业突破上和企业产业发展上。创新，需要管理、市场、商业模式的推陈出新，要主动谋划和思考目标取向、理念思路、举措部署，充分发挥企业创新的主体作用，积极引导和支持创新要素向企业集聚，促进科技成果向现实生产力转化。一是科技创新。高度重视传统产业的科技创新与改造，加快构建“企业主体、市场导向、产学研联、政府扶持”的区域科技创新体系，适时考虑在区内建立生产力促进中心。二是供应链创新。在当前高成本形势下，继续发挥路桥产业具有良好的产业协作配套体系这一优势，要特别重视和加强配套协作过程中的产业供应链管理，积极寻求供应链变革与再造，减少经营成本。三是营销创新。积极运用网络等新型的销售渠道，通过网上下单、就近配送、就近安装等方式，努力缩短销售渠道，降低营销费用，增强竞争能力。

(二) 以“高新技术”引领产业转型发展

要遵循科技服务业发展规律，将政府推动、市场拉动、行业互动相结合，做强科技服务业主体，培育科技服务业新型业态，加强科技服务业技术创新，促进集聚发展，全面提升科技服务业对创新驱动发展的支撑作用，为打造具有全球影响力的产业创新高地提供支撑；培育新型研发组织、研发服务外包和研发中介新业态，逐步推行市场化运作，支持研发服务骨干机构开展一站式集成化服务，打造研发集团；支持大中型企业研发机构独立运行并向社会开放服务，支持产业技术研究院加强面向中小企业的研发服务，打造区域性服务基地；建设重点实验室等基础研究基地，发展一批以大科学装置为核心的科研中心，为研发服务业的持续发展提供支撑；引导服务机构围绕知识产权拓展业务范围、开发服务产品，提供全链条服务，建设知识产权公共服务平台，涵盖知识产权信息传播和利用、成果展示、确权受理、审查和交易等内容，构建便捷高效的知识产权公共服务体系；发展知识产权服务新业态，扶持服务机构开展知识产权运营、托管、质押融资、保险等新型业务。结合江苏省科技服务业发展现状和面临的问题，灵活选择各种有利于高新技术业发展的举措，促进科技服务业发展，助推经济转型升级。

(三) 以金融支持转型升级发展

金融作为经济发展的核心对产业转型升级起着重要的支撑作用。产业转型升级是各种要素资源在不同领域的有序转移与流动并实现优化配置的过程。产业升级的内部结构调整、资源再配置的存量调整与增量调整等，都离不开金融中介与金融市场的支持与推动。在经济发展进入新常态背景下，金融是制造业转型升级的重要支撑。金融发展通过资本的持续积累和技术的突破创新两条主线，对制造业规模扩张、结构优化和技术进步产生影响，从而推动产业转型升级。针对科技型中小微企业创新发展的风险，通过政府财政资金撬动第三方金融机构，强化以“首投”、“首贷”、“首保”为重点的科技金融服务体系建设。完善科技风险资金对初创期企业的支持机制，促进天使投资与孵化器结合；支持小微科技企业的首次贷款，完善风险补偿机制，放大科技风险补偿资金，充实科技企业库；开展江苏省科技保险风险补偿试点，解决科技型中小微企业创新产品的质量险和责任险问题。

(四) 以优化服务体系培育转型升级发展

牢固树立“善待企业”意识，各职能部门相互配合，实实在在为企业办事。对转型试点企业在办证办事、政策适用及资源投放等方面给予优先考虑。职能管理部门要对试点单位涉及产业结构调整的项目给予优先优办，最大限度地提供便利。同时，将上级扶助专项资金优先考虑试点行业和试点单位。继续开展“两年”活动，建立以各类中小企业为对象的多层次、多渠道、多功能、全方位的社会化服务网络。成立中小企业信用担保机构和中小企业技术开发风险基金，解决中小企业贷款难和新产品开发风险大等问题。另外，通过鼓励设计服务外包等方式积极培育设计服务市场，切实推动设计服务与制造业深度融合，促进工业设计理念从产品性能研发、外观设计向市场推广的全面延伸。同时，支持设计企业提高国际化运营能力和品牌影响力，并积极引进国外设计服务机构，加强国际合作，在信息技术和产业跨界融合的驱动下，推动工业设计向高端和高附加值方向发展。

(五) 以智能化、绿色化打造工业转型发展

江苏省大中型企业两化融合综合集成应用基本普及，两化融合管理体系贯标试点企业数量达到800家，创建200个“智能车间”。全省新增使用工业机器人1万台，重点行业机器人密度达到国际先进水平，规模以上工业企业全员劳动生产率年均提高10%以上，力争成

为全国智能制造创新发展的先行区和示范区。另外,高效节能技术与装备使用率由目前不足15%提高到50%左右,实现年节能能力200万吨标准煤,单位工业增加值能耗明显降低,全省规模以上工业企业单位增加值能耗比2014年降低12%以上;主要污染物排放大幅削减,节能、节水、环境标志产品大幅增加。

为此,要发展智能制造装备和产品,推动数控技术和智能技术在重点产品的渗透融合,推动产品数字化、智能化、网络化,提高产品信息技术含量和附加值,推动工业产品向价值链高端跨越;推动传统装备智能化改造和升级,围绕量大面广中小企业核心装备、关键工序智能化改造的共性问题,指导推动分行业制定传统装备智能化改造路线图;构建智能制造产业生态,鼓励各园区、制造企业、信息技术服务企业、电信运营商等合作,构建面向智能生产线、智能车间、智能工厂低时延、高可靠的工业互联网试验床,为基础研究、技术创新、应用创新提供验证服务;推动制造业服务化转型,鼓励企业利用互联网采集并分析产品运行的海量数据,发展面向用户需求的产品监测追溯、故障预警、远程诊断维护、远程过程优化等在线服务新模式。

(六)以科技创新推动现代农业发展

要充分重视科技进步对农业转型升级的重要作用,加快提升技术进步效率,降低因农业科技进步缓慢给农业全要素生产率增长带来的消极影响,不断加大农业科技研发和推广力度,积极推进农艺科技、服务体系、经营体制、产业体系、投入机制五大创新。其次,不断提高农业生产要素配置效率,充分发挥市场在要素配置中的决定作用,加快农地流转体制改革,推进多种形式的适度规模经营,优化配置农业资本,不断推进产业结构优化调整。最后,充分发挥产业政策对加快农业转型发展的引导作用,根据不同区域农业生产率的差异,明确目标定位并制定差别化的发展策略,坚持以体制机制创新推动现代农业发展,因地制宜、统筹协调、合理安排、积极引导,不断探索具有地区特色的农业现代化发展道路。深入实施农业现代化工程,加快转变农业发展方式,推动粮经饲统筹、农林牧渔结合、种养加一体、一二三产业融合发展,走产出高效、产品安全、资源节约、环境友好的农业现代化道路,力争在全国率先实现农业现代化。

具体措施包括加快培育新型农业经营主体,重点培育家庭农场;扶持发展一批自主创新能力强、处于行业领先地位的骨干农业龙头企业;构建现代农业产业体系,形成具备江苏特点的现代农业产业体系,发展优质粮油业,发展设施园艺业,发展规模畜牧业,发展特色水产业;推进农村一二三产业融合发展,延伸农业产业链;建设农业可持续发展试验示范区,转变农业生产方式和资源利用方式;强化农业发展支撑保障,提高农业物质装备和技术水平,健全农业社会化服务体系。

(七)积极促进产业结构升级

调整产业结构是实现企业转型升级的重要内容。要明确产业升级方向,加快产业转型升级速度,对第一、第二产业的资源予以合理整合,有次序地向第三产业转型升级。一是要发展和培育一批基础产业和新兴产业。继续做大做强五大主导产业,大力发展装备制造业;加快发展高新技术产业,探索发展总部经济、楼宇经济、虚拟经营。二是改造和提升一批传统优势产业。加快商贸、金融、物流、会展等四个中心建设,把发展现代服务业作为产业结构调整的战略重点,用现代服务业提升制造业,形成工贸互动的良好局面。以"万元田"建设为重点。三是扶持和壮大一批重点企业。鼓励企业通过走产品经营、资本经营、品牌经营相结合的道路，重点扶持吉利、吉奥、巨科等排头兵企业，加快培育“专精特新”的“小巨人”企业，打造一批拥有自主知识产权和自主品牌的创新型企业。

第二节 苏商转型升级企业案例

一、今创集团转型升级之路

今创集团是苏南地区近十年迅速发展起来的一家大中型民营企业，其发展轨迹经历了以下3个阶段：生存期(1988—2004年前后)，逐步在本土成熟市场取得成功；快速发展期(2004—2012年)，紧扣国家战略发展规划，抓住机遇，在国内新兴市场——高铁项目上取得长足进步，成为国内该领域的一流制造商，并将触角伸向国外成熟市场，提升知名度；品牌创立、持续发展期(2013年之后)。从制造商向品牌拥有者转型，逐渐从制造业务向产品设计、品牌营销和客户服务等其它业务转移。

今创模式是一种由单一零部件产品制造商向整套产品集成制造商转变的典型模式。先在制品种类上横向铺开，成为关联产品的集成制造商，满足顾客的“一揽子采购”需求，以规模化、多品种、个性化高效集成制造能力取胜。剖析今创集团转型升级所采取的行为举措，主要呈现产品、市场、技术与品质、服务、创新5个维度。

(1) 在产品领域不断拓展、迁沿。产品领域由普通列车系列转为高速动车、城市轨道交通车辆等系列，并正向新能源、新材料、航空设备、汽车配件方向拓展；品种迅速扩张，由最初的客车衣帽挂钩、灯罩和电路开关等产品，到如今的全套车内饰装备系列，共包括电源电气控制、门机构系列、司机室操纵台、车载视频及旅客信息系统、站台屏蔽门等10多个系列、1 000余种产品。

(2) 市场由客户较单一的普车、高铁等铁路市场，逐渐向客户多元化的轻轨市场拓展，由国内向英法德比西意日新等境外市场拓展，占有国内铁路客车及轨道交通车辆配件的30%以上、地铁轻轨产品70%的市场份额，先后成功中标英国伦敦地铁内装项目及英、法、比、西班牙、意大利和中国香港等10多个项目。

(3) 不断提升技术和品质，广泛采用国际标准，跻身全球供应链。利用与国外客户合作的机会，提升制造技术、生产能力及产品和服务品质等级，采用DIN、NFF、EN、ISO等多项国际产品标准；通过ISO9001、IRIS(国际铁路行业标准)、ISO14001、安全生产标准等多项国际国内标准体系认证，成为德国庞巴迪、德国西门子、法国阿尔斯通、日本川崎等国际著名公司的优秀供应商。

(4) 服务业务不断扩大、档次不断提升。具体包括：① 在国外客户需求的驱动下，服务业务范围从免费的基础“三包”服务扩大到“一站式”专业增值服务，包括前期的安装服务、使用中的维修更新清洁服务、使用后的处置服务等。“产品+服务”组合使得今创具备了差异化竞争力，成为市场宠儿；② 服务技术和所创价值不断提升。今创洞察到服务“软件化”、信息和知识将决定服务价值的高低，于是合作研发和制造了防灾安全监控系统等轨道交通信息类产品，开展了基于信息和数据的高端服务，成为目前集团利润攀升最快、最有发展空间的业务板块。

(5) 多途径、多渠道提高技术创新能力。具体包括：① 与国外企业和国内研究机构开展技术合作，共同研发新产品、新技术。如：德、比、日等国多家公司成立合资企业，生产门系统等技术含量较高的产品；与德国 KIEL 等公司进行技术合作，研发和制造城轨车辆、高速列车配套产品；经国家人事部、江苏省科技厅批准设立博士后科研工作站、院士工作站，与中科院、东南大学等科研院所、高校开展产学研合作等；② 重视知识、专利等无形资产建设。拥有轨道交通车辆内装复合材料、轨道交通屏蔽门系统等 40 余项发明专利和实用新型专利；③ 持续加大技术创新投入力度。随着公司业务向城市轨道交通领域的拓展，产品个性化（独特性、体现当地人文特色、人性化）设计和制造成为竞争的关键。企业每年投入的研发经费均超过销售额的 5%，并持续投入了数项大型技改项目（表 3－1），相继购买了 SAP 系统、PDM 系统、CACX 系统等大型软件，形成了覆盖企业各业务单元的综合信息和知识管理系统。

表 3－1　大型技改投资项目

2008—2009 年	江苏省重点工业技术改造专项项目，年产轨道车辆内饰装备 1800 辆车、地铁站台屏蔽门 30 套生产线改造
2009—2011 年	起重机设备项目，总投资 2 亿元
2010 年	大型超塑成形自动化装备技术改造项目
2012 年	城市轨道交通配套装备扩建项目
2013 年	年产 3500 套高速列车内饰及装备技术改造项目

资料来源：今创集团官网。

综上所述，今创集团的转型升级路径如图 3－1 所示：其实现了从（A）零部件制造；（B）整套产品制造；（C）增值服务；（D）产品服务设计的业务转型，最终目标是成为提供需求解决方案的服务提供商，中间经历了一段阶梯式积累过程。具体为：① 从 A 到 B。制品领域不断扩大并向高技术高附加值的关键件领域等延伸，客户数量从单一客户（铁道部）扩大到英、法、比、意、中国香港等定制客户，产品品质和生产技术达到国内车辆内装领域的领先水平和国外成熟市场的平均水平；② 从 B 到 C。服务业务种类和所创价值不断扩大，服务技术和档次不断提高，研发制造轨道交通信息类产品，开展基于数据、信息的高端服务；③ 从 C 到 D。持续投入大量研发资金组建自己的研发队伍，取得产品设计开发能力、创新能力的长足进步。

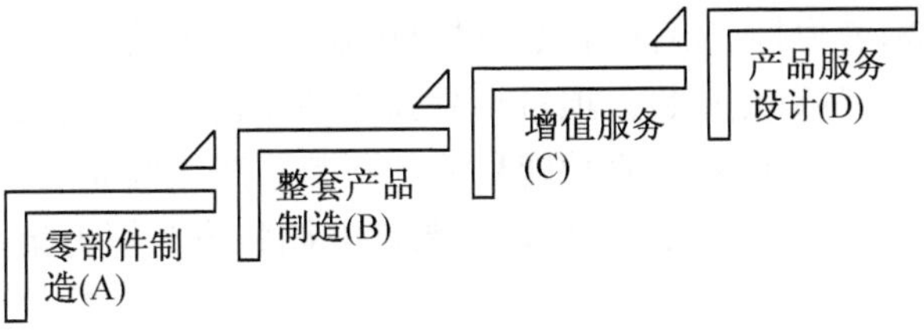

图 3－1　今创集团的转型升级路径

二、恒力集团转型升级之路

和绝大多数“中国制造”一样，1994 年蹒跚起步时，恒力集团还只是江苏盛泽镇上众多普通纺织工厂中的一个。而经过 21 年的发展，恒力集团已经拥有全球单体产能最大的 PTA 工厂、全球最大的超亮光丝和工业丝生产基地以及全球最大的织造企业。恒力的转型升级可以从 4 个方面加以展开。

(1) 单一生产线向规模“航母”转型。发展到 2002 年初，恒力集团决策层看到了行业发展的充分前景，提出有几条现代化生产线远远不够，还要全力打造恒力集团中国“化纤航母”的宏伟规划。同年 11 月，江苏恒力化纤有限公司正式启动，一期项目占地 80 公顷，总投资 32 亿元，引进两套各 20 万吨德国吉玛公司生产的聚酯生产装置，配备 120 台日本、德国产 DTY 高速加弹机，生产能力一下子跃居全国化纤行业前列，恒力集团成为我国大型化纤生产基地之一。随后恒力集团的 40 万吨溶体直纺和 20 万吨的超光亮丝项目的顺利投产以及伴随着 20 万吨的工业丝项目的投产将恒力的发展目标锁定成为全球最大的工业丝生产基地。这一项目引进的是世界最先进的 8 头纺设备，但价格却只相当于去年的 50%，相比传统的 4 头纺设备，生产效率提高一倍，经济效益提升巨大。

(2) 从产业中端向上端转型升级。恒力在转型发展的过程中一鼓作气打算投资 250 亿建设恒力石化产业园项目。这个项目的目标就是为恒力建立起生产能力强、工艺水平高、运行效率高、能源消耗低、产品品质优、物流成本低等诸多优势。为了把优势最大化，恒力集团新旧并举结合已有化纤织造的优势，对产业进行不断提升，加快转型升级，完善产业链向上游原料生产的配套发展，从源头掌握，不断增强国际竞争力。掌握产业链上游原料是企业冲优到强的必然选择。恒力集团最终选择辽宁，在大连长兴岛填海造地建立工业园区。形成了恒力集团从石化原料企业到织造企业的一个完美产业链。恒力集团加大科技研发投入，生产出高端家纺类、仿记忆类、功能类等高档面料，已经成为世界顶级箱包、著名服装品牌面料供应商。经过转型升级，恒力集团产业结构布局更加科学，更加合理。

(3) 本地生产到多地产业链布局。2010 年 4 月，恒力集团北上辽宁向产业链上游配套发展，进军石化产业，掌控化纤原材料上游。随着德力化纤聚酯切片入袋，总投资达 75 亿元的恒力(宿迁)工业园全面建成投产，宿迁位于江苏北部，是工业后发之地，恒力集团在宿迁的布局，一举成为江苏省“规模最大、速度最快、档次最高”的南北产业转移项目，带动了苏北工业后发之地的腾飞。恒力(南通)纺织新材料产业园在南通市通州区滨江新区隆重举行开工奠基仪式，成为全国首个一次性投资最大的纺织新材料项目。恒力(南通)纺织新材料产业园是恒力集团积极响应国家沿海大开发和省委省政府沿江沿海开发战略部署，结合南通江海交汇的区位优势，着力打造沿江纺织新材料产业基地，带动上下游产业聚集，完善南通地区纺织产业配套升级的重点项目。项目计划投资 200 亿元，分期建设年产 240 万吨差别化、功能性新型纤维和智能化、超仿真功能聚酯新材料。产业园立足全球前端科技，采用国际最新设备和开发工艺，恒力(南通)纺织新材料产业园将成为恒力集团承接长江南北的关键产业基地。

(4) 智能制造实现“机器换人”。纺织产业早已不再是传统概念上的劳动密集型产业，不能再回到原来依托土地、环境和人口等资源的粗放式发展模式上。面对新挑战，要想盈利，只有“重塑在产业链中的角色”，在创新上下功夫，在市场上向高精尖要效益，加快转型升级。2012年恒力集团开始了智能工厂的改造。恒力集团近年来引进的全自动包装生产线，至少提升了60%的工作效率。恒力先后投入了6亿元，推动传统产业发展迈向高端。不惜重金打造机器人的世界，在大幅度提高了企业生产效率的同时，更显示了恒力打造百年企业的态度与决心。除了进行智能工厂建设，还引进国内高级技术管理人才，并重金聘请国外研发机构的技术专家。目前，恒力5 500多名技术人员，与来自德国、日本、韩国等地的100多名资深专家，共同组建了国际研发团队。

依托“恒力国际研发中心”和“恒力产学研基地”不仅实现了产品向中高端的攀升，更步入了差异化发展的特色之路。在强大应用能力的支持下，恒力引进了技销合一的营销模式，将新技术的价值第一时间传递给客户，并提供全方位的应用支持，在行业内奠定了独特的竞争优势。在这些绝对实力的成绩单上，恒力带给中国纺织的已经不仅仅是漂亮的数字和利润，更重要的是，它带给了中国纺织行业一份极具份量的产业转型启示录。

三、专注于专业领域——铁姆肯(无锡)轴承有限公司转型升级之路

铁姆肯(无锡)轴承有限公司是世界三大轴承制造商之一的铁姆肯公司在中国无锡成立的一家独资公司，其前身是无锡托林顿轴承有限公司，主要生产小型轴承；2004年成为铁姆肯子公司后，于2008年扩建为大型轴承工厂。

(一) 模式及行为剖析

分析铁姆肯的案例，要结合其母公司的全球发展战略，特别是在中国及亚洲市场的战略布局，从中也可以了解世界顶级制造商的发展思路。具体分析如下：

铁姆肯(中国)总公司运营模式。铁姆肯公司对无锡工厂的投资，是其在中国及亚洲市场增加工业轴承产能发展战略的一部分，其主要是想“通过建立一个提供周边产品组合的公司，来更好地为他们的客户提供服务”。2010年，铁姆肯公司在亚洲的业务已经从10年前占公司业务总量的2%增长到超过12%。尤其是中国市场，过去10年铁姆肯公司中国区销售额以每年20%的速度增长，成为铁姆肯全球第二大市场。因此，铁姆肯在大中华区建立了5家大型制造基地(含无锡)，8个办事处(含上海驿桥)，1家技术培训中心(无锡)和多个物流、工程技术(无锡1家)及增值工业服务中心(无锡)。无锡依傍上海经济中心，成为铁姆肯战略布局的重心，其制造基地、服务、物流、技术培训中心均建在这里。铁姆肯在中国创建了新的商业模式，充分体现了“服务化”经营战略，力求为中国及东南亚客户提供便携、完善的从产品选型到使用过程管理及技术支持的全过程服务。在铁姆肯的产业链条上，中国企业的战略位置已从简单的产品销售对象转变为重要合作伙伴。

铁姆肯(无锡)升级路径及行为举措。作为制造基地的铁姆肯(无锡)公司，依托母公司强大的营销能力和产品开发设计能力，从一家生产通用小型轴承的制造企业，成功升级为生产高端大型轴承的全球供应链制造商，实现了从通用轴承红海市场向高端轴承蓝海市场的突围。

(二) 蓝海市场的突围

与今创的转型路径不同，铁姆肯并没有拉长战线，而是专注于自己擅长的业务领域进军高端市场，并构建起强大的技术优势和服务优势，走的是先提升技术和品质、继而提高服务

水平的升级路径，如图 3－2 所示。为此，铁姆肯(无锡)采取了一系列对策措施：① 专注于制造技术创新，强化技术优势，建设世界级生产基地。2008 年新工厂建设期间，投入大量资金用于添置新的大型智能装备和进行产线技术改造，使整个制造系统朝着智能化方向变革；② 优化公司生产系统和供应链，实现小量、多样化、定制产品制造。推行精益管理、上线 SAP 信息系统，大幅缩短客户产品交付期，提高服务水平。公司及其供应链承受了由此带来的成本、速度、品质的考验，整体效能和效益得到显著提升；③ 强化客户导向型业务模式，从“提高客户运营效能”角度考虑，建立全方位的本土服务能力。公司成为铁姆肯(中国)服务基地，不仅制造、销售轴承，更为客户提供轴承产品整个寿命周期内的全方位服务，包括工程安装、轴承修复、技术支持、使用状态管理等；④ 其与铁姆肯中国工程技术培训中心、无锡工业服务中心一起，承担了面向客户与经销商的本土人才技术培训业务，帮助他们成长，提高了客户的价值体验。未来，公司将以发展智能化高端大型轴承制造技术为引领，以提高客户效能为目标，向世界各地客户提供无与伦比的高价值产品及服务。

商业模式：一站式服务					
专业型服务与完善的售后服务——技术支持团队	提供全球顶尖品牌产品——5 个大型	快速可靠的仓储和物流服务——多个物流仓储中心	快捷的电子商务平台——连接 SAP 系统的电子商务平台	提供技术和商业培训——工程技术及增值服务中心	工程技术及产品管理服务——工程技术及增值服务中心

图 3－2　铁姆肯作为“客户需求解决方案提供商”的运营模式

铁姆肯发展模式为国内零部件制造企业提供了有益借鉴，即抓住技术与服务两个主轴，走高端路线。具体而言：① 凭借技术升级，脱离价格、成本竞争的红海市场，转入到门槛高、涉足者少的高端蓝海市场；② 铁姆肯开辟了轴承修复、工程服务、使用状态管理等“一站式”服务业务，深挖市场，在自己擅长的领域，利用自身技术优势建立起独一无二的服务优势，并进一步创造高附加值。

(三) 提供阶段性专业服务的企业升级路径

提供阶段性专业服务的企业，是指以产业链中某一阶段能力见长的企业，诸如某工艺阶段加工商、咨询服务商、设计开发商、软件商、广告商、运营商、平台服务商、金融服务商、物流服务商、仓储服务商、工程服务商等。受资源条件的限制，这类企业大多不会横向拓宽自己的业务领域转型成为产品及服务综合提供商，而是仍专注于细分的专业领域向纵深方向发展。为了适应全球互联网制造的新市场形势，这类企业可一改传统的“金字塔”式供需网络结构，通过结盟方式，与提供不同阶段性服务的顶尖企业建立平等协作网络，共同应对新市场机遇。在快速发展的互联网和物联网技术的支持下，这种敏捷的动态结盟运作方式越来越成为一种新趋势。因此，阶段性服务业应立足于成为细分领域的冠军或一流企业，即使在很小的板块，也能成为市场领导者。要做到这点，首先应掌握过硬的细分领域的专业技术，并且不断投入技术研发，向高端水平发展。当技术达到很高水平后，通过结盟产业链上其它阶段性服务优质企业，形成包括增值服务在内的完整产品业务方案，共同应对市场新需求和新机遇，这是互联网时代中小企业生存发展的一条可行路径。

四、对策与建议

综合国外先进企业和苏商企业的成功经验，江苏制造业转型升级需要做到以下几点：

第一，要想跻身世界先进制造行列，必须向产业链高价值端转型或升级。高价值意味着高技术、高品质、高附加值，具体而言：一要把握世界先进制造的最新技术发展趋势，如智能技术、互（物）联技术、数字化技术、数据挖掘技术等；二要把握产品高附加值的新趋势，高附加值来自于高度个性化和效能最大化的产品服务系统，未来服务产生的价值将大于产品本身的价值，软件价值将大于硬件价值，来自云端的信息和知识服务将创造越来越大的价值。

第二，潜心研发、创新，实现核心技术突破。无论是大企业还是中小企业都应有所作为，大企业应瞄准诸如高端装备等国家战略领域，小企业应瞄准诸如胶带等狭小的专业细分领域，研发和掌握各自领域的尖端核心技术，拥有自主知识产权，成为市场主导者。“森林不能只有神木而没有其它小树苗”，占企业总数99%以上的中小企业应成为技术创新生力军，从而汇成强而大的国家制造能力。

第三，持续加大技术创新投入，用于创新产品和服务，或者用于改进技术，完善操作。与世界先进企业在科研、技术、信息、知识等方面长期积累的优势相比，国内制造业发展不足，要想追赶必须以超过他们数倍的投入，持续二三十年才行。

第四，引导企业及早做好面向“互联网”制造、智能制造、云服务等的人力资源规划和人才结构调整。“互联网”制造、智能制造、云服务需要大量技术人才从事创新和服务工作，同时也会将大量工人从单调、程式化的工作中解放出来，无技术、无知识工人的空间将会被大量挤压。因此，要及早做好人力资源的准备工作。

五、结束语

从欧美和东南亚邻国产业转型趋势看，江苏制造业转型升级已势在必行，由服务产生的价值占比越来越大，发展服务型制造是世界制造业发展的新趋势。江苏制造业转型升级路径因企业不同而各有差异。总体而言，应向产业链价值高端转型升级，或向高技术、高品质主导高价值的产品端（如关键原材料、关键零部件、关键装备等）升级，或向高附加值、高度个性化主导高价值的产品服务系统端转型升级。本书剖析了三个案例企业的转型升级路径，它们分别以不同方式实现了价值升级目标。江苏制造业与世界领先制造企业相比，无论是在前沿技术、产出价值组成结构，还是在产品研发、技术创新能力等方面均存在很大差距，只有以数倍于它们的创新投入，研发和掌握智能制造、工业互联网、数据挖掘等世界先进技术，实现产业链高端产品和高端服务的突破，才能在新一轮工业革命中成为产业红利的主要受益者。

第四章 苏商品牌建设案例研究

品牌是区域经济的灵魂，是当今市场竞争的重要法宝，是产品、企业、行业、地区乃至国家软实力的重要表现，是市场经济发展到信息化、全球化时代的产物，加快发展品牌经济，是调结构、转方式、稳增长的必由之路。党的十八大报告明确把品牌提升到企业的核心竞争优势之一，《十二五规划纲要》中提出，要“推动自主品牌建设，提升品牌价值和效应”，加快发展拥有国际知名品牌和核心竞争力的大型企业，再一次为品牌的战略发展提供了强有力的政策支持。

第一节 苏商品牌建设的基本概况

一、苏商品牌建设发展现状

2015 年是全面深化改革的一年，商事制度改革激发了市场活力，《商标法》的深入贯彻落实进一步方便了商标申请人注册商标。2015 年我国商标申请量达 287.6 万件，已连续 14 年位居世界第一。截至 2015 年底，我国商标累计申请量超过 1 800 万件，累计注册量达 1 200余万件，有效注册量达 1 000 余万件，实现了商标累计申请量、累计注册量、有效注册量“三个超千万”。商标注册前 5 名省(市)分别为：广东(512 877 件)、北京(302 456 件)、浙江(231 125 件)、上海(207 394 件)、江苏(155 670 件)。江苏省的排名相比 2014 年没有变化，商标注册量占全国总数的 5.4%。

截至 2015 年底，江苏全省驰名商标总数达 611 件，其中 2015 年新认定了 34 件，共涉及农业、医药、纺织、食品、机械、进出口代理服务、装饰装璜等多个领域，其中涉农商标尤其突出，涌现出“巴城阳澄湖”(蟹)、“上一道”(面粉)、“春绿”(粮油)等涉农食品类商标，有力助推了高效规模农业的发展；与此同时，此次认定中的“海格”、“恩华”等商标企业，均具有较强的科技研发能力，长期注重科技创新，坚持走自主创新道路，在企业发展过程中注重产学研相结合，其研发机构数量、集聚资源能力、创新产品数量均处于行业领先地位。截至 2012 年底，江苏省拥有 421 件中国驰名商标，位居全国第三。在 2015 年发布的中国品牌 500 强榜单中，江苏省入围 33 个品牌，位居全国第七，2016 年苏宁云商集团股份有限公司的品牌苏宁价值为 1 582.68 亿元，春兰(集团)公司的品牌春兰价值 434.83 亿元，徐州工程机械集团有限公司的品牌徐工品牌价值为 430.81 亿元。从最近几年公布的中国 500 最具价值品牌排行来看，江苏省品牌产品或企业的品牌价值有所提升，如苏宁电器 2006 年品牌价值只有 68.42 亿，本年度公布的价值已上升为 1 582.68 亿元。

2015 年 9 月，胡润研究发布了《2015 年胡润品牌榜》，200 个最具价值中国品牌上榜，其中非国有品牌 101 个，国有品牌 99 个。上榜民营品牌价值平均上涨 20%，国有品牌的品牌价值平均上涨26%。有26个新上榜品牌，其中18个是民营品牌，占所有新上榜品牌的70%。从行业上看，金融、房地产仍然是上榜最多的两个行业。金融业今年有38个品牌上榜，比去年增加4个；房地产行业今年有23个品牌上榜，比去年减少2个，这两个行业的上榜品牌数量占到了整张榜单的30%。在上榜品牌最多的前十大行业中，品牌价值平均涨幅最大的是家用电器行业，上涨74%，这主要是受美的、格力的带动。江苏省在这次排榜中前100名中入围5个品牌。

另外，截至2012年底，江苏省省级以上制造业名牌产品销售额占规模以上工业销售额的比重达到29.3%，全省共培育发展了100家服务业著名企业和品牌，苏宁电器、金陵饭店、1912、灵山等一批服务企业迅速扩张。全省还积极推广"公司＋商标＋农户"的新型发展模式，涌现出"洞庭山碧螺春"、"淮安红椒"、"洪泽湖螃蟹"等一批高知名度的地理标志和农副产品商标，有效带动了农民致富。目前，江苏名牌产品达标率已达90%，名牌企业通过质量体系确认的达95%，绝大多数名牌企业通过了ISO9001标准或相关标准的认证。全省已建设了国家级企业技术中心54家、国家技术创新示范企业2家、省级企业技术中心701家，有力地推动了品牌和技术的结合。

2016年，《江苏省区域商标品牌发展指数报告》出台，根据品牌政策支持、品牌发展实效等五个方面的三十个二级指标测算，2015年，江苏省区域商标品牌发展指数排名前三位的为苏州、南京和无锡(见表4-1)。同上一年相比，各市差距明显缩小，表明全省区域商标品牌发展保持整体良好态势。

表4-1　江苏省区域商标品牌发展指数排名

地区	2015年指数	2015年排名
苏州	0.813 0	1
南京	0.777 2	2
无锡	0.750 6	3
常州	0.730 0	4
南通	0.714 6	5
扬州	0.699 7	6
泰州	0.696 5	7

资料来源：《江苏省区域商标品牌发展指数报告(2015)》。

二、苏商企业品牌建设存在的问题

(一) 世界品牌数目相对偏少，品牌经济价值偏低

今年世界品牌大会在北京举行，会上发布了2015《中国500最具价值品牌》报告，在公布的中国500最具价值品牌排行中，北京、广东、山东、浙江、上海分别有94、80、42、39、39个品牌上榜，江苏只有33个，和福建并列第6。在胡润研究院最近刚刚发布的《2015胡润排行榜》100个中国最有价值的品牌中，北京、广东、上海占据大多数，而江苏榜上有名的只有洋河、苏宁电器、南京、苏烟和海澜之家5个品牌。

(二) 自主创新能力不强,品牌经济竞争力较弱

品牌在一定程度上代表着自主创新能力。目前江苏品牌产品大多集中在纺织服装、食品酿造、机械电子、零售等传统行业,以劳动密集型为主,技术层次偏低,新兴产业和高新技术领域特别是具有自主知识产权的高新品牌相对较少。企业依靠高新技术形成的品牌核心竞争力不强,有些企业产品利润始终处于"微笑曲线"的最低端。以代表高新技术领域的信息服务业为例,在《2015 胡润品牌榜》中,有 19 个信息服务业品牌上榜,基本都是北京、浙江、上海和广东的,而江苏没有占据一席之地。同时,一些传统品牌由于不求创新,在市场竞争中逐步走向衰弱。与跨国公司相比,江苏企业的自主知识产权呈"三多三少",拥有生产过程中应用性工艺性技术的、掌握一般性技术的、属于配套加工型的企业多,而真正掌握产品核心技术的、拥有较高层次技术的、生产终端产品的企业少。

(三) 企业品牌意识不足,发展理念有待增强

民营经济是最具活力的经济增长点,是最活跃、最有优势的经济成分。但从江苏看,民营经济品牌意识比较薄弱,在《2015 胡润品牌榜》前 100 名民营品牌的企业中,江苏只有 5 个。从商标注册情况看,全省 14.12%的外资企业拥有注册商标,只有 7.4%、6.48%和 3.17%的内资企业、私营企业和农民专业合作社拥有注册商标,全省平均约 5 000 家企业才有一个驰名商标企业。部分企业人"傍名牌"、"搭便车"的现象较为突出,商标理念、品牌意识亟待加强。

三、苏商品牌建设的对策

(一) 充分发挥政府的主导作用

首先,政府要从过去主要组织企业进行名牌申报转变到主要制定地区品牌发展战略规划和分阶段品牌发展目标上来,形成完善的品牌促进、保护、推介、出口的支持体系。按照"储备一批、生成一批、提升一批"的要求,建立国际、国家、省、市四级品牌梯队,制定名牌产品、名牌商标滚动培育计划,有计划、分步骤组织培育。其次要完善政策,要建立一套相关产业政策和制度完善机制,引导、激励企业的自主品牌开发和自主创新行为,如通过产业倾斜政策、税收和信贷等优惠政策、技术扶持政策等引导刺激企业的自主品牌开发、自主创新和协作创新,选择确立导产业,积极促进产业集群,优化产业组织结构和运作模式等。再次要重点培育,对已有的驰名(著名)商标、名牌产品和企业要重点扶持,对潜在的优势产品和企业要重点培育。对全省加工制造技术水平较高、具备打造品牌基础条件的企业,加大政策支持力度,引导、扶持企业由贴牌生产向委托设计和自主品牌为主方向转变。推动拥有自主品牌的大型企业以定牌生产形式,将生产制造环节向中小企业转移,大型企业着重研发、设计、营销等高端环节。鼓励现有品牌利用资本、资源、市场优势,兼并重组一批产业链相关企业,扶持壮大一批大型品牌企业。

(二) 充分发挥企业的主体作用

一要增强品牌意识。牢固树立品牌发展意识,深刻认识实施品牌战略的重要意义,把创建品牌与企业的兴衰、区域的发展有机结合起来。品牌企业要强化大品牌意识,积极推动品牌的延伸和扩张,实现品牌产品的系列化和多元化,不断扩大市场占有率。二要狠抓科技创新。以提高创新能力为目标,加快建立以企业为主体的产学研相结合的创新机制。通过引

进、消化、吸收、承接，提升企业自主开发核心技术的知识和经验积累，增强品牌的自主创新能力。各类企业都要善于将有价值的科技成果迅速转化为具有自主知识产权和自主品牌、科技含量高和适应市场需要的新产品。三要提升文化内涵。品牌不仅是产品良好质量的保证，更是一种传统理念和优秀文化的诠释，需要具有深刻的人文内涵。缺少了文化内涵的品牌，是不能持久的。要引导企业培育和壮大企业文化，并将企业文化贯穿到产品的品牌经营中，大力宣传品牌内涵，扩大品牌的知名度，运用现代营销方法把产品优势、品牌优势转化为市场优势。

（三）充分发挥市场的导向作用

要着力营造有利于品牌经济发展的良好环境。一是加大法律的保护力度。政府有关部门要认真执行相关的法律法规，保护品牌和品牌企业的合法经营，加快推进社会诚信体系建设，禁止不正当的竞争，维护社会经济的正常秩序。对尚未进行商标注册的品牌，要引导其进行商标注册，加大法律的保护力度。对制假、售假案件以及侵犯注册商标的行为，要依法予以查处。对不规范使用品牌的企业，要加强引导，促其规范使用，维护好品牌的形象。二是拓宽品牌企业融资渠道。协助有条件的品牌企业申请国家各类政策性资金；推动金融机构优先支持品牌企业的信贷融资和出口信用保险，鼓励品牌企业投保产品质量保证保险、产品责任保险、国内信用保险。支持企业依法以驰名商标、著名商标质押获得贷款，以商标权等无形资产作价出资设立企业；鼓励品牌企业在境内外资本市场上市融资，支持有条件的品牌企业发行债券；吸引国内外企业向品牌企业注入资金，以合资合作等形式参股品牌企业。三是引导社会力量共同打造名牌。推进品牌战略需要社会各方面的共同参与，要建立全省实施出口品牌战略的公共信息服务平台，充分借助现代科技手段，为品牌企业和社会各界提供优质的信息服务、周到的政策咨询。要充分发挥报纸、电视、广播、杂志、互联网等媒体优势，广泛利用博览会、产销会、贸洽会等场合，大力开展品牌战略宣传，形成全社会重视品牌、争创品牌、保护品牌、发展品牌的浓厚氛围，使推进品牌战略成为全社会的普遍共识和自觉行动。

（四）发挥民间和中介的桥梁作用

坚持“官民并举”，大力加强民间文化交流。重视调动社会组织、中介机构的积极性，充分发挥其对外联系广、工作形式多样化的优势。鼓励高水平的学术团体、艺术机构在相应国际组织中发挥建设性作用，支持参与海外文化中心建设，承担人文交流项目等，更好地推动江苏文化走向世界。近期召开的江苏省质量工作会议对“十三五”质量强省建设作出新部署。“十三五”期间，江苏将建设具有国际竞争力的先进制造业基地和具有全球影响力的产业科技创新中心，核心是创新驱动发展，目标是增加中高端供给，其成效最终反映到企业竞争力的增强、质量效益的提高和活力的释放上。推动质量创新，要攻克一批影响质量提升的关键共性质量技术，加快建立创新突破与国际同步、产品质量与国际接轨的先进产业体系；加大对制造业企业质量技术改造的支持引导力度，实施一批促进产品更新换代的重点技改项目。“十三五”期间，江苏省将力争培育 50 个具有世界影响力的品牌、100 个全国市场排名领先的高端制造品牌、100 个与国内外知名品牌同标准同质量的日用消费品品牌。

（五）发挥新媒体传播作用

要将新媒体传播渠道建设纳入苏商品牌建设发展战略，加强云存储、智能推送等信息技术传播应用研究,将成果优先应用到主流媒体传播实践中去。将电影、动漫、电子游戏等作为外宣品牌建设载体,使传统文化的挖掘利用、现代理念的融合创新与新兴传媒的管理运用结合起来,推动外宣品牌建设不断创新。充分利用国内外主流媒体资源,鼓励支持与境外主流媒体建立长期稳定的交流合作机制,建立多媒体、跨平台传播媒介网络,形成多向度、多层次、交叉式立体宣传,提升江苏品牌在国际社会的影响力和美誉度。

第二节　苏商品牌建设的企业案例

一、红豆集团的品牌建设之路

红豆集团有限公司,于1992年6月30日成立。1983年红豆集团商标的变化是红豆集团走出去的第一步。1983年周耀庭在接手港下针织厂的时候,产品的名字叫“山花”,后改为“红豆”。红豆集团倡导红豆是有形的情,情是无形的红豆。情是红豆文化的主旋律,从最初启用蕴涵丰富民族情思的红豆作为商标的那一刻开始,红豆集团不仅把“情”文化作为企业文化的核心,还把企业文化作为企业的核心竞争力,不断丰富“红豆”一词的内涵。

30年间,红豆并未停留在诗意的商标表层,而是不断扩大品牌,先后注册了相思鸟、轩帝尼、依迪菲等多个服装品牌。2001年公司在上海证券交易所成功上市。2007年由红豆集团等四家企业携手打造柬埔寨西哈努克港经济特区,现在该地区已经成为中国纺织服装行业生产基地转移的成功案例,2013年特区成立6年多吸引了近60家企业入驻。2015年6月,“红豆”品牌跻身中国品牌百强榜(见表4-2)。

表4-2　红豆集团发展历程总结

时间	阶段	领导人	性质	公司发展特点	名称
1957—1982	初创	——	乡镇企业	“苏南模式”第一批企业	港下针织厂
1983—1992	创业	周耀庭	乡镇企业	注册“红豆”商标创品牌	红豆针纺集团公司
1993—2000	快速发展	周耀庭	乡镇企业	进入摩托车、橡胶行业	红豆集团公司
2001—2007	多元布局	周海江	上市公司	上市,进军房地产、农业	红豆集团
2007至今	转型升级	周海江	上市公司	相对多元,高度专业化	红豆集团

(一)品牌建设历程

红豆品牌的形象设计本着简洁、古典的原则,将浪漫的爱情精神最大化,并增加国际流行品质。红豆品牌的传播,最重要的是走出港下镇,走出无锡,走出江苏。红豆响应国家政策的号召,十分注重品牌文化,寄情相思红豆,弘扬中国传统文化,打造七夕文化节,品牌定位高端。十分重视企业创新升级,打造电商模式,提倡企业国际化,实施“走出去”战略。

红豆集团总裁周海江说,红豆是美好、相思、友爱的象征,归结为一点,红豆所表达的就是产品的人文内涵。多年来,红豆不仅把情文化作为企业文化的主基调,还把情文化作为企业的核心竞争力,使之升华为诚信、创新、奉献、卓越的“红豆”精神。红豆能够较早认识到品牌的重要性并成功创建、发展品牌的企业翘楚,也正是由于对品牌的重视。在品牌的建设中，人才是最关键的因素，为了推进红豆品牌建设，红豆加大了对人才的引进和培养力度。从 1997 年和法国 ESMOD 服装设计学院联合办学，为红豆培养群体设计师，到百万年薪招聘总经理。如今红豆还成立了江苏省第二家企业大学，为纺织行业培养各类型的人才。2013 年，红豆将重点聚焦在推进连锁专卖店加电子商务这一模式，以强化完善电子商务系统，实现线上线下共同增效益，逐步加大物流体系建设、提升品牌形象。

企业通过不断地提升技术水平开发新型面料，打造自身品牌取得了显著的成效。2014 年申报专利 46 个，运用红豆杉等研究面料研究取得了巨大突破。红豆集团凭借其产品的品质先后获得了众多荣誉，旗下有两个商标被评为全国驰名商标分别是“红豆”、“千里马”。

（二）红豆集团品牌建设遇到的问题

红豆集团的发展并不是一帆风顺的，其在品牌建设过程中遇到不少的困难与挫折。

1. 贴牌生产方式利润低

我国的男装领域竞争很激烈，形成了一系列的男装品牌集群。以雅戈尔等品牌为代表的浙派男装定位高档市场；以卡宾等为代表的粤派男装临近港澳凭借设计版型时尚特点细分中端市场；闽派系男装品牌众多；苏派以红豆和海澜之家最为典型，定位中端价格亲民。国内男装品牌基本上都是采取“国内自主品牌，国外贴牌加工”的经营方式，采用商场销售、品牌授权等方式经营门店，设计上偏向商务休闲化，模仿国际大牌。红豆集团凭借贴牌生产代工起家，但是公司领导人意识到贴牌生产并非长久之计。因此，红豆集团积极利用贴牌生产这一阶段，引进生产线，培养相关技术人才，模仿国外设计积累自身实力。

2. 国内用工成本上升

红豆集团位于长三角地区，是中国加工制造业最为发达地区之一。近些年长三角地区的用工成本上升，纺织服装行业的生产制造工人月工资已经涨到了 3 000 元以上，如果是熟练的技术工人，工资更为可观。

3. 国内服装行业竞争激烈

红豆旗下的服装品类涵盖了内衣、男装、家纺等品类，在各个细分品类下面，都面临着激烈的竞争。红豆内衣作为老牌产品，在消费者心中有着很好的美誉度，同样也面临着古今、黛安芬、爱慕等国内品牌以及国外品牌的激烈竞争；红豆男装同样面临着更为激烈的竞争，七匹狼、雅戈尔、海澜之家等对手的实力不容小觑；家纺行业红豆的进入时间相对比较短，家纺行业有罗莱家纺等老牌著名品牌。相较于女装市场一如既往的激烈厮杀，男装市场竞争自 2013 年开始变得愈发激烈，2013 年整体男装市场需求不振，除了海澜之家销售亮眼，表现一枝独秀外，其他男装品牌以七匹狼为代表关闭了近 600 家门店，以期降低运营成本。

4. 产品单一，难以实现多元化

红豆公司 20 世纪 80 年代只有一种产品就是内衣，也是凭借着内衣这个王牌产品打开了国内外的销售市场，获得了巨大的成功。随后公司的产品种类日益丰富，拓展到了男装、家纺等品类，随着产品的门类的拓展对公司的生产能力和生产技术也都提出了更高的要求。如何将品牌从消费者认知的内衣品牌转变成全门类的服装品牌？红豆在营销和产品定位上需要下很大的功夫，去扭转消费者对单一产品的认知。

（三）红豆集团解决自建品牌困难的对策

红豆集团在产业升级过程中遇到的技术封锁、自建品牌困难等问题具有普遍性的代表

意义。针对上述几个大问题,红豆集团很好的运用了内外部资源去解决。

贴牌生产利润低——国外贴牌为主,国内自主品牌。红豆集团认识到贴牌生产的利润低,很早就开始着手打造自主品牌,在国内市场建立营销渠道;考虑到国外市场的进入难度比较大,在国外市场依旧采用的是贴牌生产。国内市场,通过自主品牌,多品类的多元化的衣服保证了足够的利润率,树立了企业的品牌形象;国外市场,则是继续贴牌生产,积累技术,学习先进设计,积蓄力量。

国内用工成本上升——生产外包,控制成本。随着长三角地区的工资飘升,红豆集团比较早的开始采用外包生产这一措施,来降低自身工厂的生产成本。同时,为了留住核心技术员工,红豆集团的薪资在金融危机过程中不降反升,加大了各方面的福利,留住有用之才。

国内服装行业竞争激烈——线上线下渠道拓展销量。纺织服装行业竞争激烈不言而喻,红豆在专业化的基础上走起了差异化的路线,很早的开始接触电子商务平台,到后来自建电子商务平台,都看出了企业对于电子商务渠道的重视。红豆集团不遗余力地开启了新一轮实体店的扩张,运用新型的联盟经营方式,吸引加盟商入驻。

产品单一,产品的多元化有难度——多品牌共同打造红豆王国。红豆内衣全球驰名,当发展到女装、男装等多个品类的时候,一个品牌很难通吃这么多细分市场。消费者会对单品牌多品类的商品的质量产生质疑和审美疲劳。所以红豆内衣延续了自己的品牌,开立了红豆男装以及“伊迪菲”品牌高端女装。

国内经济发展趋缓,企业举步维艰——产业多元化。不把鸡蛋放在一个篮子里。红豆集团在纺织服装领域努力做到了专业化,同时也开拓了新兴的产业领域,包括生物制药、农业、房地产等领域,多个领域齐头并进,给企业带来了充足的现金流和可观的收益支持企业的后续发展。

(四)红豆集团品牌建设的具体措施

红豆集团高度重视产业链的升级和价值链攀升,提出了一系列的措施如打造自主品牌等。红豆集团总裁周海江指出,微笑曲线指导着企业的转型升级思路,如何沿着微笑曲线向品牌以及技术研发方向攀升是企业急待解决的问题。公司近些年来的一系列提升工艺水平、提升产品质量、打造自主品牌、拓展线上线下销售渠道的举措,可以按照价值链升级的四种方式进行归纳整理。

1. 工艺流程升级

红豆集团和欧美众多品牌一起合资合作做品牌,从欧洲大力引进先进设备、流水线,提高产能和产量。通过工艺流程推陈出新,提升技术水平,其技术中心也成功获评国家级技术中心,如表4-3所示。

表4-3 红豆集团打造品牌、引进先进技术表

类型	项目内容	合作公司以及项目用途
品牌	合资建设“依迪菲”牌休巧服装	美国JFT INTERNATIONALINC合资
品牌	合资生产50万套红豆高级女装	澳大利亚LINKSUNPTY. LTD合资
面料	合资建设高档针织面料项目	澳大利亚LINKSUNPTY. LTD合资

（续表）

类型	项目内容	合作公司以及项目用途
技术	红豆服装设计中也技术改造项目	引进欧洲 CAD/CAM 服装设计处理系统
生产线	引进西服吊挂式生产线项目	引进德国、意大利、日本专用设备
生产线	引进纯棉免烫衬衫流水线项目	引进全棉免烫衬衫生产线
生产线	扩建高档紧密棉纱生产线项目	上游延伸，公司整合优化产业链
生产线	高档休闲服装流水线项目	休闲西服是未来发展趋势，满足需求

2. *产品升级*

公司将自己的定位从“生产经营型加工企业”转变为“创造经营品牌型企业”，不断向微笑曲线的两端攀升，提升品牌设计、大力研发高科技面料、打造样板工厂、拓展销售渠道。公司不断地通过引进国外先进的机器设备，改进工厂的流水线，生产出更好的产品，如开创国内同行先河的防辐射针织内衣的成功研制。公司很早就引入了竞争制度，采用“一品两厂”的竞争制度，即同一种类的产品分在两家工厂进行生产，便于通过产品检验等环节进行比较和筛选，优胜劣汰，保证产品的高质量、零瑕疵。公司旗下拥有专门贴牌生产出口的各类服装的三家公司：红豆进出口公司、爱梦服饰、泰伯服饰公司，这三家公司贴牌生产产品主要用于纺织服装产品的出口销售。

公司将核心竞争力如产品设计、打样工厂等留在红豆集团，其余的生产环节实行外包生产，大部分的精力投入工艺流程提升、产品设计环节、以及销售渠道搭建等附加值高的环节，形成了设计紧随时尚潮流、产品类型的多元化、销售渠道日益多元化的特点。红豆集团在产品设计上取得了长足的进步。

3. *功能升级*

OEM 转变为 OBM 和 ODM。红豆集团从最开始全部承接贴牌生产，到后来自主创立品牌，两者并重，模仿创新，到现在的自主品牌成为企业支柱。红豆西装就是在这样的自主创立品牌的思路下强势崛起，公司旗下自主品牌有“依迪菲”、“红豆”、“南国”、“相思豆”等多个品牌，其中红豆系列品牌覆盖内衣、羊毛衫、西装等多个产品门类。红豆集团在国内采取打造自主品牌占领市场策略，在国外市场采用贴牌生产 OEM 方式出口纺织服装产品获得利润。通过贴牌生产 OEM 苦练内功，学习国外品牌的先进经验和产品设计理念后开始做自主品牌，加大新产品研发力度，加强技术革新，加快转型升级步伐，在激烈的市场竞争中赢得主动，丰富自身的产品类型，包括男装西装、羊毛衫、内衣等品类推陈出新完成产业升级转型。

红豆集团主推自主品牌，打通线下渠道。公司不断地丰富产品种类，增强供应能力，建立良好的合作模式和合作关系转变公司的经营模式，集团深入研究微笑曲线，决定向价值链两端的技术和市场销售环节不断攀升。公司很早就开始注重产品的品牌保护，在国外众多国家注册了红豆商标。红豆集团生产环节抓质量；面料选择、产品设计等环节抓技术含量和质感；零售终端建设抓成效。除了自建的专卖店，公司还推出了联营加盟方式。红豆旗下品牌大力铺设各种渠道去扩大品牌知名度，通过直营店、旗舰店、体验店、品牌店等方式进驻国内各大高端商场向国内客户展示品牌的中高端定位和优良品质。同时公司标准化、模块化建立连锁店的流程,注重细节,保持装修风格、布置、门店质感的一致性,大力培训门店服务人员,提供优质服务。这些举措为红豆赢来了优良口碑,截至目前红豆集团已经开了 3 000 多家红豆品牌店品类涉及家居、男装等四大品牌。

红豆集团锐意创新,与时俱进,注重电子商务渠道建设。随着经济的发展,电子商务渠道销售持续火爆,红豆集团审时度势,把握先机,2012 年公司创建了中国第一家以纺织材料的现货交易为特色 B2B 电子商务平台“中国纺织材料交易中心”。2011 年公司自建电子商务 B2C 平台红豆商城,产品覆盖家居、男装、童装、女装,品类丰富,官方直营,价格定位中端客户,涵盖高端客户,具有市场竞争力。为了更好地提高电子商务渠道的客户满意度,公司学习京东等企业自建物流基地,通过与其他快递公司合作外包部分物流,运用先进的物流配送系统观察产品的各项数据,精准布局市场。红豆集团具备战略眼光,与阿里巴巴旗下的淘宝网电商平台紧密合作,同时也和其他各大电商平台进行深入合作。通过线上线下销售渠道整合,将优质产品快速送到消费者的手中。

4. 客户资源的维护和深度拓展

红豆集团的客户遍布全球,公司也在努力开拓海外市场,深化海外销售渠道拓展服务网络。1993 年在日本设立分公司,2000 年在美国纽约设立分公司,通过境外分公司加强与客户的沟通交流,加深与客户的关系,扩大和优化客户队伍,与国外知名服装品牌如“李维斯”、“GAP”、“C&A”等品牌展开深入的合作,不断地学习吸收国际最新的设计理念,极大地促进了集团的品牌战略化工作,有利于对产品价值链和服务价值链的提升,增强服务全球品牌商的能力。红豆集团积极参与各项展会,利用参与国内外的服装展会机会树立品牌形象。

5. 聘请国际人才,增强设计实力

红豆集团高度重视人才建设,实施“百才工程”引进海归博士等经营管理人才加盟公司。红豆集团花费重金从意大利、日本等地聘请专家来指导技术,例如红豆男装先后聘请日本的北山淑子主要负责红豆男装的企划,韩国的廉鹤善设计师团队,大大增强了红豆男装的设计、企划、营销这些原本相对薄弱环节的实力,红豆男装中高端品牌定位凸显,为男装品牌走向国际化奠定设计基础。公司创立红豆大学,同时与国内外知名机构联合培养人才,如与卡内基合办培训班、法国著名设计机构联合培养设计人才、新加坡合作的 MBA 课程、国内 8 所著名院校共建产学研平台。红豆集团不断创新设计,加大新面料、新材料的研发,每年新申报的专利和发明专利累积起来超过百件,获评国家级专利示范企业,现在集团拥有生产技术专利 1 700 多件,将其运用于生产技术中,不断地提升产品的科技含量,增加产品附加值。

6. 精准的市场定位,市场营销、文化营销

红豆集团在营销领域颇有建树,20 世纪 90 年代公司领导人独具慧眼,力排众议,坚持在中央电视台斥资 160 万元打造产品广告将品牌一炮打响,一举成为中国知名品牌。随后在各大卫视电台推出了一系列针对“真情”的营销活动,收效显著,如“七夕情”等活动将红豆品牌与传统的情人节结合,深入人心。

二、徐工集团品牌建设之路

徐工集团成立于 1989 年 3 月,是中国工程机械行业规模最大、产品品种与系列最齐全、最具竞争力和影响力的大型企业集团。

(一) 徐工品牌建设发展历程

徐工品牌自1989年创立,仅用了不到20年的时间就发展成为国内家喻户晓的著名品牌。近期徐工的发展战略是专注土方机械、筑路机械产业,实施产品、服务差异化和成本领先战略,依托国内国际两大市场,三机(压路机、装载机、挖掘机)做大,两高(摊铺机、拌和机)做强,两核(箱桥、驾驶室)做专,把徐工科技全力打造成具有持续竞争力的国际知名企业。事实上,徐工在这20年的实际运作过程中,确实成功地实现了各阶段目标。品牌生命周期理论所指出:品牌如同它所代表产品一样拥有生命周期,即导入期、知晓期、知名期、维护和完善期以及退出期五个阶段时期。在不同的生命周期阶段,需要运用不同的品牌宣传策略指导企业的品牌营销实践。下面将分别对徐工集团在这三个阶段所采用的品牌营销策略进行分析。

1. 品牌导入期营销策略

直到20世纪90年代初,伴随着国内经济体制的转变和国企改革的深入,国内工程机械制造企业开始逐渐认识到品牌在市场竞争中能够带来的巨大杠杆作用,并开始了一系列旨在提高品牌知名度、提高产品销售量和市场占有率的品牌推广尝试。徐工集团就是在这种背景下走出了品牌建设的第一步,它主要包括:使用统一标志标识产品、投放媒体广告、提高产品质量等具体措施。依据其品牌策略实施的时间顺序可以将整个导入期划分为如下几个阶段:(1) 车体涂装广告阶段。在集团组建初期,为了改变旗下子公司各自为战的经营状态,使客户明确识别产品的品牌而不再与以前的生产商名称相混淆,徐工主要采用以产品车体和主要部件作为展示平台进行品牌宣传的方式。即在产品的主要部件和外壳上统一涂装印刷"徐工集团制造"或"徐州工程机械集团公司制造"等字样。这个看似简单的做法,在那个工程机械"只有型号,没有品牌"的时代事实上则是非常先进的方式。(2) 室外广告阶段。1991年徐工集团开始进入室外广告推广阶段,选择南京、徐州等省内城市的火车站和长途客运站外的室外广告牌为主要广告媒体,目标受众是那些经常外出的企业采购人员。虽然这一措施基本上体现了以实现战术性目标为主,辅以战略性目标的品牌导入期的广告促销策略,但后来的事实证明,室外广告并没有收到理想的效果。(3) 专业杂志广告阶段。该阶段的品牌推广收到了较好的效果,在广告中多次出现的LET23型多功能装载机等多个产品被评为"江苏省名牌产品",各系列产品销售量也迅速攀升到行业领先水平。此后徐工对其开发的双钢轮震动式压路机和50吨级随车起重机等处于国内领先水平产品均使用此种广告方式,并同样取得了不错的效果。但在一些问题上徐工也存在不足,这些问题是:该时期内徐工集团基本上处于"国企改革探索阶段",无法将注意力真正转移到品牌建设上去。另外,作为国家定点工程机械供应商,徐工集团长期拥有计划内的政府采购和"军供"生产订单,完全不必在产品销售上发愁,企业管理者主要以生产观念来管理企业。相对于品牌来说,他们更加关心产品能否以适当的成本、产量和质量生产出来,因此也不可能从战略上全面考虑品牌建设问题的。

2. 品牌知晓期营销策略

1993年以后国内经济环境发生了一系列变化。国家逐步减少在工程机械领域的干预程度,将调节权交给市场。政府开始探索公有制的多种实现形式,并进一步深化国企改革。在这种大的环境下,徐工集团在中央电视台黄金时段推出以宣传徐工品牌为目的的战略性广告。

广告采用旨在宣传企业名称的广告语:“徐工徐工祝您成功!”。同时徐工配合其他的广告形式,对其品牌进行高强度宣传。成功的品牌背面一定有成功的广告宣传在支撑,然而徐工的这则令广告专业人士大为不解的广告宣传却取得了巨大的成功。其原因是:一是该广告不是针对具体产品的战术性宣传,而是从战略高度出发,以增强品牌知名度为诉求目标,最大限度地降低了广告的功利性。二是打破成规,利用工程机械企业一般不选择大众媒体作为广告宣传平台的空当,率先成为该行业内的知名企业。另外,利用央视的高覆盖率和“先入为主”的规律,徐工建立起同类型企业难以超越的品牌知晓度水平,从而成为目标客户的首选品牌。

为创造“高质量、高技术含量”的品牌形象。1995 年徐工集团成功导入企业形象识别系统(CIS)。作为国内较早的 CI 系统,徐工参考借鉴了许多国外同类企业的做法,在实践中将 CI 建设与企业运营流程的改造相结合,从而实现品牌宣传的低成本和统一性。1994 年徐工集团下属主要制造企业从开始启动 ISO 质量认证计划,到 2001 年为止,其下属所有制造型企业均以通过 ISO9000 系列质量认证标准。另外,徐工重型公司、徐工特工公司等徐工核心企业还通过了美国安全监测实验室认证、欧洲 CE 认证等国际权威认证体系认证。这些举措有效地提高了“XCMG”品牌的美誉度,并在目标客户心目中建立了徐工品牌良好的品质形象。

3. 品牌知名期与维护和完善期营销策略

1996 年 8 月徐工集团下属徐工科技股份有限公司在深市 A 股成功上市,募集资金约 1.3 亿元人民币,标志着徐工集团进入品牌知名期与维护和完善期。有鉴于此,徐工集团 1999 年底提出以在未来十年内,脱离国内严重同质化的品牌形象,将“XCMG”品牌建设成为国际级品牌为目标的品牌工程计划,它包括:(1) 引入零缺陷制造思想,在提高质量的同时降低产品生产成本,进一步追赶国际先进水平的单工产量指标和质量指标,建立质量就是品牌的意识。(2) 创建开放式的企业文化,在中基层员工中培养注重合作的、国际化的理念模式,培育一批优秀的一线工作者和具有思维前瞻性的本土科研人员。

(二) 绿色发展,打造中国制造“金字品牌”

绿色发展作为“中国制造 2025”核心内容之一,对中国高端装备制造业提出了新的发展目标和要求。作为工程机械领军企业的徐工集团,承载着国际化、世界级的理想与追求,秉持可持续发展构想,不断构建绿色研发动力引擎,在运营中融入绿色环保理念,积极主导行业绿色节能技术方向,加大先进节能环保技术、工艺和装备的研发力度,加快徐工产品绿色改造升级,积极推进企业绿色研发,全力打造中国制造的“金字品牌”。对于工程机械企业而言绿色竞争力建立在精良的技术研发基础之上,工程机械企业需要不断突破核心技术,形成可持续发展的绿色动力。

1. 制造绿色环保型工程机械产品

徐工集团坚持“绿色环保”为设计理念,持续提高绿色研发投入比,创新突破环境友好型绿色施工工艺、振动噪声及绿色环保混合动力研发等核心基础性技术,并建立了以徐工研究院为核心的遍布南京、上海、欧洲、美洲等辐射全球的研发体系,将“绿色环保”作为技术研究的主攻方向,不仅在设计过程中重点考虑产品的环境属性,而且在保证产品功能和品质的前提下,最大限度满足循环发展的要求,创新突破核心技术领域。

徐工研究院瞄准绿色环保能源,研发出三款 6 种不同配方的徐工专用 LNG 发动机油。

研发的徐工专用 LNG 发动机油对标康明斯发动机标准，技术水平达到国内领先。低灰分、低含量磷配方具有绿色环保性，通过机油合理润滑能够节约能耗，降低发动机故障率。目前，这几款专用发动机油适应徐工 LNG 主机的工况，核算价格比在用装车油低 30%以上，低温发动机油的经济效益更加明显。

在国际市场上，噪声控制是我国工程机械的一大劣势，随着国际工程机械噪声限值标准的步步提高，我国工程机械“减震降噪”成为当务之急。徐工集团在产品研发时，充分考虑产品质量、寿命、功能与环境的关系，着力改进产品环保功能，在工程机械“减振降噪”领域实现重大突破。徐工研究院聚焦 XE470C 挖掘机、QY70K-I 汽车起重机、XM101K 铣刨机、CV122 压路机、GR180D 平地机五大项目领域的减振降噪研究，开展全生命周期设计技术研究，在设计过程中导入绿色因子，建立绿色研发设计的评价与反馈机制，基于产品信息模型和装配资源模型，进行产品的虚拟装配工艺设计，在核心技术和零部件上实现专项攻关。2014 年，项目研发成功，五大产品技术领域的振动和噪声性能显著改善，达到国际水准。部分机型驾驶室司机位置噪声降至 75 dB(A)以下，机械外部降噪水平，优于国际标杆产品与欧盟 CE 认证噪声限值 2—3 dB(A)。徐工集团绿色研发也为企业赢得了欧美市场的充分认可，2015 上半年海关数据显示，中国出口到德国、瑞典、立陶宛、西班牙、波黑、马其顿、瑞士等欧洲国家的产品中，徐工品牌位居中国工程机械行业首位。

徐工积极进军环保新产业，将发展触角渗透到固废处置、土壤修复、水污染治理和大气污染治理领域，打造绿色化发展战略新业态。徐工集团针对日益严峻的建筑垃圾堆放问题，研发出建筑垃圾破碎筛分设备系列产品。徐工研究院还在专业砂石骨料生产线的基础上，不断拓展混凝土机械产业型谱，将建筑垃圾资源化利用纳入新生产格局，形成完善的“机制砂石及建筑垃圾资源化利用”成套解决方案，推动建筑垃圾资源化。

2. 构建“互联网＋机械工程”的智能服务体系

在产品研发过程中，徐工集团还积极聚焦客户的市场需求。借助移动互联网和物联网平台远程采集并及时分析客户使用机械的工况信息和各类运行参数，主动掌握客户行为特点，实现了产品研发面向客户需求的个性定制化设计。徐工的解决方案同时标配了 GPS 和远程故障诊断系统，可以实现责权分明和实时异地管理，同时还具有智能状态监控、故障诊断技术，保障系统稳定运营这一系列的全自动工艺流程，低能耗、低人力消耗，为客户真正解决了破碎等环节效率和质量的系列难题。此外，徐工集团还以成套化环保新产业作为突破点，深入规范智能服务体系，实现从生产型企业向集生产型与服务型为一体化企业的过渡，探索建立绿色“智能工厂”。

目前，徐工集团已逐步构建起“互联网＋工程机械”的智能服务“云架构”，集成营销服务、物联网、融资租赁和产品再制造等业务环节。徐工集团实现了“10 分钟响应、2 小时到位、24 小时完工、48 小时回访”的智能服务机制。

徐工集团始终坚持并实施“可持续发展构想”，不断拓展混合动力工程机械的绿色创新制造、再制造技术和环境产业。不断拓展混合动力工程机械的绿色创新制造、再制造技术和环境产业。未来，徐工集团将担当全球可持续发展使命责任，努力促进环境管理、社会责任和经济增长之间的平衡发展，积极走出去，全力开启中国制造“金字品牌”。

三、结束语

品牌是一个企业存在与发展的灵魂，没有品牌的企业是没有生命力和延续性的，只有重视品牌，构筑自身发展的灵魂，企业才能做大做强。本书剖析了红豆集团和徐工集团品牌建设的典型案例，可以为苏商进行品牌建设提供一定的借鉴意义。

参考文献

[1] 赵冬梅，陈前前，吴士健. 双创环境下发展科技服务业助推经济转型升级问题研究——以江苏科技服务业为例[J]. 科技进步与对策，2016，14：41 - 46.

[2] 刘佳宁. 新常态下制造业转型升级的金融支撑[J]. 广东社会科学，2016，01：46 - 54.

[3] 王娟. 创新驱动传统产业转型升级路径研究[J]. 技术经济与管理研究，2016，04：115 - 118.

[4] 马晓冬，孙晓欣. 2000 年以来江苏省农业转型发展的时空演变及问题区识别——基于全要素生产率的视角[J]. 经济地理，2016，07：132 - 138.

[5] 李国平，黄国勇. 产业转型的国内研究综述. 山西财经大学学报，2006，28(2)：54 - 58.

[6] 河南省社会科学院工业经济研究所课题组. 后发地区工业转型升级的路径选择：以中原经济区为例. 区域经济评论，2013，(1)：14 - 18.

[7] 凌文昌，邓伟根. 产业转型与中国经济增长. 中国工业经济，2004，(12)：20 - 24.

[8] 南磊，姚敏. "互联网+"背景下江苏现代服务业转型发展研究[J]. 电子商务，2016，12：1 - 2.

[9] 刘宁等. 江苏企业商业模式创新研究，中国价值网，2015 - 08 - 18：http://www.chinavalue.net/Management/Blog/2015 - 8 - 18/1193629.aspx

[10] Markides C, Charitou C D. Competing with Dual Business Models: A Contingency Approach[J]. Academy of Management Executive, 2004, 18(3): 22 - 36.

[11] 姚伟峰. 企业商业模式创新影响因素评价研究[J]. 哈尔滨商业大学学报(社会科学版)，2013(2)：92 - 95.

[12] 徐德力. 互联网领域商业模式颠覆性创新分析[J]. 商业研究，2013，55(3)：83 - 87.

[13] 夏清华. 商业模式的要素构成与创新[J]. 学习与实践，2013(11)：52 - 60.

[14] 顾平，宋如燚，江南. 海澜之家"品牌+平台"的经营模式创新[J]. 企业管理，2016(9)：64 - 67.

[15] 王彩虹. 论中小服装企业经营模式创新——基于"海澜之家"运营模式分析[J]. 当代经济管理，2007，29(4)：50 - 52.

[16] 高闯，关鑫. 企业商业模式创新的实现方式与演进机理——一种基于价值链创新的理论解释[J]. 中国工业经济，2006(11)：83 - 90.

[17] 刘延杰. 双重商业模式冲突研究[J]. 现代商贸工业，2012，24(2)：161 - 161.

[18] 曲星，金玲，苏晓晖. 中国在相当长时期内仍将是发展中国家[J]. 求是，2010(18)：42 - 44.

[19] 丁纯，李君扬. 德国"工业 4.0"：内容、动因与前景及其启示[J]. 德国研究. 2014(4)：49 - 66.

[20] 金青，张忠，陈杰. 基于典型案例的苏南制造业转型升级路径与对策研究[J]. 科技进步与对策，2015(18)：51 - 57.

[21] 易芳. 什么时代做什么事——江苏恒力集团产业转型启示录[J]. 中国纺织. 2011(8)：80 - 83.

[22] 恒力：智能制造走进"机器人的世界"[J]. 中国纺织. 2016(1)：76 - 76.

[23] 赵昌文，许召元. 国际金融危机以来中国企业转型升级的调查研究[J]. 管理世界，2013(4)：8 - 15.

[24] 金碚，吕铁，邓洲. 中国工业结构转型升级：进展、问题与趋势[J]. 中国工业经济，2011(2)：5 - 15.

[25] 陆斌. 转型经济中的产业价值链升级[J]. 科技进步与对策，2012，29(12)：63 - 69.

[26] 游保德,曾繁华.技术垄断竞争力与中国经济转型[J].科技进步与对策,2014(8):5-10.
[27] 勤思.我国制造业的"倒闭寒流"来袭[J].商业文化月刊,2015(7):10-13.
[28] 朱艳慈,刘永新.江苏培育与发展自主品牌的策略研究[J].现代国企研究,2016,18:186-187.
[29] 孙庆国,郝瑞闽,王佩国.技术驱动下江苏服装业技术品牌建设研究[J].丝绸,2016,11:35-40.
[30] 徐耀新.合力打造"精彩江苏"文化品牌[J].群众,2016,02:57-58.
[31] 本刊评论员.绿色:江苏发展的闪亮品牌[J].群众,2016,05:17.
[32] 李召颖.打开"品牌江苏、时尚江苏"新局面[J].纺织服装周刊,2015,47:52.
[33] 许卫健,陈甜甜.江苏农产品品牌建设观察[J].江苏农村经济,2016,10:63-65.
[34] 李丹,丁宏.深化发展品牌经济助推江苏转型升级的对策思考[J].江南论坛,2015,10:10-12.
[35] 臧建东.江苏品牌经济发展现状研究[J].江南论坛,2013,01:14-16.
[36] 杨洁.红豆的"情文化"[J].纺织科学研究,2013,04:96-98.
[37] 董萌.品牌意识与品牌建设[D].吉林大学,2014.
[38] 张云龙.儒商的红豆"情文化"——访红豆集团党委书记、总裁周海江[J].现代企业文化(上旬),2015,07:18-21.
[39] 潘婷.基于全球价值链的中国纺织服装业升级问题研究[D].南京大学,2015.
[40] 王英霞.红豆集团的国际化战略分析[J].现代商业,2016,22:116-117.
[41] 武楠.企业文化是核心竞争力——学习考察红豆、恒丰集团企业文化建设体会[J].东方企业文化,2016,08:72-74.
[42] 洪轩.升级转型看苏南——红豆集团以创新驱动探索"新苏南模式"升级版[J].中国中小企业,2016,01:48-51.
[43] 陈新春.关于品牌战略的探讨——徐工集团品牌战略的研究[J].科技资讯,2014,28:112+114.
[44] 崔丽媛.徐工:深化创新技术布局海外市场[J].交通建设与管理,2015,23:80-82.
[45] 徐轩.《中国制造2025》践行者八徐工打造中国制造"金字品牌"[J].装备制造,2016,04:75-77.